Die Sichtbarkeit religiöser Identität

Repräsentation – Differenz – Konflikt

D1669128

P V E R
V A L A
E R N G
L A G O

CULTuREL

Religionswissenschaftliche Forschungen
Recherches en sciences des religions

Im Auftrag der Schweizerischen Gesellschaft für Religionswissenschaft

herausgegeben von

Philippe Bornet, Oliver Krüger, Francesca Prescendi,
Jens Schlieter und Christoph Uehlinger

Band 4 – 2013

Dorothea Lüddeckens, Christoph Uehlinger,
Rafael Walthert (Hg.)

Die Sichtbarkeit religiöser Identität

Repräsentation – Differenz – Konflikt

Publiziert mit freundlicher Unterstützung der
Schweizerischen Akademie für Geisteswissenschaften

Bibliografische Informationen der Deutschen Nationalbibliothek
Die Deutsche Nationalbibliothek verzeichnet diese Publikation in der Deutschen
Nationalbibliografie; detaillierte bibliografische Daten sind im Internet über
http://dnb.d-nb.de abrufbar.

Umschlaggestaltung

Simone Ackermann, Zürich
unter Verwendung von o.l.: Headscarf Ladies in Alanya, 28.11.2009
(Ozgurmulazimoglu/Creative Commons Attribution 3.0 Unported.); o.r.: Wat
Srinagarindravararam (Photo © 2005 Martin Baumann/The Pluralism Project);
u.l.: A minaret on the roof of a Turkish cultural centre in Wangen bei Olten
(Fabrice Ciffrini/AFP); u.r.: Drei katholische Nonnen (Wiesław Jarek/123rf)

Druck

ROSCH-BUCH, Scheßlitz

ISBN 978-3-290-22022-8

Vorwort

Als die Herausgeberin und die Herausgeber dieses Bandes im Herbst 2009 am Religionswissenschaftlichen Seminar der Universität Zürich eine Tagung zum Thema «Die Sichtbarkeit religiöser Identität: Repräsentation – Differenz – Konflikt» planten, liefen die Vorbereitungen für die Abstimmung über die (Anti-)«Minarett-Initiative» auf Hochtouren. Die politische Brisanz veranlasste damals verschiedene Instanzen, uns eine Verschiebung des Anlasses um einige Monate nach der Abstimmung nahezulegen. Die im vorliegenden Band versammelten Studien gehen auf die Tagung zurück, die am 15.–16. April 2010 in Zürich abgehalten wurde. Wir danken den Kolleginnen und Kollegen, die ihre Beiträge zur Publikation zur Verfügung stellten und sie unter Berücksichtigung der anderen Vorträge und der Diskussion teilweise stark überarbeitet haben.

Die Tagung war Bestandteil eines von der Herausgeberin und den Herausgebern geleiteten Forschungsprojekts, das im Rahmen des Nationalen Forschungsprogramms 58 «Religionsgemeinschaften, Staat und Gesellschaft» (2007–2012) großzügige Förderung durch den Schweizerischen Nationalfonds für wissenschaftliche Forschung erfahren hat. Neben den Schreibenden waren Jacqueline Grigo und Annegret Kestler als Forschungsmitarbeiterinnen sowie Vanessa Meier und Oliver Wäckerlig mit ihren Masterarbeiten an dem Projekt beteiligt.[1]

Das Forschungsprojekt war im Sommer 2006, d.h. zu einem Zeitpunkt konzipiert worden, als in der Schweiz von einer (Anti-)«Minarett-Initiative» noch keine Rede war. Die Lancierung der Initiative im Mai 2007 und darüber zunehmend hitzig geführte Debatten unterstrichen die Aktualität unseres Forschungsthemas. Das Projekt hatte der neuen Dynamik Rechnung zu tragen, sollte aber weder auf diese Initiative noch auf islamfokussierte Verschleierungsverbote und Kopftuchdebatten enggeführt werden. Unser Interesse gilt denn auch nicht der juristisch normierenden Setzung als solcher, sondern dem in den divergierenden Diskurspositionen

---

1   Der Schlussbericht des Projekts ist auf der Website des NFP 58 abrufbar: http://www.nfp58.ch/files/downloads/Schlussbericht_Lueddeckens.pdf.

sich äußernden breiten und vielfältigen, oft gebrochenen und widersprüchlichen Meinungs- und Deutungsspektrum. Daneben sollen Konflikte nicht nur als soziales Problem, sondern auch als Medium intensiver Vergesellschaftung verstanden werden, wobei Integrationsforderungen und Anpassungsleistungen in einem ebenso ambivalenten wie dialektischen Spannungsverhältnis zueinander stehen können. Vor allem aber interessiert uns die Rolle, welche die Sichtbarkeit von Religion in diesen Auseinandersetzungen spielt.

Der Band stellt religionswissenschaftliche Beiträge mit historischem, sozialwissenschaftlichem oder systematisch-theoretischem Fokus neben Aufsätze aus anderen Disziplinen, die religionswissenschaftliche Relevanz besitzen und ihrerseits im Horizont von *Visible Religion* arbeiten. Eine religionswissenschaftliche Aufarbeitung der Thematik unter Einbezug exemplarischer politischer Vorgänge und der dabei geführten Diskurse hat bisher nicht stattgefunden. Wir hoffen, mit dem Band eine Lücke schließen zu können.

Unser Dank richtet sich zuerst an das Leitungsgremium des NFP 58 und den Mitarbeitenden des Schweizerischen Nationalfonds für die Unterstützung unseres Forschungsprojekts. Dem Herausgeberkomitee der Schweizerischen Gesellschaft für Religionswissenschaft sind wir für die Aufnahme der Veröffentlichung in die Reihe *CULTuREL* dankbar. Den Mitarbeitenden im Pano Verlag und insbesondere der Verlagsleiterin Marianne Stauffacher danken wir für die verlegerische Begleitung.

Zürich, im April 2013

Dorothea Lüddeckens
Christoph Uehlinger
Rafael Walthert

Inhalt

Bilanz

Zur Relevanz der Sichtbarkeit von Religion. Eine Einleitung

Dorothea Lüddeckens, Christoph Uehlinger, Rafael Walthert

Sichtbare Zeichen religiöser Zugehörigkeit können den Ausgangspunkt für die Feststellung und Verhandlung religiöser Differenz darstellen. In sichtbaren Formen wie religiöser Kleidung oder Bauten wird Religion in der Öffentlichkeit präsent und erschließt somit das Potenzial für das Interesse aller, die an dieser Öffentlichkeit teilhaben. Für die gesellschaftliche Thematisierung religiöser Traditionen und die Verhandlung der Bedeutung religiöser Diversität ist die Sichtbarkeit von Religion deshalb in hohem Maße bedeutsam, zuweilen entscheidend.

Diese Sichtbarkeit wurde in den vergangenen Jahren verschiedentlich zum Gegenstand öffentlich ausgetragener Konflikte, die zu Veränderungen in der Konfiguration von Individuum, Religionsgemeinschaft und Gesellschaft führten und auch Implikationen für das Verständnis von Kategorien wie etwa der Religionsfreiheit hatten. Der vorliegende Band fragt nach der Rolle und Bedeutung, die der Visibilität religiöser Zugehörigkeit im Allgemeinen und im Zusammenhang mit öffentlich ausgetragenen Kontroversen und Konflikten zukommt.

In den theoretisch und den empirisch orientierten Beiträgen wird insbesondere nach der Visibilität von Religion in Form von Bauten und Kleidung und der Rolle, die diese in der Öffentlichkeit spielen, gefragt. Die Beiträge thematisieren sowohl die Perspektive von Bauherren bzw. TrägerInnen von Kleidung als auch verschiedene Sorten öffentlicher Kommunikation, die an diese Formen von Visibilität anschließt.

Im Zentrum des Interesses steht die Frage nach Zusammenhängen zwischen der *Darstellung* religiöser Zugehörigkeit, der Kommunikation überkulturelle bzw. religiöse *Differenz* sowie *Konflikten*, die daraus erwachsen können. Nicht immer führen visuelle Symbole religiöser Identität von Individuen und religiösen Gemeinschaften und die Wahrnehmung durch ihr gesellschaftliches Umfeld zu Widerspruch und Konflikten, wie unumstrittene Bauvorhaben beispielsweise von buddhistischen Gemeinschaften zeigen. Der Band beschränkt sich daher nicht auf das Thema Konflikt, sondern diskutiert auch konfliktfreie Fallbeispiele unter folgenden Fragestellungen:

(1) Welche Bedeutung hat die visuelle Repräsentation religiöser Identität für Individuen und Gruppen unterschiedlicher religiöser Traditionen?

(2) Was sind die Eigenschaften der öffentlichen Diskussionen, die sich an diese sichtbaren Formen von Religion und Religiosität anschließen?

(3) Welche Faktoren bestimmen dabei die Verhandlung von religiöser Differenz und deren Akzeptanz oder Ablehnung?

Die Beiträge des Bandes lassen sich über ihre Gruppierung in die zwei zentralen Gegenstandsbereiche (Kleidung und Bauten) hinaus auch entlang ihren unterschiedlichen Herangehensweisen differenzieren und charakterisieren.

Theoretische/begriffliche Grundlagen

Den empirisch ausgerichteten Beiträgen gehen jeweils theoretische Beiträge voraus. Sie stellen die zentralen Begrifflichkeiten bereit und reflektieren die wissenschaftliche Perspektive auf den Gegenstand. Der Verweis auf Fallbeispiele hat in diesen Beiträgen lediglich illustrativen Charakter.

Dorothea Lüddeckens erarbeitet eine religionswissenschaftliche Perspektive auf Kleidung und zeigt auf, warum und inwiefern religiöser Kleidung in Interaktionssystemen Relevanz zukommt. Dabei wird deutlich, dass Kleidung über visuelle Wahrnehmung Interaktionssituationen maßgeblich mitbestimmen kann, noch bevor Kommunikation stattfindet. In religiösen Kontexten spielt ihre Wahrnehmung für die Markierung von sozialer wie individueller Identität eine Rolle. Darüber hinaus, und das ist ein Spezifikum *religiöser* Kleidung, kann sie auch dazu führen, dass Transzendenz in der Interaktion als ‹anwesend› behandelt wird.

Ebenfalls auf die Rolle von Kleidung in der Interaktion konzentriert sich der Beitrag von Roland Eckert und Stefanie Würtz, die vor allem die Polysemie vestimentärer Kommunikation diskutieren.

Christoph Uehlinger reflektiert Bauten als Repräsentationspraktiken im öffentlichen Raum und das Verhältnis insbesondere von Bauvorhaben religiöser Minderheiten zu öffentlichen Blickregimes, die durch explizite und implizite Vorgaben gesellschaftlich dominanter Gruppen bestimmt werden. Er schlägt vor, bei der formalen Analyse von Bauvorhaben religiöser Minderheiten zwischen der Gestaltung von Innenräumen und derjenigen der Außenerscheinung zu unterscheiden, da sie jeweils unterschiedlichen Kommunikationsanforderungen genügen müssen. Forderungen nach bestimmten Anpassungsleistungen beziehen sich in der Regel nur auf die Außengestaltung.

Rahmenbedingungen
Über ihre Visibilität sind religiöse Kleidungen und Bauten Teil einer Öffentlichkeit und damit Gegenstand rechtlicher und politischer Regulierungen. Die Sichtbarkeit steht dabei u.a. in einem Spannungsfeld zwischen der Freiheit des *Ausdrucks* von Religion und Religiosität in der Gesellschaft einerseits, und der Norm der *Freihaltung* bestimmter Teile des öffentlichen Raums, insbesondere staatlicher Institutionen, *von* religiöser Symbolik, einer Norm, die insbesondere in säkularistischen Kontexten stark beansprucht wird. Der Beitrag von Astrid Reuter zeigt, dass der rechtliche Umgang mit solchen Spannungen und Dilemmata gewissermaßen das Spielfeld für die Sichtbarkeit von Religion absteckt.

Massenmedial hergestellte Öffentlichkeit
Einige Beiträge sind in erster Linie diskursanalytisch-empirisch ausgerichtet und gehen von der massenmedial hergestellten Öffentlichkeit als zentralem Raum der Aushandlung der Bedeutung religiöser Visibilität aus. Die massenmedial hergestellte Öffentlichkeit kann heute als zentraler Raum der Aushandlung der Bedeutung religiöser Visibilität beobachtet werden.

Im Anschluss an die in jüngerer Zeit wie in anderen Sozialwissenschaften, so auch in der Religionswissenschaft zunehmend präsenten, sich meist auf Michel Foucault zurückbeziehenden diskursanalytischen Ansätze können die Auseinandersetzungen um die Sichtbarkeit von Religion als Diskurs(e) aufgefasst und entsprechend analysiert werden.

Den lokalen Konflikt um den Bau eines Minaretts in Wangen bei Olten behandelt Oliver Wäckerlig. Dieser Auseinandersetzung kommt insofern besondere Relevanz zu, als sie den Ausgangspunkt für die schweizweite Diskussion und die entsprechende, ab 2007 heftig diskutierte und am 29. November 2009 von einer Mehrheit der Abstimmenden angenommene Volksinitiative gegen den Bau von Minaretten darstellte.

Besonders deutlich werden übergreifende Strukturen durch komparatistische Arbeiten zu Diskursen um die Sichtbarkeit unterschiedlicher Religionsgemeinschaften. Ausgehend von der Feststellung religiöser Diversität kann die Rolle von Bauprojekten unterschiedlicher religiöser Gemeinschaften als Bewegung von der Unauffälligkeit hin zu einer gewissen Auffälligkeit gefasst werden. Mit der Untersuchung eines islamischen, eines hinduistischen und eines christlichen (serbisch-orthodoxen) Beispiels diskutiert Annegret Kestler die religiöse, politische und ästhetische Dimension der Diskurse, die sich um diese Schweizer Bauprojekte gedreht haben.

Der Rückgriff auf Theorien sozialer Bewegungen erweist sich gerade im Hinblick auf überregionale Diskurse wie die Schweizer Minarettdiskussion als weiterführend. Mit dem Konzept des framing als begrifflichem Ausgangspunkt fragen Oliver Wäckerlig und Rafael Walthert danach, welche Strategien in der Opposition gegen Minarettbauten zur Anwendung kamen, und versuchen darüber hinaus, die Frage nach den Gründen für den Erfolg dieser Bewegung zu beantworten.

Die drei zuletzt genannten Beiträge widmen sich über ihre Daten und Methoden in erster Linie der Thematisierung von Sichtbarkeit in der Öffentlichkeit. Diese Perspektive wird insofern ausgeweitet, als über Interviews auch die Einschätzung der Diskurse durch die beteiligten AkteurInnen einbezogen und als ‹Beobachtungen der Diskurse› ausgewertet werden.

Perspektiven beteiligter AkteurInnen
Im Zentrum der Analyse steht die Perspektive der um Visibilität bemühten AkteurInnen in den Beiträgen von Vanessa Meier und Jacqueline Grigo. In methodischer Hinsicht bedeutet dies, dass in ihren Beiträgen Interviewanalysen eine größere Rolle einnehmen.

Meier untersucht den Werdegang eines thai-buddhistischen Klosters, dessen Verwirklichung im Unterschied zu den vorher erwähnten Moschee- und anderen Sakralbauvorhaben kaum auf Widerstand stieß. Die massenmediale Beschäftigung mit diesem Bau war ausschließlich durch Zustimmung gekennzeichnet, und das vollendete Bauwerk wurde gar zu einem touristischen Ausflugsziel. Um die Frage beantworten zu können, weshalb dieses Projekt nicht von negativen öffentlichen Diskussionen begleitet war, weitet Meier die Datenbasis aus und ergänzt die medienanalytische Perspektive durch Beobachtungen seitens der beteiligten Akteure selbst.

Kleidung wird nicht nur von anderen wahrgenommen, sie wird bereits von ihren TrägerInnen selbst in einer bestimmten Weise gesehen, eingeschätzt und eingesetzt, wobei die TrägerInnen mögliche Deutungen durch andere (von Grigo als «konstruierte Außensicht» bezeichnet) in ihre eigenen vestimentären Entscheidungen einbeziehen. Grigo geht diesem Blick der TrägerInnen konsequent und ihrerseits komparativistisch nach, indem sie die Perspektiven einer katholischen Nonne, eines tibetisch-buddhistischen Mönches, eines Mitglieds der Organisation «Schwarze Braut», eines chassidischen Juden und einer Muslima türkischer Herkunft vorstellt.

Historische Perspektiven
Die wissenschaftliche Auseinandersetzung mit zeitgenössischen Konflikten um die Sichtbarkeit von Religion zeichnet sich oft durch eine gewisse Geschichts- und Kontextvergessenheit aus. Dies gilt auch und insbesondere für die Debatte um Moscheekonflikte. Dagegen wendet sich Jörg Hüttermann mit einer Perspektive, in der stärker die historische Dimension von Auseinandersetzungen um Sichtbarkeit von Religion im Einwanderungskontext im Zentrum steht. Er setzt nicht bei der kurzfristigen Dynamik, sondern bei der längerfristigeren historischen Genese an und untersucht anhand verschiedener «Sequenzen» im Konfliktverlauf den sozialen Wandel der deutschen Einwanderungsgesellschaft. Als theoretischen Rahmen wählt Hüttermann einen figurationssoziologischen Ansatz; auf der empirischen Seite stehen Feldforschung und Interviews im Vordergrund.

Artefakte
Die Beiträge von Gritt Klinkhammer und Ron Epstein legen ihren Schwerpunkt nicht nur auf die Aushandlungsprozesse von Visibilität, sondern auch auf die diskutierten Artefakte selbst.

Klinkhammer konzentriert sich auf Kleidungspraktiken in einem jugendkulturellen islamischen Milieu. Sichtbarkeit und Unsichtbarkeit gehen hier Hand in Hand, da die betreffenden Praktiken zwar sichtbar sind, dies jedoch in einer stark individualisierten und subjektivierten Form, die jenseits etablierter islamischer Verbandsstrukturen angesiedelt ist und oft nicht als zum Islam zugehörig erkannt wird. Klinkhammer analysiert einen Kleidungsstil, der sich sowohl an westlicher Mode als auch an religiöser Tradition orientieren will und in dieser gleichsam hybriden Form islamische Kommunikation zugleich entgrenzt und popularisiert.

Die Architektur religiöser Bauten ist Gegenstand des Beitrags von Epstein, der den Synagogenbau in der Schweiz thematisiert und nach dem Verhältnis von Selbst- und Fremdbestimmung fragt. Epsteins historischer Überblick verhält sich zu dem von Uehlinger besprochenen Fall des Baus einer prominenten römisch-katholischen Kirche in Zürich am Ende des 19. Jahrhunderts gleichsam komplementär. Die historischen Fallbeispiele erlauben auch, die gegenwärtigen Konflikte um religiöse Bauten in der Schweiz ihrer scheinbaren Singularität zu entheben. Nebeneinander gelesen legen sie epochenübergreifende Vergleiche nahe, die das Verständnis sowohl für Strukturanalogien als auch für bestimmte konjunkturelle Besonderheiten schärfen können.

Synthese

Im abschließenden Beitrag setzt Rafael Walthert die verschiedenen Ansätze und Fallstudien miteinander in Beziehung, um entlang zentraler Kategorien wie «Öffentlichkeit», «Visibilität» oder «Konflikt» eine Synthese der in diesem Band versammelten Studien zu formulieren.

Säkularität und Religionsfreiheit – zwei Seiten einer Medaille oder doppeltes Dilemma?[1]

Astrid Reuter

1 Einleitung

«Das Maß der Verwirklichung der Religionsfreiheit», so schrieb 1967 der deutsche Staatsrechtler und spätere Bundesverfassungsrichter Ernst-Wolfgang Böckenförde, «bezeichnet [...] das Maß der Weltlichkeit des Staates» (Böckenförde 2000: 108), Knapp fünf Jahrzehnte später erscheint diese Gleichung zwischen Religionsfreiheit und staatlicher Säkularität wie eine Binsenwahrheit: Dass die Säkularisierung der Staatsgewalt und die positive wie negative Freiheit der Religionsausübung zwei Seiten derselben Medaille sind, gehört zu den Gewissheiten rechtsstaatlich-demokratischer Identität im frühen 21. Jahrhundert. So liest man fast gleichlautend auch bei Jürgen Habermas: «Die Säkularisierung der Staatsgewalt und die positive wie negative Freiheit der Religionsausübung sind zwei Seiten derselben Medaille» (Habermas 2005: 9).[2]

Die plausible Formel also lautet: Je konsequenter die staatliche Säkularität verwirklicht ist, desto größer ist die Freiheit der Religion. Und auch der umgekehrte Schluss beansprucht Geltung: Wo Religionsfreiheit existiert, ist der Staat säkularisiert. Doch geht die Formel wirklich auf? Viele historische Erfahrungen und aktuelle Zeugnisse schmerzlicher Unterdrückung der Religionsfreiheit sprechen dafür. Allerdings gibt es auch Indizien, die Zweifel daran aufkommen lassen, dass die Gleichung von Religionsfreiheit und staatlicher Säkularität bruchlos aufgeht. So wird

---

1 Eine frühere Fassung des Beitrags ist erschienen in: Leviathan 35(2), 2007, S. 178–192.

2 Ähnliche Bekundungen prominenter Autoren gibt es viele. Verwiesen sei auf den Kommentar zu Art. 4 des Grundgesetzes (Glaubens-, Gewissens- und Bekenntnisfreiheit) in der jüngsten Auflage des von Horst Dreier herausgegebenen Grundgesetzkommentars. Hier schließt Martin Morlok seine einleitenden Bemerkungen zu Herkunft, Entstehung und Entwicklung des Artikels mit der Feststellung: «Wie aufgezeigt, bedingen sich religiöse Freiheit und Neutralität des Staates. [...] So betrachtet ist die Glaubensfreiheit historisch wie systematisch notwendige Bedingung moderner Verfassungsstaatlichkeit» (Morlok 2004: Rn. 12).

man etwa einwenden müssen, dass ihr die leidvollen Erfahrungen gläubiger Menschen in militant säkularisierten Herrschaftsverhältnissen entgegenstehen, etwa in stalinistischen Regimen; allerdings hatten weder Böckenförde noch Habermas diesen Typ ‹säkularistischer› Ordnung gemeint, als sie die «Verwirklichung der Religionsfreiheit» mit der «Weltlichkeit des Staates» auf ein Gleichmaß brachten.

Nicht stimmig erscheint aber ebenso der gleichsam umgekehrte Befund, dass Religionsfreiheit durchaus auch in Staaten gewährleistet ist, die keineswegs säkularisierte religionsrechtliche Verhältnisse geschaffen, sondern nationalreligiöse bzw. staatskirchliche Konstellationen bewahrt haben – wie es etwa in Großbritannien, in Griechenland, in einigen skandinavischen Ländern oder auch in einzelnen Schweizer Kantonen der Fall ist.

Und schließlich wird man auf die sogenannten ‹hinkenden› Trennungssysteme verweisen müssen, wie wir sie aus Deutschland oder auch aus Österreich kennen. Oder wird man behaupten wollen, in Deutschland oder Österreich gebe es keine oder doch weniger Religionsfreiheit als etwa in den Vereinigten Staaten von Amerika oder in Frankreich, die – zumindest dem Anspruch nach – konsequent säkularisierte Staatswesen geschaffen haben?

Es ist hier nicht der Ort, diese Befunde im Einzelnen zu erörtern. Festzuhalten bleibt aber: Es gibt begründeten Zweifel an der Bruchlosigkeit der so selbstverständlich erscheinenden Gleichung von Religionsfreiheit und staatlicher Säkularität. Im Folgenden soll deshalb das Verhältnis der beiden Seiten der Gleichung näher untersucht werden. Die Untersuchung nimmt ihren Ausgangspunkt von der allgemeinen Beobachtung, dass Konflikte um Religion und öffentliche Debatten über die Freiheit der Religion auch in modernen Verfassungsstaaten, die sich von religiösen Identifikationen mehr oder weniger radikal emanzipiert haben (und also in eben dem Staatstyp, auf den die Gleichung von Religionsfreiheit und Säkularität gemünzt ist), weiter andauern und auch an Vehemenz keineswegs verloren haben.

Nimmt man diese Konflikte näher in Augenschein, so wird man zunächst einmal feststellen können, dass wir es eigentlich nicht mit *religiösen* Konflikten zu tun haben: Denn als Kontrahenten stehen sich weniger die Gläubigen verschiedener Religionen gegenüber, deren Streitigkeiten der säkularisierte Staat als ‹neutrale› Instanz zu schlichten hätte. Es geht um mehr – oder zutreffender: um etwas anderes. Es geht um das Prinzip der Säkularität selbst bzw. seine Übersetzung in Konzepte staatlicher Neutralität in religiösen und im weiteren Sinne weltanschaulichen Angelegenheiten.[3] Der säkularisierte Staat ist nämlich in den Konflikten, die wir derzeit beobachten können, nicht Schlichter, nicht Schiedsrichter – er ist der Beklagte. Der Staat ist also selbst zur Konfliktpartei geworden. Glaubende beklagen nicht ein mangelndes «Maß der Weltlichkeit des Staates»; sie beklagen vielmehr einen Mangel an Religionsfreiheit in Gesellschaften mit säkularisierter Staatsverfassung.

Die so selbstverständlich scheinende Harmonie der Gleichung von Säkularität und Religionsfreiheit wird also – so viel zumindest lässt sich bereits an dieser Stelle sagen – durch Dissonanzen gestört. Wie kommt es zu diesen Dissonanzen? Zwei Vermutungen bieten sich an:

(a) Eine Vermutung ist: Die Balance zwischen Religionsfreiheit und Weltlichkeit des Staates ist nur vorübergehend und bedingt vor allem durch exogene Faktoren ins Ungleichgewicht geraten; verantwortlich sind also die gewandelten religionskulturellen Rahmenbedingungen, insbesondere die Zuwanderung aus der ‹islamischen Welt›.

Die Plausibilität dieser ersten Vermutung wird dadurch erschüttert, dass es keineswegs nur Muslime sind, die ihr Unbehagen mit dem universalen Geltungsanspruch des säkularisierten Verfassungsstaates artikulieren, der aus der Konfliktgeschichte der westeuropäischen Nationalstaaten mit den christlichen Kirchen sowie mit dem europäischen Judentum hervorgegangen ist und dessen Tauglichkeit in einem durch Religionsmigration in Bewegung geratenen religionskulturellen Feld sich erst noch erweisen muss. Denn Unstimmigkeiten in der Gleichung von Religionsfreiheit und staatlicher Säkularität klingen nicht nur an, wenn – um einige Beispiele aus Deutschland und Frankreich zu nennen – der *Conseil d'Etat* (das höchste Verwaltungsgericht Frankreichs und zugleich Konsultationsorgan der Regierung) auf Antrag des Premierministers über die Frage befindet, ob ein gesetzliches Verbot der Ganzkörperverschleierung verfassungskonform sei; sie klingen nicht nur an, wenn das französische

---

3   Historisch gibt es eine Entwicklungslinie von der Glaubens- über die (zunächst religiös vermittelte, dann ebenfalls säkularisierte) Gewissensfreiheit hin zur umfassenden Freiheit der ‹Weltanschauung›, d.h. eine Tendenz zur Erweiterung des Schutzbereichs von einem ursprünglich religiös vermittelten Freiheitsrecht in den säkularen Bereich (vgl. Morlok 2004: Rn. 1–12).

Parlament Schülerinnen und Schülern gesetzlich verbietet, in der staatlichen Schule offen sichtbar religiöse Zeichen zu tragen, seien es Kopftücher, Turbane oder auch Kreuze, wenn sie in offenkundig demonstrativer Absicht zur Schau gestellt werden. Dass die Gleichung von Religionsfreiheit und staatlicher Säkularität keine bruchlose ist, tritt auch nicht nur hervor, wenn das französische Innenministerium aktiv in den Institutionalisierungsprozess der französischen Muslime eingreift oder der Innenminister darüber nachsinnt, wie der laizitäre Staat die Ausbildung französischer Imame steuern oder islamische Gebetsstätten teilsubventionieren kann. Dass die *Assemblée Nationale* ebenso darüber entscheidet, unter welchen Bedingungen die mehrheitlich katholischen Privatschulen mit öffentlichen Mitteln subventioniert werden dürfen, dass das französische Erziehungsministerium ausloten lässt, ob und in welcher Weise Religion Unterrichtsgegenstand auch in staatlichen Schulen sein kann, oder dass der Unterhalt kirchlicher Gebäude von den Kommunen teilfinanziert und mit öffentlichen Mitteln sogar die Errichtung neuer repräsentativer Kirchengebäude ermöglicht wird (wie im Fall der Kathedrale von Évry im Departement Essonne) – alle diese Beispiele weisen darauf hin, dass es nicht oder doch nicht allein externen Triebkräften wie dem zugewanderten Islam und der globalen Terrorgefährdung durch radikale Islamisten zugerechnet werden kann, wenn Religionsfreiheit und staatliche Säkularität nicht ohne weiteres ins Gleichmaß zu bringen sind.

Wenn man nun den Blick von Frankreich nach Deutschland richtet, stößt man auf ähnliche Fälle. Auch sie zeigen, dass die Unstimmigkeiten in der Gleichung von Religionsfreiheit und säkularisiertem Staat nicht allein auf die Immigration des Islam ins religiöse Feld christlich geprägter Gesellschaften zurückzuführen sind. Denn auch deutsche Gerichte müssen nicht nur klären, ob eine muslimische Lehrerin im Unterricht in einer öffentlichen Schule ihren Kopf bedecken darf oder muslimische Schülerinnen vom Sportunterricht befreit werden können; sie haben nicht nur zu beurteilen, ob islamische Dachverbände als Religionsgemeinschaften anzusehen sind und also als Träger für Religionsunterricht nach Art. 7 Abs. 3 Grundgesetz in Frage kommen; sie müssen nicht allein bestimmen, ob eine religiös begründete Ausnahme vom Tierschutzgesetz zu gewähren ist, um das Schächten nach islamischem Ritus zu ermöglichen. Vielmehr wird in Deutschland vor Gericht auch entschieden, ob Kreuze in Gerichtssälen und Klassenräumen staatlicher Schulen angebracht werden dürfen, welchen Status der christliche Religionsunterricht im Verhältnis zum bekenntnisfreien Lebenskunde-, Ethik- oder Werteunterricht hat, ob Lumpensammeln ein Aspekt christlich-karitativen Handelns ist, ob die Organisation der Scientologen die Qualität einer Religionsgemeinschaft hat oder ob den Zeugen Jehovas Körperschaftsrechte zuzuerkennen sind.

Die Liste der möglichen Beispiele ist lang, doch dürften die bisher genannten genügen, um zu illustrieren, dass die beobachteten Dissonanzen in der Gleichung von Säkularität und Religionsfreiheit nicht einfach auf vorübergehende exogene Erschütterungen der religionsrechtlichen und -politischen Ordnung, vor allem die unerwartete muslimische Immigration, zurückgeführt werden können. Nehmen wir deshalb eine zweite Vermutung in den Blick.

(b) Die zweite Vermutung ist: Die Unstimmigkeiten in der Gleichung von Säkularität und Religionsfreiheit sind darauf zurückzuführen, dass der Säkularisierungsprozess (noch) unabgeschlossen ist. Die Gründe für das von nicht wenigen Glaubenden empfundene unzureichende «Maß der Verwirklichung der Religionsfreiheit» sind danach im bisher unzureichenden «Maß der Weltlichkeit des Staates» zu suchen.

Es liegt in der Konsequenz dieser Vermutung, auf eine Vollendung bzw. eine Radikalisierung des Säkularisierungsprojekts zu drängen. Nun ist es ja in der Tat auch in vermeintlich strengen Trennungssystemen wie in den USA oder in Frankreich nicht gelungen, sämtliche Bande zwischen staatlichen und religiösen Institutionen vollständig zu lösen. Ist also von der Errichtung eines undurchlässigen Schutzwalls zwischen Religion und Staat – eines unüberwindlichen «wall of separation» (Thomas Jefferson) – eine Auflösung der beobachteten Dissonanzen von Säkularität und Religionsfreiheit zu erwarten? Diese Auffassung findet viel Beifall; und entsprechend weite Resonanz finden öffentliche Appelle an die politisch Verantwortlichen, die Restbestände staatlicher Identifikation mit dem Religiösen oder mit bestimmten Religionsgemeinschaften zu beseitigen.

Die folgenden Erörterungen dienen dazu, die Plausibilität sowohl der Diagnose als auch der vorgeschlagenen religionspolitischen Therapie, die aus ihr abgeleitet wird, zu hinterfragen. Es wird argumentiert, dass beide, Diagnose wie Therapievorschlag, den Kern des Problems verfehlen, weil sie verkennen, dass der säkularisierte Staat unabdingbar auf die Religion verwiesen bleibt, und deshalb die prinzipielle Unabschließbarkeit des Säkularisierungsprozesses ausblenden.

2 Das doppelte Dilemma

Wenn hier behauptet wird, der Säkularisierungsprozess sei prinzipiell unabschließbar, so wird damit nicht ein Zweifel an einem entsprechenden politischen und gesellschaftskulturellen Säkularisierungswillen und dessen Durchsetzungsfähigkeit zum Ausdruck gebracht. Die Unabschließbarkeit des Säkularisierungsprozesses hat vielmehr, so das Argument, mit der Beschaffenheit des säkularisierten Staates selbst zu tun: Der Staat nämlich hat sich als säkularisierter nur in Abgrenzung von der Religion konstituieren können, und er kann sich bis heute dauerhaft nur als säkularisierter ausweisen, indem er fortfährt, permanent Grenzen zum Religiösen aufzurichten bzw. vorhandene Grenzen zu bestätigen. Das heißt: Der säkularisierte Staat bleibt notwendig auf die Religion verwiesen. Er muss bestimmte Praktiken, Sprachspiele und Werthaltungen als *religiöse* ausweisen, um seine eigene *nicht*religiöse, seine *säkularisierte* Identität zu behaupten. Das gilt zunächst im *negativen* Sinne: Religion ist die negativ Identität stiftende Bezugskategorie des säkularisierten Staates; nur derjenige Staat kann sich als säkularisierter behaupten, der nicht religiös identifiziert ist. Dieses negative Selbstverhältnis des säkularisierten Staates zur Religion (das kein feindliches sein *muss*, allerdings sein *kann*) ist nicht nur historisch, sondern prinzipiell in die Konstitution des säkularisierten Staates eingelassen.

Doch das ist nicht alles, diente doch das Säkularisierungsprojekt, historisch betrachtet, keinem Selbstzweck. Der Staat wurde vielmehr «um der Freiheit willen»[4] – auch und gerade um der *Religions*freiheit willen – auf Säkularität verpflichtet. Um nun aber die Freiheit der Religion rechtlich garantieren zu können, muss er wissen, was Religion ist. Was also, so die Frage, schützt der Staat, wenn er die Freiheit der Religion schützt? Ein allein *negativer* Bezug auf Religion kann hierüber keine Auskunft geben. Staatliche Stellen müssen vielmehr auch mit einem *positiven* Begriff von Religion operieren: Sie kommen nicht umhin zu bestimmen, was Religion im Sinne des Rechts auf Religionsfreiheit ist.

Der um der Freiheit willen säkularisierte Staat gerät damit in ein Dilemma: Wenn er bestimmt, was Religion ist (und er *muss* dies tun, wenn

---

4   Vgl. die entsprechende Formulierung in dem sogenannten Diktum Ernst-Wolfgang Böckenfördes (2000: 112).

er die Religionsfreiheit garantieren will), so überschreitet er seine Kompetenzen, die ja durch Selbstverpflichtung auf den Bereich des ‹Weltlichen› begrenzt sind. Das Dilemma – bzw. die *eine* Seite des (wie gleich zu zeigen sein wird: *doppelten*) Dilemmas – ist: Er kann sich als säkularisierter Staat nur um den Preis einer Verletzung des Säkularitätsprinzips konstituieren und auch Religionsfreiheit nur um den Preis der Überschreitung seines auf ‹weltliche› Angelegenheiten begrenzten Kompetenzbereichs garantieren.

Nun verstößt aber der freiheitliche, säkularisierte Staat, indem er bestimmt, was Religion ist, nicht nur gegen das Prinzip der Säkularität. Er tastet vielmehr auch die Freiheit der Religion an – eines der Freiheitsrechte, um derentwillen er sich auf Säkularität verpflichtet und seinen Zuständigkeitsbereich entsprechend beschränkt hat. Damit gerät die *zweite* Seite des doppelten Dilemmas in den Blick. Der säkularisierte Staat, so hatte ich argumentiert, bleibt sowohl *negativ* als auch *positiv* auf die Religion verwiesen: Als säkularisierter muss er sich jedweder religiöser Sympathiebekundung oder gar Identifikation mit religiösen Weltentwürfen enthalten; er muss folglich seinen ‹weltlichen› Kompetenzbereich vom Kompetenzbereich der Religion abgrenzen. Der Staat ist also einerseits *negativ* auf die Religion bezogen. Als säkularisierter Staat ist er aber angetreten, um Freiheitsräume, auch und gerade Freiheitsräume für das religiöse Leben, zu öffnen und rechtlich zu sichern; dafür braucht er einen *positiven* Begriff von Religion, denn um die Freiheit der Religion schützen zu können, muss er wissen, was Religion ist.

Nun ist das bekanntlich eine strittige Angelegenheit. Nicht allein Religionsforscher ringen darum, den Gegenstandsbereich ihrer Forschung abzustecken.[5] Auch im Selbstverständnis Glaubender ist keineswegs unstrittig, was denn Religion oder das allen Religionen gemeinsame Religiöse eigentlich ist.[6] Doch an den Definitionskämpfen um Religion beteiligen sich nicht nur Wissenschaftler und Glaubende selbst. Es gibt weitere

5 Vgl. aus der umfangreichen Literatur die (mit jeweils eigenen Ansätzen verknüpften) Systematisierungsvorschläge von Pollack (2009, v.a. Kap. 2); Riesebrodt (2007, v.a. Kap. 1–4), sowie die dort angeführte weiterführende Literatur.

6 Extensiv ausgelegt wird das Kriterium des (religiösen) Selbstverständnisses als Maßstab der fundamentalen Freiheitsrechte von Morlok 1993. Das Bun-

Akteure: Auch der ‹um der Freiheit willen› säkularisierte Staat beteiligt sich aktiv an der Definition der Grenzen des religiösen Feldes. Mögen die verfassungsrechtlichen Regelungen zur Religionsfreiheit auf eine Definition der Religion verzichten – in konkreten Streitigkeiten um die Religionsfreiheit kommt der Staat nicht umhin zu bestimmen, wen und was er eigentlich schützt, wenn er die Freiheit der Religion schützt, was also Religion im Sinne des Grundrechts auf Religionsfreiheit ist und was nicht Religion ist und folglich nicht unter den grundrechtlichen Schutzschirm fällt. Sobald konkrete Konflikte (sei es um Kopfbedeckungen, Schulkreuze, Gebeträume, Unterrichtsbefreiungen, Körperschaftsrechte, Schlachtpraktiken o.ä.) in rechtliche Auseinandersetzungen münden, werden Richterinnen und Richter zu Akteuren in den Definitions- und also Grenzkämpfen um das religiöse Feld.

Dies hat Konsequenzen für die Religionsfreiheit, bedeutet es doch, dass Glaubende, die das Recht auf Religionsfreiheit in Anspruch nehmen, vor staatlichen Verwaltungen und ggf. auch Gerichten plausibel machen müssen, dass die Lebensführungen und Vorstellungen, für die sie rechtlich bewehrte Freiheitsräume beanspruchen, *religiöse* Lebensführungen und Vorstellungen sind – und zwar religiös nicht zuallererst im religiösen Eigensinn, sondern im Sinne dessen, was im säkularen Rechtsstaat als Religion und deshalb als grundrechtlich geschützte Anschauung oder Praxis gilt. So steckt der säkularisierte Verfassungsstaat, wenn er in der Bearbeitung von Religionsrechtskonflikten die Grenzen des legitimen religiösen Feldes bestimmt, stets das Spektrum der Möglichkeiten ab, Erfahrungen in einem gegebenen politischen und gesellschaftlichen Kontext überhaupt als *religiöse* Erfahrungen zu deuten, sie als solche zu tradieren, glaubhaft zu machen und zu institutionalisieren. Denn Glaubende – das mag trivial klingen, verweist aber auf den Kern des Dilemmas – können

desverfassungsgericht hat bereits 1968 bestätigt, dass «der Staat die den Kirchen, den Religions- und Weltanschauungsgemeinschaften nach dem Grundgesetz gewährte Eigenständigkeit und ihre Selbständigkeit in ihrem eigenen Bereich verletzen [würde], wenn er bei der Auslegung der sich aus einem bestimmten Bekenntnis oder einer Weltanschauung ergebenden Religionsausübung deren Selbstverständnis nicht berücksichtigen würde» (vgl. den Beschluss in der Sache «Aktion Rumpelkammer»: BVerfG, 1 BvR 241/66 vom 16.10.1968). Als gegenläufige Meinung vgl. Isensee 1980; vgl. auch die Problemskizze von Lepsius 2006: 321–249, v.a. 326–332.

das Grundrecht auf Religionsfreiheit nur in Anspruch nehmen, wenn sie glaubhaft machen, Religion im Sinne des geltenden Rechts zu ‹haben›.[7] Sie müssen deshalb ihre religiösen Selbstdeutungen im geltenden Religionsrecht gleichsam diskursiv ‹filtern› und ihrer Lebensführung eine Gestalt geben, die in der fraglichen Rechtsordnung als *religiöse* Lebensführung identifizierbar ist.

Nun stellt sich die Frage, ob dieser ‹Filterungsprozess› den religiösen Mentalitäten, Sensibilitäten und Lebensführungen äußerlich bleibt. Ich meine, dass sich eine andere Tendenz abzeichnet: Die inzwischen zahlreichen Studien zur Religiosität insbesondere junger Muslime in westeuropäischen Ländern, nicht zuletzt die Studien, die mit jungen muslimischen Frauen durchgeführt wurden, weisen meines Erachtens darauf hin, dass der säkulare Gestus, den Glaubende in der säkularisierten Freiheitsordnung annehmen müssen, wenn sie für ihr Recht auf Religionsfreiheit streiten, Techniken religiöser Selbst- und Lebensführung aktiviert, die sich in diese säkularisierte Ordnung einpassen. Der *säkulare Gestus* greift also, so die Vermutung, auf den *religiösen Habitus* über. Das säkulare Recht, mit dem der Staat Religionsfreiheit zu gewährleisten sucht, ist demnach eine Ordnungsmacht, die auch in die religiöse Erfahrungswelt und ihre Artikulation eingreift.

Säkularität und Religionsfreiheit, um an dieser Stelle die Titelfrage aufzugreifen, sind also nicht einfach zwei Seiten derselben Medaille. Vielmehr führt ihre Kopplung in ein doppeltes Dilemma: Denn der säkularisierte Staat kann sich als säkularisierter nur um den Preis eines Verstoßes gegen das Prinzip der Säkularität konstituieren. Und er kann auch Religionsfreiheit – überspitzt formuliert – nur um den Preis eines Übergriffs in das religiöse Selbstbestimmungsrecht und damit in die Religionsfreiheit garantieren.

Wie aber kam es historisch zu der Kopplung von Religionsfreiheit und staatlicher Säkularität und damit zur Entfaltung des Dilemmas? Die knappe Rekonstruktion, die nun folgt, soll Aufschluss hierüber geben; sie

---

7 Die US-amerikanische Rechts- und Religionswissenschaftlerin Winnifred Fallers Sullivan, die mit scharfsichtigen Analysen zu Rechtskonflikten um Religion in den USA hervorgetreten ist, hat das Kernproblem auf die Formel gebracht: «in order to enforce laws guaranteeing religious freedom, you must first have religion» (Sullivan 2005: 1; vgl. auch Sullivan 1994).

wird auch zeigen, dass in die Kopplung von Religionsfreiheit und staatlicher Säkularität ein dritter Faktor eingelassen ist, der in der Gleichung, so wie sie eingangs zitiert wurde, nicht ausdrücklich genannt wird, aber doch stets präsent ist: das Recht und die Rechtsprechung.

3 Die Kopplung von Religionsfreiheit und Säkularität in historischer Perspektive

Die Kopplung der Religionsfreiheit an die Säkularität des Staates, die heute so selbstverständlich erscheint, ist historisch keine selbstverständliche. Sie ist vielmehr das Produkt einer historischen Entwicklung in Europa, die sich vereinfachend in drei Phasen einteilen lässt.

(a) In der ersten Phase – im frühneuzeitlichen Europa – wird die Idee der Religionsfreiheit erstmals Gegenstand rechtsverbindlicher Konventionen. Erwähnt seien der Augsburger Religionsfriede 1555, der Westfälische Friede 1648 sowie das Toleranzedikt von Henri IV. 1598. Allerdings hat die Idee der Religionsfreiheit, so wie sie in diesen Rechtstexten entwickelt wird, noch kaum etwas mit heutigen individualrechtlichen Vorstellungen zu tun. Auch ist sie noch nicht mit der Vorstellung der Säkularität des sich gerade erst formierenden modernen Territorialstaates gekoppelt, für dessen Genese, wie Rechtshistoriker gezeigt haben, auch weniger die Säkularisierung als vielmehr ganz im Gegenteil die Konfessionalisierung des zentrale Instrument war. Erst mit dem Prinzip *cuius regio eius religio*, das den genannten Friedensschlüssen zugrunde lag, gewann der moderne Staat seine Gestalt (vgl. Reinhard 2002; Dreier 2001: 133–169).

(b) Das Recht auf Religionsfreiheit war also noch nicht an das Prinzip staatlicher Säkularität gekoppelt; dazu kam es erst unter dem Einfluss von Aufklärung und Revolution, im ‹modernen› Europa, das den Aufstieg und die Blüte des Nationalstaats erlebte. Dies ist die zweite Phase. Verwirklicht wurde die Idee des säkularen Staates indes nur allmählich. So waren Staat und Kirchen noch im gesamten 19. Jahrhundert eng verflochten: In Frankreich war dies bis zum Trennungsgesetz 1905 (und dann erneut unter dem Vichy-Regime) der Fall, in Deutschland bis zur Weimarer Reichsverfassung 1919. Allerdings zog sich der Staat in dieser Zeit immer mehr aus den sogenannten ‹inneren› Angelegenheiten der Kirchen zurück und lockerte seine Gewalt über die Kirchen schrittweise zur bloßen Aufsichtsgewalt über deren ‹äußere› Angelegenheiten.[8]

Nun wird in dieser zweiten Phase die Idee der Religionsfreiheit nicht nur allmählich mit der Vorstellung staatlicher Säkularität verknüpft, sondern darüber hinaus mit einer weiteren Idee verbunden: mit der Idee der Gleichheit. Der Ruf nach Freiheit wurde in der Französischen Revolution untrennbar verbunden mit dem Ruf nach Gleichheit. Freiheit und Gleichheit wurden die Leitideen der im Ausgang des 18. Jahrhunderts anbrechenden neuen gesellschaftlichen Ordnung. Die normative Orientierung am Gleichheitsprinzip, an der Vorstellung gleicher Rechte aller, wurde zum Fundament des modernen Rechts, und dies nicht nur im schwachen formalen Sinn der Unterwerfung aller unter dieselben Regeln, sondern im starken inhaltlichen Sinn, nach dem nur solche Rechte und Pflichten Geltung beanspruchen können, die die Ansprüche aller im gleichen Maße berücksichtigen (vgl. Menke 2004: 22ff.). Durch die Grundierung der Freiheitsidee mit dem Gleichheitsprinzip wurde der Kreis der potenziellen Träger des Rechts auf Religionsfreiheit ins Universelle erweitert. Die sukzessive Durchsetzung einer unabhängigen Gerichtsbarkeit nach dem Prinzip der Gewaltenteilung machte die Religionsfreiheit im Laufe der Zeit zudem zu einem einklagbaren Recht auch gegenüber der Staatsgewalt.

(c) Die allmähliche Kopplung des Rechts auf Religionsfreiheit mit den Ideen von Säkularität und Gleichheit um und nach 1789 hat eine neue religionsgeschichtliche Dynamik in Gang gesetzt, die sich gleichwohl erst unter den Bedingungen der dritten Phase, im ‹spätmodernen› Europa des ausgehenden 20. und beginnenden 21. Jahrhunderts, voll entfaltet. Zu den Kennzeichen dieser Phase gehört die im letzten Drittel des 20. Jahrhunderts weltweit einsetzende Transformation des modernen Nationalstaats: Konnte dieser bis dahin von einem Charismatransfer von Religion auf das säkulare Staatswesen zehren, so gibt es seither eine unübersehbare weltweite Tendenz, sich kulturell nicht mehr primär über die Zugehörigkeit zu einer Nation und ihrem Staat zu identifizieren, sondern die Primäridentität auf sub- oder transnationalstaatliche Einheiten, vor

---

8   Wegweisend in dieser Hinsicht war im deutschen Fall die Paulskirchenverfassung von 1849; vgl. dazu Korioth 2005: 116–119.

allem auf religiöse und ethnische Gruppen umzustellen. Diese «partikula-
ristische Dekonstruktion des modernen Staates» (Reinhard 2002: 515f.)
hat, zusammen mit der durch globale Migration wachsenden religiös-
konfessionellen Pluralität auf allen Ebenen der zunehmend vernetzten
Weltgesellschaft, entscheidende Rückwirkungen auf das Verhältnis von
Religion, Staat und Gesellschaft. So werden das Recht auf Religionsfreiheit
und der Anspruch auf Gleichheit in der «postnationalen Konstellation» –
wie Jürgen Habermas (1988) die weltgesellschaftliche Transformation im
ausgehenden 20. Jahrhundert bezeichnet – sogar noch gestärkt, geben
doch die internationalen Kodifikationen des Rechts auf Religionsfreiheit
sowie des (nicht selten in Gestalt von Diskriminierungsverboten auftretenden) Gleichheitsprinzips, wie sie sich etwa in der UN-Menschen-
rechtscharta oder der Europäischen Menschenrechtskonvention finden
lassen, entsprechenden Forderungen und Klagen aus dem religiösen Feld
zusätzliches Gewicht (vgl. Koenig 2005: 291–315; Tietze 2008: 400–443).
Zugleich setzt diese Entwicklung die nach wie vor einzig handlungsfähige
politische Instanz zur Durchsetzung des Rechts auf Religionsfreiheit – den
Nationalstaat – erheblich unter Druck und verschiebt und verunsichert
das auf nationalstaatlicher Ebene eingespielte Beziehungsgefüge zwischen den Rechtsträgern (den Gläubigen und ihren Gemeinschaften), den
Rechtsadressaten (im vorliegenden Zusammenhang dem Staat) und den
sanktionsbefugten Autoritäten (den Gerichten).

Darüber hinaus kommt es durch die Pluralisierung des religionskulturellen Feldes zu einer wachsenden Heterogenität des Kreises der Rechtsträger der Religionsfreiheit. Das Recht kann so zu einer Ressource im
gesellschaftlichen Kampf um Anerkennung werden und auch als Instrument im Kampf um Privilegien im säkularen Staat eingesetzt werden.
Letzteres ist vor allem deshalb der Fall, weil sich mit dem Recht auf Religionsfreiheit nicht nur *negative* Abwehrrechte gegenüber staatlichen
Übergriffen ins religiöse Feld verbinden, sondern auch einige *positive* Mit-
wirkungsrechte und Unterstützungsansprüche wie etwa der bekennt-
nisgebundene Religionsunterricht an staatlichen Schulen, steuerliche Ver-
günstigungen, institutionalisierte Mitspracherechte in staatlichen Rund-
funkanstalten, Dispense vom allgemeinen Arbeitsrecht usw.

Das Dilemma von Säkularität und Religionsfreiheit vertieft sich unter
diesen Bedingungen weiter. Denn erst jetzt, in der bis in die Gegenwart
andauernden dritten Phase, entfaltet die im Laufe von Jahrhunderten

vollzogene Verknüpfung von Religionsfreiheit, Säkularität und Gleichheit zu einer fest gefügten Trias, aus der kein Element isoliert herausgelöst werden kann, ihre folgenreiche Dynamik. Dies mag auch die Zunahme religionsrechtlicher Konflikte und Kontroversen seit den 1980er Jahren erklären. In diesen Streitigkeiten tritt die bleibende Verwiesenheit des ‹um der Freiheit willen› säkularisierten Staates offen zutage: Denn auch ein säkularisierter Staat, der Religionsfreiheit garantieren und Gleichheit gewährleisten will, muss von Religion sprechen: Er muss nicht nur bestimmen, was Religion – und also durch das Recht auf Religionsfreiheit geschützt – ist. Er muss diese Bestimmung zugleich so vornehmen, dass die religiösen Freiheitsrechte aller potenziellen Rechtsträger *gleichermaßen* geschützt werden. Dabei verwickelt er sich zwingend in Selbstwidersprüche: Er bekennt sich zur Freiheit der Religion, bestimmt aber die Grenzen des religiösen Feldes und gibt so den diskursiven Rahmen vor, in dem Religion überhaupt erst als Religion identifizierbar und gesellschaftlich sowie nicht zuletzt gerichtlich verhandelbar wird. Damit greift er unmittelbar in die Dynamik des religiösen Feldes und also in das Selbstbestimmungsrecht der Religionen ein. Er bekennt sich zum Prinzip der Gleichheit, beschränkt aber – indem er die Grenzen des religiösen Feldes definiert – den Kreis der Personen(gruppen) und Praktiken, die als Gleiche durch das Recht auf Religionsfreiheit geschützt sind.

Der säkularisierte Staat muss also – um die Grenzen des durch das Recht auf Religionsfreiheit geschützten Bereichs abzustecken – die Grenzen des religiösen Feldes bestimmen. Damit nimmt er zugleich eine Definition dessen vor, wer im Sinne des Rechts auf Religionsfreiheit als ‹Gleicher› gilt. Nun sind aber Grenzziehungen stets sowohl inklusiv als auch exklusiv: Immer werden einige in das legitime, das rechtlich geschützte religiöse Feld einbezogen, andere ausgegrenzt, in der Regel gegen ihr Selbstverständnis.[9]

Dies sei an einigen Beispielen illustriert: Es ist unstrittig, dass Christen, Juden, Muslime oder Zeugen Jehovas religiös sind. Ihre religiösen Anschauungen und Praktiken sind daher im Grundsatz gleichermaßen durch das Recht auf Religionsfreiheit geschützt. Bei anderen, etwa bei den

---

9 Zu den fortgesetzten ‹Grenzarbeiten› am religiösen Feld, an denen auch das Recht und die Rechtsprechung beteiligt sind, vgl. Reuter 2009 sowie Reuter (im Erscheinen).

Scientologen, ist das aber keineswegs der Fall. Die Scientology Church ihrerseits versteht sich allerdings als Religionsgemeinschaft. Auf dieses Selbstverständnis gründet sie auch ihren Anspruch, im gleichen Maße freiheitsberechtigt wie die Genannten zu sein, etwa wenn es darum geht, für organisationsinterne Arbeitsverhältnisse Dispense vom allgemeinen Arbeitsrecht zu erhalten, diese Arbeitsverhältnisse also nach ihren religiösen Maßgaben ordnen zu dürfen; ob es sich dabei tatsächlich um *religiöse* Maßgaben handelt, ist die strittige Frage, die deutsche Gerichte bisher abschlägig beantwortet haben,[10] wobei sie sich von einem breiten gesellschaftlichen Konsens getragen wissen dürfen. Anders als etwa in den USA, wo die Scientology Church das Recht auf Religionsfreiheit unstrittig für sich in Anspruch nehmen kann, haben deutsche Gerichte bestimmt, dass die Scientology-Organisation entgegen ihrer Selbstbeschreibung keine Religionsgemeinschaft ist und folglich nicht in den Genuss der Privilegien gelangen kann, die als Konsequenz aus der Religionsfreiheit u.a. den christlichen Kirchen etwa in der Frage des Arbeitsrechts zugestanden werden. Was immer man von dieser Entscheidung hält[11] – man kommt nicht umhin festzustellen, dass den Scientologen in diesem Fall durch den säkularisierten Verfassungsstaat die Anerkennung als ‹Gleiche› im Sinne des Rechts auf Religionsfreiheit verweigert wird.

Nun gelten die Scientologen, wie gesagt, zumindest in Deutschland nicht als Religionsgemeinschaft. Das skizzierte Dilemma von staatlicher Säkularität und Religionsfreiheit tritt aber auch dann zutage, wenn der religiöse Charakter von Gemeinschaften unstrittig ist, wie es für Christen, Juden, Zeugen Jehovas, Muslime u.a. gilt. Auch diese können sich keineswegs darauf verlassen, dass sämtliche Aspekte ihrer religiösen Lebensführung unter grundrechtlichen Schutz gestellt werden. So wird bekanntlich darum gestritten, welche religiösen Zeichen oder Symbole der genannten Glaubensgemeinschaften in welchen Bereichen des öffentlichen Lebens durch das Recht auf Religionsfreiheit geschützt sind. In Deutschland hat dies zu unübersichtlichen, von Bundesland zu Bundesland variierenden

---

10 So im Beschluss des Bundesarbeitsgerichts: BAG, 5 AZB 21/94 vom 22.3.1995.
11 Es geht an dieser Stelle nicht um Kritik an dieser Entscheidung. Meine Fragestellung ist eine systematische, keine normative: Es geht darum zu zeigen, dass der säkulare Staat solche Entscheidungen treffen muss, im Vollzug dieser Entscheidungen jedoch gegen seine eigenen fundamentalen Prinzipien (Säkularität, Freiheit, Gleichheit) verstößt.

Regelungen geführt, bei denen zumindest die Anfrage gestellt werden darf, ob sie dem Gleichheitsgrundsatz Genüge tun: Einige Bundesländer dulden zwar die christliche Ordenstracht, das Kreuz und die jüdische Kippa der Lehrerin oder des Lehrers, nicht aber das Kopftuch der muslimischen Lehrerin. Andere Bundesländer haben diese selektive Regelung auf den gesamten öffentlichen Dienst erweitert und wieder andere haben den Mitarbeiterinnen und Mitarbeitern im öffentlichen Dienst das Tragen sämtlicher religiöser Zeichen untersagt. Letzteres scheint – auf den ersten Blick – der ‹Königsweg› zu sein, der einen Ausweg aus dem Dilemma weist, weil er dem Freiheits- und dem Gleichheitsprinzip und zugleich dem Anspruch auf Säkularität gerecht wird. Schaut man aber genauer hin, so wird man erkennen, dass auch diese ‹Lösung› das Problem nur verschiebt, da auch hier zu klären bleibt, wo die stets fließende Grenze zwischen religiösen und nicht-religiösen, politischen und kulturellen Zeichen verläuft. Auch auf diesem Weg kommt der freiheitliche, säkularisierte Staat also nicht darum herum, an den Grenzen des religiösen Feldes zu arbeiten.

Festzuhalten bleibt also: Auch diejenigen, deren Ansprüche auf Religionsfreiheit im Grundsatz anerkannt sind, etwa muslimische Frauen, müssen im säkularisierten Verfassungsstaat, der allen gleichermaßen das Recht auf Religionsfreiheit garantiert, mit Einschränkungen ihrer religiösen Freiheitsrechte und folglich ihres Gleichheitsanspruchs rechnen. Sie werden zwar nicht prinzipiell aus der Freiheits- und Gleichheitsordnung *aus*gegrenzt, aber innerhalb dieser Ordnung in ihren Freiheitsrechten *be*grenzt (vgl. Menke 2004: 251–269). Diese Begrenzungen stehen freilich selbst im Dienst der Freiheits- und Gleichheitsordnung: Sie versuchen Schutz zu bieten im Fall kollidierender Freiheitsrechte und einer Aushöhlung des Gleichheitsprinzips zuvorzukommen. Welche Wege auch immer beschritten werden, um dem Dilemma zu entkommen: Der Religionsfreiheit gewährende und die Gleichheit aller Menschen grundrechtlich garantierende säkularisierte Staat klassifiziert – und zwar im Namen von Freiheit und Gleichheit – Personen, Lebensführungen, Weltanschauungen, Zeichen und Symbole: Er scheidet religiöse von nicht-religiösen Praktiken und Vorstellungen, die keine besonderen Freiheitsansprüche geltend machen können.[12] Er arbeitet also an der Begrenzung des

---

12 Eher als der Begriff ‹Religion› selbst geben in historischer Perspektive die jeweiligen asymmetrischen Gegenbegriffe zur Religion Aufschluss über das

religiösen Feldes: Er grenzt die einen ein und die anderen aus. Darüber hinaus behält er sich vor, die Religionsfreiheit auch derjenigen einzuschränken, die er prinzipiell als religiös und somit schutzberechtigt anerkennt, etwa den öffentlichen Gebrauch bestimmter Kleidungsstücke oder Erkennungszeichen zu begrenzen, obwohl sie in der Sicht der Glaubenden religiös verpflichtend sein mögen. Die Einschränkungen, die er vornimmt, basieren auf Bewertungen der Lebensführung und der Vorstellungen derer, die in der säkularen Freiheits- und Gleichheitsordnung grundsätzlich als religiös anerkannt werden; sie stellen daher einen Eingriff in das Selbstbestimmungsrecht der Religionen dar. Staatliche Stellen, die mit den Konflikten befasst sind – seien es (Schul-)Verwaltungen, Parlamente, Gerichte – sind sich dessen nicht selten durchaus bewusst. Sie verlassen sich deshalb in vielen Fällen auch nicht auf ihre Kompetenz allein, sondern ziehen im Vorfeld ihrer Entscheidungen wissenschaftlich ausgewiesene Experten, aber auch Autoritäten der jeweils betroffenen Religionsgemeinschaften zu Rate, die etwa zur religiösen Verbindlichkeit des Tragens einer Kopfbedeckung oder des betäubungslosen Schlachtens, zur Bedeutung des Kreuzes bzw. Kruzifixes oder zu anderen strittigen Themen befragt werden.[13] Diese Erweiterung der

---

staatliche Selbstverständnis: So wird unter den Bedingungen einer Staatsreligion oder -kirche Religion häufig von Magie, Häresie, Ketzerei oder Irrglaube, Gottlosigkeit oder Götzendienst unterschieden. Ins rechtliche Vokabular eines Staates mit säkularem Selbstverständnis können diese religiöse Wertungen enthaltenden Begriffe keinen Eingang finden. Gleichwohl geht auch im säkularen Rechtsstaat in die üblichen Gegenbegriffe zur Religion – vor allem Kultur und Politik – ein Vorverständnis dessen ein, was Religion ‹eigentlich› ist. Zur Pragmatik von Religionsdefinitionen vgl. Platvoet/ Molendijk 1999.

13 Dass hiermit ein weiteres religionsrechtliches Konfliktfeld eröffnet ist – nämlich die Frage, inwiefern kollektivreligiöse Verbindlichkeit ein Kriterium für die Bestimmung des Schutzbereichs des individuellen Grundrechts auf Religionsfreiheit sein darf –, kann hier nicht weiter verfolgt werden. Das Bundesverfassungsgericht hat dies in seinem Urteil über die Zulässigkeit von Ausnahmegenehmigungen für das Schächten durch muslimische Metzger 2002 verneint (BVerfG, 1 BvR 1783/99 vom 15.1. 2002) und damit eine gegenläufige Entscheidung des Bundesverwaltungsgerichts aus dem Jahr 1995 (BVerwG, 3 C 31.93 vom 15.6.1995) gerügt, die allerdings zwischenzeitlich vom selben Gericht bereits modifiziert worden war (BVerwG 3 C 40.99 vom 23.11.2000). In seiner

Entscheidungsbasis erscheint durchaus vernünftig. Doch einen Ausweg aus dem Dilemma weist auch sie nicht. Denn die Frage bleibt: Welche Wissenschaftlerinnen und Wissenschaftler und welche religiösen Autoritäten werden in den Entscheidungsprozess einbezogen? Und wer bleibt außen vor? Staatliche Organe müssen eine Wahl treffen: Nicht alle Wissenschaftler genießen aber fachwissenschaftlich die gleiche Reputation, von ihrem Ansehen in den Religionsgemeinschaften ganz zu schweigen. Und auch religiöse Autoritäten können sich nicht selbstverständlich auf die Folgsamkeit ihrer Glaubensbrüder und -schwestern verlassen, denn auch sie sind innerhalb ihrer Gemeinschaften in der Regel einem Meinungsstreit und Konkurrenzdruck ausgesetzt, so dass staatliche Stellen mit ihrer Wahl für den einen und gegen den anderen letztlich in religiösen Auseinandersetzungen Position beziehen.[14]

Aus dem skizzierten Dilemma gibt es also kein Entrinnen: Der um der Freiheit willen säkularisierte Verfassungsstaat sucht mit den Mitteln des Rechts die Freiheit der Religion zu garantieren und übt mit eben diesen Mitteln unweigerlich Macht aus über die Religionen. Das (Religions-)Recht ist demnach eines der Instrumente, mit dem der Verfassungsstaat auf dem Möglichkeitsfeld des religiösen Lebens operiert und so seinerseits das Spektrum möglicher religiöser Wahrnehmungsmuster, Identitäten und Sensibilitäten bestimmt.

---

jüngsten Entscheidung in dieser Sache schließt sich das Bundesverwaltungsgericht der Sicht der Bundesverfassungsrichter an (BVerwG, 3 C 30.05 vom 23.11.2006).

14 So basieren Revisionen von Entscheidungen durch höherrangige Instanzen nicht selten auch auf einem Wechsel der im Streitfall zu Rate gezogenen Experten. Dies konnte man etwa im Berliner Streit um das Recht eines muslimischen Schülers, seine rituellen Gebete während der Schulzeit (aber außerhalb der Unterrichtszeit) zu verrichten, beobachten: Das (dem Schüler Recht gebende) Berliner Verwaltungsgericht hatte sich auf den Erlanger Juristen und Islamwissenschaftler Mathias Rohe gestützt (VG Berlin, VG 3 A 984.07 vom 29.9.2009); die von der Schulverwaltung angerufene nächst höhere Instanz hingegen ließ sich von dem Göttinger Islamwissenschaftler Tilman Nagel beraten und revidierte das Urteil (OVG Berlin-Brandenburg, 3 B 29.09 vom 27.5.2010); die Revision wurde vom Bundesverwaltungsgericht in Leipzig bestätigt, das aber betonte, es handle sich um eine Einzelfallentscheidung zur Wahrung des Schulfriedens (BVerwG, 6. C 20.10 vom 30.11.2011).

Literaturverzeichnis

Böckenförde, Ernst-Wolfgang ([1991] 2000): «Die Entstehung des Staates als Vorgang der Säkularisation». In: Ders., Recht, Staat, Freiheit, Frankfurt/M.: Suhrkamp, S. 92–114.

Dreier, Horst (2001): «Kanonistik und Konfessionalisierung – Marksteine auf dem Weg zum Staat». In: Georg Siebeck (Hg.), Artibus ingenuis. Beiträge zu Theologie, Philosophie, Jurisprudenz und Ökonomik, Tübingen: Mohr Siebeck, S. 133–169.

Habermas, Jürgen (1998): Die postnationale Konstellation. Politische Essays, Frankfurt/M.: Suhrkamp.

Habermas, Jürgen (2005): «Einleitung». In: ders., Zwischen Naturalismus und Religion. Philosophische Aufsätze, Frankfurt/M.: Suhrkamp, S. 7–14.

Isensee, Josef (1980): Wer definiert die Freiheitsrechte? Selbstverständnis der Grundrechtsträger und Grundrechtsauslegung des Staates, Heidelberg/Karlsruhe: Müller.

Koenig, Matthias (2005): «Politics and Religion in European Nation-States: Institutional Varieties and Contemporary Transformations». In: Bernhard Giesen/Daniel Suber (Hg.), Religion and Politics. Cultural Perspectives, Leiden: Brill, S. 291–315.

Korioth, Stefan (2005): «Die Entwicklung der Rechtsformen von Religionsgemeinschaften in Deutschland im 19. und 20. Jahrhundert». In: Hans G. Kippenberg/Gunnar Folke Schuppert (Hg.), Die verrechtlichte Religion. Der Öffentlichkeitsstatus von Religionsgemeinschaften, Tübingen: Mohr Siebeck, S. 109–139.

Lepsius, Oliver (2006): «Die Religionsfreiheit als Minderheitenrecht in Deutschland, Frankreich und den USA». Leviathan 34(3), S. 321–249.

Menke, Christoph (2004): Spiegelungen der Gleichheit. Politische Philosophie nach Adorno und Derrida, Frankfurt/M.: Suhrkamp.

Morlok, Martin (1993): Selbstverständnis als Rechtskriterium, Tübingen: Mohr.

Morlok, Martin ([1996] 2004): «Art. 4». In: Horst Dreier (Hg.), Grundgesetz Kommentar. Band I: Präambel, Artikel 1–19, Tübingen: Mohr Siebeck.

Platvoet, Jan G./Molendijk, Arie L. (Hg.) (1999): The Pragmatics of Defining Religion. Contexts, concepts and contests, Leiden: Brill.

Pollack, Detlef (2009): Rückkehr des Religiösen? Studien zum religiösen Wandel in Deutschland und Europa II, Tübingen: Mohr Siebeck.

Reinhard, Wolfgang ([1999] 2002): Geschichte der Staatsgewalt. Eine vergleichende Verfassungsgeschichte Europas von den Anfängen bis zur Gegenwart, München: C. H. Beck.

Reuter, Astrid (2007): «Säkularität und Religionsfreiheit – ein doppeltes Dilemma». Leviathan 35(2), S. 178–192.

Reuter, Astrid (2009): «Charting the Boundaries of the Religious Field. Legal Conflicts over Religion as Struggles over Blurring Borders». Journal of Religion in Europe 2, S. 1–20.

Reuter, Astrid (im Erscheinen): Religion in derverrechtlichten Gesellschaft. Rechtskonflikte und öffentliche Kontroversen um Religion als Grenzkämpfe um das religiöse Feld. Habilitationsschrift, Max-Weber-Kolleg, Universität Erfurt 2012.

Riesebrodt, Martin (2007): Cultus und Heilsversprechen. Eine Theorie der Religionen, München: C. H. Beck.

Sullivan, Winnifred Fallers (1994): Paying the Words Extra. Religious Discourse in the Supreme Court of the United States, Cambridge: Cambridge University Press.

Sullivan, Winnifred Fallers (2005): The Impossibility of Religious Freedom, Princeton: Princeton University Press.

Tietze, Nikola (2008): «Religionssemantiken in europäischen Institutionen – Politische Dynamiken einer semantischen Topographie». In: Matthias Koenig/ Jean-Paul Willaime (Hg.), Religionskontroversen in Frankreich und Deutschland, Hamburg: Hamburger Edition, S. 400–443.

Rechtsquellen

BAG, 5 AZB 21/94 vom 22.3.1995 («Scientology»).

BVerfG, 1 BvR 1783/99 vom 15.1.2002 («Schächten»).

BVerfG, 1 BvR 241/66 vom 16.10.1968 («Aktion Rumpelkammer»).

BVerwG, 3 C 31.93 vom 15.6.1995 («Schächten»).

BVerwG, 3 C 40.99 vom 23.11.2000 («Schächten»).

BVerwG, 3 C 30.05 vom 23.11.2006 («Schächten»).

OVG Berlin-Brandenburg, 3 B 29.09 vom 27.5.2010 («Islamisches Schulgebet»).

VG Berlin, VG 3 A 984.07 vom 29.9.2009 («Islamisches Schulgebet»).

Teil 1
Kleidung

Relevanz in der Interaktion: Kleidung und Religion

Dorothea Lüddeckens

1 Einleitung

«Eines der wirksamsten Mittel bei der Hypnose – der äußeren Einwirkung
auf den seelischen Zustand des Menschen – ist die Kostümierung. Die
Menschen wissen das sehr gut. So erklärt sich das Mönchsgewand im
Kloster und die Uniform beim Militär.» (Tolstoj 1979: 536)

Kleider bieten mehr als Schutz für den Körper ihreR TrägerIn. Sie bestimmen, wie im Zitat Tolstois angedeutet, den Blick auf Menschen und
damit auch auf Situationen maßgeblich.[1] In einigen Wissenschaftsdis-
ziplinen ist Kleidung ein vielbehandelter Untersuchungsgegenstand, so in
der Psychologie und insbesondere der Ethnologie.[2] Hier wurde gezeigt,
dass Kleidung in starker Beziehung zur sozialen Rolle eines Individuums
steht und zur Weitergabe einer kulturellen Tradition beitragen kann.
Zudem wurde der Möglichkeit, Kleidung symbolisch zu codieren, besondere Aufmerksamkeit geschenkt: «[...] dress can be an extremely powerful
symbolic way of expressing and reinforcing subtle values, relationships,
and meaning in human culture» (Hamilton/Hamilton 2008: 142).[3]

In anderen Forschungsbereichen wurde Kleidung bislang wenig be-
achtet, obwohl darauf hingewiesen wurde, dass deren Analyse von der
Kirchengeschichte (vgl. Kaufmann 2009: 294) bis hin zur Organisations-
soziologie (vgl. Rafaeli/Pratt 1993: 33) äußerst aufschlussreich für die

---

1 Eindrücklich hat Gottfried Keller dies in seiner Novelle «Kleider machen
Leute» thematisiert (Keller [1874] 1997). Der Titel geht auf ein Sprichwort von
Quintilian zurück: «vestis virum reddit» (Quintilian, *Institutio oratoria* VIII, 5).

2 In der Ethnologie lässt sich ein größeres Interesse seit Ende der 1980er Jahre
beobachten (vgl. Hansen 2004: 370). Abgesehen von zahlreichen Einzelunter-
suchungen und neben diversen Tagungen, wurden in den letzten Jahrzehnten
verschiedene Überblickswerke herausgegeben (u.a. Eicher/Evenson/Lutz
2008; Taylor 2002; Hansen 2004) und Zeitschriften zum Thema gegründet. Zu
den beiden Journalen der in den 1970ern gegründeten *Costume Societies* aus
England und den USA, «Costume» und «Dress», kam 1997 «Fashion Theory:
The Journal of Dress, Body and Culture» hinzu.

3 Hamilton und Hamilton fassen auf diese Weise ihre Forschungsergebnisse bei
den Karen (Thailand) im Abstract des entsprechenden Aufsatzes zusammen.

entsprechenden Sachverhalte sein kann. Warum außerhalb der Ethnologie relativ wenige Forschungen zu Kleidung vorliegen, wäre eine eigene Diskussion wert. Auffallend ist jedenfalls, dass Kleidung vor allem als weibliche Domäne gesehen wird und sich dies auch in der Forschung insofern niederschlägt, als einschlägige Publikationen häufig von Autorinnen stammen.

Der vorliegende Aufsatz möchte aufzeigen, warum und inwiefern *religiöser* Kleidung[4] eine spezifische Relevanz zukommt. Dieser Beitrag wird daher nicht enzyklopädisch vestimentäre religiöse Praktiken oder religiöse Zeichenkodierungen über Kleidung vorstellen und es wird nicht um die Frage spezifischer symbolischer Bedeutungen gehen.[5]

Eine weitere Fokussierung der Fragestellung besteht in der Frage, auf welche Weise Kleidung *Interaktionen* mitbestimmen kann, inwiefern *religiöse* Kleidung dies auf spezifische Weise tun kann und warum dies möglich ist.

Um die genannten Fragen bearbeiten zu können, soll hier zunächst der Kleidungsbegriff geklärt und dann auf die Relevanz des Körpers eingegangen werden. Daran anschließend konzentriert sich der Beitrag auf den Zusammenhang von Kleidung und Interaktion, um schließlich die Spezifität der Relevanz *religiöser* Kleidung zu diskutieren.

Im englischen Diskurs um Kleidung wird zwischen «dress» und «clothing» unterschieden. «Dress» umfasst sowohl einen Prozess als auch ein Produkt (vgl. Eicher/Evenson/Lutz 2008: 4). Der Prozess «dress(ing)» wiederum umfasst alle Handlungen, die den Körper verändern und ergänzen.[6]

---

4   Zur Begriffsbestimmung vgl. unten 4.1.
5   Eine andere, hier nicht behandelte Thematik ist die Relevanz von Kleidung in der Tradierung von religiösen Traditionen oder auch für die religiöse Sozialisation. Eine weitere, religiöse Relevanz kommt Kleidung auch zu, insofern sie als Schutz gegen Immaterielles, Gefahren bzw. Einfüsse von ‹außen› angesehen werden kann. Religiöser Kleidung wird in vielen Fällen die Funktion zugewiesen, vor moralischen Gefahren zu schützen, was besonders auch im Hinblick auf Sexualität relevant ist und insbesondere auf Ordensgewänder zutreffen kann (vgl. Flügel 1986: 251–253), aber auch im Hinblick auf andere Kräfte, die als gefährlich angesehen werden. So wird von den Parsi-Zoroastriern der sudreh, ein rituelles Untergewand, auch als «Schutzschild» bezeichnet.
6   «[...] actions undertaken to modify and supplement the body in order to address physical needs and to meet social and cultural expectations about how

Darin eingeschlossen ist Bodybuilding, Parfümieren, Schminken und Frisieren oder das Schneiden von Körperhaaren. Entsprechend diesem Verständnis von «dress(ing)» bezeichnet «dress» als Produkt Dinge, die am Körper angebracht oder ihm hinzugefügt werden. Dies können nicht nur Kleider, sondern auch Schmuckstücke, Accessoires, Tattoos, Düfte etc. sein.[7] «Cloth» und «clothing» bezeichnet hingegen im engeren Sinne Kleidung, in der Art, wie der Begriff in der deutschen Umgangssprache verwendet wird.

Im Folgenden wird der breiten Bedeutung von «dress(ing)» gefolgt, wenn von «Kleidung» die Rede ist. So können religiöse Markierungen des Körpers unter denselben Gesichtspunkten diskutiert werden, ob es sich nun um Gegenstände handelt, die am Körper getragen und an- und ausgezogen werden können oder aber um Frisuren, Tattoos oder Utensilien/Accessoires wie Stöcke oder Bettelschalen, die in den Händen gehalten werden. Sie alle sind über Materialität (und z.B. nicht über Performanz wie Körperhaltungen und -bewegungen) visuell wahrnehmbare (vgl. Uehlinger 2006),[8] mit einem Körper verbundene Gegenstände bzw. Markierungen. In vielen Fällen werden diese unterschiedlichen Körperhinzufügungen und -veränderungen auch auf der emischen Ebene als Gesamtheit verhandelt.[9]

Roach/Eicher (1973) und Roach/Musa/Hollander (1980) haben, wie ebenfalls in einer leichten Variation bei Eicher/Eavenson/Lutz (2008: 5)

---

individuals should look. This process includes all five senses of seeing, touching, hearing, smelling, and tasting – regardless of the society and culture into which an individual is born.» (Eicher/Evenson/Lutz 2008: 4) Eine ähnliche, viel zitierte Definition lautet: «[...] the total arrangement of all the outwardly detectable modifications of a person's body and all material objects added to it.» (Roach/Musa/Hollander 1980: 68) Auch Tiere oder (GöttInnen-) Statuen können Kleidung tragen. Die folgenden Ausführungen beschränken sich jedoch auf Kleidung, die von Menschen getragen wird.

7 Darunter können z.B. auch Gegenstände fallen, die noch nicht einmal von der betreffenden Person selbst, sondern von anderen über sie gehalten werden, wie Schirme etc.

8 Vgl. mit anderer Differenzierung Goffman 1959: 22.

9 So gehören das Tragen einer bestimmten Art von Turban (*dastar*), Unterhose (*kachhehra*), Schwert (*kirpan*), Armreif (*karha*), Kamm (*kanga*) und der Verzicht auf das Schneiden der Haare (*kesh*) für einen Khalsa Sikh zusammen.

zu finden, eine gerade im Hinblick auf transkulturelle Studien hilfreiche Klassifikation vorgeschlagen:

Zunächst ist zwischen Körperveränderungen und Körperhinzufügungen zu unterscheiden. Körperveränderungen wiederum können temporär (z.B. Haartrachten) oder von Dauer sein (z.B. Branding), Körperhinzufügungen können differenziert werden in diejenigen, welche den Körper oder Teile des Körpers umhüllen, diejenigen, welche ihm angeheftet (z.B. Haarschmuck), angehängt (z.B. Ketten) oder auch aufgesteckt/aufgesetzt werden (z.B. Hüte), diejenigen, die wiederum seiner umhüllenden Kleidung angeheftet etc. werden (z.B. Broschen), und diejenigen, die von der betreffenden Person oder einer anderen gehalten werden (z.B. Stöcke).[10]

2 Körper und Kleidung

2.1 Körper

Kleidung wird an einem Körper getragen bzw. sie wird hergestellt, um an einem Körper getragen zu werden. Da somit der unmittelbare Kontext von Kleidung ihr Körperbezug ist, soll sich im Folgenden die Aufmerksamkeit zunächst dem Körper zuwenden. «Wo auch immer ein Individuum sich befindet und wohin auch immer es geht, es muss seinen Körper dabei haben» (Goffman 1994: 152).[11] Luhmann thematisiert dies, indem er darauf verweist, dass jede

«noch so unwahrscheinliche Ausdifferenzierung spezifischer Funktionsbereiche [...] auf die Tatsache rückbezogen bleiben [muss], dass Menschen in körperlicher Existenz zusammenleben, sich sehen, hören, berühren können. Noch so geistvolle, fast immateriell gelenkte Systeme, wie Wirtschaft oder Recht oder Forschung können nicht ganz davon abheben.» (Luhmann 1984: 337).

10 Zu bedenken ist allerdings, dass viele Kleidungsstücke, die dem Körper hinzugefügt werden, auch zu Körperveränderungen führen. So verändern z.B. enggeschnürte Korsagen zumindest temporär die Figur, ebenso *high heels*, während Zahnspangen oder die chinesische Technik des Füßeeinbindens die Zähne bzw. Füße («Lotusfuß») dauerhaft verändern.

11 Möchte man diese Feststellung für virtuelle Welten in Frage stellen, ist zu bedenken, dass das Individuum mit seinem Körper vor dem Bildschirm sitzt, sich mit Hilfe seiner Finger durch die virtuelle Welt bewegt, sein Magen knurrt, sein Nervensystem angeregt ist und seine Augen müde werden.

Auch das Individuum selbst nimmt den eigenen Körper als etwas für die eigene Existenz unabdingbar Notwendiges wahr[12] und zugleich als etwas nur bedingt Verfügbares, insofern es zwar die Macht hat, ihn zu zerstören, aber nur eine bedingte, ihn zu erhalten.

Die Existenz des eigenen Körpers ist etwas so Selbstverständliches, dass sie oft erst dann wahrgenommen wird, wenn dieser Körper stört, nicht kontrolliert werden kann (peinliches Magenknurren in der Sitzung, Husten im Konzertsaal) oder nicht ‹funktioniert›. Deutlich wird hier, wie unmittelbar der Mensch zu seinem Körper steht. Zugleich aber hat der Mensch Distanz zu seinem eigenen Körper, da er sich selbst und ihn zum Gegenstand machen kann (vgl. Plessner 1975: 361 u.ö.). Dies wiederum ist die Grundbedingung für vestimentäre Praxis.

Für die im Folgenden anzustellenden Überlegungen im Hinblick auf die Relevanz von (religiöser) Kleidung für Interaktionen ist es sinnvoll, Körper und Bewusstsein als zwei miteinander in Beziehung stehende, aber doch jeweils autopoietisch operierende, autonome Systeme zu verstehen. Der Körper ist ein biologisches, das menschliche Bewusstsein hingegen ein psychisches System, das über Wahrnehmungs- und Bewusstseinsprozesse operiert. Dabei ist dieses System zwar autonom, nicht jedoch autark, insofern es auf das biologische System Körper als Umwelt angewiesen ist (vgl. Luhmann 1985; 1984: 331). Die Komplexität des Körpers, seines Gehirns, seiner Wahrnehmungsfähigkeit etc. steht dem psychischen System zur Verfügung, ohne dass das eine System mit dem anderen zu identifizieren wäre. Von biologischen und psychischen Systemen weiter zu unterscheiden sind soziale Systeme, die im Medium Kommunikation operieren und psychische Systeme als Umwelt benötigen.

Die biologischen Bedürfnisse von Menschen können darin bestehen, sich aufgrund von Witterungsbedürfnissen mit schützenden Materialien, mit Kleidung, zu umgeben. An dieses biologische Bedürfnis des biologischen Systems Mensch, die eigene Körperwärme bei sich zu behalten, kann das soziale System anknüpfen. Allerdings operiert es dann nach seinen eigenen Regeln, nicht nach denen des biologischen Systems und kann daher auch nicht über die biologischen Bedürfnisse verstanden

---

12　Dies gilt zum Teil selbst für Perspektiven auf ein Leben nach dem physischen Tod, wo z.B. von einem «Neuen Körper» ausgegangen wird, oder wenn neben materiellen auch immaterielle Körper konzipiert werden.

werden. Sicherlich werden in kälteren Gegenden eher dichtere und
dickere Kleidungsmaterialien zu beobachten sein als in wärmeren, aber
das wiederum ist die Ebene von Materialität und nicht diejenige von Sinn
oder Kultur. Verstehen, und damit auch Verstehen, wie Kleidung verstanden wird, findet im sozialen System statt und hier wiederum im
Medium Kommunikation.[13] Diese wird daher im Folgenden insbesondere
thematisiert werden.

Ein Mensch ist für einen anderen Menschen nur über seinen Körper
und dessen Äußerungen wahrnehmbar. Und Menschen wissen, dass sie
für andere nur über ihren Körper und dessen Äußerungen wahrnehmbar
sind. Die Angewiesenheit des menschlichen Bewusstseins auf das biologische System des Körpers und das hohe Maß, in dem das Bewusstsein sich
mit diesem Körper identifiziert bzw. von anderen mit ihm identifiziert
wird,[14] führen in Verbindung mit der oben angesprochenen Tatsache,
dass der Körper in der Spannung von Verfügbarkeit und Unverfügbarkeit
erfahren wird, zu der hohen Relevanz, die seiner äußeren Erscheinung
zugeschrieben wird. Dies gilt für seine Geschlechtsmerkmale ebenso wie
für seine Bekleidung. Vestimentäre Praktiken sind, im Anschluss an Mauss
(1989a; 1989b) und Bourdieu (1986), Praktiken, die das körperliche Selbst
konstruieren und präsentieren (vgl. Craik 1993: 1).

Worin die Grenzen des menschlichen Körpers und seine Bedeutung
gesehen werden, ist allerdings kulturabhängig und u.a. durch das Verhältnis von Materialität und Immaterialität bestimmt. So können einem
Menschen mehrere Körper zugesprochen werden, denen in unterschiedlichem Ausmaß und unterschiedlicher Weise Materialiät zukommt, so z.B.
wenn von «Astralkörpern» (von Menschen) die Rede ist oder zum Körper
materiell nicht fassbare Aspekte gerechnet werden, wie z.B. Energie-
ströme, Meridiane etc.

Körperlichkeit, das Verhältnis zum Körper und der Blick auf ihn, ist
zudem jeweils historisch zu beobachtenden Veränderungen unterworfen.
Simmel weist darauf hin, dass es ein langer Weg war, bis der Körper als
unser «erstes und unbedingtes Eigentum» galt (Simmel 1992: 421). In

---

13 Dies trifft sowohl auf die Beobachtung erster als auch auf diejenige zweiter
     Ordnung zu.
14 Systemtheoretisch gesehen handelt es sich, wie dargestellt, um zwei ver-
     schiedene Systeme, wobei das eine das andere notwendigerweise als Umwelt
     hat.

westlichen Kulturen führt die Auffassung des Körpers als Besitz, als etwas, «das man *hat* und nicht mehr *ist*» (Löw 2001: 117), zu dem Ideal, den Körper immer mehr dem eigenen idealisierten Selbstbild oder auch fremden Vorbildern anzupassen, sei es durch Operationen, Sport, Diäten oder Kleidungsstücke. So wird der Körper zunehmend als etwas wahrgenommen, was vom Individuum manipuliert werden kann, sein Aussehen, sein biologisches Alter und sein Geschlecht können verändert werden (vgl. Schroer 2005: 20). Das Verhältnis zum Körper in westlichen Gesellschaften trägt entscheidend zur Wahrnehmung von Kleidung und Kleidungsverhalten in eben diesen Gesellschaften bei. In der westlichen Moderne wird der Körper zum Ausweis «persönlicher Identität»: «Dieser Körper ist der meine und nicht der des anderen, ich bin genau dieses Individuum, das sich durch seine körperliche Verpackung auszeichnet.» (Kaufmann 1996: 32) Unter diesem Vorzeichen kommt dann dem Kleidungsverhalten für das Individuum existentielle Bedeutung zu.[15]

2.2 Kleidung

Die hohe Relevanz von Kleidung hängt aufs Engste mit ihrem Körperbezug zusammen und damit mit der Relevanz des Körpers für das Selbstverständnis des Menschen. Darauf wird im Folgenden noch näher eingegangen werden. Kleidung ist nicht nur Ausdruck eines bestimmten Geschmacks, sondern v.a. auch Ausdruck sozialer Zugehörigkeit und personaler Identität,[16] wobei nicht vergessen werden sollte, dass Letztere unabhängig von sozialer Identität nicht zu denken ist.[17] Dies heißt allerdings

---

15 Kleidung kann auch Ver-kleidung sein und dann genau mit der Differenz von Außenwahrnehmung und Selbstverständnis spielen. Wer sich verkleidet, legt eine Kleidung an, von der er ausgeht, dass sie von anderen als Zeichen einer Identität wahrgenommen wird, die er vielleicht in ihren Augen haben möchte, jedoch in seinen eigenen Augen nicht hat. Dies gilt sowohl für Kostümbälle als auch z.B. für Reisende, die sich gezielt einer Kleidungspraxis bedienen, die ihre eigene Identität verschleiert (vgl. Erker-Sonnabend 1987).

16 Im Folgenden wird unter personaler Identität das verstanden, was ein Individuum aus eigener oder fremder Perspektive als ein spezifisches Individuum auszeichnet. Unter sozialer Identität wird hier verstanden, was ein Individuum, wiederum aus eigener oder fremder Perspektive, aufgrund seiner sozialen Bindungen, Rollen etc. auszeichnet. In beiden Fällen werden die Begriffe als «categories of practice» verstanden (vgl. Brubacker/Cooper 2000: 4).

17 Vgl. hier z.B. Kaiser 1983; Leach 1976; Simmel 1992, 1890.

nicht, dass alle Menschen sich jeweils bewusst für eine bestimmte Kleidung entscheiden, vielmehr ist davon auszugehen, dass dies in den wenigsten Fällen der Fall ist.

Für verschiedene im Folgenden noch anzusprechende Aspekte ist es
von Bedeutung, dass Kleidung in enge Beziehung mit ihren TrägerInnen
gesetzt wird, sowohl von ihnen selbst als auch von BeobachterInnen.[18]
Dies kann so weit gehen, dass Kleidung, ohne die Anwesenheit eines darin
ge- oder damit bekleideten Körpers auch für einen Menschen selbst
stehen kann. So wird im Schweizer Nationalmythos Gessler in seiner Abwesenheit durch seinen Hut repräsentiert, vor dem man sich zu verbeu-
gen hat. Im antiken China wurden in Todesfällen, bei denen keine Leiche
zur Bestattung vorhanden war, Kleider des Toten bestattet.[19] Rituelle
Unreinheit eines Menschen geht auch auf seine Kleidung über bzw. einer
rituellen Reinigung folgt in vielen Fällen die Bekleidung mit ebenfalls
gereinigter Kleidung.[20] Aufgrund der hohen Identifikation des Menschen
mit seinem Körper folgen einem veränderten Selbstverständnis häufig
auch Veränderungen an diesem Körper. Dies gilt auch und besonders
augenfällig für Menschen, die die Relevanz des Körpers negieren bzw.
dessen unveräußerliche Bindung an ihre Psyche und/oder ihren Geist
bestreiten, wie es in vielen Fällen von Askese oder z.B. innerhalb des
Buddhismus zu beobachten ist. So bemerkt Miyake beispielsweise zu den
japanischen Bergasketen Shugenja im Shugendo: «The key to under-
standing the religious character of *shugenja* is in the costume and religious
equipment of mountain austerities. Each of these items has interesting
symbolic significance [...]» (Miyake 2001: 80, vgl. auch 80–85).

Ebenso verändern buddhistische Mönche und Nonnen ihre Kleidung
mit dem Ablegen des Gelübdes. Wenn sie sich während ihrer asketischen

---

18 Vgl. hierzu auch Stone 1995. Stone referiert stark auf den reflexiven Charakter
    von Kleidung und deren Wahrnehmung (ebd. 28), vgl. auch Goffman (1959: 23-
    24).

19 Vgl. z.B. für das antike China: De Groot 1892: 847, 853, 193. Leider findet sich,
    soweit mir bekannt, zu diesem Befund De Groots keine neuere Forschungs-
    literatur. Zu anderen Aspekten von Kleidung bei chinesischen Bestattungen
    siehe Watson/Rawski 1988.

20 Nach dem Ablauf ihrer Menstruation werden z.B. von sehr orthodoxen
    Parsinnen alle während der Menstruation getragenen Kleider gewaschen und
    dürfen vor ihrer Reinigung nicht von einer anderen Person berührt werden.

Übungen nicht waschen, rasieren oder die Haare schneiden, ist auch dies vestimentäres Handeln. Aufgrund der Distanz, die Menschen ihrem eigenen Körper gegenüber einnehmen (vgl. Plessner 1975), können sie ihren Körper nicht nicht-gestalten, selbst wenn sie eine Verbindung zu diesem Körper ablehnen oder auch beenden möchten.

Der enge Bezug zwischen Kleidung, Körper und Person führt dazu, dass vestimentäre Praxis, im Unterschied zu Bauten, auf das Individuum bezogen wird und nicht auf Gemeinschaft, sondern allenfalls auf das Individuum als Teil einer Gemeinschaft.

Aus anthropologischer Perspektive kommt Kleidung insofern eine hohe Relevanz zu, als Kleidung eine menschliche Universalie zu sein scheint und daher für Menschen nicht Nacktheit der zu erwartende Zustand ist, sondern Bekleidung, im Unterschied zu den Erwartungen an einen Mops. Auch sogenannte «nacktlebende» Gemeinschaften bekleiden sich, indem sie sich tätowieren, bemalen, Schnüre umlegen, das Haar frisieren und «Verhüllung über Blickverbote u.ä. handhaben» (Lietzmann 2001: 1418).[21]

Im Hinblick auf Interaktion, die im Folgenden im Fokus stehen wird, ist Kleidung eine sehr niederschwellige und dennoch sehr explizite (und gegebenenfalls in hohem Maße missverständliche) Form der Möglichkeit von Information, die bereits mit Wahrnehmung noch vor Kommunikation[22] vorliegen kann.

3 Interaktion und Kleidung

3.1 Behandlung von Anwesenheit

Menschliche Körper und damit auch Kleider besitzen Relevanz unter Anwesenden in Interaktionssystemen. Interaktionssysteme können in der Regel als kollokale Situationen beschrieben werden. Sie «schließen alles ein, was als *anwesend* behandelt werden kann, und können gegebenenfalls

---

21 Vgl. zur Nacktheit: Elias 1977; Dürr 1988; und s.u. Anm. 52.

22 Hier wird dem Kommunikationsverständnis Luhmanns gefolgt: Kommunikation liegt damit dann vor, wenn jemand etwas als Kommunikation, als die Differenz von Information und Mitteilung, auffasst. Weder die Absicht einer Person zu kommunizieren noch ein «richtiges» Verstehen muss hierfür vorliegen (vgl. Luhmann 1984, 1998).

unter Anwesenden darüber entscheiden, was als anwesend zu behandeln ist und was nicht» (Luhmann 1984: 560).[23]

Anwesend ist also nichts per se, sondern anwesend ist, was in der Situation als anwesend bestimmt wird. Die Bestimmung selbst läuft über Bezüge, welche die jeweiligen Interaktionspartner herstellen und damit Anwesenheit konstituieren.

Kleidung ermöglicht hier Anwesenheit um Relevanzen zu erweitern, die außerhalb der Interaktion bestehen. So beziehen Uniformen und Amtstrachten Machtbefugnisse, Hierarchien und Zugehörigkeiten in die Interaktion mit ein, die dann auch entsprechend, z.B. über Gesten der Ehrerbietung, behandelt werden. Über die Wahrnehmung von Kleidung können also in einer Situation Unterscheidungen eingeführt werden, die eine Ungleichheit der Akteure konstituieren (wie z.B. diejenige zwischen höheren und niedrigeren Klerikern). Kleidung kann jedoch auch Ungleichheiten nivellieren, wie die einheitliche Kleidung während des Hadsch in Mekka oder die Kleidung der Shakergemeinschaft im 19. Jahrhundert, wo sie «Ausdruck der prinzipiellen Gleichheit der Brüder und Schwestern» ist (Gohl-Völker 2002: 69) bzw. sein sollte. Dass die Aufhebung der sozialen Distinktionsfunktion «vestimentärer Sym[bole [...] immense gesellschaftspolitische Sprengkraft» besitzen kann, zeigt z.B. der in Abgrenzung zur römischen Kurie entworfene «asketische Bekleidungscode der Radikalen» in der Reformationszeit (Kaufmann 2009: 294).

«Interaktionssysteme des Kontaktes unter Anwesenden» haben es schwer, sich intern auszudifferenzieren, und werden daher von Luhmann als «undifferenzierte Sozialsysteme» angesehen (Luhmann 1984: 263). Aber es gibt Ansätze für Differenzierungen, Luhmann erwähnt die Möglichkeit von «Flüstergesprächen» und «Beieinanderstehen» (ebd. 264). Die Bildung von Teilsystemen kann in einer Interaktion auf Grund von Kleidung bzw. deren Kennzeichnungspotenzial erleichtert werden. Kleidung ermöglicht es, Anwesende als InhaberInnen bestimmter Rollen, Mitglieder bestimmter Gemeinschaften etc. zu identifizieren und dies in Differenz zu anderen Anwesenden. Gegebenenfalls ist so die Möglichkeit einer gewissen Erwartungssicherheit im Hinblick auf die oben bereits erwähnten gemeinsamen Gesprächsthemen, Überzeugungen etc. gegeben. Zu beobachten ist dies zum Beispiel in einer Gruppe, in der sich Uniformträger

---

23 Vgl. Luhmann 1984, 1987; Kieserling 1996, 1999.

und zivil gekleidete Personen finden, Personen mit den Abzeichen einer studentischen Verbindung oder mit religiöser Kleidung, wie z.B. einer Kopfbedeckung, welche die Trägerin als Muslimin oder den Träger als Juden identifizieren lässt. Teilsysteme können hier ausgebildet werden, insofern sich aufgrund von wahrgenommenen gemeinsamen vestimentären Praktiken die Betreffenden räumlich nähern, aufgrund der oben genannten höheren Erwartungssicherheit miteinander ins Gespräch kommen oder auch nonverbal gegenseitiges «Erkennen» signalisieren, auf andere Anwesenheiten gemeinsam reagieren etc.

3.2 Wahrnehmung und Kommunikation

Die wechselseitigen Beziehungen der Interaktionspartner untereinander und ihre Bezüge gegenüber ihrer gemeinsamen Umwelt konstituieren sich «zumindest zu einem guten Anteil über das Medium sinnlicher Wahrnehmung» (Geser 1996). Dementsprechend spielen Wahrnehmungsprozesse eine besondere Rolle für die wechselseitigen Beziehungen der Interaktionspartner,[24] und dies noch bevor Kommunikation stattfindet (wenn sie überhaupt stattfindet). Hier wiederum ist Kleidung von Relevanz:

> «Neben dem Gesicht und den Händen [...] ist das, was wir tatsächlich sehen und worauf wir reagieren, nicht der Körper, sondern die Kleidung unserer Mitmenschen. Anhand ihrer Kleidung bilden wir uns, wenn wir ihnen begegnen, unseren ersten Eindruck von ihnen. Zur genauen Unterscheidung und Beurteilung von Gesichtszügen bedarf es einer gewissen intimen Nähe. Die Kleidung hingegen, die eine viel größere Betrachtungsfläche bietet, lässt sich auch aus einer angemessenen Entfernung genau erkennen.» (Flügel 1986: 208)

Die Kleidung der Interaktionspartner wird also in der Regel wahrgenommen, noch bevor kommuniziert oder gehandelt wird, durch ihre Wahrnehmung treten «Körper in ein Zusammenspiel wechselseitiger evozierter Spezifikation» ein (Luhmann 1984: 331).[25] Zu beachten ist, dass eben

---

24 Bereits vor dem oben zitierten Soziologen Geser hat auch Luhmann die Relevanz von Wahrnehmung in Interaktionen betont und festgestellt, dass für Interaktionssysteme Wahrnehmungsprozesse konstitutiv sind, die eine «anspruchslosere Form der Informationsgewinnung» (Luhmann 1984: 560) darstellen, als Kommunikation es ist.

25 Luhmann selbst verweist allerdings nicht auf die Relevanz von Kleidung.

nicht nur Kommunikation, sondern auch Handeln und Verhalten durch die Kenntnisnahme von Kleidung, vonseiten der TrägerInnen wie der BeobachterInnen, betroffen sind und Interaktionen dadurch wesentlich geprägt werden können.

Die Wahrnehmung von Kleidung kann Interaktionen so von Beginn an gerade durch «Steigerung der Komplexität der optischen Erscheinung ihres Trägers» (Berlejung 2001: 1410) spezifizieren und den Anwesenden helfen, sich darüber klar zu werden, was «hier eigentlich vor[geht]» (Goffman 1977: 16). Dabei geht es jeweils nicht darum, ob Menschen die betreffende Situation «richtig» einschätzen, sondern darum, dass sie die Situation für sich definieren und sich entsprechend verhalten (Goffman 1977: 9). Kleider stellen «frames»[26] dar, gemäß denen wir Situationen interpretieren und damit definieren (Goffman 1977: 19).[27]

Wahrnehmung ist noch keine Kommunikation, aber anschließend an Wahrnehmung kann Kommunikation unterstellt werden. Interaktions- systeme legen Kommunikation nahe, denn sie sind notwendigerweise mit gegenseitigem Wahrnehmen verbunden. Wenn jemand wahrnimmt, dass er wahrgenommen wird, und wahrnimmt, dass wahrgenommen wird, dass er wahrnimmt, wahrgenommen worden zu sein – sobald ich also merke, dass mein Gegenüber gemerkt hat, dass ich gemerkt habe, dass er/sie gesehen hat, dass ich da bin (reflexive Wahrnehmung) – muss ich annehmen, dass mein Verhalten daraufhin interpretiert wird und mir eine Mitteilungsabsicht unterstellt wird.[28] Zugabteile sind Orte, in denen es mit einer hohen Wahrscheinlichkeit zu Interaktionen und damit zu Kommunikation kommen kann. Typisch für eine solche Situation ist das Verhalten, sich im Zugabteil hinter einem Buch zu verstecken, das inter- pretiert wird als Kommunikation: Die Person will mitteilen, dass sie nicht kommunizieren will. Dies gilt nun auch für Kleidung und zwar umso mehr, wenn die Kleidung in einer Interaktionssituation nicht dem Erwartungs- horizont der anderen Beteiligten entspricht.

---

26 «Frames» sind Organisationsprinzipien für soziale Ereignisse und «unsere persönliche Anteilnahme an ihnen» (Goffman 1977: 19).

27 Kleidung wird von Goffman als wesentlicher Teil der «personal front» (Goffman 1959: 23–24) aufgefasst.

28 Zur Änderung von Verhalten aufgrund des Wahrnehmens, wahrgenommen worden zu sein, vgl. Goffman 1972: 7.

Kleidung (oder die Abwesenheit von Kleidung) bietet in einer Inter-aktion die Möglichkeit, ihrer TrägerIn eine Mitteilungsabsicht zu unter-stellen. Allerdings eignet sich Kleidung nur bedingt für Anschlusskommuni-kationen. Ein Hut, der gezogen werden kann, Schuhe, die aneinander-geschlagen werden, ein Schleier, den eine Frau vor ihr Gesicht ziehen kann, bieten Möglichkeiten für Anschlusskommunikation innerhalb der-selben Interaktionsituation. In den meisten Fällen aber wird eine An-schlusskommunikation im Medium Sprache oder via Körperverhalten stattfinden, wie zum Beispiel mit Gesten der Ehrerbietung oder durch das Unterlassen einer erwarteten Reaktion. Zu beachten ist, dass einer Person im Hinblick auf ihre Kleidung zwar eine Mitteilungsabsicht unterstellt werden *kann*, aber keineswegs muss. Ob Kleidung als Kommunikation ver-standen wird, ist nur anhand einer Anschlusskommunikation festzustel-len. Die Wahrscheinlichkeit, dass Kleidung als Mitteilungsabsicht ver-standen wird, erhöht sich, wie oben angemerkt, wenn sie nicht den Er-wartungen entspricht. Im dezenten[29] Anzug eines Schalterangestellten in einer Bank wird der Kunde keine Mitteilungsabsicht vermuten. Erscheint die ansonsten unauffällig gekleidete Enkelin am 75. Geburtstag ihrer gut bürgerlichen Großmutter im äußerst knappen Minirock und mit Punk-frisur, wird ihr eher eine Mitteilungsabsicht unterstellt werden («ich bin anders als ihr, mir ist das hier alles zu spießig, etc.») und es ist eine ent-sprechende verbale oder jedenfalls nonverbale Anschlusskommunikation zu erwarten.

Kleidung kann explizit zum Thema gemacht werden, wie im voran-gegangenen Beispiel, oder auch bestimmte Themen in der Kommunika-tion wahrscheinlicher machen oder aber ausschließen. So legen politische Statements in Form von Buttonaufdrucken oder Tattoos das Ansprechen oder auch das bewusste Vermeiden entsprechender politischer Themen näher. Eine religiöse Ordenstracht legt das Vermeiden anzüglicher Witze nahe und kann zu kirchenkritischen Bemerkungen reizen.

3.3 Erwartungen und Erwartungssicherheit

Mit der Definition einer Situation durch Kleidung gehen entsprechende Erwartungen an Verhalten und Stimmungen der Interaktionspartner ein-her. Die Aufforderung, zu einer Bestattung nicht in Trauerkleidung zu

---

29 Was als dezent gilt, wird selbstverständlich von der Konvention bestimmt.

erscheinen, trägt die Aufforderung, kein expressives Trauerverhalten an den Tag zu legen, mit sich und die Erwartung einer nicht (vornehmlich) von Trauer bestimmten Stimmung unter den Gästen. Kleidung soll hier, noch bevor die Situation selbst eingetreten ist, eine bestimmte Stimmung (nicht) erwarten lassen. Ähnliches gilt für den Wunsch nach «festlicher Kleidung» oder Kostümierung. Kleidung bestimmt in ihrer unmittelbaren Beziehung zum Körper dessen Ausdrucksfähigkeit maßgeblich mit – mit wagemutigen Hüten kann nur eingeschränkt wild getanzt werden, ebenso wie mit engen Korsagen oder schmalen Röcken. Kleidung aus nachgiebigem Material ermöglicht z. B. entspanntes Sitzen eher als steife Materialien, steife Kleidung in einer entsprechenden Form führt eher zu einer aufrechten Körperhaltung. Körperhaltung und -bewegung wiederum wirken unmittelbar auf die Stimmung der betreffenden Individuen[30] und auch auf die Stimmung ihrer BeobachterInnen.

Kleidung ermöglicht es bereits *vor* dem Eintreten einer Situation, diese insofern mitzubestimmen, als die TrägerInnen ihr Wahrgenommenwerden im Voraus in bestimmte Richtungen lenken können und nicht die Situation selbst erst abwarten müssen. Die Aktualität und damit Präsenz von Kleidung stellt über ihre Materialität eine höhere Erwartungssicherheit im Hinblick auf bestimmte Wahnehmungsmuster und deren Beeinflussung einer Situation bereit, als Kommunikation oder Handeln, die zwar zuvor geplant, aber in der Interaktion selbst erst akut hergestellt werden müssen.

Vestimentäres Handeln und Verhalten ist in der Regel konservativ. Vestimentäre Praxis bezweckt in den meisten Fällen, zu erwartende Situationen nicht explizit zu bestimmen, sondern sich vielmehr in die Situation einzufügen. Abheben durch Kleidung ist, wenn es stattfinden soll, in der Regel auf bestimmte Markierungen begrenzt. So möchte sich jemand vielleicht durch die Badekleidung eines teuren Labels auszeichnen, jedoch nicht durch ein Abendkleid im Schwimmbad von den übrigen Anwesenden abgrenzen. Kleidung soll in der Regel Zugehörigkeit zu einer bestimmten Gruppe, einer Schicht etc. und damit Konformität signalisieren. Dies trifft auch darauf zu, sich selbst modisch zu kleiden. Sich nach

---

30 Daher kleiden sich Menschen zum Teil auch ganz bewusst auf eine bestimmte Weise, selbst wenn sie dabei nicht von einer Beobachtung ihrer Kleidung durch andere ausgehen.

der Mode zu kleiden, heißt gerade, konform zu handeln, der aktuellen Mode entsprechend. Modische Kleidung soll zeigen, dass ihre TrägerInnen «auf der Höhe der Zeit» sind, also adäquat – Zeit und Ort angemessen – handeln.

Da die Kleidung der jeweiligen Akteure in einer Situation in der Regel wahrgenommen wird, noch bevor kommuniziert wird, kann diese bei einander unbekannten Interaktionspartnern zur Reduktion der Erwartungsunsicherheit (Wer steht mir gegenüber? Was ergibt sich daraus an Konsequenzen für die Situation?) beitragen, erst recht, wenn die Interaktionspartner einander nicht kennen. Wahrnehmung kann die evtl. aufkommende Kommunikation mitbestimmen und so z.B. Anreden, Themen, Sprachduktus etc. eingrenzen. Somit kann durch Kleidung auch die Mitteilung (nicht nur die Information) mitbestimmt werden, also nicht nur das Was, sondern auch das Wie der Kommunikation. Interaktionspartner können als zu einer bestimmten Schicht zugehörig identifiziert werden (was z.B. die Wortwahl beeinflussen kann) oder es können sexuelle Reize, mit entsprechenden Konsequenzen in der Kommunikation, ausgelöst werden.

3.4 Soziale und personale Identität

Kleidung kann die soziale und/oder personale Identität der Interaktionspartner sichtbar bzw. einschätzbar machen bzw. betonen. Die Wahrnehmung sozialer Identität legt sich insbesondere bei Uniformen und Trachten nahe, die eine Individualisierung der vestimentären Praxis mehr oder (etwas) weniger verhindern:

> «Their social identities were more outwardly visible than their personal identities, as they had relinquished individuality for social control of their bodies by the church. [...] Their habits symbolized their commitment and vows to the church which superseded their individual identities» (Michelman 1999: 135).[31]

An soziale Identität wird in einer Interaktion auch angeschlossen, wenn Kleidung auf Hierarchie verweist. So verweist die Soutane eines römisch-katholischen Bischofs auf die römisch-katholische Kirche bzw. die Amtshierarchie, die letztlich an den Papst und damit an dessen von Gott verliehene Autorität anschließt.

---

31 Michelman verweist hier auf Griffin 1975.

Religiöse Kleidung kann auch als Ausdruck personaler Identität, oft unter dem Gesichtspunkt einer Entscheidung für eine bestimmte religiöse Lebensform, gedeutet werden, worauf im Folgenden noch eingegangen wird.

3.5 Kleiderordnung und Kleidercode

Gerade weil Kleidung in Interaktionen eine so große Relevanz zukommt und die Situation maßgeblich mitbestimmen kann, wird immer wieder versucht, Kleidung und damit auch mögliche Interaktionen zu reglementieren. *Kleiderordnung* verweist auf die bezüglich der Wahl der Kleidung zu erwartenden Erwartungen (vgl. Luhmann 1984: 139f., 362f.) in einer bestimmten Interaktionssituation. Durch Kleiderordnungen wird versucht, die Erfüllung bestimmter Erwartungen sicherzustellen, wie es zum Beispiel 1648 der Rat der Stadt Hamburg tat:

> «[...] Weiln auch verspühret wird daß Frauen und Jungfrauen/in ihren Traur-Kleidern allerhand ärgerliche Uppigkeit und Uberfluß mit Silber und Stickwerck/auch gerissener Arbeit getrieben/Alß soll hinfüro solches gäntzlich abgestellt/und das Trauren nur allein mit schlechten schwartzen Kleidern verrichtet werden/und soll sonsten alles Stickwerck von Seiden/Gold und Silber hiermit gäntzlich verbotten seyn.»[32]

Kleidercode hingegen verweist auf Kleidung als Medium, das durch Zeichengebrauch Kommunikation wahrscheinlich macht (vgl. Luhmann 1984: 220). Dies ist umso mehr der Fall, als Kleidung durch Kontingenz ausgezeichnet ist, also eine Wahl auch eine andere hätte sein können.[33] Die damit einhergehende Variabilität von Kleidung besteht in deren Form, Materialität, Farbigkeit und Musterung und ermöglicht ein Zeichensystem, dessen Signifikanten (z. B. die Farbe Weiß) auf Signifikate (z. B. rituelle Reinheit) verweisen (vgl. Barthes 1985). Die Beziehung zwischen Signifikant und Signifikat ist dabei jeweils kultur-, zuweilen auch situationsabhängig. So kann die Farbe Weiß in einem indisch-hinduistischen Kontext für die

---

32 Kleiderordnung 1648, Eines Ehrb: Rahts der Stadt Hamburg gemachte Kleider=Ordnung. Sub dato 6 Martii Anno 1648, http://commons.wikimedia.org/wiki/File:DE_Hamburger_Kleiderordnung_001.gif?uselang=de (2.1.2012).

33 Die betreffende Wahl muss nicht notwendigerweise der/dem Kleidungstragenden zugeschrieben werden.

Trauer einer Witwe stehen, während sie bei der Priesterkleidung der Parsen für Reinheit steht.[34]

Kleidung kann innerhalb eines Zeichensystems über Signifikanten Zugehörigkeit (Ordenstracht), Ausgrenzung (Gefängniskleidung, Judenstern), Status (Bischofsrobe), Rolle (Flickenmantel eines Schamanen, Brautkleid) und anderes bezeichnen oder, genauer formuliert: Kleidung können diese Verweise unterstellt werden und es kann in bestimmten sozialen Systemen damit gerechnet werden, dass entsprechende Unterstellungen auch tatsächlich erfolgen. Die Bischofsrobe verweist nicht «aus sich heraus» auf ein bestimmtes Amt innerhalb einer bestimmten Hierarchie und Gemeinschaft, sondern ihr wird gegebenenfalls dieser Verweis unterstellt, ebenso wie ihr anderes unterstellt werden kann. Ob eine Unterstellung «richtig» ist, lässt sich nur über ihre Bewährung in der Interaktion bzw. über Kommunikation feststellen.

Codierungen oder auch Zeichengebrauch ist bei Kleidung ebenso wie bei anderen Artefakten materieller Kultur innerhalb religiöser Kontexte naheliegend. Was das Spezifische darstellt, ist, dass eine Codierung im Fall von Kleidung nicht nur auf die Signifikaten verweist, sondern diese von Beobachtern auch mit dem/der TrägerIn in Beziehung gesetzt werden.

4 Religiöse Kleidung

4.1 Begriff

Kleidung ist aus religionswissenschaftlicher Perspektive dann religiöse Kleidung, wenn sie mit Religion in Beziehung gesetzt wird. Dies kann vonseiten ihrer TrägerInnen oder vonseiten anderer getan werden.[35] Kleidung kann nicht als solcher, sondern nur als etwas, dem etwas zugeschrieben wird, das Kennzeichen «religiös» zukommen. Kleidung ist, sofern sie als religiös gesehen werden kann, immer auf Gemeinschaft bzw. Tradition bezogen.

> «What tradition, and more specifically religion, which is its code of meaning, brings about is a world of collective meanings in which day-to-day experience that can play havoc with groups or individuals is related to an

---

34 Innerhalb der europäischen Kulturgeschichte der Witwenkleidung finden sich sowohl Schwarz als auch Weiß als Zeichen der Witwentrauer (vgl. Kruse 2007).

35 Religionswissenschaft, Recht und Theologie können hier zu unterschiedlichen Entscheidungen kommen (vgl. z.B. Evans 2009: 65-66).

immutable, necessary order that pre-exists both individuals and groups.»
(Hervieu-Léger 2000: 86)[36]

Religiöse Kleidung bezeichnet ihre TrägerInnen immer als Teil einer
Tradition und ist selbst mehr oder weniger direkt in diese «world of
collective meanings» eingebunden. Dass diese Welt bezogen ist auf eine
Ordnung, die als etwas angesehen wird, das bereits vor Individuen und
Gruppen existierte, kennzeichnet sie als religiöse Kleidung; im Gegensatz
zu einer Kleidung, die ebenfalls mit Bedeutung versehen wird, aber allenfalls auf eine Ordnung bezogen wird, die z.b. als relativ und historisch
angesehen wird, wie beispielsweise im Fall militärischer Uniformen. Das
Eingebundensein religiöser Kleidung in eine «immutable, necessary
order» kann in unterschiedlichem Maße direkt über der Kleidung selbst
zugewiesene Bedeutungen gegeben sein.

Religiöse Kleidung ist kennzeichnende Kleidung. Sie weist ihreN TrägerIn als etwas aus, als AngehörigeN einer religiösen Gemeinschaft, InhaberIn einer religiösen Rolle, TeilnehmerIn an einem religiösen Ritual oder
auch als Person mit einer bestimmten religiösen Überzeugung. Diese
Kennzeichnung bzw. der Blick der anderen auf die Kleidung (wie auch der
eigene Blick auf sich selbst als GekleideteN), die Er- bzw. Verkennung der
betreffenden Kennzeichnung wird von ihr bzw. ihm antizipiert. Der Mantel, der von einem chassidischen Juden getragen wird, wird zur religiösen
Kleidung durch diese Zuordnung, nicht durch seinen Schnitt, seine Farbe
oder Stoffqualität. Letztere Eigenschaften können als spezifische hinzu-
kommen, die für die/den TrägerIn oder für die Beobachtenden genau
diese Zuordnung gewährleisten bzw. ermöglichen. Da «religiös sein» jedoch keine Qualität an sich ist, sondern durch das Setzen einer Beziehung
gekennzeichnet ist, ist es diese Zuschreibung, die Kleidung zur religiösen
Kleidung macht, nicht die Eigenschaften, die mit dieser Zuschreibung
verbunden werden. Dementsprechend gibt es Kleidung, die je nach Verwendung, einmal als religiös, das andere Mal als nicht religiös gelten
kann.[37]

---

36 Vgl. auch Hervieu-Léger (2000: 101): «From this standpoint, what is specific to
    religious activity is that it is wholly directed to the production, management
    and distribution of the particular form of believing which draws its legitimacy
    from reference to a tradition.»
37 Ein Beispiel hierfür sind der Filzhut und der «graue Rock», die als typisch
    bäuerliche Kleidungsstücke vom Reformator Karlstadt getragen wurden. Zur

Das kennzeichnende Moment einer spezifischen Kleidung (etwa ihr Schnitt, applizierte Symbole o. ä.) muss für die TrägerInnen im Hinblick auf die religiöse Qualität einer Kleidung nicht das entscheidende sein. So kann Kleidung auch wegen ihrer rituellen Verwendung, wie z. B. im Fall von Weihwasserwedeln oder rituellem Mundschutz, als religiöse Kleidung bezeichnet werden.

Unter welchen Bedingungen wird Kleidung als Zeichen religiöser Zugehörigkeit wahrgenommen (vgl. Uehlinger 2006: 178)? Unterschieden werden kann hier zwischen Interaktionssituationen, der diskursiven Ebene der Medien oder des Rechtes. So kann es Situationen geben, in denen ein politischer oder rechtlicher Akteur entscheiden muss, welche Perspektive ‹gelten soll›, wer die Deutungshoheit darüber hat, was als religiöse Kleidung zu gelten hat und was nicht, als was und inwiefern die betreffende Kleidung ihre Trägerin kennzeichnet.

Neben AkteurInnen im Feld, wie den TrägerInnen, der Öffentlichkeit, JuristInnen und PolitikerInnen beanspruchen auch WissenschaftlerInnen, Kleidung als religiös oder nicht-religiös bezeichnen zu können. Dabei kann, muss aber diese Kennzeichnung sich nicht mit der emischen Kennzeichnung decken. Die Ansprüche, welche mit den jeweiligen Kennzeichnungen verbunden sind, sind jeweils andere. Über die Zuweisung einer bestimmten vestimentären Praxis in den Bereich von «Religion», «Kultur» oder auch «Tradition» können auf der emischen Ebene Verpflichtungen, Anerkennung oder auch Ablehnung der betreffenden Kleidungsform verhandelt werden. Typisches Beispiel ist das von Musliminnen getragene Kopftuch. Die religionswissenschaftliche Kennzeichnung darf nicht die semantische des Feldes übernehmen, sondern muss ihren Ausgangspunkt von der ‹Praxis der Inbezugsetzung› des jeweiligen Kleidungsstückes aus nehmen. Ebenso dürfen von wissenschaftlicher Seite auch die emischen Begriffe von Religion, Kultur und Tradition und deren einander ausschließende Zuweisungen nicht einfach übernommen werden.

---

religiösen Kleidung werden sie, weil für Karlstadt seine Kleidung von hoher religiöser Relevanz war. Dies war sie, weil er davon überzeugt war, dass die Rezeption seiner religiösen Verkündigung auch von seiner Kleidung beeinflusst wurde. Zudem korrespondierte diese Kleidung für ihn mit der Einfachheit Christi und seiner Apostel (vgl. Kaufmann 2009: 287-289).

Die Ordenskleidung römisch-katholischer Nonnen hat z. B. eine hohe Relevanz für ihre Trägerinnen im Zusammenhang mit ihrem Selbstverständnis als Ordensfrauen, aber diese Relevanz wird, so Konrad in ihrer Studie zum Verhältnis der Nonnen zum Habit (vgl. Konrad 2005), von ihnen nicht als eine religiöse aufgefasst. Tatsächlich wird dem Ordensgewand auch keine religiöse Qualität im Sinne besonderer Macht zugesprochen, im Unterschied etwa zu manchen Schamanengewändern. Seine Trägerinnen werden auch nicht durch die Übernahme des Gewandes zu Ordensleuten, sondern die Übernahme ist bloß Zeichen dieser neuen Rolle. Zudem weist der Habit aus der Perspektive seiner Trägerinnen keine religiösen Symbole auf,[38] im Unterschied zum Beispiel zum Priestergewand, das je nach liturgischer Jahreszeit eine andere Farbe haben kann oder dessen Stola mit Ornamenten verziert sein mag, die religiöse Deutungsmöglichkeiten bieten. Dementsprechend wird die Ordenstracht von ihren TrägerInnen selbst nicht unbedingt als *religiöse* Kleidung betrachtet. Sie besitzt in ihrem Verständnis weniger oder keine religiöse Bedeutung, als vielmehr eine soziale, und wird von ihnen unter sozialen und ästhetischen Gesichtspunkten thematisiert (vgl. Konrad 2005). Religionswissenschaftlich gesehen ist Ordenskleidung jedoch unter religiöser Kleidung zu fassen, da sie ihre TrägerInnen als InhaberInnen einer religiösen Rolle ausweist und die Übernahme einer bestimmten religiösen Rolle mit der Übernahme dieser Kleidung gekennzeichnet wird. Aber auch in diesem Fall ist die Kleidung nicht ‹an sich› religiös, sondern sie ist es, weil ihr ein bestimmter Bezug zugewiesen wird.

So hat der Fokus religionswissenschaftlicher Forschung nicht auf der Materialität religiöser Kleidung zu liegen, ihr Untersuchungsgegenstand ist nicht die religiöse Kleidung selbst mit ihren materialen Eigenschaften. Vielmehr sind ihr Untersuchungsgegenstand die sozialen *Beziehungen*, innerhalb derer diese Kleidung als religiöse aufgefasst wird, und die betreffenden Deutungsmuster und Praktiken.

---

38 Allenfalls seine Schlichtheit ist ein Zeichen des Evangelischen Rates der Armut und sein die Geschlechtsmerkmale eher verhüllender Schnitt ein Zeichen der gelobten Ehelosigkeit bzw. des Verzichtes auf sexuelle Praxis. Kleidung kann sexualisieren oder auch Sexualität «verhüllen» (vgl. Konrad 2005: 104-105). Letzteres ist häufig bei religiöser Kleidung der Fall, wenn die sexuelle Praxis der TrägerInnen aufgrund religiöser Normen explizit eingeschränkt oder ganz ausgeschlossen wird.

4.2 Religionswissenschaftliche Differenzierungen

Vestimentäre Praxis muss nicht, kann aber mehr oder weniger traditionaler[39] Umgang mit Kleidung sein. Ebenso kann Kleidung von BeobachterInnen auch in verschiedener Hinsicht gedeutet werden: Während traditionaler Umgang eine bestimmte vestimentäre Praxis dem Individuum nicht als Entscheidung unterstellt, sondern als kontextbestimmt wahrnimmt, unterstellt nicht-traditionaler Umgang vestimentäre Praxis als individuelle Entscheidung. Für die Wahrnehmung religiöser Kleidung ist das insofern von Belang, als je nachdem auch den TrägerInnen eine entsprechende religiöse Entscheidung unterstellt wird. So kann es für Interaktionen Konsequenzen haben, ob einer Frau unterstellt wird, ein Kopftuch zu tragen, weil sie sich persönlich für eine explizite Form des Islam entschieden hat, oder ob ihr unterstellt wird, das Kopftuch zu tragen, weil dies in Anatolien so Sitte war und sie es dementsprechend gewohnt ist.

Im Bereich religiöser Kleidung ist zu differenzieren zwischen Kleidung, die als Kennzeichen der Zugehörigkeit (oder Abgrenzung) zu einer religiösen Gemeinschaft bzw. Tradition verstanden wird (z.B. die Kopfbedeckung bei Juden und Musliminnen), derjenigen, die als Kennzeichnung einer Rolle von bestimmten SpezialistInnen (z.B. Mönch, Nonne, MinistrantIn, PriesterIn, Sadhu, SchamanIn etc.) verstanden wird, derjenigen, die als Kennzeichnung eines bestimmten rituellen Status verstanden wird (z.B. Braut, InitiantIn) und schließlich derjenigen, die aufgrund ihrer rituellen Verwendung als religiöse Kleidung zu bezeichnen ist (z.B. der Weihwasserwedel). Dabei kann es Überschneidungen bzw. Mehrfachzuschreibungen geben.

Die Übernahme eines spezifischen Kleidungsstücks kann, aufgrund der mit ihr verbundenen Bedeutung, rituell eingebunden sein und zum Marker eines religiösen Statuswechsels werden. Typisches Beispiel ist das Anlegen von Ordenstrachten, die Übernahme des weißen Pilgertuches beim Hadsch etc. Kleidungsstücke können auch mit einem spezifischen religiösen Amt verbunden werden, so zum Beispiel, wenn der Papst einem

---

39 Hier verwendet im Sinne des Weberschen Idealtypus traditionalen Handelns oder auch der reaktiven Nachahmung, die beide für Weber allenfalls Grenzfälle, wenn überhaupt soziales Handeln darstellen. Gemeint ist ein Handeln aufgrund einer eingelebten Gewohnheit (vgl. Weber 1972: 11–12).

Erzbischof das Pallium[40] als Symbol der Teilhabe an der Hirtengewalt verleiht. Bei einem Wechsel auf einen anderen Metropolitansitz muss der betreffende Erzbischof den Papst um ein neues Pallium bitten. Nicht nur die Übernahme, auch das Ablegen von (religiösen) Kleidungsstücken kann einen religiösen Statuswechsel anzeigen: In der Aruni-Upanishad (3,2–5,2, bes. 5,1f) wird gerade die Aufgabe von Riten und rituellen Kleidungsstücken, wie dem Haarknoten oder der Opferschnur, mit der Übernahme des (Asketen-)Gewandes verbunden: «Er soll Stab und Gewand nehmen und den Rest aufgeben» (zitiert nach Freiberger 2009: 118).

4.3 Gemeinschaft/Tradition und Individuum

4.3.1 Stratifikation

Religiöse Kleidung bezeichnet ihreN TrägerIn als Teil von etwas, als Mitglied eines religiösen Ordens, AngehörigeN einer religiösen Tradition, FunktionsträgerIn innerhalb einer religiösen Organisation, InhaberIn spezieller religiöser Macht etc. Religiöse Organisationen bilden oft spezifische religiöse Kleidung aus, um z.B. bestimmte Rollen/Funktionen/Status innerhalb der Organisation markieren zu können, so z.B. die Differenz zwischen oder auch den Wandel vom «earthly to ordained man» (Mayer-Thurman 1975: 14). Entscheidend ist hier besonders, dass die Kleidung in ihrer Spezifität von anderen erkannt wird, so wird der katholische Priester im Klassenzimmer zum Symbol von Moral und zugleich sozialer Isolation (vgl. Coursey 1973). Religiöse Statuskleidung evoziert zumindest in bestimmten Kontexten in der Regel Respekt (vgl. Bouska/Beatty 1978, Long 1978). Wandel in Organisationen im Hinblick auf die Rolle von Amtsträgern spiegelt sich auch in deren Kleidung wieder. So entsprach der Wandel der Kleidung römisch-katholischer Priester nach dem Zweiten Vatikanischen Konzil dem Wandel ihrer Rolle gegenüber den Laien (vgl. Littrel/Evers 1985). Zugleich wird hier deutlich, dass Amtscharisma in der Regel mit spezifischer Kleidung einher- geht.[41] Liturgisch zu beobachten ist dies z.B. in der Messliturgie der Bischofsweihe der römisch-katholischen Kirche. So wird dem neu konsekrierten Bischof das Bischofsgewand

40 Das Pallium ist ein weises Wollband mit sechs schwarzen Kreuzen, das über die Schultern gelegt wird und die päpstliche Vollgewalt (plenitudo potestatis) symbolisiert.
41 Vgl. auch Breuer 2010: 55, 56; Bohn 2000, 2006.

verliehen mit einem Gebet, das endet mit den Worten: «Lege auf Deinen Priester die Fülle Deiner Amtsgewalt, rüste ihn aus mit den Zierden Deiner Glorie und heilige ihn mit dem Tau Deiner himmlischen Salbung.»[42]

In religiösen Gemeinschaften, die eine ausgeprägte Stratifikation von vestimentären Praktiken aufweisen, zeigt sich darin ein hoher Wert an Stratifikation religiöser Rollen. Die Energie, die vonseiten einer Organisation für vestimentäre Stratifikation aufgewendet wird, soll verdeutlichen, dass in dieser Organisation jedes Mitglied seinen oder ihren Platz hat und dass Unterscheidungen zwischen den Positionen einen zentralen Wert darstellen, wie Rafaeli und Pratt (1993: 42) erläutert haben.

In der Stratifikation vestimentärer Praktiken zeigt sich damit gegebenenfalls auch, inwiefern eine Gemeinschaft Wert auf das Betonen hierarchischer Strukturen legt. In diesem Fall ist zu erwarten, dass Mitglieder mit unterschiedlichen Machtbefugnissen auch unterschiedliche Kleidung tragen.

Der Bezug zu Gemeinschaft bzw. Tradition gilt selbstverständlich ebenso für stark normierte wie für stark individualisierte Kleidungspraktiken und auch dort, wo sie im Sinne der von Simmel im Hinblick auf modische Kleidung genannten «Abhebung» verstanden werden soll. So ist auch die Kleidung von AsketInnen oder aber die in einem relativ hohen Grad individualisierte Kleidung von SchamanInnen eine Kleidung, die die TrägerInnen in ihren religiösen Rollen ausweist (vgl. Freiberger 2009: 246) und damit in eine Tradition stellt. Im Hinblick auf die Wüstenväter und Säulenheiligen, stellen Fuchs und Luhmann fest,

> «[...] kommt es zu Insulationsphänomenen, zu sozialen Verdichtungsprozessen und zur Entstehung von zwar noch lose integrierten, aber schon mit Selbstbeschreibungs- und Identitätskonzeptionen operierenden Sozialsystemen, *ablesbar an Kleidung* [...].» (Fuchs/Luhmann 1989: 34 [Hervorhebung: d. Verf.])

4.3.2 Vestimentäre Homogenität

Einheitlichkeit in der Kleidung wiederum bedeutet die Markierung von Mitgliedschaft in einer Gemeinschaft, die über gleiche rituelle Praktiken, gleiche Lebensführung, gemeinsame Glaubensvorstellungen etc. verfügt.

---

42 Zitiert nach Benz (1977: 150), der auch darauf hingewiesen hat, dass damit eine Beziehung zum Priestergewand Aarons hergestellt wird.

Diese vestimentäre Markierung besitzt eine doppelte Funktion, einmal auf die Beobachtenden bezogen, das andere Mal auf die Tragenden selbst, wobei diese in ihre Wahrnehmung bereits den Blick der anderen einschließen.[43] Wer Kleidung trägt, die explizit kennzeichnet, antizipiert die Er- oder Verkennung dieser Kennzeichnung durch andere. So ist nicht die Kleidung selbst, sondern der antizipierte Blick auf dieselbe das, was sie zur explizit kennzeichnenden Kleidung macht.[44]

Kleidung kann Ausdruck einer Einheit ihrer TrägerInnen sein, die soziale Identität gegenüber der personalen hervorheben und zugleich die Gruppe zu einer (individuellen) Einheit machen.[45] Damit ist vestimentäre Homogenität auch ein Anzeichen für eine Norm der Minimalisierung von individuellen Differenzierungen (vgl. Rafaeli/Pratt 1993: 42). Rafaeli und Pratt weisen darauf hin, dass in Organisationen, die speziellen Wert auf Kreativität legen, eine homogene Kleiderordnung abgelehnt wird.[46] Typischerweise finden sich daher strikte Kleidervorschriften in der Regel auch in Gemeinschaften mit starken Grenzziehungen zwischen Innen und Außen und hohem Anspruch auf umfassende Verbindlichkeiten. Dies ist der Fall bei ethnisch-religiösen Vergemeinschaftungen wie derjenigen der Parsi ZoroastrierInnen oder orthodoxen Jüdinnen und Juden. Während in der Gemeinschaft der Parsi-ZoroastrierInnen in Indien großer Wert auf das Tragen von *kusti* und *sudreh* gelegt wird, beides in einheitlicher Form vorliegende rituelle Kleidungsstücke,[47] ist für orthodoxe Juden die

---

43 «Ich weiß ja dann, die Leute erkennen, dass ich Ordensbruder bin. Da kann ich mir Sachen nicht erlauben, die ich mir vielleicht ja erlaubt hätte. Also wenn ich jetzt mit Jeans und buntem Hemd, dann weiß es ja keiner, aber so, wenn ich was schlechtes mache, dann denken sie: Ah, der Mönch!» (Interview mit E.B. OSB, 4.2.2010).

44 «Prophet! Sag deinen Gattinnen und Töchtern und den Frauen der Gläubigen, sie sollen (wenn sie ausgehen) sich etwas von ihrem Gewand (über den Kopf) herunterziehen. So ist es am ehesten gewährleistet, dass sie (als ehrbare Frauen) erkannt und daraufhin nicht belästigt werden, Gott aber ist barmherzig und bereit zu vergeben.» (Sure 33,59)

45 So erklärt z.B. eine Mennonitin die einheitliche Kleidungspraxis: «It expresses that we are one body.» (zitiert nach Graybill/Arthur 1999: 20)

46 Als Beispiele nennen sie Apple und akademische Institutionen: «In this case, the random heterogeneity of dress also reflects core values, because in such organizations innovation, not rigid consistency, is the central value.» (Rafaeli/Pratt 1993: 42)

47 Der *sudreh* ist ein Unterhemd mit kurzen Ärmeln aus Baumwolle, bei dem

Beschneidung unabdingbares Kennzeichen. Ebenso sind Ordensgemeinschaften Gemeinschaften mit umfassenden Verbindlichkeiten und eindeutigen Grenzen gegenüber ihrer Umwelt, was sich u. a. durch die relativ hohe Schwelle zur Mitgliedschaft ausdrückt. Nicht zuletzt bieten gemeinschaftlich organisierte Neue Religiöse Bewegungen ein Beispiel für diesen Zusammenhang, von den AnhängerInnen Baghwans bis zu den Hare Krishnas. In beiden genannten Fällen zeigt sich heute eine Lockerung, wenn nicht sogar Auflösung der Kleidungsvorschriften, mit einer Auflösung der eindeutigen Gemeinschaftsgrenzen und dem Aufgeben der Forderung nach totaler Verbindlichkeit.[48]

Ein weiterer, mit diesen Aspekten von Einheitlichkeit eng zusammenhängender Aspekt ist derjenige der «entlastenden» Nachahmung (vgl. Simmel 1986: 181):

> «Wo wir nachahmen, schieben wir nicht nur Forderung nach produktiver Energie von uns auf den andern, sondern zugleich auch die Verantwortung für dieses Tun; so befreit sie das Individuum von der Qual der Wahl und lässt es schlechthin als ein Geschöpf der Gruppe, als ein Gefäß sozialer Inhalte erscheinen.» (Simmel 1986: 180)

Diese Entlastung entspricht der Entlastung, die das rituelle ‹Nachahmen› bieten kann. Die Nachahmung entlastet davon, wählen zu müssen, und damit auch davon, die Wahl rechtfertigen bzw. begründen zu müssen.[49] Mit der Nachahmung verringert sich auch das Risiko des Scheiterns, bzw. das potenzielle Scheitern wird vom Individuum auf die Gruppe übertragen. Nicht die einzelne Ordensschwester kleidet sich unzeitgemäß, sondern der Orden hat eine unzeitgemäße Tracht beibehalten. Gerade in religiösen Kontexten wird diese Entlastung als etwas gedeutet, das Freiraum schafft für das, ‹worum es wirklich geht›.

---

allenfalls Varianten für Frauen existieren, um ärmellose Oberbekleidung oder auch Saris adäquat tragen zu können. Der *kusti* ist ein gewobenes schmales Band, welches nur in verschiedenen Längen hergestellt wird und um die Taille getragen wird (vgl. Lüddeckens 2011: 80-82).

48 Vgl. zur Tendenz von uniformer Kleidung bei Neuen Religiösen Bewegungen des *world-rejecting* Typus: Wallis 1984: 19-20. Vgl. zu Bhagwan/Osho: Süss 1996, zu den Hare Krishnas: Björkqvist 1990. Für diese Literaturhinweise danke ich Roger Meier.

49 Rechtfertigung und Begründung hingegen erfordert die Entscheidung für die Kreation eines neuen Rituals.

4.3.3 Kleidung als explizite Aussage von Identität

Kleidung kann auch die Markierung einer bestimmten Identität innerhalb einer Gemeinschaft sein, wie das Tragen des römischen Kragens bei einem römisch-katholischen Priester,[50] oder als Ausdruck der ‹Identität› einer Gemeinschaft gesehen werden: «Im Talar als Markenzeichen kommt zum Ausdruck, was reformierte Identität ausmacht – oder eben nicht mehr ausmacht.» (Schlag/Kunz 2009: 212)

Dass Identität immer von Differenz her zu denken ist, zeigt sich im Hinblick auf Kleidung unter anderem daran, dass sich im Fall von Abspaltungen und Neugründungen von Gemeinschaften und Institutionen immer auch neue verstimentäre Praktiken herausbilden. Typische Beispiele aus der Religionsgeschichte finden sich in den Variationen von buddhistischen oder christlichen Ordensgewändern, in den Variationen von Turbanen von Sikhs oder auch in der Robe der Parsi-Priester. Eine Differenz, ein Sich-Abgrenzen, eine ‹neue› Identität soll sich in der Kleidung ausdrücken, bzw. Kleidung soll, in ihrer Differenz zu anderen Kleidungspraktiken, als Verweis auf diese Differenz gesehen werden können.

Der Kirchenhistoriker Kaufmann hat darauf hingewiesen, dass Konflikte zwischen den verschiedenen Parteien in der Reformationszeit sich «nicht zuletzt in der Auseinandersetzung um die angemessene Kleidung [verdichteten]» (Kaufmann 2009: 294). Die Kleidung der religiösen Spezialisten wurde hier zum Zeichen für die Annahme bzw. Ablehnung einer speziellen Autorität im Hinblick auf die «heilsnotwendige Lehre» (Kaufmann 2009: 281), und damit wohnte dem «Kleidungscode der Radikalen eine immense gesellschaftkritische Sprengkraft inne, da sie die soziale Distinctionsfunktion vestimentärer Symbolik außer Kraft setzte» (Kaufmann 2009: 294).

So kann sowohl die Absetzung von anderen vestimentären Praktiken als auch die Verweigerung von Differenzierung über Kleidung zur Provokation werden.

---

50 So erklärte mir ein junger römisch-katholischer, sehr liberal eingestellter Priester, nachdem wir einen Amtskollegen getroffen hatten, der einen römischen Kragen trug: «Wenn ich das schon sehe, dann weiß ich schon, in welcher Ecke der steht!»

5 Einbezug transzendenter Ordnung

5.1 Materialisierung religiöser Inhalte

Durch Kleidung kann an außerhalb der Interaktion Stehendes angeschlossen und dieses damit in die Situation einbezogen werden. Wird Kleidung als religiöse Kleidung erkannt, so ist der Anspruch einer transzendenten Ordnung in der Interaktion anwesend. Dies ist der Fall, weil religiöser Kleidung der Bezug zu einer solchen Ordnung zugeschrieben wird. Möglich ist dies auf verschiedene Weise:

Die spezifische Kleidungspraxis der Shaker geht über den Anspruch, Zugehörigkeit zu kennzeichnen, hinaus und steht für die «kategorialen Ordnungsbegriffe der Lehre, *unity, simplicity, perfection, purity, symmetry*» (Gohl-Völker 2002: 12, kursiv im Orginal, vgl. auch 183–208): Sie ist eine «Materialisierung abstrakter Inhalte» (Gohl-Völker 2002: 15).[51] Ähnlich verhält es sich, wenn für eine Kleidungspraxis beansprucht wird, einer Heilssphäre zu entsprechen, so wie die Shakerschwestern ihre Tracht bereits im Vorgriff auf das Ziel eines «Heavenly Kingdom» oder «Heaven on Earth» diesem anpassen möchten (vgl. Gohl-Völker 2002: 12). Für Derwisch-Trachten wurden «Übereinstimmungen zwischen dem Äußeren eines Kleidungsstücks und dem inneren, mystischen Zustand des Trägers» konstruiert (Frembgen 1999: 12). So zitiert Frembgen den Mystiker Rahman Baba (1632–1706) folgendermaßen: «Khirqa-Träger haben in ihren Mänteln die Wahrheit gefunden, die Leute der Welt im Reichtum finden mögen.» (ebd. 13)

Kleidung kann auch explizit auf die Seite des negativ konnotierten Materiellen als Gegenpart zum positiv konnotierten Immateriellen gesetzt werden:

> «(...) the people of the world are too concerned with the things they wear, that they be pleasing to the sight and be in just the latest style. Such concern takes our minds away from where they ought to be.» (Home Messenger 1994: 8, zitiert nach Lee 2000: 30)

---

51 Der Anspruch und das Ziel der Shaker «being one in Christ» (Weis 1974: 32, zitiert nach Gohl-Völker 2002: 68) ist ein «innerer Vorgang, der in einer veränderten Lebensführung zum Ausdruck kommt» (Gohl-Völker 2002: 68). Zu dieser Lebensführung gehört auch die Kleidungspraxis. Eine einheitliche und spezifische Kleidung wurde von den Shakern bis ins 20. Jh. hinein getragen.

In vielen religiösen Traditionen wird Wert auf eine bestimmte Art von Kleidung gelegt, um die Relevanz des Materiellen so gering wie möglich zu halten.[52] Dies ist nicht nur bei Ordensgewändern der Fall, sondern auch bei der Kleidungspraxis von Pilgern, die jedenfalls für die Zeit ihrer Pilgerschaft der ‹Welt› entsagen sollen. Eng damit verwandt ist der Anspruch von «Modesty», der in vielen religiösen Gemeinschaften und Bewegungen im Hinblick auf Kleidungspraxis formuliert wird.[53]

Wenn Simmel im vorangegangenen Abschnitt damit zitiert wird, dass das Individuum «als ein Gefäß sozialer Inhalte erscheinen» (Simmel 1986: 180) kann, so kann nun ergänzt werden, dass es durch seine Kleidungspraxis auch als Gefäß immaterieller Inhalte erscheinen kann.

In den genannten Fällen wird in die Interaktion, im Fall einer entsprechenden Wahrnehmung der vestimentären Praxis, eine über die Interaktion hinausgehende und über sie hinaus Anspruch erhebende Ordnung einbezogen. Damit wird diese Ordnung noch nicht unbedingt als Interaktionspartnerin präsent, aber sie bestimmt die Situation selbst mit.

Wird Kleidung als etwas beobachtet, das in dieser Form von einer transzendenten Autorität eingefordert wird, so ist die vestimentäre Praxis die visuelle Markierung von Gehorsam dieser Autorität gegenüber. Typisches Beispiel ist die Kopfbedeckung von Muslimas, mit deren entsprechender Beobachtung Gott bzw. der Koran in der Interaktion anwesend ist. Ebenso

---

52 In der Religionsgeschichte finden sich verschiedene Beispiele von Nacktheit als Ausdruck der Weltabgewandtheit wie bei den Mitgliedern des asketischen jainistischen Ordens der Digambaras, den «Luftbekleideten». Das Ablegen der Kleidung bis auf einen Pfauenfedernwedel und einen Flaschenkürbis als Wasserbehälter und fortan Nacktsein steht hier für Unschuld und Unabhängigkeit vom Materiellen. Konsequenterweise werden auch die im Jainismus verehrten Tirthankaras, die «Wegbereiter», immer nackt dargestellt (vgl. Laidlaw 1995; Alsdorf 2006). Weitere Beispiele sind die in brahmanischen Texten beschriebenen Nacktasketen. Für sie «demonstriert die Nacktheit, dass sich der Asket vollständig von kulturellen Bindungen gelöst hat und frei von Leidenschaften ist» (Freiberger 2009: 245). Das Ablegen der Kleidung gilt auch als neue Geburt und Rückkehr in den ‹natürlichen› Zustand (vgl. auch Freiberger 2009: 122–124).

53 «Ibn Umar (R a) berichtet, der Gesandte Gottes (S) habe gesagt: Menschen, die ihre Kleider mit Stolz und Hochmut tragen, wird Gott am Tag des Gerichts mit keinem Blick würdigen!» Oder: «Ibn Abbās sagte: Iss, was dir schmeckt, und kleide dich, wie es dir gefällt! Aber hüte dich dabei vor zweierlei: vor der Maßlosigkeit und vor der Eitelkeit!» (al-Buhārī 1991: 409).

typisch sind bestimmte Formen jüdischer Kleidungspraxis, von den Tefillin bis hin zu den Schläfenlocken.

Damit kann vom Kommunikationspartner daran angeschlossen werden, indem z. B. Achtung kommuniziert wird. Wird diese Kleidungspraxis jedoch nicht als von Gott bzw. dem Koran eingeforderte beurteilt, wird sie z. B. als visuelle Markierung einer radikal-religiös-politischen Einstellung oder als Gehorsam gegenüber dem Vater beobachtet. Dementsprechend wird gegebenenfalls auch ein anderes Verhalten ihr gegenüber und eine andere Kommunikation zu beobachten sein.

Dass die Wahrnehmung einer Kleidungspraxis und deren Bewertung von TrägerInnen einerseits und Außenstehenden andererseits höchst unterschiedlich sein kann, ist selbstverständlich und zeigt sich zum Beispiel in den Perspektiven auf eine Gruppe von Shakerfrauen, die bei einem Treffen 1827 von einem Shaker folgendermaßen beschrieben wurden: «[...] the sisters appeared in meeting [...] with white dresses, and one Believer remarked that they ‹looked like a crowd of saints›.» Ein Außenstehender bemerkt hingegen, sie hätten «like a gaggle of geese» ausgesehen (beide Zitate nach Gohl-Völker 2002: 157).

Deutlich wird hier, von welch hoher Relevanz es ist, dass Kommunikationssysteme und psychische Systeme zwar strukturell gekoppelt sind, aber zugleich zwei voneinander getrennte Systeme darstellen. Was das Bewusstsein einer vestimentären Praxis an Bedeutung unterstellt, ist von der Kommunikation über diese Praxis nicht einzuholen. Wird in der Kommunikation von einer Muslima beteuert, sie trage ihr Kopftuch freiwillig aufgrund eines religiösen Bedürfnisses, das keine Tendenz zum Fanatismus habe, heißt dies nicht, dass ein Kommunikationspartner der Frau nicht weiterhin eine andere Motivation unterstellen könnte. In der Tat kann er die ‹tatsächliche› Motivation nicht überprüfen, das Bewusstsein seines Gegenübers bleibt eine ‹Black Box›.

5.2 Anwesenheit von Transzendenz

Kleidung kann, wie im Fall der Tefillin oder im Fall des Kreuzes als Schmuckstück, auch auf eine transzendente Ordnung bezogen werden, indem sie diese Ordnung symbolisiert, an sie erinnert etc. Hier wird deutlich, dass der Einbezug transzendenter Ordnung im Sinne eines Themas geschehen kann oder aber im Sinne der Wahrnehmung einer/eines weiteren Interaktionspartners/-partnerin, der/die nicht notwendigerweise im Sinne einer ‹Person› verstanden werden muss. Im ersten Fall kann mit Kommunikation über diese Transzendenz oder auch über mit ihr Assoziiertes angeschlossen werden.

Der zweite Fall ist nur möglich, wenn die Existenz der betreffenden Transzendenz angenommen wird, unabhängig davon, ob diese positiv oder negativ gedeutet wird. Auch das kann die Kommunikation und das Verhalten der Interaktionspartner bestimmen. So wird möglicherweise eine Katholikin mit dem Schlagen des Kreuzes auf die Präsenz einer über seine Kleidung als Satanisten identifizierten Person reagieren: Der Satan, und damit die ihm zugetrauten negativen Kräfte, werden hier in die Interaktion einbezogen.

In Numeri 15,37–40 wird deutlich gemacht, dass die jüdische Kleidungspraxis von *zizit* und *tallit* den Einbezug Gottes gewährleisten, ja gewissermaßen zu einer permanenten Interaktion mit Gott führen soll:

> «Und der HERR sprach zu Mose: Rede zu den Israeliten und sage zu ihnen, sie sollen sich an den Zipfeln ihrer Kleider eine Quaste machen, von Generation zu Generation, und sie sollen an der Zipfelquaste eine Schnur von blauem Purpur anbringen. Und wenn ihr die Quaste seht, sollt ihr an alle Gebote des HERRN denken und sie einhalten und nicht eurem Herzen und euren Augen folgen und hinter ihnen herhuren, damit ihr alle an meine Gebote denkt und sie einhaltet und eurem Gott heilig seid.»

So können mit der Wahrnehmung dieser Kleidungspraxis Gott, aber auch die Gebote der Tora als anwesend behandelt werden.

Die Präsenz einer jenseits der empirisch sichtbar beteiligten Akteure existierenden Kraft wird mit der Anwesenheit einer bestimmten Kleidung angenommen, wenn z.B. mit dem Mantel eines Derwischs auch dessen *baraka* (Segenskraft) auf den neuen Träger übergeht[54] oder Kleidung magische Macht zugesprochen wird (vgl. z.B. Frembgen 1999: 13). Weit verbreitet sind etwa Medaillons, denen durch ihre Verbindung zu einer transzendenten Macht besondere Kräfte zugestanden werden, sei es, dass

---

54 In orthodoxen Derwischbruderschaften ist es zum Teil üblich, dass der Scheich dem Novizen nach einer bestimmten Zeit des Dienstes einen Mantel übergibt. Wenn dieser Mantel zuvor vom Scheich getragen oder berührt worden ist, geht die *baraka* des vorherigen Trägers mit dem Mantel auf den neuen Träger über (vgl. Frembgen 1999: 12).

in ihnen etwas aufgehoben ist oder dass ein Bezug über eine Abbildung, Segnung etc. hergestellt wurde.[55]

Ähnlich, wenn auch nicht ganz so explizit, verhält es sich, wenn Kleidung als Ausdruck bzw. Entsprechung einer transzendenten Ordnung gesehen wird. Beispiele sind hier die Mönchsroben buddhistischer Mönche, die religiöse Kleidungspraxis der Shaker, aber auch diejenige römisch-katholischer Nonnen, wenn sie von ihren Trägerinnen als Ausdruck bzw. Entsprechung zur göttlichen Ordnung gesehen wird.[56] Die Kleidung schafft so eine höhere Wahrscheinlichkeit, dass eine Interaktionssituation mit eben dieser transzendenten Ordnung von den TrägerInnen hergestellt wird. Der nach Luhmann für Interaktionssituationen typische Zeitdruck (vgl. Luhmann 2002: 202) entfällt hier, jedenfalls bei permanent getragener Kleidung. Interessant ist hier die Möglichkeit, dass bestimmte religiöse Kleidungsstücke, häufig Kopfbedeckungen, von einigen permanent, von anderen nur in spezifisch der Transzendenz zugewiesenen Räumen/Zeiten getragen werden. So tragen keineswegs alle Juden im Alltag eine Kippa, wohl aber, wenn sie sich in einer Synagoge aufhalten.

In besonders expliziter Weise wird Transzendenz in einer Interaktion über Kleidung als anwesend behandelt, wenn der Kleidung selbst transzendente Macht zugesprochen wird. Ein dramatisches Beispiel bietet der biblische Samson, dessen Kraft als «Geweihter Gottes» unmittelbar mit seinen «ungeschorenen» Haaren in Beziehung steht. Sobald diese geschnitten sind, verlässt ihn die Kraft und er muss feststellen, dass «der Herr von ihm gewichen war».[57] Als die Haare wieder zu wachsen beginnen, kehrt auch Samsons Kraft zurück, und so ist Gottes Kraft in der Situation präsent und aktiv, in der Samson sich mitsamt den anwesenden feindlichen Philistern unter dem von ihm gestürzten Tempel begräbt.

---

55 Im negativen Sinne wurde in einigen Traditionen des europäischen Mittelalters von der mit Kleidung unmittelbar in Beziehung stehenden Präsenz einer negativen Kraft ausgegangen: Belegt sind hier Fälle, in denen Monogramme etc. aus den Kleidungsstücken entfernt wurden, in denen Tote bestattet werden sollten, da diese Kennzeichnungen den Toten Macht über noch Lebende gleichen Namens gegeben hätten (vgl. Geiger 1932).

56 «Die höhere Ordnung, der sie sich verschrieben haben, findet ihre angemessene Entsprechung in einer irdischen Ordnung, in einem geordneten und strukturierten Leben [...] und in ordentlicher und zugleich geordneter Kleidung.» (Konrad 2005: 90-91, vgl. ebd. 92)

57 Richter 16,20.

Im Fall von Kleidungsstücken handelt es sich in der Regel um eine Macht, die von einer/einem TrägerIn auf das Kleidungsstück übergegangen ist.[58] In der Geschichte der Entrückung Elijas finden sich gleich zwei im Hinblick auf Kleidung aufschlussreiche Bemerkungen. Elijas Schüler und Nachfolger Elischa zerreißt seine Kleider, als er seinen Meister («Vater») im Himmel entschwinden sieht, eine Geste der Trauer, die, wie Berlejung schreibt, «dem Verlust der Machtkompetenzen und Identität gleich» kommt (Berlejung 2001). Zugleich scheint aber Elijas Macht auf dessen zurückgelassenen Mantel übergegangen zu sein, und ebenso scheint mit dem Mantel die Präsenz Gottes einherzugehen, sichtbar daran, dass sich das Wasser des Jordans vor dem Nachfolger teilt, als dieser mit dem Mantel darauf schlägt, ebenso wie es geschehen war, als der Meister zuvor dasselbe getan hatte: «Und er [Elischa] nahm den Mantel, der von Elija gefallen war, schlug damit das Wasser und sprach: Wo ist der HERR, der Gott Elijas? Auch er schlug das Wasser, und es teilte sich nach beiden Seiten, und Elischa ging hindurch» (2. Könige 2,14, vgl. 2,8).

Unter den «Materialien zum Schamanismus der Ewenki-Tungusen» findet sich das Beispiel des Schamanenmantels, dessen Präsenz notwendig ist, um eine Heilung durchzuführen, und dessen schamanische Kraft nicht an seinen Besitzer gebunden ist, sondern auch von anderen Schamanen genutzt werden kann (vgl. Suslov/Menges 1928: 21–22). Anschaulich wird die einem Mantel, in diesem Fall dem Mantel eines Malang[59] zugestandene

---

58 Kleidungsstücke können in vielen religiösen Traditionen mit einer bestimmten Person identifiziert werden oder auch mit einer bestimmten Rolle und Funktion und entsprechend vom Vorgänger auf den Nachfolger übergehen. So übergeben Zenmeister ihre Roben ihrem Nachfolger, und im Iran ist es üblich, dass der Lehrer seinem Schüler das typische Gewand eines Mullahs übergibt, wenn dieser seine Studien erfolgreich abgeschlossen hat und fortan selbst als Mullah gelten darf.

59 Ein afghanischer Malang gehört, anders als ein Derwisch, keiner Bruderschaft an. Malangs ziehen als Pilger bzw. Wanderbettler umher und folgen einer spezifischen vestimentären Praxis, zu der neben einem Wanderstab, einer Gebetskette und einer Bettelschale unter anderem, und für ihre Wahrnehmung besonders relevant, ein Flickenmantel gehört. Der zitierte Bericht findet sich in einem Blog «Der Malang oder die Wunderkraft des Derwischmantels», den Olaf Günther unter dem Namen Olim Devona am 27.2.2011 bei tethys.Central Asia Everyday veröffentlicht hat: www.tethys.caoss.org/index.php/2011/02/27/mazor-aka-der-malang-oder-die-wunderkraft-des-derwischmantels (11.1.2012).

Kraft in einem Reisebericht des Ethnologen Olaf Günther. Dieser hatte für ein deutsches Museum einen solchen Mantel in Afghanistan erworben und stellte dann bei diversen Kontrollen durch Polizei, Zoll und Armee fest, dass keiner der Diensthabenden den Mantel berühren wollte. Dies ermöglichte es ihm schließlich, eine traditionelle Apotheke unter dem ‹Schutz› des Mantels aus dem Land zu schmuggeln.

Es ließen sich zahlreiche weitere Beispiele aufführen, religionswissenschaftlich entscheidend ist es festzuhalten, dass durch Kleidung weitere, nicht empirisch vorhandene Akteure in einer Interaktion als anwesend behandelt werden können und damit die Situation selbst mit definiert wird: Und wenn «Menschen eine Situation als wirklich definieren, dann ist sie ihren Auswirkungen nach wirklich» (Goffman 1977: 9).[60]

6 Conclusio

Der eigene Körper ist für das Selbstverständnis von Menschen von unhintergehbarer Bedeutung, ebenso kommt der körperlichen Erscheinung in Interaktionssystemen, die sich maßgeblich über sinnliche Wahrnehmung konstituieren, eine hohe Relevanz zu. Kleidung, zumal in dem weitgefassten Verständnis von «dress(ing)», ist wiederum entscheidend für die Wahrnehmung von Körpern, die selbst immer schon sozial und kulturell konstruiert sind. In kollokalen Situationen, die als Interaktion beschrieben werden können, können über Kleidung Relevanzen, die außerhalb der betreffenden Situation bestehen, in die Situation einbezogen werden. Zugleich kann Kleidung Situationen spezifizieren, es den Interaktionspartnern erleichtern zu verstehen, was «hier eigentlich vor[geht]» (Goffman 1977: 16), das heißt, wen sie vor sich haben und mit welchen Konsequenzen für die Situation zu rechnen ist. Kleidung kann als Kommunikation aufgefasst werden, ebenso wie sie zum Thema von Kommunikation gemacht werden kann, wird aber noch vor jeder Kommunikation wahrgenommen.

Worin liegt nun, um auf die zu Beginn gestellte Frage zurückzukommen, das Spezifische *religiöser* Kleidung?

---

60 «If men define situations as real, they are real in their consequences.» (Thomas/Thomas 1928: 572)

Religiöse Kleidung ist Kleidung, der ein Bezug zu Religion zugewiesen wird, sei es von ihren TrägerInnen oder von BeobachterInnen. Damit wird ihr mehr oder weniger unmittelbar ein Bezug zu einer «immutable, necessary order that pre-exists both individuals and groups» (Hervieu-Léger 2000: 86) zugesprochen.

Dementsprechend wird dieser Ordnung über die Wahrnehmung von Kleidung in einer Interaktion eine Mitbestimmung dieser Situation eingeräumt, wenn sie nicht sogar als Interaktionspartner einbezogen wird. Religiöse Kleidung kann so Situationen als religiöse definieren, kann Präsenz, die in der Interaktion selbst jeweils ausgehandelt wird, um Transzendenz erweitern und nicht-sinnlich, empirisch wahrnehmbare Interaktionspartner und Kräfte für die Situation als anwesend konstituieren, ohne dass dies erst durch Kommunikation geschehen müsste.

Literaturverzeichnis

Alsdorf, Ludwig (2006): Jaina Studies. Their Present State and Future Tasks, Mumbai: Hindi Granth Karyalay.

Barthes, Roland (1985): Die Sprache der Mode, Frankfurt/M.: Suhrkamp.

Benz, Ernst (1977): «Norm und Heiliger Geist in der Geschichte des Christentums». In: Rudolf Ritsema/Adolf Portmann (Hg.), Norms in a Changing World. Normen im Wandel der Zeit. Avenir et Devenir des Normes, Leiden: E. J. Brill, S.137–182.

Berlejung, Angelika (2001): «Kleid/Kleidung. Religionswissenschaftlich. Allgemein». In: Hans Dieter Betz/Don S. Browning/Bernd Janowski/Eberhard Jüngel (Hg.), Religion in Geschichte und Gegenwart. Handwörterbuch für Theologie und Religionswissenschaft. Band 4, Tübingen: Mohr Siebeck, S.1410.

Björkqvist, Kaj (1990): «World-rejection, world-affirmation and goal displacement. Some aspects of change in three new religions movements of Hindu origin». In: Nils G. Holm (Hg.), Encounter with India. Studies in Neo-Hinduism, Turku: Abo Akademi University Press, S.70–99.

Bohn, Cornelia (2000): «Kleidung als Kommunikationsmedium». Soziale Systeme. Zeitschrift für Soziologische Theorie 6(1), S.111–135.

Bohn, Cornelia (2006): Inklusion, Exklusion und die Person, Konstanz: UVK Universitätsverlag Konstanz.

Bouska, Marvin L./Beatty, Patricia A. (1978): «Clothing as a symbol of status. Its effect on control of interaction territory». Bulletin of Psychonomic Sociology 11(4), S.235–238.

Breuer, Marc (2010): «Religiöse Inklusion über die Liturgie? Zum Verhältnis von Profession und Publikum im Katholizismus». In: Michael N. Ebertz/ Rainer Schützeichel (Hg.), Sinnstiftung als Beruf. Über Experten der Sinnstiftung, Wiesbaden: VS Verlag für Sozialwissenschaften, S. 43–70.

Brubacker, Rogers/Cooper, Frederick (2000): «Beyond Identity». Theory and Society 29, S. 1–47.

al-Buhārī (1991): Sahīh. Nachrichten und Taten und Aussprüche des Propheten Muhammad, Stuttgart: Reclam.

Coursey, Robert D. (1973): «Clothes doth make the man, in the eye of the beholder». Perceptual and Motor Skills 36, S. 1259–1264.

Craik, Jennifer (1994): The Face of Fashion. Cultural studies in fashion, London: Routledge.

Dürr, Hans-Peter (1988): Nacktheit und Scham – der Mythos vom Zivilisationsprozess. Band 1, Frankfurt/M.: Suhrkamp.

De Groot, Jan Jakob Maria (1982): The Religious System of China. Its ancient forms, evolution, history and present aspect. Manners, customs and social institutions connected therewith, Brill: Leiden.

Eicher, Joanne B./Evenson, Sandra Lee/Lutz, Hazel A. (Hg.) (2008): The Visible Self. Global Perspectives on Dress, Culture, and Society, New York: Fairchild Publications.

Elias, Norbert (1977): Über den Prozess der Zivilisation. Soziogenetische und psychogenetische Untersuchungen. Erster Band. Wandlungen des Verhaltens in den weltlichen Oberschichten des Abendlandes, Frankfurt/M.: Suhrkamp.

Erker-Sonnabend, Ulrich (1987): Das Lüften des Schleiers. Die Orienterfahrung britischer Reisender in Ägypten und Arabien. Ein Beitrag zum Reisebericht des 19. Jahrhunderts., Hildesheim/Zürich: Olms.

Evangelisch-Reformierte Landeskirche des Kantons Zürich (Hg.) (2007): Zürcher Bibel, Zürich: Verlag der Zürcher Bibel.

Evans, Malcolm D. (2009): Manual on the Wearing of Religious Symbols in Public Areas, Leiden: Nijhoff.

Flügel, John C. (1986): «Psychologie der Kleidung». In: Silvia Bovenschen (Hg.), Die Listen der Mode, Frankfurt/M.: Suhrkamp, S. 208–263.

Freiberger, Oliver (2009): Der Askesediskurs in der Religionsgeschichte. Eine vergleichende Untersuchung brahmanischer und frühchristlicher Texte, Wiesbaden: Harrassowitz.

Frembgen, Jürgen W. (1999): Kleidung und Ausrüstung islamischer Gottsucher. Ein Beitrag zur materiellen Kultur des Derwischwesens, Wiesbaden: Harrassowitz.

Fuchs, Peter/Luhmann, Niklas (1989): Reden und Schweigen, Frankfurt/M.: Suhrkamp.

Geiger, Paul (1932): «Leiche». In: Eduard Hoffmann-Krayer/Hanns Bächtold-Stäubli (Hg.), Handwörterbuch des deutschen Aberglaubens. Band V, Berlin /Leipzig: Walter de Gruyter, S. 1024–1060.

Geser, Hans (1996): Elementare soziale Wahrnehmungen und Interaktionen. Ein theoretischer Integrationsversuch. Verfügbar unter: http://www.geser.net/elin/inhalt.htm (22.3.2012)

Goffman, Erving (1959): The Presentation of Self in Everyday Life, New York: Doubleday.

Goffman, Erving (1972): Encounters. Two Studies in the Sociology of Interaction, London: Allen Lane.

Goffman, Erving (1977): Rahmen-Analyse. Ein Versuch über die Organisation von Alltagserfahrungen, Frankfurt/M.: Suhrkamp.

Goffman, Erving (1994): Interaktion und Geschlecht, Frankfurt/M./New York: Campus Verlag.

Gohl-Völker, Ulla (2002): Die Kleidung der Shaker-Schwestern im 19. Jahrhundert. Die Repräsentanz kategorialer Ordnungsbegriffe, Münster/New York/München/Berlin: Waxmann.

Graybill, Beth/Arthur, Linda B. (1999): «The Social Control of Women's Bodies in Two Mennonite Communities». In: Linda B. Arthur (Hg.), Religion, Dress and the Body (Dress, body, culture), Oxford: Berg, S. 9–30.

Griffin, Mary (1975): Unbelling the Cat. The Courage to Choose, Boston: Little Brown.

Hamilton, Jean A./Hamilton, James W. (2008): «Dress as a Reflection and Sustainer of Social Reality: A Cross-Cultural Perspective». In: Joanne B. Eicher/Sandra Lee Evenson/Hazel A. Lutz (Hg.), The Visible Self. Global Perspectives on Dress, Culture, and Society, New York: Fairchild Publications, S. 141–149.

Hervieu-Léger, Danièle (2000): Religion as a Chain of Memory, New Brunswick, New Jersey: Rutgers University Press.

Kaiser, Susan B. (1983): «Toward contextual social psychology of clothing. A synthesis of symbolic interactionist and cognitive theoretical perspectives». Clothing and Textile Research Journal 21(1), S. 1–9.

Kaufmann, Jean-Claude (1996): Frauenkörper – Männerblicke, Konstanz: UVK Universitätsverlag Konstanz.

Kaufmann, Thomas (2009): «Filzhut versus Barett. Einige Überlegungen zur Inszenierung von ‹Leben› und ‹Lehre› in der frühen radikalen Reformation». In: Anselm Schubert/Michael Driedger/Astrid von Schlachta (Hg.), Grenzen des Täufertums – Boundaries of Anabaptism. Neue Forschungen (SVRG 209), Gütersloh: Gütersloher Verlagshaus, S. 273–294.

Keller, Gottfried ([1874] 1997): Kleider machen Leute (dtv Bibliothek der Erstausgaben), München: Deutscher Taschenbuch-Verlag.

Kieserling, André (1996): «Die Autonomie der Interaktion». In: Günter Küppers (Hg.), Chaos und Ordnung: Formen der Selbstorganisation in Natur und Gesellschaft, Stuttgart: Reclam, S.257–289.

Kieserling, André (1999): Kommunikation unter Anwesenden. Studien über Interaktionssysteme, Frankfurt/M.: Suhrkamp.

Konrad, Dagmar (2005): «Ordentlich – passend – angemessen. Schönheit im Kloster». In: Gabriele Mentges/Birgit Richard (Hg.), Schönheit der Uniformität. Körper, Kleidung, Medien, Frankfurt/M./New York: Campus, S.79–114.

Kruse, Britta-Juliane (2007): Witwen. Kulturgeschichte eines Standes im Spätmittelalter und Früher Neuzeit, Berlin/New York: Walter de Gruyter.

Löw, Martina (2001): Raumsoziologie, Frankfurt/M.: Suhrkamp.

Laidlaw, James (1995): Riches and Renunciation. Religion, Economy and Society among Jains, Oxford: Clarendon Press.

Lamaison, Pierre/Bourdieu, Pierre (1986): «From Rules to Strategies: An Interview with Pierre Bourdieu». Cultural Anthropology 1(1), S.110–120.

Leach, Edmund R. (1976): Culture and Communication: The Logic by which Symbols are Connected: An Introduction to the Use of Structuralist Analysis in Social Anthropology (Themes in the Social Sciences), Cambridge: Cambridge University Press.

Lee, Daniel B. (2000): Old Order Mennonites. Rituals, Beliefs and Community, Maryland: Burnham Publishers.

Lietzmann, Anja (2001): «Kleidung und Nacktheit». In: Hans Dieter Betz/ Don S. Browning/Bernd Janowski/Eberhard Jüngel (Hg.), Religion in Geschichte und Gegenwart. Handwörterbuch für Theologie und Religionswissenschaft. Band 4, Tübingen: Mohr Siebeck, S.1417–1418.

Littrell, Mary Ann/Evers, Sandra J. (1985): «Liturgical vestments and the priest role». Home Economics Research Journal 14(1), S.152–162.

Long, Thomas J. (1978): «Influence of uniform and religious status on interviewees». Journal of Counseling Psychology 25(5), S.405–409.

Luhmann, Niklas (1984): Soziale Systeme, Frankfurt/M.: Suhrkamp.

Luhmann, Niklas (1985): «Die Autopoiesis des Bewusstseins». Soziale Welt 36, S.402–446.

Luhmann, Niklas (1987): Soziologische Aufklärung 4. Beiträge zur funktionalen Differenzierung der Gesellschaft, Opladen: Westdeutscher Verlag.

Luhmann, Niklas (1998): «Religion als Kommunikation». In: Hartmann Tyrell/ Volkhard Krech/Hubert Knoblauch (Hg.), Religion als Kommunikation (Religion in der Gesellschaft Bd. 4), Würzburg: Ergon, S.135–145.

Luhmann, Niklas (2002): Die Religion der Gesellschaft, Frankfurt/M.: Suhrkamp.

Luther, Martin (1912): Die Bibel oder die ganze Heilige Schrift des Alten und Neuen Testaments, Stuttgart: Deutsche Bibelgesellschaft.

Mauss, Marcel (1989a): «Die Techniken des Körpers». In: Marcel Mauss, Soziologie und Anthropologie Band II, Frankfurt/M.: Fischer Taschenbuch Verlag, S. 197–220.

Mauss, Marcel (1989b): «Eine Kategorie des menschlichen Geistes. Der Begriff der Person und des ‹Ich›». In: Marcel Mauss, Soziologie und Anthropologie Band II, Frankfurt/M.: Fischer Taschenbuch Verlag, S. 221–252.

Mayer-Thurman, Christa (1975): «The significance of mass vestments». Arts and Artists 10, S. 14–21.

Michelman, Susan O. (1999): «Fashion and Identity of Women Religious». In: Linda B. Arthur (Hg.), Religion, Dress and the Body (Dress, body, culture), Oxford: Berg, S. 135–145.

Miyake, Hitoshi (2001): Shugendo. Essays on the Structure of Japanese Folk Religion, Ann Arbor: The University of Michigan.

Paret, Rudi (1996): Der Koran, Stuttgart/Berlin/Köln: W. Kohlhammer.

Plessner, Helmut (1975): Die Stufen des Organischen und der Mensch. Einleitung in die Philosophische Anthropologie, Berlin: Walter de Gruyter.

Rafaeli, Anat/Pratt, Michael G. (1993): «Tailored Meanings. On the Meaning and Impact of Organizational Dress». The Academy of Management Review 18(1), S. 32–55.

Roach, Mary Ellen/Eicher, Joanne B. (1973): The Visible Self. Perspectives on Dress, New Jersey: Prentice-Hall.

Roach, Mary Ellen/Musa, Kathleen Ehle/Hollander, Anne (Hg.) (1980): New Perspectives on the History of Western Dress: A Handbook, New York: NutriGuides.

Süss, Joachim (1996): Bhagwans Erbe. Die Osho-Bewegung heute, München: Claudius.

Schlag, Thomas/Kunz, Ralph (2009): «‹Des Pfarrers neue Kleider …›. Erkundungen und Erwägungen zur Talarfrage in den reformierten Schweizer Landeskirchen». Pastoraltheologie 98, S. 211–232.

Schroer, Markus (Hg.) (2005): Soziologie des Körpers, Frankfurt/M.: Suhrkamp.

Simmel, Georg (1890): Über soziale Differenzierung. Soziologische und psychologische Untersuchungen, Leipzig: Duncker & Humblot.

Simmel, Georg (1986): «Die Mode». In: Silvia Bovenschen (Hg.), Die Listen der Mode, Frankfurt/M.: Suhrkamp, S. 179–206.

Simmel, Georg (1992): Soziologie. Untersuchungen über die Formen der Vergesellschaftung (Georg Simmel Gesamtausgabe Band 11), Frankfurt/M.: Suhrkamp.

Stone, Gregory P. (1995): «Appearance and the Self». In: Mary Ellen Roach-Higgins/Joanne Eicher/Kim Johnson (Hg.), Dress and Identity, New York: Fairchild Publications, S. 19–39.

Suslov, Innokenti M./Menges, Karl H. (Hg.) (1928): Materialien zum Schamanismus der Ewenki-Tungusen an der mittleren und unteren Tunguska, Wiesbaden: Harrassowitz.

Taylor, Lou (2002): The Study of Dress History, Manchester: Manchester University Press.

Thomas, William Isaac/Swaine Thomas, Dorothy (1928): The Child in America: Behavior problems and programs, New York: Knopf.

Tolstoj, Lev Nikolaevič (1979): Tagebücher 1847–1910 (aus dem Russischen übers. von Günter Dalitz), München: Winkler.

Tranberg Hansen, Karen (2004): «The World in Dress: Anthropological Perspectives on Clothing, Fashion, and Culture». Annual Review of Anthropology 33, S. 369–392.

Uehlinger, Christoph (2006): «Visible Religion und die Sichtbarkeit von Religion(en). Voraussetzungen, Anknüpfungsprobleme, Wiederaufnahme eines religionswissenschaftlichen Forschungsprogramms». Berliner Theologische Zeitschrift 23, S. 165–184.

Wallis, Roy (1984): The Elementary Forms of the New Religious Life, London/Boston/Melbourne/Henley: Routledge & Kegan Paul.

Watson, James L./Rawski, Evelyn S. (Hg.) (1988): Death Ritual in Late Imperial and Modern China, Berkeley/Los Angeles/London: University of California Press.

Weber, Max (1972): Wirtschaft und Gesellschaft: Grundriss der verstehenden Soziologie, Tübingen: J. C. B. Mohr.

Kleidung als Kommunikation

Roland Eckert, Stefanie Würtz

1 Kommunikation

Wenn Menschen mit anderen zusammen sind, können sie nicht «nicht kommunizieren» (vgl. Watzlawick 2007). Auch Schweigen oder Abwendung enthält immer eine Botschaft, die von den anderen Anwesenden gedeutet, verstanden oder missverstanden wird. Das gleiche gilt für Kleidung. Sie ist immer auch Kommunikation und enthält Zeichen, die als Hinweise auf die sie tragende Person verstanden werden. Diese kommt daher nicht umhin, sich mit Kleidung selbst darzustellen, für andere und für sich selbst. Visuelle Selbstpräsentation und Fremdwahrnehmung können dabei durchaus auseinandertreten, zu Missverständnissen führen und eine Revision der Deutung notwendig machen. Ob die Beteiligten sich dabei einigen können und wollen, kann offenbleiben.

2 Kleidung als Zeichen

Bekleidungsstücke und Accessoires haben jeweils eine oder mehrere Bedeutungen. Ein Schuh kann Schutz des Fußes vor Kälte oder Verletzung sein, er kann aber auch zusätzliche Bedeutungen haben, die auf Gewalt (Doc-Martens-Stiefel), Indianerkulturen (Mokassins), Beweglichkeit (Turnschuhe), Erotik (Pumps oder High Heels), Gemütlichkeit (Pantoffeln) und vieles andere verweisen. In diesem Sinne sind sie immer auch Zeichen, die etwas, ja vieles jenseits ihrer selbst bezeichnen, also «indelikat» sind (vgl. Garfinkel 1967). Die Deutung «vestimentärer» Zeichen ist Teil der alltagspraktischen Verstehensleistung der Menschen, die – absichtlich oder unabsichtlich – immer ‹mitläuft›. Derbes Schuhwerk ist bei einer Wanderung funktional und daher in dieser Situation nicht besonders deutungsbedürftig. Tritt ein Mann jedoch in einem anderen Kontext, z.B. beim Stadtbummel, entsprechend auf, lässt sich ihm eine spezifische Selbstdarstellung als «Outdoor-Fan» unterstellen. Die semantische Unschärfe des Schuhwerks an sich wird dann anders gedeutet.

3 Monosemie und Polysemie

Selbstdarstellung bezieht sich immer auf Vorverständnisse, die andere haben. Sie verweist auf Bedeutungen, die zunächst implizit sind und von den anderen aufgespürt, ‹ent-indexikalisiert› werden müssen, damit sie ‹richtig› verstanden werden. Das ist nicht risikofrei. «Ent-indexikalisierung» muss den Zusammenhang berücksichtigen, der durch die Situation konstituiert wird. Die Situation wird erfahren als eine Gegebenheit, in die fixe Daten wie Anlass, beteiligte Personen, Rahmenbedingungen, aber auch unterstellte Optionen, Strategien und nichtintentionale Erwartungen der anderen eingehen. Sie ist jedoch prinzipiell mehrdeutig. Die Eindeutigkeit einer Situation muss immer erst, z.B. durch vordefinierte Signale im Straßenverkehr, erzeugt werden. Polysemie ist also zumeist nicht ‹gescheiterte Kommunikation›, sondern Grundstruktur jeder Situation. Sie kann von denen, die eine Situation definieren können, eingeschränkt («Tagesordnung», «Dresscode», «Zeremoniell»), aber auch ausgeweitet werden (Party, Karneval). Die in einer Situation handelnden Personen haben in begrenztem Umfang die Möglichkeit, die bestehende Offenheit zu meiden, zu nutzen oder zu dirigieren. Sie können nicht nur aus der Rolle, sondern auch aus der Situation fallen, d.h. definierte Grenzen überschreiten.

Als Rahmung von Körper steht Kleidung in einem Zusammenhang verbaler und nonverbaler Botschaften. Mehrdeutige ‹Aussagen› und widersprüchliche Gebärden sind nicht immer ‹irrational›. Sie werden auch als Techniken genutzt, die Definition einer Situation bewusst offenzuhalten oder zu öffnen: Eine Berührung kann zufällig, aber auch intendiert sein – die Beteiligten entscheiden oft erst im Nachhinein, wie sie ‹gemeint› war. Nihilierung oder Affirmation einer Bedeutung kann dann immer noch stattfinden. Mehrdeutigkeit der Zeichen kann strategisch genutzt werden, nicht nur, um sich selbst darzustellen, sondern auch, um eine Selbstetikettierung zu vermeiden, sich selbst zu verrätseln, für andere interpretierbar zu sein und für sich selbst die Revision der Interpretation offen zu halten.

Kleidung bezieht sich zumeist nicht auf nur eine Situation. Im Alltag reihen sich aber unterschiedliche Kontexte zeitlich aneinander. Folglich ist *ein* Gesichtspunkt der Selbstdarstellung, mit multikontextuellen Anforderungen fertig zu werden. Eine Frau will nach Büroschluss bummeln gehen und dann vielleicht noch in eine Kneipe oder in eine Disco, je nachdem, was sich so ergibt. Sie wird ihre Kleidung so wählen, dass sie den ‹Sachlichkeitsanforderungen› des Arbeitsplatzes gleichermaßen entspricht wie der Aufmerksamkeitserzeugung auf dem Corso und der Erotik in der Disco, ohne dass sie sich umkleiden muss. Polysemie in der Kleidung kann daher funktional sein, weil sie unterschiedliche Deutungen je nach Situation möglich macht.

Auch Monosemie kann durch Kleiderregeln angestrebt werden. Sie schließt dann überschüssige, mehr oder weniger denkbare Interpretationen aus. Die Schuluniform signalisiert die Zugehörigkeit zu einer Einrichtung, der anthrazitgraue Flanell die Seriosität des Bankers, die fehlende Krawatte eine generationelle Gemeinsamkeit nach «68». Bei Symbolen, also Zeichen mit einer kulturell institutionalisierten Bedeutsamkeit, lassen sich oft mehrere Bedeutungen unterscheiden, zum Beispiel die ‹innere› und die ‹äußere›. Der Ehering hat die innere Bedeutung von Verbundenheit und Liebe; die äußere signalisiert Fremden, dass jemand gebunden, also nicht mehr auf dem ‹Markt› ist oder sein sollte. Auch demonstrative Abweichung kann monosem sein. So war beispielsweise das Tragen von Turnschuhen nicht generell, wohl aber im Deutschen Bundestag eine damals monoseme Aussage des Sprechers der Grünen. Dabei zählt nicht nur die Intention des Trägers. Bedeutungen können umkämpft sein. Das Kopftuch hat durch politischen Kampf seine mehrdeutige Unschuld verloren. Es wurde semantisch zum Symbol, also zum Zeichen für einen kulturellen Zusammenhang oder eine Gesinnung ‹aufgeladen›.

«Im Fall des Kopftuchs kann man argumentieren, dass es zweifellos für das Bekenntnis zum Islamismus und für ein sehr konservatives Familienbild stehen kann – dass es aber weit vielfältiger besetzt ist: Es kann auch für eine religiös-systematische Lebensführung stehen, für eine Kritik an der westlichen Sexualmoral (insbesondere an der Vermarktung des weiblichen Körpers); es kann den oben angeführten Wunsch ausdrücken, es den Eltern ‹recht zu machen›; es kann eine Form des outing sein, mit dem man sich zu einer diskriminierten Religion bekennt; und es kann ein Weg sein, sich als Muslima Bewegungsfreiheit zu schaffen. [...] Gerade weil das Kopftuch auch andere Aspekte ausdrückt, wird sein Verbot als diskriminierend empfunden – es trifft eben auch die, die das Kopftuch aus ganz anderen Gründen anlegen» (Schiffauer 2008: 130).

4 Mode – der zyklische Wandel von Zeichen

Zeichen stehen zumeist in einem Zusammenhang mit psychischen Reaktionen. Sie evozieren Gefühle. Um die gleichen Gefühle zu erzeugen, bedarf es aber häufig neuer Zeichen: So braucht der uralte Wein erotischer Gefühle immer wieder neue Schläuche. Der Zusammenhang von konkreten Zeichen und Gefühlen ist vergänglich. Etwas von dem, was hier geschieht, lässt sich an Musik verdeutlichen: Eine Melodie, die wir zum ersten Mal hören, mag uns noch schwierig erscheinen; wir müssen uns erst ‹einhören›, irgendwann geht sie uns ins Ohr. Wenn wir den Ohrwurm aber zu oft hören, wird er trivial und ‹nervt› schließlich. Unsere Aufmerksamkeit ist also zyklisch: Zeichen müssen anschlussfähig sein, dann aber ist ‹Neuigkeit› entscheidend und schließlich entsteht Überdruss. Je mehr musikalischen Informationen wir ausgesetzt sind, umso schneller läuft der Zyklus von Neuigkeit und Trivialisierung ab (vgl. Berlyne 1974).

Auch Bekleidung unterliegt aufgrund der immer zahlreicheren medialen Präsenz von vestimentären Bildern dem Prozess von Veralterung und Innovation, den wir Mode nennen. «Psychische Obsoleszenz» (vgl. Packard 1962) wird durch die Bekleidungsindustrie genutzt und vorangetrieben. Der Variation von Kleidung sind freilich Grenzen gesetzt, Schnittformen, Stoffe und Farben, Verhüllung oder Entblößung bilden ein begrenztes Universum (vgl. Barthes 1987). Dies führt dazu, dass auch ‹alte› Muster wiederkehren, oft mit neuer Bedeutung. Mode ist also ein Zeichensystem auf Zeit. Dadurch erhöhen sich die individuellen Optionen der Selbstdarstellung: Man kann warten, bis die geliebten Farben wieder einmal ‹dran› sind, gleichzeitig steigt aber der Zwang, den Innovations- und Alterungsprozess im Auge zu behalten, um nicht auf mittlerweile entwerteten Zeichen sitzenzubleiben – es sei denn, man betrachtet das Ganze als ein ‹bloßes Spiel› und entscheidet, ob und wann man an ihm teilnimmt.

5 Strategische Optionen in der Mode

Zwischen Menschen herrscht interindividuelle Konkurrenz um Geltung und Zuwendung. Modische Zeichen sind hier ein Mittel der Distinktion in einem symbolischen Raum (vgl. Bourdieu 1989). Wenn andere den Trend aufgreifen, ist dies zunächst eine Bestätigung. Wenn aber sehr viele den Trend aufgreifen, inflationieren die Zeichen und verlieren an Wert. Träger von Kleidung positionieren sich im Modezyklus. Dabei spielt das Interesse,

Aufmerksamkeit zu erzeugen oder zu vermeiden (und in diesem Zusammenhang die Risikobereitschaft) eine Rolle. Wer früh in einen Zyklus einsteigt, gewinnt Aufmerksamkeit, hat aber das Risiko der Reaktanz zu tragen, weil noch nicht feststeht, ob der ‹Trend›, dem er folgt, mehrheitsfähig ist. Die präsentierte Abweichung kann als Angeberei abgetan, als Selbststigmatisierung gelesen und/oder als Innovation anerkannt werden. Wer spät einsteigt, geht auf «Nummer sicher», verzichtet aber auf Aufmerksamkeit. Wer zu spät kommt, den bestraft die abwertende Aufmerksamkeit.

Menschen positionieren sich aber nicht nur im Modezyklus, sondern auch ihm gegenüber. Hier gibt es unterschiedliche Möglichkeiten: Der Modemuffel ‹zeigt›, dass er an der Selbstpräsentation im Zyklus desinteressiert ist. Der Träger von Tracht betont überzyklische Kontinuität des Althergebrachten. Uniformen betonen kollektive Identität und sollen individuelle Konkurrenz über Kleidung ausschalten. Religiöse Zeichen weisen auf einen spirituellen, zumeist als ewig begriffenen Raum hin. Sie können allerdings vom Spiel der Mode aufgegriffen werden, wie die Verwendung von Kreuzen und Todesrunen in der Popkultur zeigt. Dass umgekehrt Mode religiös dekodiert wird, ist seltener. Immerhin berichtet ein jüdischer Kollege, dass er in seiner Jugend, in der Hippiezeit, vom Tauchen im Roten Meer nach Jerusalem zurückkehrte mit schulterlangen Haaren, einem weißen Gewand und einem Wanderstab, und staunend bemerkte, wie christliche Pilger vor ihm zu Boden fielen und seine Füße küssen wollten.

6 Kleidung, Zugehörigkeit und Gruppengrenzen

Indem Kleidung sich (notwendigerweise) an ‹Situationen› orientiert und diese Situationen wiederum häufig von offenen Szenen und festen Gruppen konstituiert werden, wird Kleidung immer auch vor der Folie von Gruppenzugehörigkeiten gelesen und entsprechend geplant. Damit kann sie in geringerem oder größerem Ausmaß zum Symbol *für* Zugehörigkeit werden. Die kollektive Identität, die wir als Teil einer Gruppe erwerben, repräsentiert sich oft vestimentär. Nachdem wir nicht nur eine personale (durch unsere Biografie bestimmte), sondern auch eine soziale (durch Gruppenzugehörigkeit bestimmte) Identität haben, bleibt uns die Kleidung nicht äußerlich. Wir fühlen dann die in der Kleidung repräsentierte

Zugehörigkeit mit Selbstverständlichkeit, Stolz oder Abscheu. Weil mit Kleidung Zugehörigkeit symbolisiert wird, kann sie sowohl freiwillig gewählt als auch von einem Kollektiv erzwungen sein. Pfadfinder tragen ihre Tracht mit Stolz, Häftlinge mit Ingrimm. In jedem Fall wird sie zum Zeichen einer bedeutungsvollen Abgrenzung.

Dies gilt auch für religiöse Symbole in der Kleidung. In der spirituellen Dimension signalisieren sie die Hinwendung zu Gott, nach außen die Zugehörigkeit zu einer religiös definierten Gruppe, die möglicherweise durch spezifische Verhaltensweisen oder -anforderungen gekennzeichnet ist. Symbole fungieren dann als «sacred marker» (vgl. Hanf 1994) für Gruppen. Wenn diese Gruppen, aus welchen Gründen auch immer, verfeindet sind, werden Tücher schnell zu Fahnen.

7 Kommunikation mit sich selbst

Kleidung ist nicht nur in die Kommunikation mit anderen eingebunden, sie ist auch Kommunikation des Individuums mit sich selbst. Die «exzentrische Positionalität» (vgl. Plessner 1970) des Menschen bedeutet, dass wir nicht nur Körper sind, sondern auch Körper ‹haben›. Wir stehen nicht nur für andere vor dem Spiegel, sondern haben auch ein Verhältnis zu unserem Körper, das von Liebe und Leiden, Hass und Herrschaftswillen, Hoffnung und Resignation geprägt sein kann, und zwar nicht erst, seit Tattoos, Piercings oder Schönheitsoperationen dies zu Protokoll geben. Kleidung ist dabei nicht nur ‹Verpackung› oder Retusche. So wie Gebärden uns nicht äußerlich bleiben und Bewegungen anderer (z.B. im Tanz oder im Sport) unser Nervensystem stimulieren, ist es auch Kleidung, die uns uns selbst in einer besonderen Weise fühlen lässt. Die Berührung durch den Stoff (z.B. Seide, Wolle, Lack, Leder) beglaubigt eine imaginierte Welt, zum Beispiel von Dominanz und Unterwerfung. Die Bräune aus dem Sonnenstudio vergegenwärtigt im Winter den Strandurlaub, Kreidehaut in schwarzer Seide eine gefühlte Todesnähe. Die Imagination kann dauerhafter sein als der Stoff, der ihr dient.

1.   Zusammenfassend: Niemand kann vor anderen «nicht kommunizieren». Kleidung ist Teil der Kommunikation und wird zwangsläufig gelesen.

2. Vestimentäre Zeichen (oder ihr Fehlen) sind polysem und werden auf eine Situation bezogen monosemiert.

3. Kleidung ist zumeist auf mehrere Kontexte bezogen. Unschärfe oder Widersprüchlichkeiten im Bedeutungsfeld können durchaus Strategie sein.

4. Kleidung unterliegt, wie andere Informationen, der Veralterung und der Innovation, wenn sie nicht eigens dagegen monosemiert ist wie Tracht, Berufskleidung oder Uniform.

5. Sie wird daher im Zyklus psychischer Obsoleszenz gelesen. Mit vestimentärer Selbstdarstellung positionieren wir uns aktiv in diesem Zyklus und müssen die Chance der Aufmerksamkeitserzeugung gegen das Risiko der Reaktanz abwägen.

6. Kleidung bringt Zugehörigkeiten zu einem Milieu, einer Gruppe oder einem Gesinnungskollektiv zum Ausdruck. Diese Funktion kann freiwillig (Pfadfinder) oder erzwungen (Häftlinge) monosemiert werden.

7. Zeichen, die als Symbole für einen kulturellen Zusammenhang institutionalisiert sind, enthalten oft mehrere Bedeutungsebenen: Religiöse Zeichen symbolisieren z.B. die Verbundenheit mit Gott, aber auch die Zugehörigkeit zu einer Gruppe, die durch einen Glauben definiert wird und möglicherweise mit anderen im Konflikt liegt.

8. Durch Kleidung kommunizieren wir auch mit uns selbst – über unseren Körper und durch unseren Körper. So wie Gebärden nicht äußerlich bleiben, erzeugt Kleidung Gefühle – bei uns selbst. Die Berührung durch den Stoff und die Imagination eines Verweisungszusammenhangs verbinden sich hier zu einer Synästhesie.

Literatur

Barthes, Roland (1987): Die Sprache der Mode, Frankfurt/M.: Suhrkamp.

Berlyne, Daniel E. (1974): Konflikt, Erregung, Neugier, Stuttgart: Klett.

Bourdieu, Pierre (1989): Die feinen Unterschiede. Kritik der gesellschaftlichen Urteilskraft, Frankfurt/M.: Suhrkamp.

Garfinkel, Harold (1967): Studies in Ethnomethodology, Englewood Cliffs, NJ: Prentice Hall.

Hanf, Theodor (1994): «The Sacred Marker: Religion, Communalism and Nationalism». Social Compass 41(1), S. 9–20.

Packard, Vance (1964): Die große Verschwendung, Frankfurt/M.: Fischer Bücherei.

Plessner, Helmuth (Hg.) (1970): Philosophische Anthropologie, Frankfurt/M.: Fischer.

Schiffauer, Werner (2008): Parallelgesellschaften, Bielefeld: transcript.

Watzlawick, Paul/Beavin, Janet H./Jackson, Don D. (2007): Menschliche Kommunikation. Formen, Störungen, Paradoxien, Bern: Huber.

Innensichten: ‹Religiöse› Kleidungspraxis zwischen Zugehörigkeit und Differenz[1]

Jacqueline Grigo

1 Einleitung

«[...] difference is marked on the body; it is an embodied difference, one that is visible to others.» (Göle 2002: 181) Der Aspekt visueller Differenz hat nicht nur für muslimische Kopftuchträgerinnen eine Relevanz, sondern ebenso für andere Trägerinnen religiös konnotierter Kleidung. In diesem Beitrag wird anhand von sechs Fallbeispielen die Beurteilung religiöser Kleidung aus der Sicht von Trägerinnen in den Blick genommen und reflektiert. Einerseits wird die Motivation für das Tragen der spezifischen Kleidung im Hinblick auf religiöse Bezugsrahmen thematisiert. In dieser

---

1 Der Beitrag basiert auf einer Untersuchung im Rahmen des Projekts «Sichtbar gemachte religiöse Identität, Differenzwahrnehmung und Konflikt/ Visible Markers of Religious Identity in Public Debate» (Leitung: D. Lüddeckens, Ch. Uehlinger, R. Walthert, Religionswissenschaftliches Seminar der Universität Zürich), das vom Schweizerischen Nationalfonds für wissenschaftliche Forschung im Rahmen des Nationalen Forschungsprogramms 58 «Religionsgemeinschaften, Staat und Gesellschaft» gefördert wurde. Der Hauptfokus meiner Untersuchung liegt auf der Relevanz der *Sichtbarkeit* religiöser Identität aus der Perspektive von unterschiedlichen Trägerinnen und Trägern religiös konnotierter Kleidung im geografischen Raum Zürich. Welche Bedeutung wird der spezifischen Kleidungspraxis beigemessen im Hinblick auf 1) ihre eigene religiöse Orientierung, 2) die jeweilige religiöse Gemeinschaft und 3) die anders-, respektive nichtreligiöse soziale Umwelt? Die Daten wurden mittels einer Kombination verschiedener qualitativer Erhebungstechniken gesammelt. Dabei wurden Interviews mit teilnehmender Beobachtung und audiovisuellen Methoden kombiniert. Die im Projekt berücksichtigten Fallbeispiele wurden in erster Line anhand des Kriteriums der Sichtbarkeit religiöser Identität mittels permanent getragener Kleidung ausgewählt. Nicht ein Vergleich im Sinne einer detaillierten Gegenüberstellung und Herleitung von Unterschieden respektive Gemeinsamkeiten wird angestrebt, vielmehr werden die Vielfalt möglicher Perspektiven untersucht und übergeordnete zentrale Spannungsfelder, die sich im Zusammenhang mit dem Tragen religiöser Kleidung für die Akteure ergeben, herausgearbeitet. Der vorliegende Text wurde 2011 in leicht modifizierter Form im *Journal for Empirical Theology* publiziert.

Perspektive wird danach gefragt, inwiefern religiöse Kleidungspraxis als Ressource erfahren werden kann. Andererseits soll auch thematisiert werden, inwiefern visuelle Differenz negativ erlebt wird, und schließlich welche individuellen Strategien im Umgang mit diesen negativen Erfahrungen zu beobachten sind.

Bei den im Folgenden diskutierten Fallbeispielen handelt es sich um

1) eine katholische Ordensfrau der Barmherzigen Schwestern zum Heiligen Kreuz (Schwester Marianne),[2] die ihre Ordenstracht immer trägt, also nicht von der Möglichkeit Gebrauch macht ‹Zivil› zu tragen. Sie lebt außerhalb der Ordensgemeinschaft, steht aber mit dieser in engem Kontakt und arbeitet im geriatrischen Bereich;

2) eine muslimische, angehende Primarlehrerin der zweiten Einwanderungsgeneration, türkischer Herkunft, mit Kopftuch (Frau Güney);

3) einen jungen Sikh mit Turban, ein Informatiker, der seit 6 Jahren in der Schweiz lebt (Herr Singh);

4) einen tibetisch-buddhistischen Mönch, der seit 8 Jahren jeweils die Hälfte des Jahres in der Schweiz eine tibetische Gemeinde betreut und Interessierte in den Buddhismus einführt. Die zweite Jahreshälfte führt er ein buddhistisches Zentrum in Australien (Geshe Do);

5) einen jüdisch-orthodoxer Lehrer der Gemeinschaft der Chassidim, der in Zürich geboren wurde und hier aufwuchs (Herr Wyler); sowie

6) einen Anhänger der sogenannten «Schwarzen Braut»[3], der als Techniker arbeitet (Martin Steiner).

Der Begriff ‹dress›, auf den ich mich im Folgenden beziehen werde, wenn hier von Kleidung die Rede ist, umfasst sowohl einen Prozess als auch ein Produkt. Als Prozess umfasst er alle Handlungen, die den Körper verändern und ergänzen (inkl. Frisieren, Bodybuilding, Schminken, etc.). Als Produkt bezeichnet er Dinge, die am Körper angebracht oder hinzugefügt werden (Kleider, Schmuck, Tattoos, etc.) (vgl. Lüddeckens in diesem Band). Die Bestimmung von Kleidung als ‹religiöse› erweist sich als komplizierter, als auf den ersten Blick angenommen werden kann. Der Begriff ‹religiöse Kleidung› kann nur in Prozessen situativer Bedeutungsbestimmung erfasst

---

2   Die Namen der Gesprächspartner/-innen wurden anonymisiert.
3   Hierbei handelt es um eine christlich orientierte Bewegung aus der Subkultur der Gothics/Metal.

werden, die von historischen, diskursiven, rechtlichen und kontextuellen Faktoren beeinflusst sind. Kleidung ist dann religiös, wenn mit ihr religiöser Sinn verbunden wird (vgl. Lüddeckens in diesem Band).

Gregory Stone unterscheidet in Bezug auf *appearance*, also die sichtbare Erscheinung von Individuen, zwischen folgenden drei Perspektiven:[4]

Innensicht (Perspektive der Träger/-innen)	Außensicht (Fremdwahrnehmung)	Konstruierte Außensicht (wahrgenommene Fremdwahrnehmung)

Tabelle 1: Perspektiven auf *appearance.*

Für die Betrachtung religiöser Kleidung im öffentlichen Raum bedeutet dies, dass verschiedene Perspektiven involviert sind und spezifiziert werden muss, welche jeweils gemeint ist. Wird ein Kleidungsstück aus Sicht der Träger/-in als «religiös» bezeichnet? Welche Positionen treten in öffentlichen Diskursen auf? Wie wird eine bestimmte Kleidungspraxis aus rechtlicher Sicht beurteilt? In meinem Projekt bestimmt sich ‹religiöse Kleidung› über die ‹konstruierte Außensicht› der Akteure[5] – eine Sicht, die sich nicht zwingend mit der Selbstwahrnehmung decken muss.

In meiner Forschung fokussiere ich dabei vor allem die ‹Innensicht› und die ‹konstruierte Außenwahrnehmung›, also beides Konstruktionen, die vonseiten der Träger/-innen stattfinden. Die ‹konstruierte Außensicht› konstituiert sich dabei aus konkreten Erfahrungen in alltäglichen Interaktionssituationen, die Wahrnehmung der Rezeption und Konstruktion gesellschaftlicher Diskurse in den Medien und aus der Internalisierung normativer, gesellschaftlicher Wahrnehmungs- und Beurteilungsmuster.

---

4   Vgl. Stone 1962.
5   M.a.W., die Akteure fühlen sich aufgrund ihrer Kleidungspraxis als religiöse Akteure wahrgenommen.

2 Motivationen und Begründungen

Die wahrgenommene Notwendigkeit, sich entsprechend zu kleiden, leitet sich bei den hier besprochenen Fallbeispielen zunächst aus mehr oder weniger formalisierten, kleidungsrelevanten Normen oder Regeln der jeweiligen (religiösen) Tradition ab. Der Grad an normativer Formalisierung variiert beträchtlich und reicht von detaillierten, schriftlich fixierten Ordensregeln, wie im Fall des tibetisch-buddhistischen Mönchs, bis hin zu inkorporierter subkultureller Codierung (vgl. Eckert/Würtz 1998; Goffman 1986) bei der Schwarzen Braut.

Zur Begründung der Verbindlichkeit der Kleiderregeln nehmen die meisten der Interviewpartner/-innen Bezug auf transzendente Referenzrahmen. Frau Güney zum Beispiel verweist im Hinblick auf die Motivation, das Kopftuch zu tragen, auf Jenseitsvorstellungen: «Himmel oder Hölle, das ist hier die Frage» – auch wenn sie die Absolutheit dieser Aussage später relativiert. Herr Sing versteht *Kesch* (ungeschnittenes Haar) und das Tragen des Turbans als Zeichen bzw. als Akt der Ehrerbietung vor Gott, den Verzicht darauf dementsprechend als schroffe Bezeugung von Respektlosigkeit gegenüber Gott. Eine solche gilt es – ebenfalls mit Blick auf Jenseitskonsequenzen – möglichst zu vermeiden. Für Geshe Do bedeutet die Mönchsrobe in verschiedener Hinsicht eine materielle Unterstützung in seiner spirituellen Entwicklung und somit auf dem Weg zum Erreichen des angestrebten Nirvana. Als klar sichtbare Markierung der Differenz zwischen Mönchs- und Laienstatus erinnert sie ihn täglich an die Einhaltung der Gelübde, eine Voraussetzung für spirituelle Entwicklung. Einzelne Elemente der Kleidung, wie Einnäher oder Faltenwurf, symbolisieren zentrale Elemente der buddhistischen Lehre und haben denselben Zweck. Die Kleidung wirkt hier also verhaltensregulativ, indem die über taktile und visuelle Wahrnehmung angeregte Selbstkommunikation zur Einhaltung religiös begründeter, ethisch-normativer Verpflichtungen ermahnt. Auch Herr Wyler argumentiert mit diesem Moment ethischer Selbstkontrolle, die über die Kleidung angeregt wird. Martin Steiner schließlich wertet die Farbe Schwarz seiner Kleidung als Ausdruck einer «Demut gegenüber Gott»; darüber hinaus sieht er sich durch die schwarze Farbe seiner Kleidung symbolisch an die Unausweichlichkeit des Todes erinnert (*memento mori*). Diese visuelle Vergegenwärtigung seiner existenziellen Endlichkeit und eine dadurch erzielte Integration des Todes in sein Alltagsleben, bzw. -denken verhilft ihm zu einer, wie er es ausdrückt, «bewussteren, auf den Moment und die wirklich wichtigen Werte» (worunter er z.B. Leben genießen, Familie, Achtsamkeit im Umgang miteinander versteht) bezogenen Lebensführung. Die Kleidung beeinflusst somit individuelle Positionierungen und Ordnungen in Bezug auf Transzendenz.

Im Hinblick auf die religiöse Orientierung der Akteure kann die spezifische Kleidungspraxis somit als Ressource verstanden werden, und zwar in einem doppelten Sinn:

— aus der emischen Sicht der Akteure, indem sie die Aussicht auf eine ‹positive Jenseitsexistenz› direkt oder indirekt zu beeinflussen vermag;
— aus einer etischen Perspektive kann Kleidung – als religiöse Praxisform als Ressource verstanden werden, da sie die bestehenden Weltauffassungen, durch welche sie objektiviert wird, im Gegenzug bestärkt. Lebensstil (im gegebenen Fall die religiöse Kleidungspraxis) und Metaphysik unterstützen sich gegenseitig und erzeugen dadurch Plausibilität und intellektuelle Gültigkeit (vgl. Geertz 1994: 48).

Die Bedeutung der Kleidungspraxis erschöpft sich aber nicht in religiösen Erwägungen. Die Kleidung steht darüber hinaus in einer vielfältigen Wechselwirkung mit Prozessen der Identitätskonstruktion und ist im Zusammenhang mit individueller Selbstvergewisserung, sozialer Anerkennung und der Konstruktion von Zugehörigkeit und Differenz von Bedeutung. Auf die Aspekte der Identitätsarbeit und der Konstruktion sozialer Zugehörigkeit mittels religiöser Kleidung muss hier aus Platzgründen verzichtet werden. Dagegen wird die Beurteilung visueller Differenz in der Auseinandersetzung mit der gesellschaftlichen Umwelt in den Blick genommen.

3 Differenzwahrnehmung

Durch die religiös konnotierte Kleidung wird zugleich Zugehörigkeit und Differenz sichtbar nach außen kommuniziert. Über die spezifische Kleidungspraxis werden also Mechanismen sozialer Grenzziehung und damit auch Inklusions- bzw. Exklusionsleistungen sichtbar gemacht und dadurch verstärkt. Diese sichtbaren Grenzziehungen funktionieren wechselseitig, indem Zuordnung und Abgrenzung einerseits vom Akteur her vorgenommen und andererseits von außen zugeschrieben wird. Sie werden also von verschiedenen Bezugspunkten her, von einer Innen- und einer Außenperspektive, konstruiert und mit Bedeutung versehen. Floya Anthias schreibt in Bezug auf sichtbare Grenz-, resp. Identitätsmarker:

> «Kollektive Identitäten sind Formen sozialer Organisation, die mittels Identitäts-Marker Grenzen postulieren. Diese Identitäts-Marker kennzeichnen zugleich wesentliche Elemente von Zugehörigkeit sowie für spezifische Zwecke artikulierte Forderungen. Die Identitäts-Marker (Kultur, Farbe, Physiognomie, Kleidung, etc.) können selbst als Ressourcen funktionieren, welche kontextuell und situativ eingesetzt werden. Sie funktionieren zugleich als ein Set von Selbstzuschreibungen und der Zuschreibung durch andere.» (Anthias 2002: 276, Übersetzung d. Verf.)

In öffentlichen Interaktionssituationen bringt die Sichtbarkeit dabei die Außenperspektive erst ins Spiel, da sie Differenz für andere wahrnehmbar macht. Differenz wird zunächst über sichtbare Merkmale postuliert bzw. festgestellt und dann aufgrund individueller und kollektiver Wissensbestände bzw. Erfahrungen sowie kontextueller Erwägungen kategorisiert und bewertet. Es muss mit Johanna Schaffer allerdings darauf hingewiesen werden, dass auch «Sichtbarkeit» bzw. «sichtbare Differenz» keineswegs ‹objektive› Kategorien/Unterschiede bezeichnen (vgl. Schaffer 2008). Welche Unterscheidungsmerkmale bei der Konstruktion von Grenzen zwischen ‹innen› und ‹außen› resp. ‹wir› und ‹sie› relevant werden, welche Differenzen also überhaupt als solche sichtbar werden, ist das Produkt historisch, diskursiv und kontextuell-interaktiv bedingter Prozesse der Bedeutungsproduktion.

Eine zentrale Problematik im Zusammenhang mit sichtbarer Differenz ist, dass von außen vollzogene Zuschreibungen und Bewertungen sich vielfach stark von den Selbstkonzeptionen und Selbstzuordnungen, also der Innenperspektive der Betroffenen, unterscheiden. Zudem stehen die beiden Perspektiven oft in einer ungleichen Beziehung zueinander. So erklärt Derrida (vielleicht etwas überspitzt), dass wir es bei binären Gegensätzen wie Wir/Sie «nicht mit friedvollen Koexistenzen zu tun haben [...], sondern mit einer gewaltförmigen Hierarchie. Einer der beiden Begriffe regiert den anderen oder hat die Oberhand.» (1972: 41) Stuart Hall spricht in ähnlichem Zusammenhang von der Macht der Repräsentation, also von der Macht zu kennzeichnen, zuzuweisen und zu klassifizieren (Hall 2004: 145). Sein Machtverständnis umfasst neben ökonomischer

Ausbeutung und physischem Zwang auch kulturelle und symbolische Formen der Machtausübung. Letztere schließt die Macht mit ein, jemanden innerhalb eines bestimmten ‹Repräsentationsregimes› auf eine bestimmte Art und Weise zu repräsentieren. Stereotypisierung versteht Hall demnach als wesentlichen Bestandteil der Ausübung symbolischer Gewalt, als eine «hegemonische und diskursive Form der Macht, die genauso durch Kultur, Produktion von Wissen, Bildsprache und Repräsentation wirkt, wie durch andere Mittel» (Hall 2004: 152). Die «semantische Vagheit» (Eckert/Würtz 1998) der Bedeutungszuschreibung sichtbarer Identitäts- bzw. Differenzmerkmale ergibt sich nicht nur aus den unterschiedlichen Blickwinkeln, aus denen sie betrachtet werden, sondern ebenso aus der Kontext-, Ort- und Situationsgebundenheit ihrer möglichen Interpretation sowie aus implizit oder explizit involvierten Machtverhältnissen.

Religiöse Kleidungspraxis kann in vielfältiger Weise als Ressource verstanden werden. Der Aspekt der visuellen *Differenz* erhält unter dem Gesichtspunkt der Identifikation für die Träger/-innen eine positive Bestimmung und ist in diesem Sinn konstitutiv für Prozesse personaler und sozialer/religiöser Identitätskonstruktion. Unter dem Vorzeichen der Individualität fungiert visuelle Differenz als Quelle von Wertschätzung und Selbstachtung. Die Wahrnehmung der Differenz verstärkt verhaltensregulative ‹Hilfsfunktionen› der Selbstkontrolle, wie die Erinnerung an religiös resp. ethisch korrektes Verhalten.

Im Folgenden soll dargestellt werden, inwiefern die religiöse Kleidungspraxis (und über sie vermittelt die Sichtbarkeit religiöser Identität) bei den Akteuren zu negativ beurteilten Formen von Differenzwahrnehmung führt. Diese speisen sich einerseits aus konkreten Diskriminierungserfahrungen,[6] d.h. Alltagssituationen, in denen auf die eigene sichtbare

6   Nancy Fraser weist darauf hin, dass es analytisch sinnvoll ist, verschiedene Dimensionen von Diskriminierung zu unterscheiden, und differenziert zwischen Formen der sozioökonomischen Benachteiligung einerseits und ungleichen Chancen der sozialen Wertschätzung andererseits, also gruppenspezifischen Diskriminierungen, in deren Folge in bestimmter Weise klassifizierte Individuen als andersartig und minderwertig betrachtet werden (vgl. Fraser 2003: 27ff). Diskriminierung wird demzufolge als eine gruppenspezifische Benachteiligung oder Herabwürdigung von Gruppen oder Individuen verstanden. Auch gemäß Richard Sennett äußert sich Diskriminierung nicht nur auf ökonomischer, rechtlicher und politischer Ebene; sie werde vielfach als «Mangel an Respekt, der darin besteht, nicht wahrgenommen und nicht als

Differenz zurückgeführte Abwertung, Verkennung und/oder Benachteiligung erfahren wurde.

Andererseits entsteht negative Wahrnehmung der eigenen Differenz aus situativen oder persistenten Selbsteinschätzungen respektive Selbstpositionierungen, die, abgesehen von konkreten Diskriminierungserfahrungen, durch gängige Repräsentationsregimes respektive Vorstellungen bezüglich der gesellschaftlichen Wahrnehmung der eigenen Referenzgruppe(n) und durch die Übernahme und Internalisierung dominierender Normen, Beurteilungs- und Wahrnehmungsmuster gesteuert/beeinflusst sind (vgl. Grigo 2013).

Sichtbarkeit ist diesbezüglich von besonderer Bedeutung, da sie ein niederschwelliges Mittel darstellt, über das einerseits Klassifikationen vorgenommen, also Differenz hergestellt, und andererseits bestehende resp. empfundene soziale Asymmetrien verinnerlicht werden (können). Die Einbeziehung von Individuen in soziale Machtverhältnisse vollzieht sich gemäß Neckel (in Anlehnung an Jean-Paul Sartre und Michel Foucault) «zuvorderst in solchen Situationen, in denen man gegen seinen Willen durch einen Blick der Sichtbarkeit unterworfen wurde» (Neckel 1991: 83). Neckel sieht die Herstellung von Sichtbarkeit als den wirksamsten Mechanismus der Verinnerlichung von Machtverhältnissen (ebd.).

In der nachfolgenden Darstellung werden individuelle Diskriminierungserfahrungen, die die Akteure auf sichtbare, soziale Kategorisierungen der eigenen Person zurückführen, nachgezeichnet. Die Aussagen der Akteure lassen sich dabei in drei Kategorien resp. Dimensionen von Diskriminierungserfahrungen einordnen:

> vollwertige Menschen angesehen zu werden» erlebt (Sennett 2002: 26). Derartige Missachtung beeinträchtigt das Selbstwertgefühl und die Selbstachtung von Individuen erheblich (vgl. Honneth 1992; Sennett/ Cobb 1972). Ähnlich argumentiert Taylor, wenn er davon ausgeht, dass Identität teilweise von der Anerkennung oder Nicht-Anerkennung, oft auch von der Verkennung durch die anderen geprägt werde, so dass ein Mensch oder eine Gruppe von Menschen Schaden nähmen und eine, wie er sagt, «wirkliche Deformation erleiden kann, wenn die Umgebung oder die Gesellschaft ein einschränkendes, herabwürdigendes oder verächtliches Bild ihrer selbst zurückspiegelt» (Taylor 1993: 13). Nicht-Anerkennung oder Verkennung versteht er als eine Form der Unterdrückung, die Leiden verursachen kann und andere in ein «falsches, deformiertes Dasein einschließt» (ebd.).

1) eine institutionelle,
2) eine diskursive, respektive ‹Wissensdimension› und
3) eine unmittelbare/interaktive.

Es muss allerdings berücksichtigt werden, dass die Unterscheidung in die drei Formen wahrgenommener Diskriminierung eine analytische ist. Im Alltag der Akteure/innen überlagern sie sich und bedingen sich gegenseitig. So resultieren etwa Vorstellungen über die gesellschaftliche Wahrnehmung der eigenen religiösen Referenzgruppe (diskursive Dimension von Diskriminierung) u.a. aus Erfahrungen auf der institutionellen und unmittelbaren/interaktiven Dimension.

1) Die *institutionelle* Dimension von Diskriminierung kann mit Claus Melter verstanden werden als ein

> «[...] von Institutionen/Organisationen (durch Gesetze, Erlasse, Verordnungen, Zugangsregeln, Arbeitsweisen, Verfahrensregelungen oder Prozessabläufe) oder durch systematisch von Mitarbeitenden der Institution/ Organisationen ausgeübtes oder zugelassenes ausgrenzendes, benachteiligendes oder unangemessenes und somit unprofessionelles Handeln gegenüber als nicht-zugehörig oder als normabweichend definierten Personen oder Gruppen.» (Melter 2006: 27)

Auf dieser Ebene ist beispielsweise eine Schilderung Frau Güneys einzuordnen, nach der sie sich bei einem Praktikum im Rahmen ihrer Ausbildung trotz einer vorgängigen Zusage seitens der Schulleitung gezwungen sah, ohne Kopftuch zu unterrichten. Diese Forderung empfand sie als Erniedrigung, Herabwürdigung und Angriff auf die Integrität ihrer Person. Auch die wahrgenommene Benachteiligung verhüllter, also sichtbarer Musliminnen auf dem Arbeitsmarkt ist auf der institutionellen Problemdimension anzusiedeln. Stark eingeschränkte Zugangsmöglichkeiten zum Arbeitsmarkt aufgrund seiner visuellen Differenz erfährt auch Herr Singh. In ähnlicher Weise fühlt sich Herr Wyler durch Immobiliengesellschaften benachteiligt, wenn ihm trotz einer anfänglichen telefonischen Zusage ein Wohnungsvertrag verwehrt bleibt, nachdem die Verwaltungsvertreter/-innen seiner ansichtig wurden. Formen institutioneller Diskriminierung sind zwar hinsichtlich der Häufigkeit der Nennungen weniger bedeutend als die weiter unten beschriebenen diskursiven und unmittelbaren Diskriminierungen, werden aber als besonders begrenzend erlebt, da sie über die Ebene der Bewertung respektive (Nicht-)Anerkennung hinaus auch persönliche Gestaltungsräume wie individuelle Handlungsfähigkeit, Möglichkeiten der Selbstverwirklichung und Religionsausübung der betroffenen Akteure stark einschränken. Durch die Institutionalität erfahren die benachteiligenden Praktiken zudem eine konventionelle Legitimität und Plausibilität, was die Differenzwahrnehmung der Betroffenen verstärkt.

2) *Diskursive* Dimension von Differenz- bzw. Diskriminierungserfahrung: Auch wahrgenommene Vorstellungen bezüglich der gesellschaftlichen Akzeptanz, dominierender Diskurse und Wissensbestände sowie Stereotype und Vorurteile, die in der Gesellschaft bezüglich *der eigenen religiösen Referenzgruppe* vorherrschen, sind maßgeblich für die subjektive Differenzerfahrung.

Schwester Marianne beispielsweise erachtet die gesellschaftliche Wertschätzung ihrer Referenzgruppe grundsätzlich zwar als sehr hoch, was sie auf die historische Verwurzelung christlicher Ordensleute und deren sozialen Auftrag in der Gesellschaft zurückführt. Gleichzeitig beobachtet sie aber einen Rückgang der Bedeutung christlicher Werte in der Gesellschaft, den sie u. a. mit zunehmenden Immigrationsbewegungen und einer Vervielfältigung religiöser und kultureller Optionen in Verbindung bringt. Implizit schließt sie daraus auf eine abnehmende gesellschaftliche Anerkennung ihrer spezifischen Lebensweise und Kleidung. In Kombination mit dem markanten Rückgang christlicher Ordensleute in der Öffentlichkeit wirkt sich dies verstärkend auf ihre subjektive Differenzwahrnehmung aus, was in der Aussage «Ich fühle mich mehr und mehr als Exotin» auf den Punkt gebracht wird. Außerdem fühlt sich Schwester Marianne durch gängige, stereotype Zuschreibungen wie Frömmigkeit und Weltabgewandtheit verkannt.

Herr Singh bewertet seine visuelle Differenz aus religiöser Sicht ebenfalls positiv, indem er die *sichtbare Identifizierbarkeit* in Abgrenzung gegenüber anderen religiösen Traditionen als Geschenk des Gurus versteht. Grundsätzlich bewertet er auch den Ruf der Sikhs als positiv. Gerade das zentrale, sichtbare Merkmal seiner religiösen Zugehörigkeit – der Turban – wird allerdings seiner Ansicht nach aufgrund von Wissensdefiziten in der schweizerischen Bevölkerung falsch dekodiert und führt zu einer Verken-

nung seiner Identität und folglich zu negativ beurteilter Differenzwahrnehmung: «People don't know – especially after September 2001, I think,
because of these al-Kaida bombs in America. [...] Sikhs will go with turban
and all European People and all outsiders, who don't know which religion – they think, that we are also Taliban.»

Frau Güney sieht muslimische Kopftuchträgerinnen in der schweizerischen Gesellschaft generell als «unterdrückt, unselbständig, rückständig
und ungebildet» wahrgenommen, ein Bild, mit dem sie sich in keiner
Weise identifizieren kann. Mit dem Vorwurf der Rückständigkeit, Unauf-
geklärtheit und Fremdbestimmung sieht sich auch Herr Wyler konfrontiert. Die gesellschaftliche Wahrnehmung des orthodoxen Judentums
beinhaltet zudem, aus seiner Sicht, auch Unterstellungen von Ausschließ-
lichkeit des religiösen Verständnisses, überheblichem Separatismus und
Gutheißen der aktuellen Politik der Regierung Israels. «Manche verbinden
auch Israel mit uns, obwohl was Israel ist, ist eine Sache und was wir sind,
ist wieder eine andere Sache. Und was die Regierung jetzt da in Israel
macht, das ist auch nicht unbedingt unsere Meinung!»

Solche (oft antizipierten) stereotypen Zuschreibungen werden als
stark restriktiv wahrgenommen und können mit Stuart Hall zu Recht als
eine Ausprägung symbolischer Gewalt resp. als «diskursive Form von
Macht» (vgl. Hall 2004: 152) verstanden werden. Auch wenn die Ein-
schätzungen nicht geteilt werden, so fließen sie doch in die Konstruktionen der Selbstbilder und in soziale Selbstpositionierungen mit ein und
beeinflussen diese.

3) Die unmittelbare Dimension von Diskriminierung beinhaltet negative
Erfahrungen, die auf der Ebene direkter personaler Interaktionen gemacht werden. Darunter fallen verbale Angriffe wie Spott, abschätzige
Bemerkungen, Beleidigungen, offene Beschimpfungen oder Drohungen
sowie «böse Blicke» und abwertende Gesten, die auf die sichtbare Differenz zurückgeführt werden. Derartige Übergriffe finden sich mehr oder
weniger häufig in den Darstellungen aller Akteure. Interessant ist, dass
Frau Güney verhüllte Musliminnen in der Schweiz zwar auf der institutionellen und diskursiven Ebene (s. u.) generell als stark benachteiligt
wahrnimmt, in der persönlichen Interaktion aber selbst kaum negative
Erfahrungen macht. Herr Wyler dagegen berichtet von wiederholten anti-
semitisch motivierten Beschimpfungen, Drohungen und sogar tätlichen

Übergriffen, wenn er etwa an Sportveranstaltungen von anderen Zu-
schauern mit Bier begossen und mit Dosen beworfen wird. Geshe Do
beschreibt im schweizerischen Kontext ausnehmend positive Erfahrunen
im Zusammenhang mit seiner sichtbaren Differenz.[7] Die Situation ändert
sich allerdings, wenn Sprache ins Spiel kommt. Aufgrund seiner Unbehol-
fenheit in der deutschen Sprache und diesbezüglicher Reaktionen seiner
Interaktionspartner fühlt er sich nicht ernst genommen. Diskriminierungserfahrungen werden in diesem Fall also nicht auf visuelle, sondern
auf sprachliche Differenz zurückgeführt. Martin fühlt sich bezüglich seines Outfits insbesondere von Anhängern von als ‹gegnerisch› definierten
Subkulturen wie der Hip Hop-Szene angegriffen und (als Satanist) verkannt, während er im Gegenzug immer wieder über die relative Akzep-
tanz/Kulanz vonseiten «älterer Bürger» und (potenzieller) Arbeitgeber
staunt. Schwester Marianne erzählt, verschiedentlich abschätzig als «Pin-
guin» oder «Kohlensack» bezeichnet zu werden. Demgegenüber erfährt
sie auch Formen von Idealisierung oder Überhöhung, die sie ebenfalls als
belastend empfindet, etwa wenn sie, wie sie sagt, nicht mehr als «nor-
maler Mensch», sondern als Fürsprecherin vor Gott angesprochen wird
oder von Unbekannten regelmäßig ungefragt mit einer allzu offenher-
zigen Darlegung von Intimitäten oder mit expliziten, seelsorgerischen Erwartungen konfrontiert wird. Zwar handelt es sich hierbei nicht um eine
beabsichtigte Herabwürdigung. Dennoch werden derartige Interaktions-
formen/Kontaktaufnahmen als störend empfunden. So ist in diesem Fall
also auch eine vermeintlich ‹positive Differenzerfahrung› durch eine
Reduktion von Individualität gekennzeichnet und wird letztlich als Diskriminierung bzw. Benachteiligung wahrgenommen.

Eine besondere Form unmittelbarer Diskriminierungserfahrung stellen
als herabwürdigend oder entfremdend empfundene *Blicke* dar. Auf solche
wird, bezogen auf unterschiedliche Kontexte, in allen Falldarstellungen
Bezug genommen. Frau Güney meint, besonders in ländlichen Gegenden
«komisch angeschaut» zu werden. Geshe Do empfindet die Blicke, wenn
er in seiner Robe am australischen Strand auftaucht, als «not good at all».

---

7   In Australien und Indien beispielsweise wird er dagegen gemäß seinen Schil-
    derungen Opfer unmittelbarer Diskriminierungspraktiken in Form von Be-
    schimpfungen, Spott und Drohungen.

Herr Singh wird, seinem Eindruck zufolge, in der Straßenbahn ange-schaut, als würde er «im nächsten Moment eine Bombe aus der Tasche ziehen». Schwester Marianne erlebt die Blicke von anderen Opern-, Kon-zert- oder Kinobesuchern/-besucherinnen als Übergriff: «Ich will ja auch nicht immer angesehen werden!» Die negative Differenzerfahrung ent-faltet sich im Blick des/der anderen besonders in Kontexten, in denen die eigene Selbstdarstellung von als adäquat empfundenen Formen visueller Inszenierung abweicht.

Jean-Paul Sartre beschrieb den Blick als eine Form einschränkender Fremdbestimmung, weshalb er ihn – etwas pointiert – als den «Tod mei-ner Möglichkeiten» (Sartre 1980: 360) bezeichnete. Ihm zufolge liegt das Eigentümliche des Blickes darin, dass ein Subjekt in dem Augenblick, in dem es den anderen als ein ihn bewertendes Subjekt erfährt, sich auf sich selbst nur als Objekt beziehen könne. «Durch den Blick eines andern gewinne ich also Bewusstsein meiner selbst, allerdings durch einen an-deren veranlasst und im Horizont seiner Wahrnehmung und Wertung» (ebd. 376). Indem ich mich selbst durch die Augen des anderen und dessen vermeintliches bzw. vermutetes normatives Bewertungsraster sehe, werde ich mir fremd. Sartre betonte also den Differenz stiftenden, desin-tegrierenden Aspekt des Blicks. Während bei Hegel und den von ihm beeinflussten interaktionistischen Ansätzen (vgl. Mead, Goffman) «die wechselseitige Anerkennung zweier Bewusstseinssubjekte als Unterpfand der subjektiven Selbstvergewisserung» (Hegel 1986: 137) gilt, d.h. jeder durch den anderen zu sich selbst findet, wird in Sartres Variante jeder sich selbst durch den anderen fremd. Sartre sah dabei in der *Scham* das Gefühl, das «als Grundstruktur aller Intersubjektivität nicht Reziprozität, sondern den Konflikt erkennen lässt» (Neckel 1991: 30).

Bezogen auf die Fallbeispiele haben beide ‹Varianten› ihre Gültigkeit. Differenz wird immer in Relation zu einem tatsächlichen (signifikanten) oder imaginierten (generalisierten) ‹Anderen› erfahren. Ob diese Erfah-rung negativ oder positiv empfunden wird, ist von verschiedenen Fak-toren abhängig und kann nur empirisch bestimmt werden. Die Blicke ‹der Anderen› können dabei sowohl als *Ermächtigung* (Selbstvergewisse-rung, Bestätigung, Anerkennung) wie auch als *Be-* resp. *Entmächtigung* (ne-gative Differenzwahrnehmung, Diskriminierung, Desintegration) erfah-ren werden. Durch das Erblickt-Werden an sich ist nicht schon kategorial vorentschieden, wie die Akteure die in einem Blick enthaltene Deutung

ihrer selbst interpretieren und wie sie darauf reagieren (vgl. Neckel 1991).
Die jeweilige Deutung eines Blicks «differenziert sich entsprechend der
kulturellen Muster der jeweiligen Situation, des normativen Selbstverständnisses der beteiligten Akteure und der jeweils bereitstehenden
Handlungsressourcen» (ebd. 34).

Die Handlungsressourcen resp. der Handlungsspielraum der Akteure
in Bezug auf die Kleidungspraxis ist durch deren Berücksichtigung der
jeweiligen religiösen (Kleider-)Regeln allerdings eingeschränkt, was vestimentäre Angleichungen an gesellschaftliche Normen oder implizierte
Erwartungen erschwert. Die relative Unveränderlichkeit der traditionellen Ordenstracht unterbindet etwa im Fall Schwester Mariannes jegliche Form von strategischer oder taktischer Selbstinszenierung. So ist ihr
weder der visuelle Ausdruck persönlicher Originalität noch eine durch die
emotionale Stimmungslage bedingte bzw. *situations- oder kontextadäquate*
Anpassung des eigenen äußeren Erscheinungsbildes möglich. Auch wenn
Schwester Marianne sich nicht am ‹Spiel mit der Selbstinszenierung› beteiligt, so sind ihr doch die Semantiken der (aktuellen) visuellen Zeichen-
codes (vgl. Eckert/Würtz 1998) und die impliziten Regeln der Selbstrepräsentation in den verschiedenen alltagsweltlichen Kontexten, in denen sie
sich bewegt, vertraut. Die durch die Invariabilität der religiösen Kleidungspraxis bedingte fehlende Adaptionsmöglichkeit an diese vestimentären Normen bzw. Codes wirkt sich negativ respektive verstärkend auf
ihre subjektive Differenzwahrnehmung aus. So überkam sie beispielsweise an einem Jahrmarkt, unabhängig von den tatsächlichen Blicken
oder Reaktionen der anderen Besucher, das dringende Bedürfnis, diesen
«fluchtartig zu verlassen», da sie das Gefühl hatte «nicht dorthin zu
passen».

Die Feststellung bzw. Bewertung der eigenen Differenz lässt sich also,
wie dieses Beispiel zeigt, nicht nur an konkreten Diskriminierungserfahrungen festmachen, sondern steht in Abhängigkeit zum subjektiv wahrgenommenen Verhältnis zwischen effektiver und normativer Selbstinszenierung. Selbstobjektivierung und Selbstevaluierung finden nicht nur
im Blick oder angesichts der (diskriminierenden) Handlungen eines konkreten oder institutionellen Gegenübers statt, sondern orientieren sich
maßgeblich an antizipierten gesellschaftlichen Erwartungen und Normen
und letztlich an den diskursiven Prozessen, welche diese strukturieren.
Wie Neckel bemerkt, kann sich:

«[...] in Meads ‹generalisiertem Anderem› [...] das Ich in der nur imaginierten Anwesenheit von Anderen (schamhaft) seiner selbst bewusst
werden, weil es nicht nur die Position des signifikanten, sondern auch die
des generalisierten Anderen zu übernehmen vermag und diese Perspek-
tivenübernahme im Empfinden und Handeln des Ichs nicht anders zu erklären ist, als durch die innere Repräsentation jener kulturellen Muster
und normativen Erwartungen, durch welche sich das Ich sein eigenes
Denken und Handeln in ähnlicher Weise zum Objekt seiner Bewertung
machen kann, wie das Denken und Handeln anderer.» (Neckel 1991: 32)

Ob in konkreten Blicken oder in der Verinnerlichung diskursiver Positionen respektive Haltungen und Erwartungen des generalisierten ‹Anderen› findet vermittelt über die Sichtbarkeit eine fremde Bemächtigung der
Subjekte statt, die sich in einer «symbolischen Gewalt von Bewertungen
und Klassifikationen» (Neckel 1991: 40) niederschlägt. Das Übernehmen
von Fremddeutungen vermag das Selbstverständnis des Subjekts auf stigmatisierende Wiese zu reduzieren (vgl. ebd.) und führt zu Formen negativer Differenzwahrnehmung, Scham und der wechselseitigen Reproduktion
von Ungleichheitsverhältnissen. In einer machttheoretischen Perspektive
kann demnach mit Michel Foucault gesagt werden:

«Derjenige, welcher der Sichtbarkeit unterworfen ist und dies weiß, übernimmt die Zwangsmittel der Macht und spielt sie gegen sich selber aus; er
internalisiert das Machtverhältnis, in welchem er gleichzeitig beide Rollen
spielt; er wird zum Prinzip seiner eigenen Unterwerfung.» (Foucault 1981:
260)

Zuschreibung und Identifikation, Selbst- und Fremdbewertung resp. -posi-
tionierung können also nicht als unabhängige, sondern müssen als *sich gegenseitig konstituierende Prozesse* gedacht werden. Beispielhaft hierfür ist
die Selbstbezeichnung Frau Güneys als «Fremde» in Opposition zu «den
Schweizern», obwohl sie Schweizer Staatsbürgerin und in der Schweiz aufgewachsen ist. In der Beschreibung von Differenzerfahrungen darf allerdings deren Situations- und Kontextabhängigkeit nicht unberücksichtigt
bleiben. Die verschiedenen Klassifikationsachsen, entlang deren Differenz
erfahren resp. sichtbar gemacht wird (neben Religion auch Geschlecht,
Nationalität, ‹Ethnizität› etc.), sind keine per se benachteiligenden Kategorien, sondern können, je nach Zusammenhang, sowohl als Diskriminie-
rungs- und Ermächtigungsressourcen relevant werden.

4 Strategien im Umgang mit Differenz- und Diskriminierungserfahrungen

Mit dem Forschungsfokus der Untersuchung war auch die Frage verknüpft, inwiefern sichtbar gemachte religiöse Identität und die dadurch bedingte Differenzwahrnehmung zu Konflikten[8] führen. Wie sich gezeigt hat, kommt es allerdings – in der individuellen Erfahrungswelt der Befragten – kaum zu eigentlichen Konflikten. Vielmehr lässt sich eine Vielzahl von individuellen Strategien beobachten, mit denen die Akteure der Erfahrung von Differenz begegnen. Die Strategien sind darauf ausgelegt, ‹Dissonanzen›, die sich aus der Unvereinbarkeit zwischen Selbst- und Fremdwahrnehmung ergeben, zu relativieren. Die Strategien werden dabei auf unterschiedliche Referenzpunkte gerichtet und zielen auf unterschiedliche Ebenen der Selbstvalidierung. Einerseits werden sie akteurszentriert im Sinne persönlicher Bewältigungsstrategien ausgetragen. Dabei arbeiten die Individuen am persönlichen Umgang mit negativen Erfahrungen. Die referenzgruppenorientierten Strategien funktionieren unter Rückbezug auf eine jeweilige relevante Bezugsgruppe, resp. religiöse Gemeinschaft. Andererseits werden nach ‹außen› gerichtete anerkennungspolitische Strategien wirksam, die als Mikropraktiken der Selbstrepräsentation (vgl. Göle 2002; Nökel 2002) Anerkennung auf gesellschaftlicher Ebene einfordern, indem sie auf benachteiligende Wahrnehmungs- und Deutungsmuster einzuwirken versuchen (*diskursive Strategien*). Alle drei Formen zielen letztlich auf eine Aufrechterhaltung von *Selbstanerkennung* und *Handlungsfähigkeit*. Folgt man Mecheril, kann sich Selbstanerkennung nur «in Strukturen der Anerkennung durch Andere entwickeln» (Mecheril 2009: 199). Anerkennung umfasst gemäß Johanna Schaffer (in Anlehnung an Iris Marion Young und Judith Butler) immer zugleich zwei Momente: zum einen das Moment der Identifikation, im Sinn von «Erkennbarkeit» (in diesem Fall wird die «Wirklichkeit und Wahrhaftigkeit dessen, was anerkannt wird», garantiert); zum anderen das Moment der Achtung resp. der Belehnung mit Wert.

---

8   Konflikt wird hier im Sinne Niklas Luhmanns als Kommunikation von Widersprüchen verstanden. «Ein Konflikt ist die operative Verselbständigung eines Widerspruchs durch Kommunikation. Ein Konflikt liegt also nur dann vor, wenn Erwartungen kommuniziert werden und das Nichtakzeptieren der Kommunikation zurückkommuniziert wird» (Luhmann 1984: 530).

4.1 Akteurszentrierte Strategien

Die akteurszentrierten Strategien zielen in erster Linie auf eine unmittelbare Reduktion subjektiv empfundener Fremdheitsgefühle oder eine Aufrechterhaltung der eigenen Handlungsfähigkeit in konkreten Interaktionskontexten. Sie können sich in Vermeidungsformen, als ‹Strategien der Unsichtbarkeit›, wie Schwester Mariannes selektiver Rückzug aus öffentlichen Interaktionssituationen (Kino, Konzert, etc.), oder *passing*-Strategien[9], in diesem Fall einer vorübergehenden, situativen Anpassung an gesellschaftliche vestimentäre Normen äußern. Sowohl Herr Singh, Geshe Do wie auch Herr Wyler und Frau Güney erwähnen Situationen, in denen sie auf ihre religiöse Kleidung verzichten. So zeigt sich Geshe Do in T-Shirt und Shorts am (australischen) Strand, um nicht mit unangenehmen Blicken und despektierlichen Äußerungen konfrontiert zu werden, während Herr Wyler das Eishockeyspiel im Sweatshirt besucht, um körperlichen Übergriffen und verbalen Anfeindungen zu entgehen. Herr Singh legt sich für die Arbeitssuche einen Kurzhaarschnitt zu, um seine Chancen auf dem Arbeitsmarkt zu erhöhen, und Frau Güney verzichtet während des Praktikums auf das Tragen des Kopftuches, da sie einen Ausschluss aus der Schule verhindern möchte. Die ‹Strategien der Unsichtbarkeit› führen auf der Ebene der sozialen Interaktion zu einem Spannungsabbau, indem sie visuelle Differenz vermeiden resp. nivellieren. Die Spannungen werden jedoch nicht aufgelöst, sondern verschoben, da sich daraus ‹religiöse Widersprüche› und Authentizitätsverlust ergeben (können). Eine Möglichkeit, dem zu begegnen, ist die Umdeutung bestehender (religiöser) Deutungsmuster, wie etwa im Fall Frau Güneys, die über individuelle, kognitive Auseinandersetzung mit «dem Islam» zu einem größeren Deutungs- und Handlungsspielraum im Umgang mit problematischen Erwartungen von außen gelangt. Die Erkenntnis «es gilt allgemein: keinen Zwang im Islam, er soll dich nicht daran hindern, am Leben» führt zu einer Neu-Interpretation der religiösen Kleiderregeln, die ihr aus eigener Sicht erlaubt, das Kopftuch im Rahmen des Praktikums abzunehmen.

---

9 Gemäß Sollors meint *passing* das Überschreiten einer Grenze, die soziale Gruppen trennt: «passing may refer to the crossing of any line that divides social groups» (Sollors 1997: 247).

Eine weitere akteurszentrierte Strategie besteht im bewussten ‹Igno-
rieren› von Differenz- oder Diskriminierungserfahrungen, womit eine
emotionale Distanzierung angestrebt wird. Frau Güney erreicht dies para-
doxerweise gerade durch absichtliche visuelle Exposition in Kontexten, in
denen sie sich «fremd fühlt», um dieses Gefühl zu überwinden («irgendwann macht es ‹klick› und dann geht es wieder»). Eine vergleichbare
Strategie emotionaler Distanzierung verfolgt Schwester Marianne, indem
sie über Spott und Beleidigungen «einfach lacht». Während es sich bei
Schwester Marianne um eine individuelle Strategie handelt, scheinen
Humor und Selbstironie (das Erzählen von Witzen, welche die sichtbare
Differenz von Juden zum Thema nehmen) bei Herrn Wyler auf einer kulturellen, kollektiv-routinierten Bewältigungsstrategie zu beruhen. Die
lange Tradition der Marginalisierung seiner Religionsgemeinschaft, auf
die Herr Wyler verschiedentlich verweist, hat offensichtlich zur Ausbildung bestimmter referenzgruppenspezifischer Distanzierungsstrategien
geführt, die den Betroffenen als Ressource zur Verfügung stehen.

4.2 Referenzgruppenorientierte Strategien

Referenzgruppenorientierte Strategien zielen auf eine affirmative Selbstwahrnehmung im Kontext sozialer Zugehörigkeit. Der Bezugsrahmen der
Selbstanerkennung wird dabei auf soziale Zuordnungsräume verlagert, in
denen die eigene Kleidung nicht Differenz zum Ausdruck bringt, sondern
im Einklang mit den Erwartungen steht. Statt Differenz wird gegenseitige
Anerkennung und Gleichheit erfahren. Zugleich wird das religiöse Welt-
bild, das als Grundlage der normativen Kleidungspraxis dient, durch den
Bezug auf die religiöse Referenzgruppe objektiviert und reproduziert. So
zieht sich Schwester Marianne regelmäßig in die Gemeinschaft des Klosters zurück. Die visuelle Uniformität innerhalb der Klostermauern vermittelt ihr, verglichen mit der ‹Exotik› ihres visuellen Auftritts im öffentlichen Raum, ein Gefühl von Geborgenheit und Sicherheit. Zugleich erfährt
sie innerhalb der klösterlichen Gemeinschaft eine Bestätigung ihres christlichen Selbstverständnisses, was sie angesichts der zunehmenden religiösen und kulturellen Pluralisierung ihrer Umgebung als entlastend empfindet. Die Referenzgruppe gewährleistet zudem auch auf einer ästhetischen
Ebene ähnliche Wahrnehmungs- und Beurteilungsschemata, so dass die
Kleidungspraxis nicht nur moralisch-religiösen Kriterien standhält, sondern auch als schön und angemessen empfunden wird. Um der Erfahrung

von Differenz zu entgehen, findet also ein Rückgriff auf affirmative soziale Kontexte der Zugehörigkeit statt. Dies erfordert und bewirkt zugleich eine Stärkung sozialer Zugehörigkeit und Kohäsion, was zu einer sozialen Schließung, der Stabilisierung bestehender Gruppengrenzen, führen kann.

Dies zeigt sich etwa im Fall von Herrn Wyler in Form einer Strategie des kollektiven konservierenden Rückzugs, einer weitgehenden Beschränkung sozialer Transaktionen auf die unmittelbare Referenzgruppe, die einen konkreten Personenkreis, eine Gemeinschaft umfasst, in der «die Tradition» möglichst ungebrochen geteilt und tradiert wird. Dadurch soll die als bedroht wahrgenommen Tradition vor einer Infragestellung, Verwässerung und Auflösung bewahrt werden. Die Kleidungspraxis steht dabei auch aus emischer Sicht in besonderem Maß für die Aufrechterhaltung symbolischer Grenzen. Allerdings orientiert sich auch hier die Bestimmung des ‹Innen› am ‹Außen›: Die soziale Umwelt fungiert einerseits als ‹konstituierendes Außen›, gegenüber dem das ‹Innen› seine Kontur (aufrecht-)erhält, andererseits in Form des ‹generalisierten Anderen› (vgl. Mead 1934) als Spiegelbild, das indirekt zur Kontrollinstanz des eigenen ethisch-religiösen Verhaltens erhoben wird. Durch die Augen der anderen wird man daran erinnert, wer bzw. wie man sein will, resp. nicht sein will. Auch wenn also eine starke Abgrenzung gegen außen stattfindet, so befindet sich diese doch zugleich in einer essenziellen und ethisch konstitutiven Abhängigkeit von dem jeweiligen ‹Außen›.

4.3 Diskursive Strategien

Die diskursiven Strategien fordern Anerkennung auf einer gesellschaftlichen resp. diskursiven Ebene. Sie setzen an bestehenden Repräsentationsregimes, Deutungs- und Bewertungsmustern an und versuchen, diese zu transformieren. In diesem Sinn handelt es sich um anerkennungspolitische Strategien. Diese sind freilich nicht auf einer Makroebene anzusiedeln, sondern operieren als «alltagsweltliche Mikropraktiken» (Nökel 2004: 286) unter Einsatz visueller (vestimentärer), räumlicher, zeitlicher und verbaler Mittel. Letztlich geht es dabei um eine Arbeit an den Mechanismen der Verteilung von Anerkennung. Anerkennung ist, so Schaffer, normengeleitet und differenziell produziert, was heißt, dass bestimmte «Subjektpositionen, Lebensverhältnisse und Wissenskontexte» anerkannt werden, während andere aus den jeweils gültigen Rastern der Anerkennung

herausfallen (vgl. ebd). Daher gehe es bei «macht- und herrschaftskriti-
schen Kämpfen um Anerkennung nicht allein um die Anerkennung als
etwas Bestimmtes (etwa Anerkennung einer bestimmten Identität), sondern um eine Arbeit am gesamten Feld der Normen, die bestimmen, was
jemanden anerkennbar mache und was nicht. Die Kämpfe um Anerkennung seien, so schreibt Schaffer in einer feministisch-marxistischen beeinflussten Terminologie, nicht einfach Kämpfe um Privilegienverteilung,
sondern Kämpfe um bestimmte Gewaltformen. Denn nicht echt, nicht
wirklich oder unwahr genannt zu werden, sei nicht nur eine Form der
Unterdrückung, sondern eine Form der «entmenschlichenden Gewalt»
(«dehumanizing violence», Butler 2004: 217), die sich über den Status
(oder besser Nicht-Status) der Unlesbarkeit herstelle, wobei Lesbarkeit
(auch) eine Lesbarkeit zu den jeweils eigenen Bedingungen meint: eine
Lesbarkeit bzw. Sichtbarkeit, die dem entspricht, wie eine/einer gelesen/
gesehen werden möchte.

Um eine ‹Lesbarkeit nach eigenen Bedingungen› zu gewährleisten
(sprich nicht als Taliban wahrgenommen zu werden), wählte Herr Singh
die Strategie gezielter, verbaler Wissensvermittlung in konkreten Interaktionssituationen, indem er sich nach Möglichkeiten aktiv um Aufklärung
über die Religion der Sikhs bemüht. Seine Absicht, einen Informations-
stand zu betreiben, um die Bevölkerung über den Sikhismus aufzuklären,
verdeutlicht die Ernsthaftigkeit seines Anliegens. Ebenfalls über verbale
Interaktion versucht Herr Wyler den Vorurteilen und Vorbehalten gegenüber dem orthodoxen Judentum zu begegnen, indem er immer wieder den
Dialog sucht. Mehr Wissen über ihre Religionsgemeinschaft, so die Überzeugung, begünstige deren Akzeptanz und Anerkennung.

Über gezielte individuelle Distinktion verfolgt Frau Güney eine Strategie der ‹De-essenzialisierung›. Mit einer explizit auf die Betonung persönlicher Individualität ausgerichteten Kleidungspraxis möchte sie sich
fixen Selbst- bzw. Fremd-Zuschreibungen entziehen: «Ich bin da speziell
und dort speziell.» Durch die Betonung der eigenen Einzigartigkeit mittels
Kleidung grenzt sie sich visuell gleichzeitig vom schweizerischen wie von
ihrem türkischen Herkunftskontext ab und verfolgt damit eine Strategie,
nach der sie weder in die eine noch die andere Kategorie fest und
ausschließlich einzuordnen ist.

Durch die bewusste Darstellung ihrer visuellen Differenz strebt Frau
Güney zudem auf einer gesellschaftlichen Ebene eine Anerkennung ihrer

religiösen Identität und den Abbau von Vorurteilen an. So erhofft sie sich, dass die größere sichtbare Präsenz verhüllter muslimischer Frauen über Gewöhnung zu einer zunehmenden Akzeptanz führen möge. Gleichzeitig will sie mit ihrer Selbstdarstellung als ‹moderne muslimische Frau› dazu beitragen, das aus ihrer Sicht vorherrschende Bild der ‹unterdrückten muslimischen Frau› zu bekämpfen.

> «Ja, auf jeden Fall besteht das Vorurteil: Unterdrückung usw. Dass muslimische Frauen vieles nicht machen können, was andere machen. Oder was Männer machen. Und eben darum, aus diesem Grund mache ich eigentlich auch alles. Ich gehe überall hin, an Konzerte usw. Dass sie auch sehen: ‹Aha! Solche Leute kommen auch hierher! Also sie machen doch alles›. Schwimmen gehe ich auch.»

Frau Güney arbeitet hier bewusst mit visuellen und räumlichen Mitteln an bestehenden Blickordnungen. Es geht ihr bei der bewussten Performanz visueller Disparität nicht um eine Betonung kultureller Unterschiede, sondern im Gegenteil um eine sichtbare Demonstration der prinzipiellen Vereinbarkeit verschiedener kultureller Zuordnungsräume. Über die strategische Visualisierung von Differenz beansprucht sie Zugehörigkeit und postuliert somit über ihre Kleidungspraxis eine Normalisierung resp. Dekonstruktion von Differenz.

Mittels der Organisation von Bollywood-Parties und Bhangara-Tanz-kursen, die sich explizit an ein schweizerisches Publikum richten, erzeugt Herr Singh positiv konnotierte Rezeptionsbedingungen. Hier tritt er «the Swiss» in einem andern Interaktionskontext als auf der Straße gegenüber. Seine visuelle Differenz wird in diesem Zusammenhang einerseits aufgrund seiner sozialen Rolle als Gastgeber, DJ oder Tanzlehrer, andererseits wegen der impliziten Erwartungshaltung vieler Gäste auf ein ‹exotisches Erlebnis› positiv gelesen. Mit einem explizit traditionellen Kleidungsstil verfolgt Herr Singh an diesen Partys eine Strategie der Selbstinszenierung, mit der kulturelle Differenz betont exotisiert und ästhetisiert wird. «The Swiss like other cultures [...]». Anerkennung wird hier nach seinem Verständnis über das (musikalische und visuelle) Zelebrieren und somit die Betonung kultureller Differenz erworben. Als positiv konnotierte Interaktionsplattformen nutzt Herr Singh diese Veranstaltungen auch als Ort der verbalen Vermittlung von Wissen über den Sikhismus und die religiöse Bedeutung des Turbans.

Schwester Marianne versteht die visuelle Repräsentation ihrer religiösen Identität u.a. als sichtbares christliches Zeichen in einer als zunehmend von religiösem und kulturellem Pluralismus geprägten Umgebung.

> «Es [hat] noch eine Bedeutsamkeit, wenn einfach auch noch jemand da ist
> von der christlichen Seite, wo – ich will jetzt nicht sagen, das zur Schau
> stellt, überhaupt nicht! Aber einfach auch noch ein Zeichen ist! Weil wir
> haben so viele Moslems hier. Wir haben 47 Prozent Ausländer in unserem
> Ort. Wir haben alle Religionen da. Wir haben Hindus, wir haben alles. Und
> dann finde ich, ja – es ist gut, wenn auch noch ein anderes Zeichen sichtbar
> ist. Für die Leute meine ich, ob reformiert oder katholisch oder Atheisten.»

Die Grenze zwischen ‹Fremdem› und ‹Eigenem›, das es über das «sichtbare
Zeichen» der Tracht zu repräsentieren bzw. zu verteidigen gilt, wird hier
über eine auf religiösen und nationalen Kriterien beruhenden Katego-
risierung konstruiert. Auf der einen Seite stehen «die Ausländer», «die
Moslems», «die Hindus», auf der anderen Seite, dem ‹Eigenen› zugeordnet, Reformierte, Katholiken und «Atheisten». Indem Atheisten in dieser
Dichotomisierung implizit dem ‹Eigenen› zugerechnet werden, wird die
Tracht über das religiöse (christliche) Zeichen hinaus gleichzeitig zum
sichtbarem Marker kultureller bzw. nationaler Zugehörigkeit erhoben.
Die Grenze (bzw. die Inklusion derjenigen, die durch die Tracht als sichtbares Zeichen der ‹eigenen Kultur› angesprochen werden sollen) wird
hier so gezogen, dass konfessionelle Differenzen und sogar Unterschiede
zwischen religiösen und nichtreligiösen Akteuren verwischt werden,
solange sie der ‹christlichen Kultur› in einem weiten Sinne angehören.
Angesichts der wahrgenommenen Bedrohung, dass das Fremde das
‹Eigene› verdrängen könnte, gewinnt das sichtbare Postulat einer christlichen Gesinnung in den Augen Schwester Mariannes stark an Bedeutung.
«Ich denke, am Schluss lassen wir uns überrollen [...] von allen, einfach,
weil wir gar nicht mehr zu unserer christlichen Kultur stehen.» Unter
dieser Voraussetzung versteht sie die Erfüllung ihres karitativ-sozialen
Auftrags als visuell erkennbare christliche Ordensfrau «draußen» in der
Gesellschaft als «Botschaft», die aktiv und sichtbar die Wahrung bzw.
Reetablierung christlicher Werte propagieren soll. Die Sichtbarkeit reli-
giöser Identität und religiös motivierten Wirkens bekommt in diesem
Zusammenhang explizit einen werte- bzw. religionskonsolidierenden
Stellenwert. Auch Schwester Marianne rekurriert auf gezielte visuelle
Exposition als diskursive Strategie. Allerdings geht es ihr nicht vorrangig

um eine Transformation bestehender Repräsentationsregimes, sondern um die Verteidigung der allgemeinen Gültigkeit eines religiösen resp. kulturellen Deutungsanspruchs. Die diskursiven Strategien zielen also auf die gesellschaftliche Wahrnehmung und Beurteilung der jeweiligen Referenzgruppe, greifen direkt in gängige Blick- und Repräsentations-regimes ein und versuchen diese zu transformieren.

Die genannten Strategien der jeweiligen Befragten mögen teilweise wider-sprüchlich erscheinen, machen jedoch im Lebensvollzug der Akteure Sinn, indem sie dazu beitragen, mit negativ empfundener Differenz-wahrnehmung umzugehen bzw. dieser nicht hilflos ausgesetzt zu sein. Sie erlauben es den Akteuren, trotz der Erfahrung visueller Differenz Selbst-anerkennung und Handlungsfähigkeit bei gleichzeitiger Wahrung eines Gefühls von Authentizität und Sinnhaftigkeit aufrechtzuerhalten. Nicht durch Konflikte, sondern mittels visuell ausgetragener Mikropraktiken der Selbstrepräsentation und durch verbale Interaktion zielen sie auf eine Neutralisierung bzw. Verschiebung bestehender Machtbeziehungen und beanspruchen Anerkennung und/oder Zugehörigkeit.

Dabei werden verschiedene Strategien gleichzeitig oder alternativ verfolgt. Akteurszentrierte Ausprägungen zeigen sich bei allen Protago-nisten/Protagonistinnen. Welche Strategien jeweils konkret bevorzugt werden, hängt von verschiedenen Faktoren ab. Einerseits ist entschei-dend, inwiefern sie von den Akteuren in der jeweiligen (Lebens-)Situation als erfolgversprechend beurteilt werden. Auch verfügbare Ressourcen[10] spielen eine Rolle (die Strategie des *passing* beispielsweise erfordert im konkreten Fall die Kenntnis der gängigen vestimentären Codes in den jeweiligen sozialen Kontexten). Ob und inwiefern diskursive Strategien verfolgt werden, hängt davon ab, wie die Akteure ihr Verhältnis zur Gesellschaft und ihre jeweilige soziale Position darin wahrnehmen und wie sie meinen oder wünschen, diese beeinflussen zu können.[11]

---

10 Hier sind keineswegs nur und nicht in erster Linie ökonomische, sondern im Sinne von Bourdieus Kapitalverständnis auch kulturelle, soziale und symbo-lische Ressourcen gemeint.

11 Geshe Do beispielsweise ist nicht an einer Veränderung der gesellschaftlichen Wahrnehmung seiner Person resp. seiner Referenzgruppen interessiert, da er diese bereits sehr positiv taxiert.

Die beschriebenen Erkenntnisse mögen zur Annahme verleiten, dass Konflikte um sichtbare Marker religiöser Identität vorrangig auf der politischen und/oder rechtlichen Ebene ausgetragen werden, während auf einer individuellen Ebene ‹friedvollere Wege› eingeschlagen würden, indem Strategien wie die oben beschriebenen zur Anwendung kommen. Dieser Befund trifft für die in die Untersuchung einbezogenen Fälle und den dabei berücksichtigten Zeitraum zu, kann aber nicht ohne weiteres für breitere Kontexte oder größere Zeitintervalle generalisiert werden. Es ist wohl davon auszugehen, dass Konflikte auf der individuellen Ebene so lange vermieden werden können, als die zur Verfügung stehenden Strategien Erfolg versprechend sind und die individuelle Aufrechterhaltung von Selbstachtung und persönlicher Handlungsfähigkeit gewährleisten.

Literaturverzeichnis

Bourdieu, Pierre (1983): Die feinen Unterschiede. Kritik der gesellschaftlichen Urteilskraft, Frankfurt/M.: Suhrkamp.

Butler, Judith (2004): Undoing Gender, New York: Routledge.

Derrida, Jacques (1972): Marges de la philosophie, Minuit: Paris.

Eicher, Joanne B./Evenson, Sandra Lee/Lutz, Hazel A. (Hg.) (2008): The Visible Self. Global Perspectives on Dress, Culture, and Society, New York: Fairchild.

Foucault, Michel (1981): Archäologie des Wissens, Frankfurt/M.: Suhrkamp.

Fraser, Nancy/Honneth, Axel (2003): Umverteilung oder Anerkennung? Eine politisch-philosophische Kontroverse, Frankfurt/M.: Suhrkamp.

Geertz, Clifford (1995): Dichte Beschreibung. Beiträge zum Verstehen kultureller Systeme, Frankfurt/M.: Suhrkamp.

Goffman, Erving (1983): Wir alle spielen Theater. Die Selbstdarstellung im Alltag, München/Zürich: Piper.

Goffman, Erving (1986): Interaktionsrituale. Über Verhalten in direkter Kommunikation, Frankfurt/M.: Suhrkamp.

Göle, Nilüfer (2002): «Islam in Public. New Visibilities and New Imaginaries». Public Culture 14 (1), S. 173–190.

Grigo, Jacqueline (2011): «Visibly Unlike. Religious Dress between Affiliation and Difference». Journal for Empirical Theology 24, S. 209–224.

Grigo Jacqueline (2013): «‹Ich habe da ein wenig meine Grenzen erweitert›. (Religiöse) Kleidungspraxis zwischen Regulierung, Konformität und Autonomie». In: Monika Glavac/Anna Katharina Höpflinger/Daria Pezzoli-Olgiati (Hg.):

Second Skin. Körper, Kleidung, Religion (Research in Contemporary Religion 143). Göttingen: Vandenhoeck & Ruprecht, S. 279–295.

Hall, Stuart (2004): Ideologie, Identität, Repräsentation, Hamburg: Argument Verlag.

Lamont, Michèle/Molnár, Virág (2002): «The Study of Boundaries in the Social Sciences». Annual Review of Sociology 28, S.167–95.

Luhmann, Niklas (1984): Soziale Systeme: Grundriss einer allgemeinen Theorie, Frankfurt/M.: Suhrkamp.

Mead, George Herbert (1934): Mind, Self and Society, Chicago: University of Chicago Press.

Mecheril, Paul/Miandashti, Siavash/Kötter, Hubert (1997): «Anerkennung als Subjekt – eine konzeptuelle Orientierung für die psychosoziale Arbeit mit Migrantinnen und Migranten». Verhaltenstherapie & Psychosoziale Praxis 4, S.559–575.

Mecheril, Paul/Plösser, Melanie (2009): «Differenz». In: Sabina Andresen/Rita Casale/Thomas Gabriel/Rebekka Horlacher/Sabina Larcher Klee/Jürgen Oelkers (Hg.), Handwörterbuch Erziehungswissenschaften, Weinheim: Beltz, S.194–209.

Nökel, Sigrid (2002): Die Töchter der Gastarbeiter und der Islam. Zur Soziologie alltagsweltlicher Anerkennungspolitiken – eine Fallstudie, Bielefeld: transcript.

Schaffer, Johanna (2008): Ambivalenzen der Sichtbarkeit. Über die visuellen Strukturen der Anerkennung, Bielefeld: transcript.

Sennet, Richard (2002): Respekt im Zeitalter der Ungleichheit, Berlin: Berlin Verlag.

Sollors, Werner (1997): Neither Black nor White yet Both. Thematic Explorations of Interracial Literature, New York: Oxford University Press.

Stone, Gregory P. (1962): «Appearance and the Self». In: Mary Ellen Roach-Higgins (Hg.), Human Behaviour and Social Processes. An Interactionist Approach, New York: Houghton Mifflin Company, S.86–116.

Willems, Herbert/Jurga, Martin (Hg.) (1998): Inszenierungsgesellschaft. Ein einführendes Handbuch, Opladen/Wiesbaden: Westdeutscher Verlag.

Würtz, Stefanie/Eckert, Roland (1998): «Aspekte modischer Kommunikation». In: Herbert Willems/Martin Jurga (Hg.), Inszenierungsgesellschaft. Ein einführendes Handbuch. Opladen/Wiesbaden: Westdeutscher Verlag, S.177–191.

Young, Iris Marion (1997): «Unruly Categories. A Critique of Nancy Fraser's Dual System Theory». New Left Review 222, S.147–160.

Islamic Style – die Sichtbarkeit ‹unsichtbaren› Islams

Gritt Klinkhammer

1 Sichtbarer und ‹unsichtbarer› Islam in Deutschland

Der Islam ist in den letzten 50 Jahren vor allem über seine Institutionalisierung in verschiedenen Vereinen und Dachverbänden in Deutschland wahrgenommen worden. Dieser Institutionalisierungsprozess ist ein Ergebnis sowohl bekenntnismäßiger und politischer Ausdifferenzierung des Islam in der Türkei und in Deutschland als auch der anerkennungspolitischen Auseinandersetzung zwischen staatlichen Behörden und den islamischen Gemeinschaften in Deutschland: Nach einer Anfangsphase der lokalen und zumeist unabhängigen privaten Gemeindebildung in den 1960er und 1970er Jahren haben sich in den 1980er Jahren viele Moscheevereine einer der aus der Türkei heraus gewachsenen Bewegungen angeschlossen.[1] In den 1990er Jahren erfolgte der Zusammenschluss der Moscheevereine in Dachverbände[2] und es ließ sich ein deutlicher Anstieg der Gemeindeaktivitäten verzeichnen. Man begann Moscheen zu bauen. Bis dato waren nahezu alle Moscheevereine und Moscheen in alten Fabrikgebäuden untergebracht gewesen und deshalb für die meisten Bürger relativ unsichtbar geblieben. Von den derzeit rund 2500 Moscheevereinen in Deutschland verfügen heute etwa 15 Prozent über eigens gebaute Moscheegebäude. Durch diese für den Gemeindezweck geplanten Bauten stiegen auch die Möglichkeiten für Aktivitäten: Durch zahlreichere

---

1 So gründete sich beispielsweise die heutige Milli Görüş (IMGG) als AMGT 1985 aus der türkischen ehemaligen Refah Partisi, der Verein Islamischer Kulturzentren 1973 aus der Süleymanci-Bewegung und die Jama'at un-Nur 1979 aus der Nurculuk-Bewegung. Die DİTİB als Auslandsverband des türkischen Amtes für Religionsangelegenheiten (Diyanet) gründete seine ersten Regionalverbände in Deutschland ab 1982.

2 Der «Islamrat für Deutschland» (IR) entstand 1986, anschließend wurde der «Zentralrat der Muslime in Deutschland» (ZMD) gegründet. 2007 schlossen sich außerdem im «Koordinierungsrat der Muslime in Deutschland» (KMD) alle Verbände zusammen, um nach innen die Kommunikation zu fördern und nach außen eine gemeinsame Interessenvertretung zu bilden.

Räumlichkeiten wurde z.B. erleichtert, dass Frauen sich in der Moschee aufhalten;[3] Fest- und Jugendräume u.ä. kamen dazu.

In der Regel sind Moscheevereine in Deutschland monoethnisch ausgerichtet. Die ethnische bzw. nationale Zuordnung stellt sich über die Herkunftssprache her, wird jedoch auch über andere gemeinschaftsstiftende Symbolpolitiken gestärkt wie z.B. über vestimentäre Stile der Mitglieder.[4] Die eindeutige Zugehörigkeit bricht heute aber vor allem dort auf, wo einerseits Konvertiten, andererseits Jugendliche der zweiten und dritten Generation die Herkunftssprache der Elterngeneration nicht mehr in gleicher Selbstverständlichkeit sprechen (können oder wollen) oder wo die Moscheeaktivitäten (Korankurse, Fußball, Hausaufgabenhilfe, Frauengruppen etc.) attraktive Angebote für einen weiteren Kreis von Muslimen und Musliminnen darstellen.

Obwohl nur etwa ein Drittel der Muslime in den genannten Verbänden organisiert ist, stellen sie in Deutschland den sichtbarsten und damit vermeintlich auch repräsentativen Teil islamischen Lebens in Deutschland dar. Diejenigen Muslime und Musliminnen, die in keinem der Verbände engagiert sind oder keinem angehören, werden meist als «säkulare Muslime» und damit als eher nicht gläubige Muslime und Musliminnen wahrgenommen – so nicht nur von den ‹Verbandsmuslimen› selbst, sondern auch von Nicht-Muslimen bzw. Nicht-Musliminnen, zum Teil auch von ihnen selbst.[5] Erst wenige qualitative Untersuchungen haben sich dieser Gruppe von Muslimen und Musliminnen, die ohne verbandliche Anbindung scheinbar unsichtbar ihre Religion leben, zugewandt (vgl. z.B. Klinkhammer 2000; Nökel 2002). In solchen Untersuchungen, die vor allem die Religiosität muslimischer Frauen in den Blick genommen haben, wird aber bereits deutlich, dass von manchen Frauen bewusst Distanz zu

---

3   Vgl. zu dieser Entwicklung ausführlicher Klinkhammer 2011.
4   Insbesondere bei weiblichen Mitgliedern herrschen Moden und Regeln für Kopftuch und weitere Kleidung. Im Verein Islamischer Kulturzentren (VIKZ) und bei Milli Görüş (IGMG) Mfinden sich beispielsweise bislang fast ausnahmslos gedeckte Farben und konservativere Formen. Bei DİTİB ist das Bild durchaus bunter und diverser.
5   In ähnlicher Weise, wie viele christliche nominelle oder auch ehemalige Kirchenmitglieder die Norm der Kirchen für das eigene Verständnis von Christlichkeit akzeptieren, haben oftmals Nicht-Verbandsmuslime die (meist impliziten) normativen Vorgaben und Vorstellungen (z.B. bez. des Kopftuchtragens) von den islamischen Verbänden übernommen.

islamischen Verbänden gehalten wird und überdies ihr Islamverständnis der Beschreibung Luckmanns (1991) einer «unsichtbaren», weil individualisierten und subjektivierten Religiosität nahekommt.

Insbesondere in den letzten 10 Jahren hat sich die Situation dahingehend verändert, dass der ‹unsichtbare› Islam eine bedeutendere Rolle in Europa wie auch in den USA bekommen hat. Unmittelbar nach 9/11 haben neue außerverbandliche Strömungen im Islam ihren Weg genommen. Diese neuen Strömungen waren von vielfältigen Bemühungen seitens der jungen muslimischen Generation geprägt, einen friedfertigen, sozial aktiven und modernen Islam zu zeigen. Charakteristisch für diesen muslimischen Aufbruch in Deutschland war von Beginn an die intensive Internetkommunikation.[6] Sie ermöglicht es auch denjenigen, sich öffentlich zu artikulieren und Gleichgesinnte zu finden, die nicht in einem muslimischen Verband institutionalisiert sind. Blogs, Foren und soziale Netzwerke (Facebook, Myspace, Twitter etc.) sind sicherlich derzeit die stärksten Transmitter neuer Ideen im Namen des Islam in Deutschland.[7] Während der Islam in den Verbänden eine Modernisierung in relativ konventioneller Weise durch den Generationenwandel und die Stärkung und Professionalisierung der Jugendarbeit vollzogen hat,[8] hat sich in Deutschland zugleich eine akademisch geprägte, global orientierte islamische Szene neben den Verbänden entwickelt. Als Vorreiterinnen dieser rezenten Bewegung können die jungen Frauen bezeichnet werden, die bereits in

---

6 Wie zentral das Internet für die Vielfalt, Verbreitung und auch Einflussnahme bislang als randständig erscheinender Ideen bzw. Produkte ist, hat in Bezug auf den Musikmarkt der Journalist Chris Anderson (2007) gezeigt. Manche sprechen auch von einer demokratisierenden und individualisierenden Wirkung des Internets (vgl. Kissau/Unger 2009). Für Minderheitenüberzeugungen in Religionen kann die Internetkommunikation ebenfalls eine verstärkte Verbreitung, größere Bekanntheit und Einflussnahme bewirken.

7 Blogs und Vernetzungs- sowie Projektseiten im Bereich Islam in Deutschland haben in den letzten Jahren stark zugenommen, vgl. u.a. gazelle-magazin.de (Das multikulturelle Frauenmagazin) (2007); muslimische-stimmen.de (2007); verein-für-denkende-menschen.de (2007); muslimlife.eu (2007); myumma.de (2008); netzwerk-zahnraeder.de (2010) (letzte Zugriffe: 14.2.2011) u.v.a.m. Vgl. zu dieser Entwicklung auch Kerstin Engelmann u.a. (2010), Anke Drewitz (2013) oder die Selbstreflexion aus dem Feld z.B. bei Sineb El Masrar (2010: 176–179).

8 Vgl. etwa für Milli Görüş die Ethnographie von Werner Schiffauer (2010).

den 1990er Jahren aktiv waren, um neue eigene Netzwerke zu gründen.[9] Sie überschritten dabei die Grenzen der ethnischen und verbandlichen Zugehörigkeiten, wie oftmals auch nationale Grenzen, um dem eher als beengend empfundenen Milieu der ‹Gemeinde› vor Ort auszuweichen.

Auf einige Entwicklungen im jugendkulturellen muslimischen Milieu trifft das heute ebenso zu (vgl. auch Gerlach 2006). Diese jugendkulturelle, gemischtgeschlechtliche Bewegung von Muslimen orientiert sich nur zum Teil an den gegebenen verbandlichen Strukturen. Es werden vielmehr neue Repräsentationsformen für den Islam in Deutschland gesucht, die neue Ideen offen, individualisiert und diskursiv zum Teil auch spielerisch aufzunehmen in der Lage sind. Nicht nur das Internet, sondern auch neue ästhetische Ausdrucksformen spielen bei der Strukturierung und Etablierung neuer Repräsentationen des Islam in Deutschland, von denen im Folgenden die Rede sein soll, eine entscheidend Rolle.

2 Das Sichtbare im ‹unsichtbaren› Islam: Trenddesign im Marktsegment Islam

Diskussionen um den Islam in Deutschland wie insgesamt in Europa drehen sich meist um seine besondere Sichtbarkeit: z.B. um Moscheen mit dazu gehörigen Minaretten oder um die Kopftücher von muslimischen Frauen. Dabei wird v.a. im politischen Alltag die Fremdheit des Sichtbaren in den Vordergrund gestellt und das Beharren der Muslime auf diese Zeichen als Signale von mangelnder Integration oder gar Desintegration gedeutet.[10] Jenseits der Frage, ob Minarett oder Kopftuch als Zeichen von Differenz und Desintegration überhaupt angemessen gedeutet sind,[11] zeigt sich bei aufmerksamer Beobachtung der Kopftücher und ihrer Trägerinnen in europäischen Metropolen wie London, Paris und Berlin, dass hier

---

9 Bereits die junge zweite Generation von Frauen hatte – traditionell aus dem Moscheebetrieb ausgeschlossen – über sog. Schwesterngruppen eigene parallele Strukturen zu bilden begonnen. Vgl. dazu ausführlicher Klinkhammer 2000, 2011.

10 Immer wieder auffallend etwa bei Auseinandersetzungen über Moscheebauten. Vgl. dazu z.B. Leggewie 2009 und verschiedene Beiträge in diesem Band.

11 Vgl. zum Kopftuch z.B. Berghahn/Rostock 2009.

Abb. 1
Das Kopftuch: modisches Accessoire oder islamische Tracht? Elif Kavakci (Hijabitopia; mit freundlicher Genehmigung).

Abb. 2   Das Kopftuch: modisches Accessoire oder islamische Tracht? Hier Tunika-Set von *Imzadi Couture* (mit freundlicher Genehmigung).

vielmehr die Frage nach einer neuen Ästhetik und Repräsentation angemessen erscheint: Farbliche Abstimmungen, neue Kreationen von Kopf-
tuchverknotungen, die eher an exzentrische Hollywoodstars erinnern als
an eine islamische Tracht, oder Hip-Hop-artige Streetwear, die die Kapu-
zen der Pullis einmal auch als solche in der Damenmode zum Einsatz
bringt und die Trägerin damit ästhetisch eher in ein Underdogmilieu versetzt als in eine fromme Gemeinschaft, sind hier zu sehen.[12]

Sichtbarkeit und Unsichtbarkeit des Islam gehen dabei Hand in Hand:
sowohl in dem Sinne, dass die Mischung westlicher und islamischer Mode,
manchmal auch orientalisierender Stilisierung eigene hybride Formen entstehen lässt, als auch in dem Sinne, dass die Träger nicht eindeutig verort-
bar sind – weder in einem der etablierten Moscheeverbände noch in einer
ethnischen Gruppe und manchmal auch nur auf den zweiten Blick überhaupt als muslimisch. Über die Kopftuchmode hinaus zeigt sich insbesondere bei denjenigen jungen Muslimen und Musliminnen, die sich nicht
ausschließlich in islamischen Verbänden bewegen, sondern versuchen,
eigene Wege zu gehen, eine ästhetisch bewusste Alltagskultur, die sich
über Musik, Kleidung und Accessoires individuell stylt und präsentiert: T-
Shirts, Hoodies, Schlüsselanhänger, Kaffeetassen und Taschen, die mit
islamischen wie orientalischen Motiven gestaltet sind, verbinden «street
credibility» und «modernen Lifestyle» mit einem sichtbaren und selbstbewussten Bekenntnis zum islamischen Glauben. Online-Läden, die solchen ‹frommen Lifestyle› verkörpern und kommerziell verbreiten, wie
der britische *KhalifaKlothing* und der amerikanische *Muslimgear,* sind mit

12 Die britische Ethnologin Emma Tarlo hat solche und andere hybride Formen
islamischer Mode in Großbritannien in ihrer Studie «Visibly Muslim. Fashion,
Politics, Faith» (2010) analysiert, in der sie das «impression management»
(Goffman) der Trägerinnen wie auch z.T. der Designer/-innen analysiert. Die
Forschung von Tarlo wurde in bereits fortgeschrittener Phase auch Teil eines
internationalen Projekts zum Thema «Islamic Fashion: The emergence of
Islam as a social force in Europe», in dem ein schwedisches, britisches, däni-
sches, deutsches und niederländisches Team unter der Leitung und Koordination von Annelies Moors (Leiden/Amsterdam) zum Thema gearbeitet hat. Das
deutsche Team bestand aus Sigrid Nökel, Irene Bregenzer und mir, vgl.
www.religion.uni-bremen.de/personen/personal-religion/klinkhammer/gritt-
klinkhammer/projektbeschreibung-3.html (22.3.2012). Die vorliegende Arbeit
hat in diesem Forschungszusammenhang ihren Anfang genommen.

Abb. 3 Zwei Sweatshirt-Motive bei Muslimgear.

Hoodies und Mützen lange schon lange auf dem Markt. Auch der Designer-
laden *Visualdhikr.com* mit seinen Streetwear Jalabas, die auch einem Out-
doorladen entsprungen sein könnten, ist in Großbritannien erfolgreich.[13]
Mittlerweilescheint dieser Trend in Deutschland nicht nur rezeptiv, sondern auch aktiv gestaltend Fuß zu fassen. Eine eher private und mittlerweile eingestellte Frankfurter Hausproduktion hatte 2006 ca. 5000 T-Shirts
wahlweise mit dem Aufdruck «Mekka» oder «Medina» hergestellt. Gedacht war dieses Design als Alternative zu Fan-T-Shirts aus dem Fußball;
es fand auch ohne explizite Werbeaktion einen reißenden Absatz.

Abb. 4 Jalabas von Visual Dhikr (visualdhikr.com).

13 Vgl. z.B. auch die Seite (www.capsters.com) einer niederländischen Designerin, die Sportkopfbedeckungen für Musliminnen geschaffen hat.

Abb. 5   Zwei T-Shirts von Communi-t.com.

Professionell aufgestellt bietet der Online-Laden *Comuni-t.com* «T-Shirts und Sweatwear für die junge Ummah» an. Die Motive haben eine ausdrücklich religiöse Botschaft wie «Leaving Jahiliyya» («Verlasse die Ungläubigkeit») und «Notausgang Moschee», aber auch politische wie ein Bild zur Folter in Abu Ghraib mit dem Untertitel «Democrazy». Der derzeit erfolgreichste Trendsetter auf dem Markt ist sicherlich das deutsche Label *Styleislam*, das ebenfalls mit markigen Sprüchen auf T-Shirts, Sweatshirts und Kapuzenshirts den Träger sich zum Islam bekennen lässt. Über sein Selbstverständnis schreibt *Styleislam*:

> «Unser Label Styleislam steht für zeitgemäße Lifstyle-Produkte im Streetstyle und Casualwear-Bereich, stets mit einem Touch Orient, denn hier liegen unsere Wurzeln. Wir entwerfen Klamotten und bieten darüber hinaus auch Musiktitel und Videos von und für unsere Brüder, Schwestern und alle Interessierten. Ein multimediales Produktpaket mit Style und Charakter – passgenau für die junge islamische Community. Die Skizzen, Motive und Slogans auf unseren Produkten sind nicht nur funky, sondern haben auch Inhalt. Wir kommunizieren den Islam in der Sprache der Jugend, ohne dabei unsere Werte zu verlieren. Checkt unsere Produkte und zeigt, wer wir sind. Styleislam – go spread the word.»[14]

Die Ästhetik und Symbolpolitik des Labels verrät dem Betrachter auch ohne nähere Erläuterung, in welcher Art sich die Macher die Werte und die Identifikation der Träger und Trägerinnen vorstellen: Der Träger (Abb. 6)

14 www.styleislam.de (13.4.2010; aktualisierte Fassung auf de.styleislam.com).

Abb. 6 Werbezettel von *Styleislam* (© *Styleislam®*).

ist ein bürgerlich-erfolgreicher (Hemdträger), sportlich-kraftvoller (Basketballspieler) und dynamischer (auf jedermann zugehender) moderner junger Mann, der erst auf den zweiten Blick, wenn er sein Hemd aufreißt – also vielleicht sein Innerstes zeigt oder im Privaten agiert –, als Muslim erkennbar ist. Diese religiöse Identität gibt ihm vielleicht seine Stärke; jedenfalls ist der Träger stark und schön.

Das Label spielt mit vorhandenen Symbolen, Zeichen und Stilen (Abb. 7) und erzeugt durch einen Remix von bekannten Motiven und islamischen Inhalten erst auf den zweiten Blick Differenz: «Streetart» ist unter Rappern und auch darüber hinaus eine mittlerweile global verbreitete jugendkulturelle Ausdrucksform, in der auf Ungerechtigkeiten, Unterdrückung u.ä. aufmerksam gemacht wird. Aber auch Sprüche wie «Make Cay not War» (vormals «Make Love not War») erzeugen nicht einfach Differenz, sondern verweisen humorvoll auf eine Geschichte von (gewaltfreier, kreativer) Jugendkultur als Alternativkultur – als die der Islam hier wohl auch verstanden werden soll.

Das Label *Styleislam* ist in der muslimischen Szene derzeit äußerst gefragt: Nicht nur die «Muslimische Jugend Deutschland» (MJD) lässt sich hier beraten, auch einige muslimische Sänger lassen sich durch das Label vermarkten. Unter diesen ist der in Deutschland mittlerweile wohl bekannteste der Rapper *Ammar114*, dessen Liedtexte die Situation von Muslimen und Musliminnen in Deutschland mit Titeln wie «Wir sind Deutschland» oder «Ehrenmord» (Abb. 8) kritisch behandeln und der dazu aufruft, «in einer Situation der Anfeindungen» den Mut zum Bekenntnis zum Islam nicht zu verlieren.

Die islamische Hip-Hop-Szene konnte sich durch den Gebrauch englischer Liedtexte und das Internet als Vertriebskanal unter jugendlichen

Abb. 7   T-Shirtmotive von *Styleislam* (© *Styleislam*®).

Muslimen und Musliminnen global verbreiten.[15] Islamisch-rechtliche Anfragen von Kritikern zur Erlaubnis von Musik im Islam flammen zwar tur-
nusmäßig wieder auf, sind aber kaum mehr in der Lage, die jugendliche
Präferenz für islamisch-frommen Hip-Hop zu unterbinden. Arikanische
und britische Gruppen wie «Native Dean», «Soldiers of Allah» oder
«Mecca2Medina» sind weit über ihre Heimat hinaus unter jungen Muslimen und Musliminnen bekannt. Auch unter Frauen hat sich frommer

15   Vgl. dazu auch die Fallstudie der britischen Sozialwissenschaftlerinnen Shamin
     Miha und Virinder S. Kalra (2008) und die Auswahl auf der Seite www. muslim
     hiphop.com. Diese Entwicklung hatte auch Auswirkungen auf bislang religiös
     bekenntnislose Rapper, die nun in Texten und Interviews deutlich machen,
     dass sie sich als Muslime verstehen (vgl. dazu Spiegelonline, 17.4.2007).

Abb. 8: Ammar114: «[Fünf 32]» steht für einen Vers im Koran, worin man Folgendes lesen kann: «[...] Wenn jemand einen Menschen tötet [...], so ist es, als hätte er die ganze Menschheit getötet; und wenn jemand einem Menschen das Leben erhält, so ist es, als hätte er der ganzen Menschheit das Leben erhalten» (Koran Sure 5,32).

Hip-Hop nicht nur als passives Hören verbreitet, wie die Gruppe «Poetic Pilgrimage» zeigt.

Seit etwa fünf Jahren machen Sukina Douglas und Muneera Williams zusammen Hip-Hop. Ihre Texte thematisieren ihr Leben und das anderer Muslime und Musliminnen in den USA. Ihr Anliegen ist es, die Nicht-Repräsentierten zu repräsentieren:

> «[...] it's about providing a voice for the voiceless. It's representing injustice. There's a common term that hip hop is black people's CNN. That's how we see it. [...] Art has the ability to transcend any barriers: culture, religion, it doesn't matter what the differences are.»[16]

Das deutsche Label *Styleislam* schließt ästhetisch wie inhaltlich durchaus an diese seit den 90er Jahren vor allem aus Großbritannien und den USA sich verbreitende muslimisch-frommen Hip-Hop-Szene an.

---

16 savoir-faire786.blogspot.com/2008/02/awesome-muslimah-rap-goup-poetic.html (10.6.2011).

Abb. 9   CD-Cover des amerikanischen Hip-Hop-Duo Sakina Douglas und Muneera Williams.

Einer der deutschen Macher: Melih Kesmen

Die Macher des Labels *Styleislam* sind Melih Kesmen und seine Frau Yeliz. Sie sind als Kinder türkischer Gastarbeiter im Ruhrgebiet geboren und aufgewachsen. Beide haben Grafik und Design studiert.

Melih Kesmen ist 1975 geboren und hat sich bereits als Schüler in Form von Graffiti-Kunst mit Grafik und Design beschäftigt. Er beschreibt, dass er das Glück hatte, in einer liberalen DİTİB-Moschee das integrierte Moscheecafé mit Graffiti auszugestalten. Der damalige Jugendgruppenleiter der Moschee hatte ihm das ermöglicht. Er habe auch sehr früh schon T-Shirts für sich und Freunde entworfen sowie Logos für sich selbst, aber auch für Sportvereine u.ä. Insofern nutzte er sein ästhetisches Talent früh schon selbstverständlich auch für kommerzielle Ziele. Er erzählte, dass er mit 18 Jahren seinen ersten Mac-PC bekommen habe, womit er im Auftrag der Gemeinde ein islamisches Magazin edierte. Bereits als Student hat er eine eigene Agentur betrieben. Entscheidend für den Start von *Styleislam* war aber wohl der zweijährige Aufenthalt des Paares in London – einer Metropole, in der sich islamische Kultur längst stärker pluralisiert und etabliert hatte als in den Großstädten Deutschlands. Melih Kesmen beschrieb das in einem Interview[17] folgendermaßen:

17   Interview in Witten am 11.12.2007.

«Wir haben da ganz viel Energie mitgebracht aus London, da haben wir noch mal einen ganz ganz anderen Eindruck von Muslimen in Europa bekommen, weil da einiges um einiges lockerer ist. Ich habe selbst bei Ikea Musliminnen mit Kopftuch richtig mit dem Logo drauf gesehen, Polizistinnen mit Kopftuch, am Flughafen Security-Damen mit Kopftuch und ich selber als Muslim war darüber erstaunt! Weil, man bringt ja die ganze Steifheit mit, in der man hier so aufwächst, dass man das alles irgendwie trennen muss und da passt das Bild gar nicht hier rein. Man geht ja mit so einem Gefühl in ein Land und sieht dann, dass es auch komplett anders sein kann. Und – wirklich, da kann ich nur sagen, Gott sei Dank, gut, dass ich das erleben durfte. Das hat meinen Horizont noch mal erweitert. Vielleicht liegt es auch noch mal daran, dass ich zurückgekommen bin mit einer ganz anderen Motivation, einer ganz anderen Lockerheit und nun über islamische Mode und Islam erstmal reden kann.»

Kesmen berichtete außerdem von seinem selbstgemachten T-Shirt mit dem Schriftzug «I love the Prophet», das bei Muslimen in London großes Aufsehen erregte, so dass er zusammen mit einem Geschäftspartner, der die Herstellung der T-Shirts übernahm, mit einigen Motiven auf T-Shirts und Kapuzenshirts Ende 2006 in Deutschland auf «Marktrecherche» ging. Als ich im Herbst 2007 Kesmen interviewte, war *Styleislam* zwar schon online und in der Produktion, aber doch noch ‹in den Kinderschuhen›. Seine Frau und er konnten noch nicht davon leben. Heute haben Melih Kesmen und seine Frau fünf Mitarbeiterinnen eigens für *Styleislam* angestellt. Obgleich das Hauptgeschäft über das Internet läuft, sind seit 2010 im Franchise-System Läden in Bochum, Medina, Istanbul und Dschidda eröffnet worden. Außerdem waren bereits 2007 eine erste Musikvideoproduktionen mit Ammar114 in Planung und das erste Hörbuch mit Texten des türkisch-sunnitischen Gelehrten Mustafa Islamoglu[18] mit dem Titel «Sinn und Sein. Alles beginnt bei Dir selbst» herausgegeben sowie die Zusammenarbeit mit Muslime Helfen (1Euro jedes von *Styleislam* verkauften Produkts geht an Aids-Waisen in Afrika) und auch der Muslimischen Jugend Deutschland (MJD) bereits im Gang.

---

18 Die Vorträge von Mustafa Islamoglu sind ansonsten für türkischsprachige Muslime über seine Website www.mustafaislamoglu.com sowie Hilal TV gut zugänglich.

Abb. 10   Wandbilder von *Styleislam* (© *Styleislam*®).

Mittlerweile gehören zur Produktion des Labels Sticker, Schlüsselanhänger, Bildkunst, deren Motive Kesmen «Islamic Streetart» nennt, andere
wiederum in deutlichem Pop-Art-Stil zur hippen Ausstattung der Wohnung: Ein formenklarer Designerstil wird mit den orientalisch-geschwun-
genen Motiven der Wandbilder gemischt, wie die werbenden Bilder vor-
schlagen (Abb. 10).[19] Kesmen übernimmt zudem weiterhin auch das
Design von Übersetzungen des Korans, Hörbuchproduktionen sowie die
Vermarktung islamischer Musik im Netz.

Abb. 11   Imageposter von *Styleislam* (© *Styleislam*®).

19 Siehe hierzu auch die Grafiken der britischen muslimischen Designerin und
    Grafikerin Sarah Elany, www.elenany.co.uk/page/graphics (22.3.2012).

Auch die Homepage *islamischedenkfabrik.de* ist mit Kesmens Marke verbunden. Dort werden Gedichte, Theaterstücke und Kurzfilme präsentiert, die sich mit aktuellen gesellschaftspolitischen Themen (u. a. Umwelt) und religiösen Themen auseinandersetzen. Auf *waymo.de*, dem Multimedia-Portal des Zentralrats der Muslime,[20] gehören die Clips zu den beliebtesten Beiträgen. Inhaltlich gibt es zahlreiche Überschneidungen mit der Muslimischen Jugend Deutschland (MJD), deren programmatisches Buch «Jung und Muslim» von Murat Demiryürek (2007) auf der Seite der Denkfabrik ausdrücklich gelobt wird (die Umschlaggestaltung ist von Kesmen). Zur Kleidung schreibt Demiryürek beispielsweise darin:

> «Die Kleidung muss eine Bedingung erfüllen: Jede Kleidung, die die Figur des Mannes und der Frau für andere als nicht aufreizend aussehen lässt, ist islamisch. Das heißt nicht, dass die Kleidung hässlich sein soll. Es gibt eine Menge Geschwister, die islamisch und elegant zugleich gekleidet sind» (2007: 67).

3 Ästhetische Vielfalt und Deutungsmacht

Die Klientel, die das Label *Styleislam* anspricht, scheint sich stark mit den Strömungen zu überschneiden, die die Journalistin Julia Gerlach (2006) als «Pop-Islam» bezeichnet. Hierzu sind beispielsweise die Anhänger und Anhängerinnen des ägyptischen Fernsehpredigers Amr Khaled zu zählen. Khaled predigt Muslimen und Musliminnen nicht nur eine fromme Umkehr (2004; 2005a), sondern auch einen «dritten Weg» für Muslime in Europa (2005b). Er lebt selbst seit 2002 in Birmingham und bereiste 2003 auch Deutschland, um dort zu predigen (vgl. Gerlach 2006: 71). In einem seiner auch auf Deutsch veröffentlichten Vorträge erklärt er, was er unter dem «dritten Weg» jenseits von Seklusion und Assimilation versteht und welche Rolle er Muslimen in Europa zuschreibt:

> «Meine lieben Geschwister, in unseren Ländern bauen wir auf euch, die Muslime im Westen! Wir bauen darauf, dass ihr in den Gesellschaften, in denen ihr lebt, die Menschen durch eure Taten davon überzeugt, die muslimische Lebensweise zu respektieren. So könnte sich auch die Lage in den muslimischen Ländern verbessern, weil die Menschen auch woanders unsere Lebensweise als Muslime respektieren. Auch ihr prägt das Bild mit. Bitte lasst es ein gutes Bild sein und integriert euch positiv.» (Khaled 2005a: 30)

20 www.zentralrat.de.

Diesem Aufruf, in dem Khaled zu sozialem Engagement für die ganze Gesellschaft auffordert, waren verschiedene Gruppen von jungen Muslimen und Musliminnen in Deutschland unter dem Namen «Lifemakers» gefolgt und haben Armenspeisungen u.ä. organisiert.[21] Die große Resonanz, die Predigten von Amr Khaled – und in ähnlicher, aber intellektuellerer Form beispielsweise von Tariq Ramadan (2009) – unter jungen Muslimen und Musliminnen hervorrufen, zeigen auch deren Bereitschaft, sich sowohl islamisch als auch ‹europäisch› zu identifizieren. Genau diese Klientel ist es auch, die Kesmen mit seinen Produkten und Ideen anzusprechen scheint.

Kesmen selbst sieht seine Kunden im Altersbereich zwischen 17 und 35 Jahren und für seine Hörproduktionen ein weitgehend gebildetes Publikum. Seine Streetart auf T-Shirts und Wänden und die Hip-Hop-Musik, der er sich über sein Design und die Vermarktung von Ammar114 und vergleichbaren Musikern anschließt, bedient eine breite junge muslimische Klientel. Der Rapper-Style wie Kapuzenshirts und Graffiti-Look erinnert an den von ihm so benannten «kreativen Widerstand» einer jungen Generation, die sich als diskriminierte oder aber vernachlässigte Minderheit versteht. Die Motive mancher Schlüsselanhänger, Aufdrucke von Babyshirts («mini muslim» mit Babyflasche) und fromme Sprüche eröffnen wohl eher einen Markt für eine bürgerliche Schicht. Die humorvollen («keep lauphing it's sunna») bis hin zu gesellschaftspolitischen («terrorism has no religion») Motiven und Schriftzügen sowie die orientalischen Wandbilder zielen außerdem auch auf ein akademisch und/oder politisch interessiertes Publikum. Insgesamt lässt sich von einem tendenziell sehr breiten Spektrum von Kunden aus der jüngeren Generation von Muslimen und Musliminnen in Europa sprechen.

Im Interview betonte Kesmen, dass er mit seinen Aussagen nicht provozieren wolle. Er wolle mit seinem Design positive Kommunikation gegen das schlechte Image der Muslime und die Negativbetrachtung des Islam betreiben.

---

21 Die Hompage www.lifemakers-germany.de ist nicht mehr online. Khaled hat Muslimen und Musliminnen weltweit empfohlen, solche Projekte unter dem Titel «Life Makers» zu initiieren, vgl. auf seiner arabischsprachigen Homepage amrkhaled. net/newsite/uploads/Resume-English-updated.pdf (22.3.2012).

«Ich seh' das auch als kreativen Widerstand gegen mediale Anfeindungen, gegen einfach die ganze Hetze, die in den Medien betrieben wird. Das ist ja heutzutage wirklich alles offensichtlich. Das ist die beste Art mich wehren zu können, indem ich sage, Leute das ist Humbug, was ihr da über Muslime erzählt. Es ist einfach anders. So wie halt Ammar auch in seinen Liedern beschreibt. Mein Medium sind nur halt Grafiken.»

Wie schwierig der lockere Umgang mit islamischen Inhalten in Deutschland ist, zeigen die Auseinandersetzungen, die Kesmen bereits 2007 andeutete: Sowohl die Bilder als auch die Musik sind Ziel von Kritikern. Längst findet sich kein Musikvideo aus dem islamischen Segment mehr mit Personenaufnahmen; Grafikeinblendungen oder einfache Texteinblendungen ersetzen den Film. Die Aufdrucke auf T-Shirts für Frauen mussten auf den Rücken verschoben werden, damit der Blick nicht auf die weibliche Brust gelenkt wird, und nicht zuletzt wurden die Motive mit Erklärungen versehen,[22] damit niemand sie falsch oder gar nicht verstehen kann. Kesmens Arbeit wird insbesondere aus der islamischen Community kritisch kommentiert, ob damit nicht die islamische Lehre zu oberflächlich behandelt werde: «Wir sind doch kein Karnevalsverein», soll einer mal gesagt haben. Melih Kesmen rechtfertigt seine Arbeit, indem er sich in einer Welt, die auch als ästhetisch-schöne von Gott geschaffen worden sei, als Künstler positioniert:

«Also ich sag mal, ich als Muslim – das Wort Muslim heißt Gottergebenheit im weitesten Sinne – versuche natürlich so gut es geht, alle Lebensbereiche dem auch anzupassen. [...] Der allmächtige Gott macht die schönen Dinge, er hat die Welt schön erschaffen. Deswegen glaube ich auch, dass ich als Künstler einfach auch meinen Platz so als Gottergebener habe. Und auch das sehe ich als positive Mission, sag ich mal – Mission, ich mag dieses Wort eigentlich nicht –, also dass ich mit meinen Möglichkeiten auch da in diesem Bereich das Schöne verbreiten kann.»

Kesmens ebenso ernsthafter wie offener Umgang mit islamischem Glauben riss ihn noch 2007 auch zu einem T-Shirt hin, auf dem stand: «Jesus is a Muslim» – ein gottergebener Mensch eben. Heute ist nur noch die nach außen wie nach innen deutlich weniger provozierende und eben konventionellere Aussage «Jesus and Muhammad – Brothers in Faith» als Motiv

---

22 Auf der Internetseite kann man die Erklärungen zu jedem Slogan bzw. jeder Grafik nachlesen, beim Kauf bekommt man sie mitgeschickt (vgl. http://de.styleislam.com).

Abb. 12   «Jesus is a Muslim», ein Schriftzug aus der ersten Kollektion Kesmens, der aufgrund zu starker Kritiken eingestellt wurde (© *Styleislam*®).

zu finden. Design und Kunst von Kesmen mögen zwar als Reaktion auf die nichtmuslimische Mehrheitsgesellschaft verstanden werden, sie regen aber unweigerlich die innermuslimische Kommunikation an. Kesmen intendiert dies, in dem Sinne, dass er sich erhofft, das Selbstbewusstsein, aber wohl auch die Selbstreflexion der Muslime zu stärken. So betreibt er Aufklärung nach innen:

> «Oft wird ja auch von den Nicht-Muslimen, teilweise auch berechtigter-weise gesagt: Ihr Muslime macht dies, ihr Muslime macht jenes. Aber die Leute machen es ja im Namen des Islam, einfach weil sie unwissend sind, einfach weil sie meinen, das ist der Islam oder so.»

Dass diese innermuslimische Auseinandersetzung wie der kommerzielle Charakter seiner Kunst die Einschränkung von Kesmens kreativer Freiheit zur Folge hat, schlug sich offensichtlich sehr schnell in seiner Produktion nieder.

Trotz oder gerade wegen des Erfolgs und der guten Resonanz unter den jungen Muslimen und Musliminnen ist diese Art des Street-Art- oder Pop-Islam unter muslimischen Gelehrten nicht unumstritten, wie zuletzt der Betreiber des Labels *Visual Dhikr* feststellen musste. *Visual Dhikr* ist ein islamisches Designprojekt, das von dem britischen Künstler Ruh al-Alam initiiert wurde. Der Name des Labels bedeutet etwa «optisch-visuelle Erinnerung an Gott». Neben professionell gemachten Zeichnungen und Videos bietet *Visual Dhikr* auch Taschen und T-Shirts mit Motiven an. Die Akademie für islamische Studien der Al-Azhar-Universität in Kairo hat sich mit der Arbeit des Labels beschäftigt[23] – und machte dabei die Konflikte um die Deutungshoheit sichtbar, die heute in der islamischen Community sowohl zwischen Jung und Alt wie auch zwischen den westlichen Metropolen und den islamischen Gelehrten muslimischer Länder ausgetragen werden. Aus einem Beitrag der Redaktion von *ufuq.de*[24] (2008) geht hervor, dass ein Mitglied der Akademie gegenüber *alarabiya. net*, dem Online-Angebot des gleichnamigen saudischen Fernsehsenders, erklärt habe, es sei unvereinbar mit dem Islam, T-Shirts oder sonstige Kleidungsstücke mit Versen des Koran zu bedrucken, da ein solches Vorgehen gegen dessen «Größe und Heiligkeit» verstoße. So lobenswert die Ziele des Projekts auch seien, schade es dem Islam eher als ihm zu nützen, meint Al-Azhar. Schließlich sei es zunächst die Sache der islamischen Gelehrten, Vorurteilen gegenüber dem Islam entgegenzutreten und für den Islam zu werben.

Visual Dhikr bedruckt seine T-Shirts allerdings nicht mit Koranversen. Bei den verwendeten Motiven handelt es sich um Aussprüche und Texte, die nicht aus dem Koran selbst stammen. Die Entscheidung der Azhar-Universität wirkt laut *ufuq.de* auch aufgrund dieser Sachlage weniger als Urteil in einer konkreten religiösen Frage: «Es scheint vielmehr, als versuchten die Gelehrten, ihre Autorität dort zu bewahren, wo sie von den

23 Zum Folgenden siehe «Koranverse auf T-Shirts? Al-Azhar is not amused» (Newsletter Nr. 8 von www.ufuq.de, 2008: 11f.).

24 *Ufuq* (arab. «Horizont») ist ein gemeinnütziger Verein von Islam- und Sozialwissenschaftlern gegründet, der über jugendkulturelle Entwicklungen im Bereich Islam informieren möchte und Pädagogen, Sozialarbeitern u.ä. Beratungen, Schulungen usw. anbietet.

Vertretern des Pop-Islam gegenwärtig am meisten bedroht wird: Im Werben um junge Muslime, die sich vom Auftritt der (traditionellen) Gelehrten nicht mehr angesprochen fühlen.»

Styleislam ist von alledem nur indirekt betroffen. Kesmen sucht über das Motiv «keep smiling it is sunnah» vielleicht Entspannung in der Auseinandersetzung mit der deutschen islamischen Community zu schaffen. Es ist offensichtlich, dass die Autorität muslimischer Gelehrter arabischer Universitäten unter der jungen Generation von Muslimen innerhalb wie außerhalb muslimisch geprägter Länder längst nicht mehr unangefochten anerkannt wird. Das machen schon die zahlreichen Blogs und Foren sowie Internetberatungsdienste zu islamischen Themen deutlich, die auf Referenzen zu traditionellen Gelehrten oder Muftis aus den arabischen Ländern zum Teil gänzlich verzichten.

Wie weit Kesmens Identitätspolitik seiner künstlerischen Freiheit folgen kann, ist dennoch kritisch zu betrachten. Muslimische konservative Kritiker haben das Projekt bereits mit Erfolg eingeengt (s. o.). Auch das große politische Interesse an Projekten wie *Styleislam* und Ähnlichem birgt durchaus die Gefahr einer Vereinnahmung für integrationspolitische Ziele, wenn sich die Produktionen z.B. ökonomisch davon abhängig machen.[25] Schließlich könnten sich religiös-künstlerische Botschaften auch einmal gesellschaftskritisch positionieren wollen.

4 Posttraditionale Vergemeinschaftung eines ‹unsichtbaren› Islam

Trotz mancher Einbußen aufgrund der Kritiken von konservativer Seite ist die Idee Kesmens eine Erfolgsgeschichte. Ausschlaggebend dafür sind die Möglichkeiten des Internets. Der amerikanische Kulturwissenschaftler Jon Anderson verweist darauf, dass das Internet eines der neuen Medien ist «which enables a new class of interpreters, who are facilitated by this medium to address and thereby to reframe Islam's authority and expression» (1999: 45). Er konstatiert, dass im Internet eine neue Öffentlichkeit durch («middle-class») Individuen hergestellt wird, die eine größere Diversität der Sichtweisen, Kontexte, Projekte und Ausdrucksweisen in Bezug auf den Islam sichtbar macht. Partizipation an der Herstellung

---

25 Eine CD-Produktion der Lieder von Ammar114 erhielt beispielsweise die Unterstützung eines deutschen Bundesministeriums.

dieser Diversität geschieht nicht über Face-to-Face-Gruppen wie Vereine, Clubs, Interessengruppen oder Ähnliches, sondern allein über den individuellen Zugang zu einer spezifischen Technologie (ebd. 56f.). Damit lässt sich ein neuer gemeinsamer öffentlicher Raum ausmachen, in dem sich gleichgesinnte Individuen treffen und Diskurse führen und weiterentwickeln.[26] Anderson hat in seiner Untersuchung vor allem verbale Auseinandersetzungen über islamische Inhalte und deren Diversifizierung und «Kreolisierung» in Internetforen in den Blick genommen. Auch wenn, wie im vorherigen Kapitel gezeigt, soziale Offline-Netzwerke durchaus Kontrolle ausüben und Sanktionen anwenden, so stellen doch die sozialen Online-Netzwerke und Online-Märkte eine Form gemeinschaftlicher Bewegung im Islam dar, die sich die ‹Gesetze des Netzes›[27] so weitgehend zu eigen gemacht hat, dass sie kaum mehr durch traditionelle Formen autoritärer Gelehrten-Kritik einzudämmen ist. Das Internet pluralisiert und enthierarchisiert den Diskurs zumindest unter denjenigen, die die technischen Fähigkeiten und Möglichkeiten besitzen, an ihm teilzuhaben.

Der muslimische Markt ästhetischer Repräsentation, der – wie *Styleislam* selbst betont – eng mit inhaltlichen Reflexionen und Neubestimmungen des Islam und islamischer Identität zusammenhängt, greift solche Enthierarchisierungs- und Individualisierungsprozesse auf. Er unterstützt diese Prozesse, indem er die islamische Repräsentation auch unter Offline-Bedingungen individualisiert und auf das Individuum bezogen hält.[28] Ihr Ausdruck über eine ebenso spielerische wie reflektierte ästhetische Selbstdarstellung (‹am eigenen Körper›) erscheint als konsequente Weiterführung eines individualisierten Umgangs mit und einer individualisierten Partizipation am öffentlichen Diskurs über den Islam.

26 Vgl. dazu die Beispiele in Anm. 7.

27 Anderson konkretisiert seine Beobachtung einer «Kreolisierung» des Islam folgendermaßen: «that does not so much mix religious with other talks [...]. They cast religious talk in idioms of speech and thought previously or otherwise separate speech communities, forming a continuum instead of a dichotomization between elite and mass, literate and folk. The significant feature of these links is the application to religious subjects and contents the techniques and models drawn from higher education generally and from science and engineering specifically.» (1999: 56)

28 Ganz im Sinne der Analyse einer «doppelten Subjektivierung» (Knoblauch (2009: 272) mediatisierter populärer Religion, die sowohl auf das Subjekt bezogen ist als auch sich aus den Ressourcen des Subjekts speist.

Über diesen ästhetisierten individualisierten und enthierarchisierten islamischen Diskurs lässt sich eine islamische jugendkulturelle ‹Mittelschicht-Szene› identifizieren, die der Kultursoziologe Ronald Hitzler als typisch moderne, die traditionelle Vergemeinschaftung ablösende Form der sozialen Verbindung beschreibt. Es bilden sich sogenannte Szenen, d.h. «eine Form von lockerem sozialem Netzwerk» (Hitzler 2008: 56), um Überzeugungen und oftmals auch um den Gebrauch gemeinsamer Produkte.[29] Szenen seien außerdem typischerweise marktförmig strukturiert und darum «‹Brutstätten› ästhetischer Gemeinschaften» (ebd. 57). Während für traditionelle Gemeinschaften die Anwesenheit von Mitgliedern zur selben Zeit am selben Ort Voraussetzung sind, kennzeichnet die «posttraditionale Gemeinschaft» v.a. Angebotsorientierung, Verpflichtungsarmut und Translokalität (Hitzler et al. 2008: 20). Szenen stellen danach Gesellungsgebilde dar, die nicht aus vorgängigen Lebenslagen oder Standesinteressen der daran Teilhabenden entstanden sind; sie sind regelgeleitet, aber nicht prinzipiell selektiv und exkludierend strukturiert und auch nicht auf exklusive Teilhabe hin angelegt; und sie zeichnen sich durch einen geringen Verbindlichkeitsgrad und Verpflichtungscharakter aus. Gleichwohl fungieren sie aber als symbolisch markierte, vergemeinschaftende Erlebnis- und Selbststilisierungsräume (Hitzler/Pfadenhauer 2006: 2406). Diese Strukturen lassen das gemeinsame Handeln der Mitglieder posttraditionaler Gemeinschaften nach Hitzler et al. (2008: 18) nicht einfach als Folge geteilter Interessen, sondern als Erzeugung solcher Interessen erscheinen.

Es sollte deutlich geworden sein, dass auch Kesmen an islamischer Sinnproduktion hochgradig interessiert ist. Entsprechend seiner Gesamtidee geht das Label *Styleislam* mit seinen Produkten über deren unmittelbaren Gebrauchswert hinaus, es setzt «link values» (Hitzler 2008: 58). Dabei geht es um gemeinsame islamische Werte, die sich in den sinnbildlichen Motiven auf T-Shirts u.a. ausdrücken, und um eine gemeinsame islamische Vision,[30] deren Verwirklichung sich auch auf die Glaubenshaltung und Lebensgestaltung der Träger bezieht. *Styleislam*

---

29 Hitzler verweist auf Globalisierungskritiker, Graffiti-Szene, Demo-Szene, Rollenspieler usw. (2008: 59).

30 *Styleislam* beteiligt sich, wie erwähnt, an weiteren sozialen und kreativen Projekten wie der islamischen Denkfabrik, Muslime Helfen u.a.

repräsentiert damit ein hochmodernes, posttraditionales Angebot zur islamischen Vergemeinschaftung jenseits der «ethnischen Kolonien»[31] islamischer Verbände.

5 Fazit

Seit etwa zehn Jahren etabliert sich in Deutschland ein ‹unsichtbarer› Islam. Er formiert sich zum größten Teil außerhalb der islamischen Verbände und tritt mit den Möglichkeiten des Internets an die Öffentlichkeit. Die Möglichkeiten der neuen Kommunikationsmedien sind dabei entscheidend für die Beförderung der Sichtbarkeit und Verbreitung eines ‹unsichtbaren› Islam und damit für die Beförderung eines qualitativen religiösen Wandels. Die Sichtbarkeit des ‹unsichtbaren› Islam gestaltet sich allerdings nicht offensiv, sondern integrativ: Sowohl die individualisierten Netzwerkstrukturen als auch die Anpassung an eine moderne Formensprache (Street Art, Graffiti u. ä.) geben den ‹unsichtbaren› Islam erst auf den zweiten Blick als solchen zu erkennen. Dabei scheint *Styleislam*, als zentrales Element dieser individualisierten und postmodernen Sichtbarkeit ‹unsichtbaren› Islams, mittels der beschriebenen Ästhetik künstlerisch mit dem Grenzbereich von Sichtbarkeit und Unsichtbarkeit zu ‹spielen›.

Die Entwicklung dieser neuen und jugendlichen Repräsentation des Islam entspricht weitgehend der «Popularisierung» der Religion, wie sie Hubert Knoblauch (2009) im Anschluss an Luckmanns Buch «The Invisible Religion» (1969) analysiert hat. Zum einen tritt Religion in «doppelt subjektivierter» Form hervor: Das Subjekt wird zum Ausgangspunkt wie auch zum Repräsentanten religiöser Inhalte und Themen (ebd. 272). Zum andern bringen diese Individualisierungstendenzen im Zusammenhang mit der intensiven Nutzung von Internetkommunikation und -markt eine «Popularisierung» und «Entgrenzung» islamischer Kommunikation hervor: So greifen Muslime populäre ästhetische und musikalische Kulturen wie die Idee des Hip-Hop, den Nicht-Gehörten eine Sprache zu geben, auf,

---

31 Der Migrationssoziologe Friedrich Heckmann hat letztere Form der Vergemeinschaftung folgendermaßen beschrieben: «Ethnische Kolonien» sind «auf der Basis von Selbstorganisation entstandene Beziehungsstrukturen unter Einwanderern in einer bestimmten räumlich-territorialen Einheit» (1992: 98).

um ihre Erfahrungen als Muslime in Deutschland zu kommunizieren,[32] und mischen auf diese Weise säkulare mit religiösen Kulturen im ‹unsichtbaren› Islam.

Literaturverzeichnis

Anderson, Chris (2007): The Long Tail. Nischenprodukte statt Massenmarkt, München: Deutscher Taschenbuch Verlag.

Anderson, Jon W. (2003): «The Internet and Islam's New Interpreters». In: Dale Eickelman/Jon Anderson (Hg.), The New Media in the Muslim World. The Emerging Public Sphere. Bloomington. In: Indiana University Press, S. 45–60.

Berghahn, Sabine/Rostock, Petra (Hg.) (2009): Der Stoff, aus dem Konflikte sind: Debatten um das Kopftuch in Deutschland, Österreich und der Schweiz, Bielefeld: transcript.

Demiryürek, Murat (2007): Jung & Muslim, Duisburg: Iim Verlag.

Drewitz, Anke (2013): Religiöse Vergemeinschaftung im Internet am Beispiel des Cube-Mags und des Misawa Forums, Universität Bremen.

El Masrar, Sineb (2010): Muslim Girls. Wer wir sind, wie wir leben, Frankfurt/M.: Eichborn.

Engelmann, Kerstin/Günther, Friederike/Heise, Nele/Hohmann, Florian/Irrgang, Ulrike/Schmidt, Sabrina (2010): Muslimische Weblogs. Der Islam im deutschsprachigen Internet, Berlin: Frank & Timme.

Fischer, Jonathan (2007): «Rappen mit Allahs Segen». Spiegelonline am 17. April 2007.

Gerlach, Julia (2006): Zwischen Pop und Dschihad. Muslimische Jugendliche in Deutschland, Berlin: Ch. Links.

Heckmann, Friedrich (1992): Ethnische Minderheiten, Volk und Nation. Soziologie inter-ethnischer Beziehungen, Stuttgart: Enke.

Hitzler, Ronald/Pfadenhauer, Michaela (2006): «Communio (post traditionalis). Religiosität in Szenen – Religiöse Szenen?». In: Karl-Siegbert Rehberg/Dana Giesecke (Hg.), Soziale Ungleichheit, kulturelle Unterschiede. Verhandlungen des 32. Kongresses der Deutschen Gesellschaft für Soziologie in München 2004, Frankfurt/M.: Campus, S. 2405–2410.

Hitzler, Ronald (2008): «Brutstätten posttraditionaler Vergemeinschaftung. Über Jugendszenen». In: Ronald Hitzler/Anne Honer/Michaela Pfadenhauer (Hg.), Posttraditionale Gemeinschaften. Theoretische und ethnographische Erkundungen. Wiesbaden: VS Verlag für Sozialwissenschaften, S. 55–72.

Hitzler, Ronald/Honer, Anne/Pfadenhauer, Michaela (2008): «Zur Einleitung: Ärgerliche» Gesellungsgebilde?». In: Ronald Hitzler/Anne Honer/ Michaela

---

32 Vgl. zur Entgrenzung religiöser Symbole Knoblauch 2009: 193–222.

Pfadenhauer (Hg.), Posttraditionale Gemeinschaften. Theoretische und ethnographische Erkundungen, Wiesbaden: VS Verlag für Sozialwissenschaften, S. 9–31.

Hunger, Uwe/Kissau, Kathrin (2009): «Im ‹Long Tail› der Politik. Zum politischen Potential des Internet für Migranten». In: Uwe Hunger/ Kathrin Kissau (Hg.), Internet und Migration. Theoretische Zugänge und empirische Befunde, Wiesbaden: VS Verlag für Sozialwissenschaften, S. 15–32.

Islamoglu, Mustafa (2007): Sinn und Sein. Alles beginnt bei Dir selbst, Karlsruhe: Andalusia Verlag.

Khaled, Amr (2004): Die Liebe zum Paradies, Karlsruhe: Andalusia Verlag.

Khaled, Amr (2005a): Muhammad (s) «... mit den Gläubigen gütig, barmherzig», Karlsruhe: Andalusia Verlag.

Khaeld, Amr (2005b): Integration im Islam. Über die Rolle der Muslime in Europa, Karlsruhe: Andalusia Verlag.

Klinkhammer, Gritt (2000): Moderne Formen muslimischen Lebens in Deutschland, Marburg: Diagonal-Verlag.

Klinkhammer, Gritt (2011): «Islam, Frauen und Feminismus». In: Michael Borchard/ Rauf Ceylan (Hg.), Imame und Frauen in Moscheen im Integrationsprozess. Gemeindepädagogische Perspektiven, Göttingen: Vandenhoeck & Ruprecht, S. 155–170.

Knoblauch, Hubert (2009): Populäre Religion. Auf dem Weg in eine spirituelle Gesellschaft, Frankfurt/M.: Campus.

Leggewie, Claus (2009): «Warum es Moscheebaukonflikte gibt und wie man sie bearbeiten kann». In: Claus Leggewie/Bärbel Beinhauer-Köhler (Hg.), Moscheen in Deutschland. Religiöse Heimat und gesellschaftliche Herausforderung, München: C. H. Beck, S. 117–201.

Luckmann, Thomas (1991): Die unsichtbare Religion, Frankfurt/M.: Suhrkamp.

Miah, Shamin/Virinder, Kalra S. (2008): «Muslim Hip-Hop: Politicisation of Kool Islam». Southern Asian Cultural Studies Journal 2 (1), S. 12–25.

Nökel, Sigrid (2002): Die Töchter der Gastarbeiter und der Islam. Zur Soziologie alltagsweltlicher Anerkennungspolitiken. Eine Fallstudie, Bielefeld: transcript.

Ramadan, Tariq (2009): Radikale Reform. Die Botschaft des Islam für die moderne Welt, München: Diederichs.

Schiffauer, Werner (2010): Nach dem Islamismus. Die islamische Gemeinschaft Milli Görüş. Eine Ethnographie, Berlin: Suhrkamp.

Tarlo, Emma (2010): Visibly Muslim. Fashion, Politics, Faith, Oxford: Berg.

ufuq.de (2008): «Koranverse auf T-Shirts? Al-Azhar is not amused». Newsletter Jugendkultur, Islam und Demokratie, Ausgabe Nr. 8/15. Sept. 2008, S. 11f. issuu.com/ufuq.de/docs/newsletter82008.pdf (22. 3. 2012).

Internetquellen (alle zuletzt am 14.2.2011 abgerufen)

savoir-faire786.blogspot.com/2008/02/awesome-muslimah-rap-goup-
poetic.html

www.ammar114.de

www.amrkhaled.net

www.capsters.com

www.communi-t.com

www.cube-mag.de

www.elenany.co.uk/page/graphics

www.gazelle-magazin.de

www.islamischedenkfabrik.de

www.khalifahklothing.com

www.lifemakers-germany.de

www.muslimgear.com

www.muslimhiphop.de

www.muslimische-stimmen.de

www.muslimlife.eu

www.myumma.de

www.netzwerk-zahnraeder.de

www.styleislam.de

www.toomuchcookies.net

www.ufuq.de

www.verein-für-denkende-menschen.de

www.visualdhikr.com

www.waymo.de

www.zentralrat.de

Teil 2
Bauten

Coming out – zum Verhältnis von Sichtbarmachung und Anerkennung im Kontext religiöser Repräsentationspraktiken und Blickregimes

Christoph Uehlinger

> «[Kollektive] Identität muss gleichzeitig selbstbestimmt und fremdanerkannt werden, und ein solches Zusammentreffen ist – grundsätzlich betrachtet – nicht sehr wahrscheinlich.»
>
> (Giesen 1999: 124)

Eine 2008 erschienene Studie von Johanna Schaffer stellt im Horizont der *Visual Culture Studies*[1] die Frage nach dem Verhältnis von Praktiken der *visuellen Repräsentation* von Minderheiten (sei es durch diese selbst, sei es durch andere) und deren gesellschaftlicher *Anerkennung*. Schaffer verhandelt die Frage im Kontext von Migrations- und Geschlechterpolitiken: Was steht bei der Sichtbarmachung von Migrations- oder Queermilieus jeweils auf dem Spiel? Geht die Sichtbarwerdung in jedem Fall auch mit einem Anerkennungsgewinn einher? Oder verbindet sich mit der erhöhten Sichtbarkeit auch ein Mehr an Stereotypisierung, die graduelle Anpassung an Mehrheitserwartungen und ein Verlust an Handlungsspielräumen und eigener Selbstbestimmung?

Der Rahmen einer Tagung bzw. eines Bandes zur Sichtbarkeit religiöser Identität lädt dazu ein, die Fragestellungen und Thesen von Schaffers Studie mit den in diesem Band verhandelten Themen des vestimentären und des architektonischen Handelns religiöser Minderheiten ins Gespräch zu bringen.[2] Mit dem auf Anhieb vielleicht etwas salopp wirkenden

---

1   Schaffer 2008: 29–50 (Kap. 1). Zur weiteren Orientierung hierzu vgl. Jenks 1995; Mirzoeff 1998; Evans/Hall 1999; Mörtenböck/Mosshammer 2003; Holert 2005; Mirzoeff 2006; Elkins 2010; Schade/Wenk 2011; für Anwendungen auf religionswissenschaftliche Fragestellungen vgl. Harvey 2011.

2   Der Gedankenanstoß hat Tagungsteilnehmerinnen dazu angeregt, sich im Rahmen ihrer eigenen Forschungsarbeit ebenfalls mit der Studie von Schaffer

Stichwort *Coming out* soll auf die (dialektische) Spannung zwischen gruppeninterner und öffentlicher Kommunikation (Innen vs. Außen) hingewiesen und ein Mechanismus benannt werden, der im Prozess der Sichtbarmachung religiöser Identität zugewanderter Gruppen in einer sich zunehmend als multi-religiös thematisierenden, medial aber von dominanten Blickregimes geprägten Gesellschaft gleichsam die Funktion eines Triggers haben könnte.

Die folgenden Überlegungen sind aus der Sicht eines historisch und systematisch arbeitenden Religionswissenschaftlers formuliert, der – nicht zuletzt als Staatsbürger in einer direkten Demokratie – auch immer wieder aufgefordert ist, Religionsdebatten im eigenen gesellschaftlichen Kontext zu reflektieren. Eine der wichtigsten Aufgaben des Wissenschaftlers liegt m. E. darin, mit Mitteln der kontrollierten Reflexion Distanz zum Gegenstand, d. h. auch zu Kontroversen und darin verhandelten Positionen, zu gewinnen, um sie in anderer Form als der massenmedial verhandelten thematisieren und konzeptualisieren zu können. Eines unter verschiedenen dafür geeigneten Verfahren ist die radikale Kontextualisierung und Historisierung des Gegenstands; ein anderes der Vergleich mit ähnlich gelagerten Kontroversen vergangener Zeiten, anderer geografischer Räume und/oder soziokultureller Kontexte; ein drittes die transdisziplinäre Blickverschiebung, die sich durch die Verknüpfung eines Gegenstands und seiner Bearbeitung mit Fragestellungen und Theoriekonzepten ergibt, die für einen thematisch anderen, aber nicht gänzlich differenten Zusammenhang formuliert worden sind. Letzteres Verfahren mag etwas Essayistisches haben; wegen der von ihm geforderten Askese im Gebrauch disziplinärer Selbstverständlichkeiten will ich ihm hier doch den Vorrang geben. Aber auch das zweitgenannte Verfahren (der Blick auf ein historisches Fallbeispiel als Vergleichsgröße) soll zum Zuge kommen.

Johanna Schaffer ist eine Kunsthistorikerin und -theoretikerin, deren Forschungsinteressen im Schnittbereich von visuellen und ästhetischen Praktiken und Gender Studies liegen.[3] Seit 2012 arbeitet sie als Professorin für Theorie und Praxis der Visuellen Kommunikation an der Kunsthoch-

---

auseinanderzusetzen (vgl. die Beiträge von Jacqueline Grigo und Annegret Kestler in diesem Band).

3   Vgl. auch den Sammelband Paul/Schaffer 2009.

schule Kassel. In ihrer eingangs genannten, 2008 veröffentlichten Dissertation verortete sich die Autorin prononciert im Feld der *Visual Culture Studies* und thematisierte *Ambivalenzen der Sichtbarkeit* im Zusammenhang *visueller Strukturen der Anerkennung*. Dabei verknüpfte sie theoretische Reflexion mit Fallbeispielen aus den Bereichen Film, Plakatkampagnen und künstlerische Porträtphotografie, um Tücken der Darstellung von Personen und Körpern im Rahmen von (ausnahmslos ‹gut gemeinten›) Gleichstellungs- und Anerkennungsdiskursen über unterschiedliche Minderheitsgruppen (Zugewanderte erster und zweiter Generation, LesBischwule und Queers) offenzulegen. Bei der ersten Gruppe ist eine Verbindung zum Thema des vorliegenden Bandes leicht herzustellen; die zweite Gruppe kommt in der Tagungsanlage zwar nicht explizit vor, könnte aber als eine Art Kontrollinstanz dienen, nicht zuletzt um zu verhindern, dass wir bestimmte Sachverhalte als exklusiv oder spezifisch religions- oder ethnizitätsbezogen problematisieren, obwohl sie besser in generellere Zusammenhänge des Umgangs mit und der Repräsentation von Gruppen gestellt würden, die in Spannung zu (wie immer gearteten) hegemonialen Repräsentationen gesellschaftlicher Normativität stehen.

Die Schaffers Überlegungen durchziehende Kernfrage ist die nach dem Zusammenhang von *Sichtbarkeit* und (sozialer, politischer, rechtlicher) *Anerkennung* im Kontext von *Repräsentationsstrategien* und *-politiken*: Wie ist dieser Zusammenhang beschaffen? Trägt Sichtbarkeit zur Anerkennung von gesellschaftlicher Minderheiten bei? Führt erhöhte Sichtbarkeit automatisch zu mehr Anerkennung? Welche Strukturen und Mechanismen der Macht sind bei der Zulassung bestimmter Repräsentationspraktiken im öffentlichen Raum im Spiel? Sind es teilweise dieselben wie bei deren Verhinderung? Inwiefern verschaffen diese Strukturen und Mechanismen den sichtbar werdenden Minoritäten mehr bzw. neue Handlungsmöglichkeiten in der Gesellschaft? Inwiefern tragen der Wunsch bestimmter Gruppen nach erhöhter Visibilität und gesellschaftliche Kontroversen darüber zur Akkommodation von Minderheiten an hegemoniale Erwartungen und Ansprüche bei?

Mein Beitrag wird, viele dieser Fragen nur streifend, in drei Schritten verfahren:

1. werde ich der Studie von Johanna Schaffer einige Konzepte entlehnen, die mir im Rahmen der in diesem Band verhandelten Fragestellungen relevant und anregend erscheinen;

2. soll das Thema religiöser Bauvorhaben mit dem – hier nicht provokativ, sondern analytisch gemeinten – Stichwort des *Coming out* konfrontiert werden;

3. wird das skizzierte Problem am Beispiel der Geschichte und Architektur eines prominenten römisch-katholischen Kirchenbaus in der Stadt Zürich, der Liebfrauenkirche, illustriert und damit – in loser Verbindung zum Beitrag von Ron Epstein – einen historischen Akzent in einer Debatte setzen, bei der ansonsten verschiedene Gegenwarten und primär sozialwissenschaftliche Weisen ihrer Thematisierung im Vordergrund stehen.

1 Ambivalenzen der Sichtbarkeit, Strukturen der Anerkennung

Schaffer setzt ein mit der Feststellung, dass sich «Sichtbarkeit» und «Visibilitätsgewinn» in jüngerer Zeit als verbreitete Topoi in der Rhetorik der Anerkennung etabliert haben. Oft werde «davon ausgegangen, dass mehr Sichtbarkeit auch mehr politische Präsenz, mehr Durchsetzungsvermögen und mehr Zugang zu den Strukturen der Privilegienvergabe bedeutet» (12)[4]; doch sei «das beste Gegenbeispiel gegen quantitative Sichtbarkeitsargumente der Verweis auf das Stereotyp, das grundsätzlich auf einer hohen Zirkulationsdichte und, als deren Effekt, einer wohl etablierten Intertextualität basiert» (16). Diese «Intertextualität» – ich würde eher von mitunter präreflexiven Assoziationskaskaden sprechen – kann, je nachdem, wohin die Verweise führen, die Wirkung haben, dass «erhöhte Sichtbarkeit» gerade nicht zu einem Mehr an Anerkennung, sondern zu verschärftem Widerspruch und/oder Ablehnung der sichtbar Gemachten führen.

Auf der Basis feministischer, queerer, antirassistischer und postkolonial-subalterner Theoriediskussionen stellt Schaffer die Frage, «wie durch die Kontrolle der Produktion, Zirkulation und Beschaffenheit visueller Repräsentationen bestehende Privilegien reproduziert werden» (12). Im

---

4   Der Einfachheit halber werden im folgenden Zitate aus Schaffer 2008 im Text durch Seitenzahl in Klammern nachgewiesen.

Horizont der sog. *Visual Culture Studies* definiert sie *Sehen* als eine Handlungsform, *Visualität* als spezifische Dimension der Herstellung von Bedeutung; beides trage wesentlich zur Herstellung gesellschaftlicher Wirklichkeit bei (32). Sichtbarkeit sei nie einfach gegeben, werde vielmehr «immer in einem Zusammenhang aus Wissen und Macht produziert» und stehe «in einem gegenseitigen Modulationsverhältnis zu Unsichtbarkeit» (13). Wo immer etwas sichtbar gemacht, zu sehen gegeben und damit markiert werde, bleibe anderes (durch Nicht-Markierung) ausgeschlossen.

Laut Schaffer wird der Topos «Sichtbarkeit» in jüngster Zeit zunehmend mit dem Begriff der «Anerkennung» verbunden, ja durch ihn geradezu ersetzt (19). Gegenüber der reinen visuellen Sichtbarkeit impliziere der Begriff der «Anerkennung» zum einen das Erkennen, und d.h. Lesen und Verstehen (oder zumindest Interpretieren) *spezifischer Subjektpositionen*; zum anderen verbinde er das Erkennen auch mit der *Belehnung mit Wert* (20). Oft führten aber selbst ‹gut gemeinte› Prozesse der Sichtbarmachung nur zu einer «Anerkennung im Konditional» (21 u.ö.): dann nämlich, wenn ein Subjekt im Prozess der Visibilisierung durch Akkommodation und Einfügung in herrschende Repräsentationsmuster oder -präferenzen inkorporiert und damit einem bestimmten, dominanten «Blickregime» *unterworfen* werde.[5] Zur Debatte stünden deshalb mit jeder Sichtbar-Machung auch die «Möglichkeit und Fähigkeit, Darstellungsparameter und Repräsentationsstandards (z.B. der eigenen Subjektposition) mit zu bestimmen» (21). «Wie kann die visuelle Repräsentation minorisierter Subjektpositionen und Existenzweisen diesen Positionen Anerkennung zuteilwerden lassen und sie nicht in der Darstellung erneut minorisieren?» (22)

Als Religionswissenschaftler würde ich letztere Frage um eine Variante ergänzen wollen: Unter welchen Bedingungen ist es bestimmten, durch religiös-kulturelle Zusammengehörigkeit definierten Gruppen in Minderheitsposition wichtig, über gruppeninterne und gruppenbezogene Bedürfnisse hinaus ihre religiöse Identität *nach außen*, d.h. in den öffentlichen Raum zu kommunizieren, dadurch an diesem und d.h. an Öffentlichkeit

---

5   Man denke etwa an die Instrumentalisierung der «islamischen T-Shirt-Szene» durch ein Ministerium, s. dazu den Beitrag von G. Klinkhammer in diesem Band.

zu partizipieren bzw. eine solche Partizipation gar zu beanspruchen?[6] Welche Rolle spielt dabei für die betreffende Gruppe das Anliegen, auf diese Weise *zugleich* ihr Recht auf Dasein (im Sinne des Hier-Seins) gerade *als* Minorität (und sei es als *tolerierte* Minorität) zu affirmieren? Und von der Schaffer'schen Ausgangsthese bzw. -vermutung her gefragt: Müssen Differenzmarkierungen sich immer schon in eine zumindest formale Abhängigkeit von einem hegemonialen Aussage- bzw. Repräsentationssystem begeben, um toleriert zu werden?

Nach Schaffer erzwingt die öffentliche Inszenierung von mehr Sichtbarkeit fast zwingend eine höhere Einbindung in normative Identitätsvorgaben dominanter Gruppen und die Anpassung an Parameter der Kontrolle und der Disziplinierung (vgl. auch 52). Dass es bei Ansprüchen auf erhöhte Sichtbarkeit zu Kontroversen um kollektive Identitätsnormen kommt, ist also nicht überraschend, sondern geradezu normal. Eher stellt sich umgekehrt die Frage, warum und unter welchen Bedingungen es zu solchen Kontroversen *nicht* kommt[7] bzw. welche Faktoren dafür verantwortlich sind, dass mögliche bzw. erwartbare Kontroversen gleichsam unterlaufen werden können.

Ein wichtiges Mittel der Einbindung ist nach Schaffer die *Stereotypisierung*, die sie auch als «diskursive Löschung» (55) beschreibt. Stereotypisierung impliziere «die Verknappung diskursiver Möglichkeiten – also die Wiederholung einer, und eben nur einer, Darstellungsformel, immer wieder und immer wieder nur so und nicht anders» (61). «Das Stereotypisieren ist eine Repräsentationsform, die gesellschaftlich produzierte Differenzen reduziert, essenzialisiert, naturalisiert und festschreibt» (62 im Anschluss an Hall 1997: 257). «Dominante Bilder erhalten ihren Wahrhaftigkeitsstatus durch unhinterfragte, häufige und emphatische Wiederholung.» (115) Solche Feststellungen finden in verschiedenen Beiträgen dieses Bandes ein deutliches Echo.

Repräsentieren ist Herstellen von Bedeutung, oder (in den Worten von Stuart Hall [a.a.O.]) *making things mean*. Der Vorgang findet in einem von Machtasymmetrien gekennzeichneten Feld statt. Nicht nur auf dem

---

6   Vgl. hierzu Baumann/Tunger-Zanetti (2008, 2011) und Baumann (2012), die auch Zusammenstellungen einschlägiger Beispiele im Schweizer Kontext ab der zweiten Hälfte des 20. Jahrhunderts bieten.

7   Vgl. hierzu den Beitrag von Vanessa Meier in diesem Band.

Terrain der Ökonomie und der bürgerlichen Partizipation, auch auf dem der Repräsentation herrscht eine Asymmetrie zwischen Haben und Sein: «a social division between the power and privilege of *producing* and *possessing* and the burden of *being* meaning» (Tagg 1993: 6, zit. nach Schaffer 2008: 88). Gemeint ist die Last, ‹Bedeutung zu sein›, ohne sie bestimmen zu können. Minoritäten und marginalisierte Gruppen, die nach mehr Sichtbarkeit streben, weil sie diese mit der Erwartung sowohl von Kohäsionsgewinn (*ad intram*) als auch von Statusgewinn (*ad extram*) verbinden, haben die Macht über die Repräsentation als Produktionsmittel für Bedeutung oft (in der Regel?) nicht oder nur beschränkt in eigener Hand. Besonders im Hinblick auf externe Anerkennung «misst sich der Erfolg des Aufgenommenwerdens subalterner Wissensformen in den offiziellen Diskurs» – man könnte auch sagen: in gesellschaftliche Akzeptanz und schließlich deren Überführung in Normalität – nach Schaffer stets «auch an den damit einhergehenden Enteignungsprozessen» (96). Freilich demonstrieren die in diesem Band versammelten Beiträge anhand einiger prägnanter Beispiele aus dem Schweizer Kontext, dass die symbolische Enteignung durchaus unterschiedlich verlaufen und unterschiedlich weit gehen kann.

Die Aufgabe kritischer Wissenschaft besteht nun laut Schaffer in der *Repräsentationskritik* als Dekonstruktion der grundsätzlich von Machtasymmetrien gekennzeichneten Bezeichnungspraktiken (77). Folgt man einem bedenkenswerten Satz von Homi Bhabha: «Das Stereotyp ist ein Abwehrschild, das an einem Ort steht, an dem eine Gesellschaft einen Spiegel für (Selbst)Reflexion benötigt» (Bhabha 1994: 110), dann könnte es *eine* Aufgabe der Wissenschaft sein, der Gesellschaft anstelle des Abwehrschilds einen Spiegel vorzuhalten. Die Wissenschaft kann dies zum einen dadurch tun, dass sie Prozesse der Stereotypisierung und Monosemierung als solche identifiziert und nachzeichnet (rekonstruiert); zum andern dadurch, dass sie versucht, ihnen durch differenzierte Polysemierung, d.h. zu allererst Erhebung real existierender Polysemien, entgegenzuwirken und Alternativen zu thematisieren. Beides wird sie – und hier trete ich in explizite Distanz zu der sehr engagierten Position von Schaffer – am besten tun können, wenn sie sich nicht als aktive Parteigängerin in eine Kontroverse einschaltet, sondern die Kontroverse gleichsam vom Rande aus kritischer Distanz beleuchtet. Die Analyse griffe im Übrigen zu kurz, wollte sie Stereotypisierungen nur aufseiten dominanter Gruppen

und Diskurse lokalisieren (und ggf. bekämpfen). Die Minderheiten selbst
sind ja keineswegs gegen Stereotypisierung und Monosemierung gefeit,
und diese können durchaus einen anderen Verlauf als nur den der Akkommodation nehmen, sei es, dass sie sich auf die eigene Gruppe, sei es, dass
sie sich auf die Umwelt, ggf. Gegner, beziehen. Ob soziale Konflikte durch
einseitige oder beidseitige Stereotypisierung gekennzeichnet sind und
welcher Art diese Stereotypisierungen sind, bedarf der genauen Analyse
der jeweiligen Macht-, Diskurs- und Repräsentationskonstellation, wie sie
in diesem Band in verschiedenen Beiträgen geleistet wird.

2 *Coming out*: Innen und Außen bei der baulichen Repräsentation religiöser Identität

Coming out ist ein Begriff, der meist im Blick auf Einzelpersonen verwendet
wird, die einen bis dahin aus irgendwelchen Gründen verschwiegenen
Aspekt ihrer Geschichte oder Persönlichkeit Menschen ihrer Umgebung
oder der Öffentlichkeit mitteilen. In der Regel verbindet man mit dem
Begriff die psychologische Vorstellung einer gleichsam kathartischen Befreiung: Was verschwiegen wurde, weil es aus bestimmten Gründen nicht
gesagt werden konnte, wird nun doch gesagt und damit die Last eines
mitunter drückenden Geheimnisses abgeworfen.

Ich will hier den Begriff etwas anders verwenden, ihn auf den Prozess
der von einer Religionsgemeinschaft intendierten Selbstdarstellung im
öffentlichen Raum und darin insbesondere auf die Selbstdarstellung
durch ein Bauvorhaben beziehen. Was die sogenannte Hinterhofmoschee
oder den in einem Industriegebäude oder Mehrzweckbau integrierten
Versammlungsraum einer religiösen Gemeinschaft vom Gebäude, das
eigens für religiöse Zusammenkünfte und Rituale geschaffen wird, recht
grundsätzlich unterscheidet, ist die Differenz zwischen einer Zweit- und
einer Erstnutzung. Bei Neubauten mit dezidiert religiöser Zweckbestim-
mung muss viel ausführlicher die Frage verhandelt und entschieden
werden, ob und wenn ja, wie viel an religiös-identitärer Kennzeichnung
nach innen und wie viel auch nach außen hin, also auch für Nichtmit-
glieder sichtbar gemacht werden soll. Dies zu entscheiden erfordert neben
Akkommodationen an die umgebende Gesellschaft auch gruppeninterne
oder gruppenbezogene Aushandlungsprozesse darüber, was eigentlich dar-
stellungsrelevant sei.

Zwischen der religiös-identitären Gestaltung des Innen- und der des Außenraums besteht oft eine deutliche, für den analytischen Blick beobachtbare Spannung.[8] Für potenzielle und reelle Nutzer ist die Gestaltung von *Innenräumen* meist *prioritär* im Blick auf die identitäre Selbstdarstellung und -vergewisserung; hier entscheiden in erster Linie Tradition, interne Wiedererkennung der Repräsentationsmuster, ein «Blickregime» – und Ressourcen – über die Gestaltung von Räumen, die nicht zuletzt die Kohäsion der eigenen Gruppe befördern sollen (Kommunikation *ad intram*). Diese Gesichtspunkte summieren sich zu einer bestimmten «ästhetischen Formation» (B. Meyer 2012) und lassen sich als solche analysieren. Bei Bauten, die verschiedene Räume umfassen, sind in der Regel funktional bedingte Differenzen zwischen einzelnen Räumlichkeiten festzustellen (ein Gebetsraum ist keine Cafeteria – aber beide geben Aufschluss über die ästhetische Formation).

Bei der Gestaltung des *Äußeren* eines Bauvorhabens steht für die potenziellen Nutzer etwas anderes auf dem Spiel; hier ist mit wesentlich mehr Reflexion der öffentlichen Selbstdarstellung und der Beziehung einer Gemeinde zu ihrem gesellschaftlichen Umfeld zu rechnen (Kommunikation *ad extram*). Die Gestaltung des Äußeren kann, wie wir wissen, darüber entscheiden, ob ein bestimmtes religiöses Gebäude in seinem öffentlich-räumlichen Umfeld Akzeptanz findet, d.h. überhaupt realisiert werden kann. Auch dieser Aspekt des Bauvorhabens ist Teil einer «ästhetischen Formation», deren Ordnung jedoch anderen Regeln folgen muss, weil sie nicht nur die religiöse Gemeinschaft selbst betrifft. Jedes Bauprojekt verlangt somit Akkommodation an die Erwartungen und Ansprüche *zweier* Horizonte, desjenigen der Insider und desjenigen der Umgebung, in der die Insider als Minorität nicht allein sind.

Mit der aktiven Gestaltung der Außenseite ihres Ritualraums vollzieht eine Gemeinschaft gleichsam ihr *coming out* in den öffentlichen Raum und macht zugleich einen wichtigen Schritt in Richtung ihrer Inkorporation in die Gesamtgesellschaft. Wie und in welcher Form sie dies tut, kann über Akzeptanz oder Ablehnung, Umsetzung oder Verhinderung eines Bauprojekts, und d.h. auch den Grad der Inkorporation entscheiden. Insofern kann das *coming out* mittels eines bestimmten Gebäudes als eigentlicher Trigger im Prozess der Integration und lokalen Anerkennung oder zumindest

---

8   Dies betonen mit Recht auch Baumann/Tunger-Zanetti 2008: 33.

Toleranz der Präsenz dieser Religionsgemeinschaft an einem bestimmten Ort wirken.

Im Unterschied zu Kleidungspraktiken bewegen sich bauliche Repräsentationspraktiken meist in sehr viel aufwendigeren Dimensionen, was Zeithorizonte und Ressourceneinsatz betrifft. Sie sind in hohem Maße von Materialkenntnis, technischem Know-how und rechtlichen Verfahrensregeln abhängig, mobilisieren entsprechendes Expertenwissen und erfordern eine sehr viel intensivere diskursive Vorbereitung, Begleitung, manchmal auch Nachbereitung als etwa vestimentäres Handeln. Der für Letzteres gern verwendete Begriff des «strategischen Handelns» lässt sich deshalb *a fortiori* auch auf bauliches Handeln beziehen. Insofern dieses Handeln in einem durch asymmetrische Machtverhältnisse geprägten Raum stattfindet, lohnt es sich, exemplarisch nach den Bedingungen, Möglichkeiten und evtl. Begrenzungen zu fragen, die das strategische *coming out* einzelner Gruppen und Gemeinschaften im Medium eines größeren Bauvorhabens beeinflussen und/oder determinieren.[9] Ich will dies an einem relativ prominenten Beispiels der lokalen Religionsgeschichte, der römisch-katholischen Liebfrauenkirche in Zürich, illustrieren.

3 Historische Illustration: die Zürcher Liebfrauenkirche

Die Zürcher Liebfrauenkirche ist im Quartier Unterstrass gelegen, dessen Name (ursprünglich: «niedere = untere» Straße) sich auf den rechts der Limmat am unteren Zürichberghang in nördlicher Richtung von der Zürcher Altstadt nach Bülach bzw. Schaffhausen führenden Hauptverkehrsweg bezieht. Ursprünglich eine unabhängige Gemeinde, wurde Unterstrass 1893 ins Stadtgebiet eingemeindet.[10] In eben jene Zeit (1892–1894) fällt der Bau der römisch-katholischen Liebfrauenkirche oberhalb der Weinberg- und der Leonhardstrasse, einer Zubringerstraße zu höher gelegenen neuen Wohnquartieren und zum Hochschulviertel.

---

9   Soziologisch ließe sich der Prozess in Anlehnung an B. Giesen auch als zeitlich zerdehntes «öffentliches Ritual» (1999: 88–95) und um ein Ringen um Anerkennung (ebd. 118–132) interpretieren. Siehe hierzu auch den Beitrag von Rafael Walthert in diesem Band.

10 Die Entwicklung zum dicht besiedelten Wohnquartier zog sich über einige Jahrzehnte bis in die 1930er Jahre hin.

3.1. Historische Hintergründe[11]

Dass es in der seit über dreieinhalb Jahrhunderten (1525) reformierten Stadt Zürich zum Bau einer großen, repräsentativen römisch-katholischen Kirche kommen konnte, war (zwei Jahrzehnte nach dem I. Vatikanischen Konzil) zwar nicht selbstverständlich, aber an der Zeit. Das 1530 erlassene Verbot der katholischen Messe in Zürich lag weit zurück. Eine schrittweise Liberalisierung der Konfessionsgrenzen hatte mit der Errichtung der Helvetischen Republik 1798 eingesetzt. Als 1807 die Tagsatzung in der Stadt zusammentrat, wurde es denkbar, in Zürich die Messfeier wieder aufzunehmen. Zunächst ein diplomatisches Zugeständnis an die Delegationen der katholischen Stände, kam dies bald auch den seit einigen Jahrzehnten in und um Zürich niedergelassenen oder temporär beschäftigten Katholiken zugute, die im 19. Jahrhundert innert weniger Jahrzehnte zu einer beträchtlichen Diaspora anwuchsen: 1808 wurde den damals erst ein paar Hundert Katholiken die damals noch bestehende Annakapelle (am Ort des heutigen Einkaufszentrums St. Annahof), seit 1844 der mittlerweile über 2000 Personen zählenden Gemeinde die (zuvor säkularisierte, als Münzstätte verwendete) Augustinerkirche zum Gottesdienst überlassen. Die mit der Bundesverfassung von 1848 gewährte Niederlassungsfreiheit begünstigte eine rasche weitere Zunahme des katholischen Bevölkerungsanteils[12], der um 1890 rund 16 000, um 1900 bereits 42 000 Menschen (d. h. rund ein Viertel der Stadtbevölkerung) zählen

11 Für einen Überblick zur Geschichte des Zürcher Katholizismus zwischen 1850 und 1950 vgl. Altermatt 1989: bes. 181–202.

12 Zürich wurde damit, obwohl öffentlich (politisch, wirtschaftlich, kulturell) ganz vom Protestantismus geprägt, innert weniger Jahrzehnte die Schweizer Stadt mit den meisten Katholiken (Altermatt 1989: 181). Die katholische Bevölkerung bestand zunächst großmehrheitlich aus zugewanderten Arbeitern, Dienstboten, Tagelöhnern, Hausangestellten aus der Innerschweiz und Saisonniers aus dem Tirol, um die herum sich dann erst eine Mittelschicht von Krämern, Händlern und Kleinunternehmern bildete. Eine gebildetere Oberschicht (Ärzte, Kaufleute, Juristen) kam – mit einem nicht unbeträchtlichen Anteil von Zuwanderern aus Süddeutschland – erst nach und nach hinzu. Bis in den 1. Weltkrieg hinein stammte die Mehrheit der (römisch orientierten) Katholiken aus dem Ausland (ebd. 184).

sollte.[13] Die erste katholische Stadtpfarrei wurde mit dem Kirchengesetz von 1863 legalisiert.

Das Konzil und insbesondere der Streit um das Unfehlbarkeitsdogma führten in der Schweiz in Zusammenhang mit dem sogenannten Kulturkampf (1870–1874), den U. Altermatt (1989: bes. 224–236) treffend als «Modernisierungskrise» beschrieben hat, zu einem innerkatholischen Schisma. In Zürich fand dieses nicht nur organisatorisch, sondern umgehend auch baulich einen geordneten Widerhall: Die Augustinerkirche ging 1873 an die Alt- bzw. Christkatholiken, die für einige Jahre die Mehrheit der Zürcher Katholiken bildeten und im Übrigen der Sympathie der Protestanten und Freisinnigen gewiss sein konnten. Die Römisch-Katholischen reagierten mit dem Bau von St. Peter-und-Paul in Zürich-Aussersihl, einer «unauffällige(n) Predigtscheune» (Pescatore/ Winzeler 1997: 38) bzw. Armeleutekirche (ebd.: 9) ebenfalls links der Limmat, aber weiter vom Zentrum entfernt, dafür dem Arbeiter- und Handwerkermilieu nahe, einer Kirche, deren Patrozinium direkt an das römische Kirchenzentrum erinnerte.

15 Jahre später mehrten sich die Stimmen derer, die nach einem römisch-katholischen Gotteshaus auch rechts der Limmat, d. h. in den besser gestellten Teilen der Stadt riefen, so dass 1890 ein Kirchenbauverein gegründet wurde. Wie sehr dabei nicht nur die Erfordernisse des Kultes, sondern ebenso sehr gesellschaftliche Prestige- und Anerkennungsüberlegungen eine Rolle spielten, zeigt der Umstand, dass man bei den ersten Planungen an einen Neubau «in altgothischem Styl» (zit. nach Pescatore/Winzeler 1997: 9) in der Nähe des Bellevue und des späteren Opernhauses dachte. Der Standort erwies sich jedoch als nicht realisierbar, im Unterschied zur Alternative in Unterstrass, auch sie mit Sinn für topografische Markierung: unmittelbar gegenüber dem Hauptbahnhof (Neubau 1871, Neubenennung 1893), neben den fünf Jahre später das

---

13 «Für die Minoritätssituation war nicht so sehr die zahlenmäßige Unterlegenheit als vielmehr die soziologische [sic] Inferiorität entscheidend. Im 19. Jahrhundert galten die Katholiken in ursprünglich reformierten Kantonen wie Zürich oder Bern als Fremde, ob sie nun Schweizer oder Ausländer waren. [...] Katholisch war eben etwas Andersartiges, ja Kurioses und Exotisches. Im Unterschied dazu stand Reformiert für das Mehrheitliche und Dominante» (Altermatt 1989: 182).

Landesmuseum[14] zu stehen kommen sollte. Die Liebfrauenkirche stellte damals also ein markantes und durchaus selbstbewusstes[15] Wahrzeichen für den besser gestellten Teil der insgesamt erstarkten katholischen Stadtbevölkerung dar.[16] Zugleich mochte er den Alt- bzw. Christkatholiken deutlich machen, dass die Römisch-Katholischen sich nicht nur als Armenkirche (Aussersihl), sondern als die zweite Konfession Zürichs verstanden. Dass der Bau zustandekam, verdankte man freilich der Finanzierung durch Spenden aus katholischen Nachbarkantonen (v.a. Luzern) und aus dem katholischen Ausland (Süddeutschland, Österreich).

Betrachten wir nun das Verhältnis von Außen und Innen bei der baulichen Gestaltung und beim Dekorum dieser Kirche.

3.2. Außen (Abb. 1)

Die bauliche Gestaltung der Liebfrauenkirche lag in der Hand des Architekten August Hardegger aus St. Gallen, der damals eine Art Monopol für katholische Kirchenbauten in der Schweiz besaß (Meyer 1970: 15), und des Kunsthistorikers Albert Kuhn OSB, eines Mitglieds des Benediktinerklosters von Einsiedeln, eines der wichtigsten kirchlich-intellektuellen Zentren des Deutschschweizer Katholizismus und der geografisch wie institutionell nächstgelegene Referenzpunkt der Zürcher Katholiken.[17]

---

14 Die Auseinandersetzung zwischen Bern und Zürich um den Sitz des Landesmuseums wurde 1891 durch das eine klare Mehrheit schaffende Votum der katholischen Kantone entschieden. Im Gegenzug ermöglichte die Stadt den Erwerb des Grundstücks für den Bau der Liebfrauenkirche (Pescatore/Winzeler 1997: 11).

15 «Auch mochte es auf der Hand liegen, den künftigen Kirchenbau möglichst hoch zu legen, um dadurch eine über die umliegenden Häuser dominierende Stellung zu gewinnen» (Hardegger 1894: 45).

16 Der städtische Katholizismus jener Zeit wird gewöhnlich mit dem Begriff des «Milieukatholizismus» charakterisiert; gemeint ist, dass die Konfession über soziale Zugehörigkeit (Heiraten und Familienbande, Vereine) ebenso entschied wie über soziale Netzwerke und Institutionen (Schulen, Wohnheime, Spitäler). Vereine waren der urban-moderne Ersatz der einstigen Dorfgemeinschaft. «Vereine und andere Sozialeinrichtungen besaßen integrierende und disziplinierende Funktionen, wobei Integrieren zugleich auf Differenzieren und Separieren bedeutete» (Altermatt 1989: 192).

17 Die Beziehungen der Römisch-katholischen Kirche in Zürich zum Kloster und Wallfahrtsort Einsiedeln sind heute noch sehr eng.

Abb. 1   Die Liebfrauenkirche von Südwesten (stadtseitige Hauptansicht).

Hardegger und v.a. der auch theologisch versierte Kuhn beschlossen, das Vorhaben nicht wie damals weiterum üblich im neugotischen Baustil auszuführen, sondern sich stilistisch an altkirchlichen Basiliken mit Vorbildern in Ravenna und (für Turm und Chorbogenwand) Rom, d.h. eher neu-romanisch, zu orientieren (Reiß 2008: bes. 155–160). Diese keineswegs selbstverständliche Grundentscheidung[18] für einen Bau, der «die bedeutendste Nachbildung einer altchristlichen Basilika auf schweizerischem Boden» werden sollte (A. Meyer, zit. in Pescatore/Winzeler 1997: 37),

---

18 «Die Wahl des Baustiles für das neu zu schaffende Gebäude mag manchen befremden», schrieb der Architekt selbst in der Schweizerischen Bauzeitung (Hardegger 1894: 45). Hardegger hat Kirchen in ganz verschiedenen Stilen gebaut (A. Meyer 1970). Die Verbindung der Möglichkeit, gleichzeitig und grundsätzlich über verschiedene Stile verfügen, mit derjenigen, im historischen Gestus emphatisch einen Stil zu bevorzugen, ist es, welche die Entscheidung für die seltene, auffällige Option als strategisches Handeln verstehbar werden lässt.

hatte nicht nur ökonomische Gründe[19], sondern in mehrerer Hinsicht programmatischen Charakter: Indem in «Anlehnung an idealisierte frühe Epochen» (Pescatore/Winzeler 1997: 39) der Kirchengeschichte hinter die Reformation und deren meist gotische Kirchengebäude, ja sogar hinter das romanische Großmünster zurückgegriffen wurde, vermied man einerseits den direkten visuellen Wettbewerb, knüpfte andererseits aber – mit einem für den damaligen Historismus charakteristischen Gestus – dezidiert an einer älteren, der Reformation vorausliegenden Tradition an, um dadurch einen typisch römisch-katholischen Präzedenzanspruch auszudrücken.[20] Dass die Gestaltung des äußeren Erscheinungsbildes einen gewissen «ultramontanen», d.h. Rom-orientierten Einschlag hatte, war nicht nur für gebildete Katholiken («Wer Italien bereist hat, wer Rom und Ravenna gesehen hat ...», Hardegger 1894: 45) unschwer erkennbar.

> «Bei dem exponierten Standpunkt der Kirche musste es sich aber auch darum handeln, mit möglichst geringen Geldmitteln etwas *Spezifisches* zu erstellen, das sich von anderen Gebäuden zum vornherein wo nicht durch *reichere*, so doch durch *eigenartige* Formen abhob. Man durfte bei den knappen Geldmitteln es ebensowenig wagen, den wuchtigen romanischen Formen des Grossmünsters, als der zierlichen Fialengothik der neuen [1884 erbauten reformierten, C. U.] Kirche zu Unterstrass Konkurrenz zu machen. Durch die Wahl der italienischen Basilika ging man beiden Vergleichsobjekten behutsam aus dem Wege und hatte es in der Hand, mit ganz einfachen Mitteln eine in *ihrer* Art monumental wirkende Fassade auszuführen. [...] Ueber die Berechtigung, italienische Formen aus alten Zeiten im modernen Zürich zur Gestaltung von Fassaden zu verwenden, dürfte [...] kaum ernstliche Diskussion walten, ist doch Zürich durch die Gotthardbahn Italien näher gerückt und zum Knotenpunkt des Verkehrs mit der südlichen Halbinsel geworden. Warum soll nicht auch ein Luftzug altitalienischer Kunstanschauung in Zürich spürbar sein, nachdem die italienische Renaissance beinahe durchweg die Vorbilder zu den Profanbauten geliefert hat?» (Hardegger 1894: 45f.).

Das Zitierte ist nicht frei von apologetischen Zügen und lässt neben pragmatischen und kulturell-bildungsbürgerlichen Überlegungen deutlich auch den programmatischen Charakter des Gebäudes in einer durch

---

19 Diese stellt der Architekt in den Vordergrund (Hardegger 1894: 45).

20 «Die brisante Situation der römisch-katholischen Kirche in der Schweiz, die durch Spaltung enorm geschwächt wurde, geht mit der Rezeption frühchristlicher Kunst zurück auf die Anfänge des Christentums. Sie erhebt damit den Anspruch auf die wahren Ursprünge, die nur von der römisch-katholischen Kirche gewahrt werden» (Reiß 2008: 159).

konfessionelle Konkurrenz und Asymmetrie geprägten Gemengelage erkennen.[21]

Der ursprüngliche Bauplan sah zwei Türme vor – vergleichbar dem Großmünster, als bauliche Entsprechung und wiederum Gegenüberstellung, allerdings von vornherein in der Form eines italienischen Campanile vorgesehen. Auch darin kommt ein gewisser Repräsentationsanspruch der Bauherrschaft zum Ausdruck, dessen Umsetzung an materiellen Realitäten scheiterte: Aus Kostengründen verzichtete man auf den Bau des zweiten Turms und begnügte sich mit einem einzigen, talseitig gelegenen Campanile. Die weitere Außengestaltung blieb zurückhaltend schmucklos und funktional.

Von materiellen Einschränkungen unberührt und, symbolisch betrachtet, im konfessionskulturellen Kontext von eher größerer Tragweite war die Namenswahl «Liebfrauen», mit der nicht nur an ein katholisches Spezifikum appelliert und die damals blühende marianische Frömmigkeit unterstrichen, sondern zugleich die Verbindung zum Wallfahrtsort Einsiedeln und dessen Madonna bekräftigt und eine diskrete Einladung auch an die Alt- bzw. Christkatholiken ausgerichtet wurde. Am 7. Oktober 1894, dem sogenannten Rosenkranzsonntag, wurde die Kirche eingeweiht. Der (ausnahmslos reformierte) Stadtrat schickte Glückwünsche, blieb den Feierlichkeiten aber aus konfessionellen Gründen fern. Im Blick auf die ästhetische Gesamtformation sei nachgetragen, dass die Kirche – wiederum aus finanziellen Gründen – erst 1897 mit ersten Glocken ausgestattet werden konnte, in den ersten Jahren ihrer Nutzung also akustisch unauffällig blieb und nur visuell (dies aber um so mehr) aufgrund ihrer architektonischen Gestaltung und prominenten Lage am Hang imponierte.

21 Der Soziologe kann den historischen Rückgriff auf normierend verstandene Vergangenheit als «Verstärkung und Überhöhung der eigenen Lage» bezeichnen (Giesen 1999: 221). Im Historismus «wird die Vergangenheit [...] zu einer öffentlich einsetzbaren Ressource, mit der sich umstrittene Ansprüche begründen lassen» (ebd.: 222).

Abb. 2   Die ursprünglich geplante Innengestaltung der Liebfrauenkirche.

Abb. 3   Ansicht der tatsächlich ausgeführten, 1924 fertiggestellten Innengestaltung der Liebfrauenkirche (im heutigen, renoviertem und an die Erfordernisse der postkonziliaren Liturgiereform angepassten Zustand).

3.3. Innen (Abb. 2 und 3)

Das Innere der für eine Gottesdienstgemeinde von fast 1000 Personen konzipierte Kirche wurde in mehreren Etappen ausgestattet. Zu Beginn waren die für den Gottesdienst unerlässlichen Requisiten prioritär. 1899 folgte auf der großen Empore eine Orgel, die dem Gottesdienst mehr Würde verleihen sollte. An «Gemälde und Bildercyklen» hatte man offenbar von Anfang an gedacht (Hardegger 1894: 45), konnte sie aber nicht gleich finanzieren. Erst 1906/07 entstanden die Wandgemälde des Einsiedler Malers Fritz Kunz im Chor, das Apsismosaik mit Darstellung des thronenden Christus, flankiert von Maria und Johannes dem Täufer,[22] und die seitlichen Altarmosaiken mit Darstellungen wiederum der Gottesmutter, des Guten Hirten, des Hl. Josef (als Handwerker bzw. ‹Arbeiter› unter den Katholiken der Industriestadt Zürich eine ebenso populäre wie gern propagierte Gestalt) und des Hl. Niklaus von Flüe (mit dem zum einen die Verbindung zur Innerschweiz, zum andern die lokal-eidgenössische Religionsgeschichte mobilisiert wurde). Die Wahl von Mosaiken fügte sich gut in das oben skizzierte Baukonzept einer altchristlichen Basilika ein.[23]

Eineinhalb Jahrzehnte später folgten an den Hochschiffwänden ein Freskenzyklus desselben Künstlers (in Anlehnung an S. Paolo fuori le mura in Rom). Die Fresken stellen – nach dem Selbstverständnis der Bauherren (Hardegger 1894: 49) in Anlehnung an die Tradition der *Biblia pauperum* – verschiedene Szenen aus dem Leben Jesu dar und erfüllen bis heute neben der ästhetischen eine didaktisch-katechetische Funktion. Stilistisch sind sie vom Bemühen um eine dezidierte Synthese von Altkirchlichem und Moderne geprägt. Bedenkt man, dass die Reformation in Zürich zur weitgehenden Elimination von Wandmalereien in Kirchenräumen geführt hatte, lassen sich die neuen Fresken auch als deutliches konfessionskulturelles Statement verstehen: «Ihr farblich-stimmungsvoller Reichtum steht in scharfem Kontrast zur Nüchternheit der reformierten Kirchenräume Zürichs» (Pescatore/Winzeler 1997: 41). Allerdings war die Themenwahl bewusst neutestamentlich bestimmt und – hier also selbst im Innenraum – darum bemüht, jegliche «militante Zurschaustellung eines dogmatischen

22 Das ursprüngliche Konzept der 1890er Jahre hatte «auf Goldgrund, womöglich in Mosaik eine Darstellung der Krönung Mariä» vorgesehen (Hardegger 1894: 49, 48 Abb.).
23 Der Künstler Fritz Kunz war zum Studium der altkirchlichen Kunst und der Anfertigung der Entwürfe eigens nach Ravenna gereist (Reiß 2008: 159).

Katholizismus» zu vermeiden (Benno Schubiger, zitiert ebd. 41). Auch dies dürfte sich als doppelte Rücksichtnahme nicht nur auf den Zürcher Protestantismus, sondern auch als Einladung an die Christkatholiken verstehen lassen, deren Zahl mittlerweile zurückging. Darüber hinaus unterstrich die Ausgestaltung den Status von Liebfrauen als prominentester römisch-katholischer Stadtkirche, einen Anspruch, den noch die heutige ‹Citykirche› erhebt und erfüllt.

3.4. Noch einmal außen (Abb. 4)

Im Halbbogen über dem Westportal, das talseitig die der Stadt zugewandte Hauptfassade teilt und markiert, wurde 1923 ein wiederum von Fritz Kuhn entworfenes Mosaik angebracht. Dargestellt ist die Muttergottes im Halbporträt, flankiert von den Zürcher Stadtheiligen Felix und Regula. Das Mosaik übersetzt also zum einen den Namen der Kirche bzw. ihrer Patronin in ein Bild, das aus recht großer Entfernung erkennbar ist, insbesondere am Nachmittag und in der Abendsonne in warmes Licht getaucht erscheinen kann und in der protestantisch dominierten Stadt Zürich ein klares konfessionelles Statement ausdrückte.[24] Zum andern bemühte man sich durch die Darstellung der Stadtheiligen (denen im Kircheninneren ein eigener Seitenaltar gewidmet war) um eine dezidierte Verankerung der Kirche in die lokale, auch dem liberalen Bürgertum bedeutsame Religionsgeschichte: Die Zürcher Reformation mochte 1524 zwar die Reliquien der Stadtheiligen beseitigt haben, im Stadtwappen, auf Münzen und anderen Medien blieben Felix und Regula (und ihr weniger bekannter, noch legendärerer Gefährte Exuperantius) gleichwohl jahrhundertelang weiter präsent, um im 19. Jahrhundert zu gleichsam «patriotischen Heiligen» (vgl. Maissen 2006) zu mutieren. In der Stadtzürcher kulturellen Erinnerung sind sie bis heute lebendig geblieben.[25]

---

24 Der Kirchenbau wurde aus topografischen Gründen nicht geostet, sondern nach NNW ausgerichtet.

25 Felix und Regula erfreuen sich gerade heute einer neuen Verehrung durch Migrationskirchen (inkl. Rehabilitation von Reliquien), was ihnen nicht überraschend auch neue Wertschätzung seitens der städtischen Integrationsbehörden einträgt (vgl. Wittwer 2012; Uehlinger 2012). Eine vergleichbare Funktion als konfessionsübergreifende Integrationsfiguren hatten Felix und Regula offenbar schon im frühen 20. Jahrhundert.

Abb. 4 Mosaik im Halbbogen über dem Westportal, Darstellung der Gottesmutter, flankiert von den Zürcher Stadtheiligen Felix und Regula.

Erinnert die Form dieses Mosaiks noch einmal an die altchristlichen Vorbilder (insbesondere Ravenna), so positioniert es sich stilistisch doch wiederum eindeutig in der Moderne – auch dies ein Signal der Auftraggeber an ihre liberal-aufgeklärte Umgebung.

Es wäre zu prüfen, ob die mit dieser Bildsprache intendierte Botschaft ihre Adressaten über den Kreis der Gestalter und der Kirchgänger hinaus auch wirklich erreichte, eine Aufgabe, die an dieser Stelle nicht geleistet werden kann. Interessant und an dieser Stelle berichtenswert ist immerhin die Tatsache, dass die Pläne für die künstlerische Gestaltung des Westportals zwischen den 1890er und den 1920er Jahren mehrmals gewechselt hatten: Ursprünglich hatte man eine freistehende Kreuzigungsplastik vorgesehen, dann eine Statue der Muttergottes verbunden mit einem Mosaik, das Christus und die vier Evangelisten zeigen sollte. Vor dem Hintergrund dieser Präliminarien erscheint das Endergebnis nicht nur als Resultat einer immer realistischeren Finanzplanung, sondern auch einer schrittweise präzisierten Rücksichtnahme auf konfessionelle und bürgerliche Befindlichkeiten.

Fazit

Das historische Beispiel sollte dreierlei deutlich machen: erstens, dass sich die von Johanna Schaffer verwendeten Konzepte sinnvoll und gewinnbringend auch auf Bauvorhaben religiöser Minderheiten übertragen lassen; zweitens, dass die ‹Theorie› mit Annahmen operiert, deren Validität am historischen Fall geprüft werden muss und sich – je nach konkreter politischer Konstellation – mehr oder weniger bestätigt; drittens, dass Diskussionen und Problemlagen, die in den letzten zweieinhalb Jahrzehnten in Zusammenhang mit Migrationsgemeinschaften diskutiert wurden (real konstituierten Vereinen ebenso wie konstruierten Religionsgemeinschaften wie ‹den Muslimen›), nicht nur ein Phänomen der multikulturellen, globalisierten Gegenwart darstellen, sondern in leicht variierter Form auch im 19. und frühen 20. Jahrhundert mit Bezug auf andere religiöse Minderheiten – in Zürich die jüdische[26] oder die (römisch-)katholische – dokumentiert sind. Es läge nahe (kann an dieser Stelle aber nicht geleistet werden), vergleichend Analogien und Unterschiede in den Karrieren jüdischer und katholischer Bauvorhaben zu erheben, stellten doch beide Religionsgemeinschaften einen je unterschiedlich akzentuierten Aspekt des von der reformierten Mehrheit abweichenden religionskulturellen ‹Anderen› dar. In einem weiteren Schritt könnten Bedingungen und Verlauf historischer und aktueller Aushandlungsprozesse miteinander verglichen werden.

Dass größere Bauvorhaben mehr oder intensive diskursive Aushandlungsprozess *ad intram* und *ad extram* implizieren, sollte deutlich geworden sein; ebenso, dass die jeweiligen Kommunikationsanforderungen für die betroffene Religionsgemeinschaft andere sind, wenn es um die Gestaltung von Innenräumen oder des Gesamtgebäudes im öffentlichen Raum geht. Die Gestaltung der Innenräume dient in erster Linie der Gemeinschaft selbst und ihrer internen Kohäsion; «ästhetische Formation» und Blickregime werden fast ausschließlich durch Parameter reguliert, die von der betreffenden (von ihren Mitgliedern bzw. federführenden Akteuren interpretierten) Tradition abhängen. Bei der Gestaltung der äußeren Gesamterscheinung eines Bauvorhabens, mit der eine Religionsgemeinschaft eine Art von *coming out* in den öffentlichen Raum vollzieht, ist anderen Parametern und Akteuren Rechnung zu tragen. Repräsentation und Annerkennung, Akkommodation und Inkorporation stehen hier in einem geradezu dialektischen Spannungsverhältnis. In Frage steht jeweils, ob und wie deutlich der geplante Bau die spezifische religiöse Orientierung der betreffenden Gemeinschaft nach außen kommunizieren und mit welchen Mitteln dies geschehen soll. Aus der Sicht der Religionswissenschaft kann

---

26 Vgl. den folgenden Beitrag von Ron Epstein.

das Bauvorhaben als Gradmesser für die gesellschaftliche Akzeptanz einer bestimmten Gemeinschaft betrachtet werden.

Inwiefern eine religiöse Minderheit im Prozess der Sichtbarmachung im öffentlichen Raum auf Erwartungen und Anforderungen der Mehrheit eingehen und wie weit sie sich daran anpassen muss, hängt von vielen Faktoren und der jeweiligen politischen und kulturellen Konstellation ab. Neben rechtlichen und ökonomischen Gesichtspunkten (Asymmetrien der Macht) spielen kulturelle («symbolische») eine bedeutende Rolle, die sich in Stereotypisierungen *auf beiden Seiten* niederschlagen. Minderheiten, die ihr *coming out* vollziehen, sind nicht nur Objekt oder Opfer von Stereotypisierungen; in dem Maße, in dem sie ihr Bauvorhaben im Hinblick auf ihre Umgebung positionieren und strategisch reflektieren, sind sie ebenso sehr Akteure, die ihrerseits Stereotypisierungen vornehmen, sowohl bezüglich der eigenen Erscheinungsform als auch in ihrer eigenen Repräsentation und Einschätzung der sie umgebenden Mehrheit. Vor diesem Hintergrund scheint es unangemessen, ihr *coming out* grundsätzlich in Kategorien der symbolischen Enteignung zu interpretieren. Nicht selten wird in den betreffenden Aushandlungsprozessen im Gegenteil neues und mitunter nachhaltiges Sozialkapital geschaffen.[27]

Abbildungen

1, 3, 4: Foto Nick Brändli, Zürich (Schweizerische Kunstführer. Flurina Pescatore, Marius Winzeler. Die katholische Pfarrkirche Liebfrauen in Zürich. Gesellschaft für Schweizerische Kunstgeschichte. Bern 1997: 19; 22f.; hintere Umschlagseite).

2: August Hardegger, «Die neue Liebfrauenkirche in Zürich». Schweizerische Bauzeitung 23 (Nr. 7, 17.2.1894): 48 (Pescatore/Winzeler 1997: 16).

Literaturverzeichnis

Altermatt, Urs (1989): Katholizismus und Moderne. Zur Sozial- und Mentalitätsgeschichte der Schweizer Katholiken im 19. und 20. Jahrhundert, Zürich: Benziger.

Baumann, Martin/Tunger-Zanetti, Andreas (2008): «Migration und religiöse Bauten – zur Neuaushandlung des öffentlichen Raums». Kunst und Kirche 71 (H. 4), S. 32–39.

27 Vgl. hierzu grundsätzlich Hope et al. (2007).

Baumann, Martin/Tunger-Zanetti, Andreas (2011): Wenn Religionen Häuser bauen. Sakralbauten, Kontroversen und öffentlicher Raum in der Schweizer Demokratie. In: Martin Baumann/Frank Neubert (Hg.), Religionspolitik – Öffentlichkeit – Wissenschaft. Studien zur Neuformierung von Religion in der Gegenwart (CULTuREL, 1), Zürich: Pano, S.151–188.

Baumann, Martin (2012): Umstrittene Sichtbarkeit: Immigranten, religiöse Bauten und lokale Anerkennung. In: Michael Stausberg (Hg.), Religionswissenschaft (De Gruyter Studium), Berlin: W. de Gruyter, S.365–377.

Bhabha, Homi (1994): The Location of Culture, London – New York: Routledge; dt. Die Verortung der Kultur, Tübingen: Stauffenburg, 2000 (Nachdruck 2007).

Elkins, James (Hg.) (2010): Visual Cultures, Bristol – Chicago: Intellect, 2010.

Evans & Hall (1999): Visual Culture. The Reader, London etc: SAGE.

Giesen, Bernhard (1999): Kollektive Identität. Die Intellektuellen und die Nation 2 (stw 1410), Frankfurt/M.: Suhrkamp.

Hardegger, August (1894): «Die neue Liebfrauenkirche in Zürich». Schweizerische Bauzeitung 23 (Nr. 7, 17.2.1894), S.44–50.

Harvey, John (2011): Visual Culture. In: Michael Stausberg & Steven Engler (Hg.), The Routledge Handbook of Research Methods in the Study of Religion, London –New York: Routledge, S.502–522.

Holert, Tom ([2]2005): Kulturwissenschaft/Visual Culture. In: Klaus Sachs-Hombach (Hg.), Bildwissenschaft. Disziplinen, Themen, Methoden (stw 1751), Frankfurt/M.: Suhrkamp, S.226–235.

Hope, Pauline Cheon/Edwards, Rosalind/Goulbourne, Harry/Solomon, John (2007): «Immigration, Social Cohesion and Social Capital: A Critical Review». Critical Social Policy 27 (24), S.24–49.

Jenks, Christopher (Hg.) (1995): Visual Culture, London: Routledge.

Maissen, Thomas (2006): «Die Stadtpatrone Felix und Regula. Das Fortleben einer Thebäerlegende im reformierten Zürich». In: Dieter R. Bauer/Klaus Herbers/Gabriela Signori (Hg.), Patriotische Heilige. Beiträge zur Konstruktion religiöser und politischer Identitäten in der Vormoderne (Beiträge zur Hagiographie, 5), Stuttgart: Franz Steiner, S.211–227.

Meyer, André (1970): August Hardegger. Architekt und Kunstschriftsteller 1858–1927 (110. Neujahrsblatt. Hg. vom Historischen Verein des Kantons St. Gallen), St. Gallen: Verlag der Fehr'schen Buchhandlung.

Meyer, Birgit (2012): Mediation and the Genesis of Presence. Towards a Material Approach to Religion, Utrecht: Universiteit Utrecht, Faculteit Geesteswetenschappen.

Mirzoeff, Nicholas (Hg.) (1998, [2]2002, [3]2013): The Visual Culture Reader, London: Routledge.

Mirzoeff, Nicholas (2006): Introduction to Visual Culture, London – New York: Routledge.

Mörtenböck, Peter & Mosshammer, Helge (Hg.) (2003): Visuelle Kultur. Körper – Räume – Medien, Wien u a.: Böhlau.

Paul, Barbara/Schaffer, Johanna (2009): Mehr(wert) queer: visuelle Kultur, Kunst und Gender-Politiken. Queer (added value): Visual Culture, Art and Gender Politics. Bielefeld: transcript 2009

Pescatore, Flurina/Winzeler, Marius (1997): Die katholische Pfarrkirche Liebfrauen in Zürich (Schweizerische Kunstführer GSK, Bd. 612/613), Bern: Gesellschaft für Schweizerische Kunstgeschichte.

Reiß, Anke (2008): Rezeption frühchristlicher Kunst im 19. und frühen 20. Jahrhundert: Ein Beitrag zur Geschichte der Christlichen Archäologie und zum Historismus (Kasseler Studien zur Sepulkralkultur, 13), Dettelbach: J.H. Röll.

Schade, Sigrid & Wenk, Silke (2011): Studien zur visuellen Kultur. Einführung in ein transdisziplinäres Forschungsfeld (Studien zur visuellen Kultur), Marburg: transcript.

Schaffer, Johanna (2008): Ambivalenzen der Sichtbarkeit. Über die visuellen Strukturen der Anerkennung (Studien zur visuellen Kultur, 7), Bielefeld: transcript.

Uehlinger, Christoph (2012): «Zu Gast oder zu Hause bei Felix und Regula? Vormoderne Reliquien und Märtyrerverehrung als Medien gesellschaftlicher Integration im spätmodernen Zürich». Unveröffentlichtes Vortragsmanuskript (Stadthaus Zürich, 17.1.2012).

Wittwer, Peter (2011): Ein Stück Himmel auf Erden – Ostkirchen in Zürich, Zürich: Theologischer Verlag.

Synagogenbau in der Schweiz: Selbstdarstellung oder Fremdbestimmung?

Ron Epstein

Einleitung

Die Synagogenbauten der Schweiz (vgl. Epstein 2008) widerspiegeln die Geschichte der Emanzipation ihrer jüdischen Bevölkerung. Betrachtet man die Gebäude nicht nur als kunsthistorisch relevante Bauten, sondern auch als Ergebnis eines öffentlich geführten politischen Prozesses, so legt die Beschäftigung mit ihnen und insbesondere mit ihren Entstehungsgeschichten verborgene Aspekte frei, die sich aus den Interaktionen zwischen den jüdischen Gemeinden, ihren Architekten, den Behörden und dem jeweiligen Umfeld ergaben. Die Kenntnisse über die mit der jeweiligen Entstehung verbundenen Geschichten verleihen den jüdischen Kultbauten einen zusätzlichen, über ihre bloße Erscheinung hinausgehenden Sinngehalt.

Mit der gesellschaftlichen und rechtlichen Gleichstellung der Juden ab der Mitte des 19. Jahrhunderts wurden die zu planenden Synagogen für die Gemeinden zum geeigneten Mittel, ihr neu gewonnenes Selbstverständnis nach außen hin zu demonstrieren. Damit verbunden war die Suche nach einem geeigneten Baukonzept, das diese Ansprüche erfüllen sollte. Die Entstehungsgeschichten dokumentieren einerseits die Entscheidungs- und Planungsprozesse der Bauherrschaften, die bemüht waren, sich mit einem neu zu definierenden Bautyp ein zeitgemäßes Gesicht zu verleihen. Andererseits wurde die Bauaufgabe Synagoge bereitwillig von den an den neu entstehenden Hochschulen lehrenden Dozenten in ihr Lehrprogramm aufgenommen und gehörte danach wie andere öffentliche Bauaufgaben zum Repertoire einer neu ausgebildeten, bürgerlichen Schicht von Architekten.

Ab den Zwanzigerjahren des 20. Jahrhunderts jedoch verblasst die Absicht der Repräsentation der Gotteshäuser allmählich. Die Synagogen mutieren zu anspruchslosen Zweckbauten, mindestens was das äußere Erscheinungsbild betrifft. Der Innenraum wird zum eigentlichen planerischen

Schwerpunkt. Er wird als Mittel genutzt, die von der Gemeinde einge-
schlagene religiöse Richtung räumlich umzusetzen.

Räumliche Anforderungen für den Bau einer Synagoge

Ganz im Gegensatz zur Bautradition des Typus Kirche oder Moschee, die
über mehrere Jahrhunderte eine lineare und kontinuierliche Entwicklung
erfahren hat, weist die Geschichte des Synagogenbaus keine Kontinuität
auf. Die oft schwierige rechtliche Lage im Umfeld ihrer Gastländer ver-
unmöglichte es den jüdischen Gemeinschaften, repräsentative Bauten zu
erstellen, d.h. Bauten, die auch nach außen hin klar als Synagoge zu
erkennen waren. Der Umstand, dass der jüdische Gottesdienst in keiner
Art und Weise an einen Raum gebunden ist, bestärkte dies. Oft entspricht
ein einfacher Raum in einer privaten Wohnung den räumlichen Ansprüchen einer Synagoge, ohne nach außen hin erkennbar zu sein.

Während des Gottesdienstes entsteht ‹Heiligkeit› nicht durch die Ausgestaltung des Raumes oder das Vorhandensein der Tora (der Schrift-
rollen mit den fünf Büchern Mose), sondern allein durch das Zustande-
kommen des sogenannten Minjan, einer Betgemeinschaft von mindestens
10 Männern.

Exkurs: Gottfried Semper

1840 wurde in Dresden die neue Synagoge der dortigen jüdischen Gemeinde eingeweiht. Der Bau erlangte bald weite Bekanntheit. Ihr Erbauer,
Gottfried Semper (vgl. Fröhlich 1991), hatte zwar die Fassaden in neu-
romanischen Stil gestaltet; im Innern jedoch überraschte der Bau durch
die konsequente Verwendung von orientalisierenden Formen und Ornamenten. Der quadratische Grundriss mit zentraler Kuppel lehnte sich
stark an das Volumen byzantinischer Kirchen und die Machart von
Moscheen an.

1855 wurde Semper an die neu gegründete Eidgenössische Technische
Hochschule nach Zürich berufen, wo er bis 1871 als Dozent wirkte. Im
Rahmen seines Lehrganges ließ er seine Studenten schon 1859 eine Syn-
agoge entwerfen, zu einem Zeitpunkt also, zu dem in Zürich noch gar
keine jüdische Gemeinde bestand und nur einigen wenigen jüdischen
Zuwandern der Aufenthalt in der Zwinglistadt erlaubt worden war. In den

Abb. 1   Synagoge Dresden, Arch. Gottfried Semper, 1840. Erster Synagogeninnen-
raum mit maurischen Ornamenten.

Vorgaben zum Entwurf, für die im Wesentlichen das Raumprogramm der
Dresdner Synagoge übernommen wurde, charakterisierte er den Stil des zu

entwerfenden jüdischen Gotteshauses: «Charakter ernst, gottesdienstlich, byzantinische und orientalische Anklänge sind für ihn bezeichnend.»[1]

Die Synagoge wurde also zur öffentlichen Bauaufgabe erhoben, die unbestritten zum Repertoire angehender Architekten zu gehören hatte. In diesem Sinne wurde der Aspekt der Emanzipation und Integration der neuen jüdischen Mitbürger Teil des gesellschaftlichen und kulturellen Lebens.

Nach dem Bau der Dresdner Synagoge entstand in Deutschland eine Vielzahl von Synagogen (vgl. Hammer-Schenk 1981), die nicht nur im Innern orientalische Muster aufwiesen, sondern deren Fassaden ebenfalls orientalisches Formengut besaßen. Mit der Verwendung dieses Stils waren die Architekten überzeugt, den passenden Stil für das sich emanzipierende, neu entstehende jüdische Bürgertum gefunden zu haben.

Von jüdischer Seite wurde dieses Konzept übernommen und verinnerlicht. Man verstand sich als Volk aus der Wüste, eine religiöse Gemeinschaft, deren Ursprung durch die Offenbarung, den Erhalt der Zehn Gebote am Berge Sinai, begründet war. Verstärkt wurde diese Entwicklung durch das Aufkommen des Orientalismus in der bildenden Kunst, dessen Einfluss in Synagogen vor allem in der Gestaltung der Innenräume zu finden ist. Der verwendete orientalisierende Stil wird heute meist pauschal als maurischer Stil bezeichnet.[2]

Lengnau und Endingen

Bis zur zweiten Revision der Schweizerischen Bundesverfassung von 1866 durften sich Juden in der Schweiz lediglich in den beiden Aargauer Dörfern Endingen und Lengnau niederlassen.

1   Von Semper an seine Studenten an der ETH gestellte Planungsaufgabe für eine Synagoge, 1859. GTA, Nachlass Gottfried Semper.
2   Die Mauren, ein arabisch-berberisches Volk Nordafrikas, drangen 711 ins christliche Spanien ein, um dieses dem Islam zu unterwerfen. Bis zur Reconquista im Jahr 1492 war das Land geprägt von einer kulturell hochstehenden Epoche, die durch das friedliche Zusammenleben von Juden, Christen und Muslimen geprägt war. Die maurische Architektur wurde vor allem durch den populären Bau der Alhambra vertreten, die mächtige Stadtburg auf den Hügeln Granadas, die später manchem Architekten des Historismus als Vorbild diente.

Wegen der Baufälligkeit der beiden schon in der Mitte des 18. Jahrhunderts entstandenen Synagogen sahen sich die Landgemeinden gezwungen, neue Gotteshäuser zu bauen. Entsprechend der rechtlichen Lage hatte die Bewilligung für den Bau durch die Aargauer Behörden zu erfolgen. Die Wahl des Architekten für das neue Gotteshaus fiel in Lengnau auf Ferdinand Stadler, in Endingen auf Caspar Jeuch, beide erfahrene Architekten, die bereits mehrere Kirchen entworfen hatten.

In diesem Sinne vollzogen die Gemeinden einen assimilatorischen Akt, indem man den Bau der Synagoge in die die Hand erfahrener und ausgewiesener Kirchenbauer legte.

Abb. 2   Synagoge Lengnau, 1847, Architekt Ferdinand Stadler.

Abb. 3   Endingen, 1852, Architekt Joseph Caspar Jeuch

Die Protokolle aus der Zeit der Planung und der Bauausführung zeigen klar auf, dass den beiden Architekten nie Vorgaben oder Anregungen über die äußere formale Ausgestaltung der Gotteshäuser gemacht wurden. Die in den Gemeinden oft zu heftigem Streit führenden Auseinandersetzungen betrafen vor allem die Anordnung der Bimah, des Lesepultes: Dieses sollte der Tendenz der damals erstrebten liturgischen Reform entsprechend aus der Mitte des Raumes nach Osten zum Toraschrank hin verlegt werden.

Während Stadler für den Bau der Lengnauer Synagoge (1847) den oft auch für Kirchenbauten verwendeten Rundbogenstil bevorzugte, entstand das von Jeuch geplante und fünf Jahre nach der Lengnauer Synagoge eingeweihte Gotteshaus (1852) in maurischem Stil, der bis anhin in der Schweiz noch kaum Verwendung gefunden hatte. Einerseits war man also bemüht, sich mit ansehnlichen Bauten dem Christentum gegenüber als gleichwertig darzustellen, andrerseits verlieh der Griff nach einem neuen, fremdländischen Stil der Synagoge eine eigenständige Identität.

Die beiden Bauten erfüllten jedoch nicht nur die Ansprüche der beiden jüdischen Gemeinden, auch die Aargauer Behörden verbanden mit dem Bau der beiden Synagogen manipulative Absichten: Gottesdienste außerhalb der Synagoge, die es zu jener Zeit sehr wohl gab, wurden generell untersagt, Erlasse und Gesetze mussten *ex cathedra* in der Synagoge verkündet werden.

Anlässlich der Einführung des Gesetzesentwurfs betreffend die Emanzipation der Juden vom 15. Mai 1862 schilderte Augustin Keller in seiner Rede vor dem Großen Rat des Kantons Aargau unmissverständlich die Absichten des neuen Gesetzesentwurfs:

«[...] dass sie [die Israeliten: d. Verf.] ihren verderblichen Schacher- und Wucherverkehr mit einem edlen Geschäfts- und Berufsleben vertauschen, dass sie überhaupt auf die Höhe des übrigen sozialen und gesitteten Lebens gebracht [werden, damit: d. Verf.] ihre Bildung eine andere, dem Wesen, den Sitten, den Verhältnissen unseres Landes angemessene und ähnlichere werde. [...] Die Juden weg vom Wucher und Handel zu gleichwertigen Bürgern zu formen.»[3]

Genf

Der in Genf durch eine Volksabstimmung im Jahr 1849 gefällte Entscheid, die alten Stadtmauern niederzureißen, war für die städtebauliche Entwicklung der Stadt von großer Tragweite. Es entstanden großzügige Boulevards entlang dem neuen «Ring» der Rhonestadt. Die vom Radikalen James Fazy 1846 durchgesetzten politischen Änderungen führten zur Öffnung gegenüber religiösen Minderheiten. Diesen wurden Grundstücke zum Bau ihrer Tempel und Gotteshäuser unentgeltlich auf dem durch den Abbruch der Befestigungswälle entstandenen Bauland zur Verfügung gestellt. Es entstanden Bauten wie die englische Kirche (1851), die russisch-orthodoxe Kirche (1866) und der Freimaurertempel, der 1860 in unmittelbarer Nähe der Synagoge seiner Bestimmung übergeben wurde.

1859 fand die festliche Einweihung der neuen Synagoge Genfs statt, der auch etliche Vertreter der Kirchen und der Genfer Regierung beiwohnten (vgl. Peçon 1998).

---

3   Rede von Augustin Keller am 15. Mai 1862 vor dem Großen Rat zur Einführung des Gesetzesentwurfs betreffend die Emanzipation der Juden, zitiert aus Keller 1922: 352–364.

Sorrieu,lith.   Briquet & fils Ed a Genève.   Imp Lemercier Paris

La Synagogue, le Temple unique, le Conservatoire et le Théâtre à Genève.

Abb. 4   Die Synagoge in Genf: In der Mitte der Freimaurertempel, links davon die Synagoge, dahinter Konservatorium und Theater. Lithografie o.D.

Sowohl von jüdischer als auch von nichtjüdischer Seite wurde der Gemeinde attestiert, dass die für den Bau gewählten orientalischen Anklänge dem Ursprung der Tradition des Judentums entsprächen: «Il nous a paru parfaitement approprié au culte auquel il est destiné»[4], konnte man nach der Einweihung im Journal de Genève lesen, und der in Paris erscheinende *Univers Israélite* bestätigte die glückliche Wahl des orientalischen Stils für die Ausgestaltung des neuen Baus: «Avec son grand dôme au centre et ses minarets aux quatre coins notre temple représente un véritable temple oriental, tout à fait conforme à l'origine et aux traditions de notre religion.»[5]

4   *Journal de Genève*, 3.7.1859.
5   *L'Univers Israélite*, August 1859, zitiert nach Jarrassé 1997: 226.

Abb. 5   Synagoge Genf, Lithografie o.D.

Basel

Die Entstehungsgeschichte der Basler Synagoge stellt eines der wenigen Beispiele dar, bei denen aufgrund der Archivbestände nachgewiesen werden kann, dass es vor allem die Auftraggeber waren, die dem Architekten ihre formalen Vorstellungen für den Bau ihres neuen Gotteshauses aufzwangen.

Indem man sich auf das Genfer Vorbild berief, stellte die Basler Gemeinde an den Stadtrat den Antrag, der Kanton möge der jungen und finanzschwachen Gemeinde ebenfalls unentgeltlich ein Grundstück zur Verfügung stellen. Nach abschlägigem Entscheid entschloss man sich zum Kauf einer Parzelle außerhalb der alten Stadtgrenzen. Als Planer verpflichtete man den jungen Architekten Hermann Gauss (1835–1868).

Nach zwei vorgängigen Entwürfen für die Synagoge, die wegen des verwendeten neu-romanischen Stils in keiner Weise den Vorstellungen des Gemeindevorstandes entsprachen, verpflichtete man den jungen Architekten, «mit den Mitgliedern der Baukommission [...] eine Reise zu machen, um verschiedene Synagogen miteinander zu studieren. Die Reisekosten übernimmt die Baukommission.»[6]

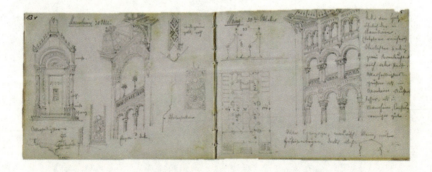

Abb. 6   Skizzenbuch von Hermann Gauss, links Zeichnungen der Fassade, rechts Detailstudien der Synagoge Stuttgart. Fotografiert von Michael Richter.

6   Staatsarchiv des Kantons Basel-Stadt, PA 128, Archiv H. Gauss.

Abb. 7 Dritter, definitiver Entwurf der Synagoge Basel von Architekt Hermann Gauss. . Fotografiert von Michael Richter.

Ein kleines Skizzenheft[7] mit Zeichnungen der auf der Reise besuchten Gotteshäuser dokumentiert den Lernprozess des jungen Architekten, der mit seinem dritten und definitiven Entwurf seinen Abschluss fand. Dieser übernahm das orientalisierende Vokabular besuchter französischer und deutscher Synagogenbauten, verbunden mit dem Grundrisskonzept eines Zentralbaus, wie er schon wenige Jahre zuvor in Genf realisiert worden war.

St. Gallen und Zürich, Chiodera und Tschudy

Von besonderer Bedeutung für die Entwicklung des schweizerischen Synagogenbaus waren das Zürcher Architekturbüro Chiodera und Tschudy, aus dessen Werkstatt die Synagoge von St. Gallen und diejenige an der Zürcher Löwenstraße stammen.

7   Staatsarchiv des Kantons Basel-Stadt, PA 128, Archiv H. Gauss.

Für beide Synagogen wählten die Architekten Chiodera und Tschudy, letzterer Absolvent der Eidgenössischen Technischen Hochschule und Schüler Sempers, den maurischen Stil als Ausdrucksmittel einer eigenständigen jüdischen Architektur. Die 1884 in Zürich eingeweihte Synagoge entstand vier Jahre nach dem Bau der St.Galler Synagoge. Letztere wurde bis heute in ihrem Originalzustand bewahrt, ihr Innenraum nie verändert; dies ganz im Unterschied zur Zürcher Synagoge, die mehrere Male umgebaut wurde und an deren bewegter Geschichte die Veränderung der ideellen Ansprüche der jüdischen Gemeinde an ihr Gotteshaus nachvollzogen werden kann.

Abb. 8   Synagoge Zürich, 1884, Architekten Theophil Tschudy und Alfred Chiodera, historische Aufnahme.

Abb. 9 Innenaufnahme Synagoge St.Gallen, 1880, Architekten Theophil Tschudy und Alfred Chiodera. Fotografiert von Michael Richter.

In Zürich war man bemüht, den prächtigen Bau noch vor Eröffnung der Landesausstellung von 1883 einzuweihen, um den zahlreich erhofften, vom Bahnhof an den See promenierenden Besuchern den schmucken Bau präsentieren zu können. Die Einweihung des Gotteshauses erfolgte jedoch erst 1884, ein Jahr später. Schon im Vorfeld der Eröffnung hatte die Neue Zürcher Zeitung über das Bauvorhaben berichtet. Man bedaure, dass

> «die Synagoge an eine Zinshaus-Gruppe angebaut werden musste, ein Umstand, welcher der freien Entfaltung des architektonischen Geistes selbstverständlich hinderlich in den Weg trat und namentlich einen ausgeprägten Kuppelbau unmöglich gemacht hat. Man muss es unbegreiflich finden, dass die städtischen Behörden bei Errichtung solcher monumentaler Bauten nicht die Initiative ergreifen, um denselben einen würdigen Platz anzuweisen, da doch solche Gebäude, wenn sie eine glückliche Lage erhalten, zur Verschönerung der Stadt wesentlich beitragen.»[8]

Der damalige Stadtbaumeister wurde als Gutachter beigezogen, um die, von der Gemeinde veranlassten Projekte zu beurteilen. In der Zürcher

8   *Neue Zürcher Zeitung*, 10.9.1884.

Sektion des Schweizerischen Ingenieur- und Architektenverbandes wurde wiederholt über diese Projekte diskutiert.

David Bürkli, Herausgeber des bekannten Zürcher Jahreskalenders, widmete dem neuen jüdischen Gotteshaus einen ausführlichen Artikel und wies dabei auf die Ähnlichkeit des Baus zu einer Moschee hin: «Wer je die Abbildung z.B. einer ägyptischen Moschee gesehen, wird sofort gewahr, dass diese Mannigfaltigkeit des farbigen Materials einer Anordnung der arabischen Moscheen-Architektur, speziell in Kairo, entspricht.»[9] Von größerer Bedeutung bezüglich der religiösen aber vor allem sozialen Differenzierung jedoch ist sein Kommentar über die Emanzipation der Juden in der Schweiz, die nun sicher auch durch den Bau eines eigenen Gotteshauses ihre glückliche Fortsetzung finden werde. Bürkli verband mit dem Bau die Hoffnung auf «ihre Erlösung aus den starren religiösen Fesseln, ihre Befreiung von den nationalen Vorurtheilen und die Abstreifung ihrer üblen Rassegewohnheiten – kurz, um einen frivolen Ausdruck zu gebrauchen – ihre Entjüdelung».[10]

Die hier erwähnten wenigen Beispiele zeigen, wie die Entwicklung des Bautypus Synagoge in seiner Anfangsphase ab der Mitte des 19. Jahrhunderts einerseits stark geprägt wurde durch die Ausbildung der Architekten an den neu entstehenden Hochschulen; andrerseits entsprach die Verwendung orientalischer Stilmittel dem Wunsch der in den Städten neu entstehenden jüdischen Gemeinden nach Selbstdarstellung und dem Willen, bei der formalen Gestaltung ihrer neuen Gotteshäuser eigenständig vorgehen zu können. Das christliche Umfeld wiederum verstand die Bauten als eine Art jüdischer Moscheen, und besonders das Element des Minaretts wurde in den zahlreichen Berichten immer wieder zur jüdischen Stilikone erhoben.

Abkehr vom Orientalismus

Fünfzig Jahre später konnten sowohl die Zürcher wie auch die Basler Gemeinde den orientalisierenden Schnörkeln und Mustern keine Bedeutung mehr abgewinnen. Die Überlegungen und Absichten der einstigen Vorsteher der Gemeinde, die zur Wahl des maurischen Stils geführt

9   Die neue Synagoge in Zürich, in: *Neue Zürcher Zeitung*, 10.9.1884.
10 Bürkli 1886: 17.

hatten, konnten nicht mehr nachvollzogen werden. Der Zionismus und der damit verbundene Aufbau des jüdischen Staates in Israel waren ins Zentrum der Gemeindeaktivitäten geraten. Vor diesem Hintergrund entsprach der maurische Baustil in keiner Art und Weise dem im neuen Staat angestrebten Image einer modernen, von westlichen Vorstellungen geprägten Gesellschaft.

Die beiden Synagogen in Basel und Zürich wurden in ihrem Innern einer drastischen Purifizierung unterworfen, 1936 in Zürich, 1947 in Basel. Alle Wände wurden grau übermalt und sämtliche Schnörkel und Verzierungen aus der Synagoge verbannt.

Noch vor diesen Umbauten hatte die Israelitische Cultusgemeinde Zürich versucht, mit einem neuzeitlichen, modernen Entwurf für eine Monumentalsynagoge ihr auf dem Höhepunkt angelangtes Selbstwertgefühl nach außen zu tragen. Ein 1930 international ausgeschriebener Wettbewerb sollte der Gemeinde entsprechende Publizität verschaffen.

Der damalige Stadtbaumeister Hermann Herter (1847–1947) hatte die Gemeinde auf ein Grundstück in Zürich-Enge aufmerksam gemacht und mit einigen eigenen Skizzen dessen Überbaubarkeit überprüft. Mit der beabsichtigten Aufgabe der Synagoge Löwenstraße und dem Erwerb des 4700 Quadratmeter großen Grundstücks hatte die Gemeinde einen Quantensprung vollzogen.

In der Frage, ob nur jüdische oder auch nichtjüdische Architekten zum Wettbewerb eingeladen werden sollten, sah man sich einem Gewissenskonflikt ausgesetzt: Sollte man sich gegenüber jüdischen Architekten solidarisch verhalten oder eher den staatsbürgerlichen Pflichten der israelitischen Gemeinde nachkommen?

> «Wir sehen vor, unter den Architekten zwei Gruppen, die uns am nächsten stehen, nämlich unsere Mitbürger einerseits und die jüdischen Architekten andrerseits in der Weise zu berücksichtigen, dass wir zehn zürcherische, das heißt in der Stadt niedergelassene, und zehn jüdische Architekten, gleichviel welchen Wohnorts, begrüßen werden. Dadurch erreichen wir, dass wir sowohl hervorragende jüdische Architekten als auch den Großteil der schweizerischen jüdischen Architekten zur Mitarbeit gewinnen. Durch die Ladung von zehn meist zürcherischen Architekten erfüllen wir eine gute Bürgerpflicht.»[11]

11 Archiv ICZ, Protokoll der Generalversammlung vom 23. Dezember 1929.

Abb. 10   Siegerprojekt von Salomon Liaskowski. Wettbewerb «Im Venedigli» der
Israelitischen Cultusgemeinde Zürich, 1930.

Der erste Preis ging an den jungen jüdischen Architekten Salomon Lias-
kowsky aus Zürich.

Doch die anhaltende Wirtschaftskrise, das Aufkommen des Nationalsozialismus und die zunehmende Einwanderung von Flüchtlingen stellten
die Gemeinde auf eine harte Probe:

> «Waren unsere Hoffnungen auf einen baldigen Baubeginn schon durch die
> seit Ende 1929 dauernde wirtschaftliche Krise stark herabgeschraubt
> worden, so wurden sie bei vielen unter uns vollständig vernichtet durch
> Hitlers Wahlsieg und seine Machtergreifung im Beginn des Jahres 1933.
> Mehr als der wirtschaftliche Niedergang hat dem Baugedanken der Nati-
> onal-Sozialismus geschadet. Viele unserer Mitglieder haben Verwandte in
> Deutschland, für die sie nun sorgen müssen oder auch nur fürchten. Viele
> fürchten das Übergreifen der deutschen Mentalität auf die deutsche
> Schweiz und möchten den Anwürfen gegen die Juden keine Nahrung ge-
> ben durch die Erstellung eines Großen Bauwerkes.»[12]

Im November 1934 entschied die Gemeinde, auf die Realisierung des Pro-
jektes zu verzichten. Die Hälfte des Grundstückes wurde veräußert und auf
dem restlichen Grundstück der lang gehegte Wunsch nach einem eigenen
Gemeindehaus durch den gemeindeeigenen Architekten Louis Parnes erfüllt.

12   Archiv ICZ, Saly Levy, Bericht über die Geschichte des Venedigli.

Abb. 11 Synagoge Porrentruy, 1874, Aufnahme während des Abbruchs im Jahr 1883.

Der Umgang mit historischer Bausubstanz

Noch 1883 war es möglich gewesen, die Synagoge von Porrentruy zu ver-
kaufen und abreißen zu lassen. Das gleiche Schicksal widerfuhr der Synagoge von Avenches, die 1958 abgebrochen wurde. Für den Schweizerischen Israelitischen Gemeindebund, die Dachorganisation der jüdischen
Gemeinden der Schweiz, hatten beide Bauten ihren Sinn und Wert verloren und eine Erhaltung in Erinnerung an eine einst blühende Gemeinde
erschien ihm sinnlos.

Auf der Basis des durch die zerstörerischen Folgen des spekulativen
Bauens gewachsenen Selbstvertrauens der aufkommenden Denkmalpfle-
gebewegung wurden die meisten schweizerischen Synagogen ab den
siebziger Jahren des 20. Jahrhunderts unter Schutz gestellt.

Als die Israelitische Cultusgemeinde Zürich nach 1980 wiederum in
Erwägung zog, ihre Synagoge an der Löwenstraße umzubauen, führte dies
unter ihren Mitgliedern zu heftigen und intensiven Diskussionen über
Sinn und Zweck des geplanten Bauvorhabens. Ein Großteil der Gemeinde
konnte sich überhaupt nicht mehr mit dem Bau identifizieren, da er
keinen Freiraum ließ für die räumlichen Ansprüche einer modernen,
zeitgemäßen Auffassung der Liturgie. Vor allem die Frauen fühlten sich in

dieser Synagoge benachteiligt, da ihnen der Blick zum Almemor (dem Ort der Toraverlesung) durch die Form und Gestaltung der Galerien verwehrt wurde. Die 1992 mit dem beschlossenen Umbau gestellte Aufgabe lautete dann, das alte Gotteshaus – mangels einer besseren Alternative – den modernen Bedürfnissen anzupassen; dies so kostengünstig wie möglich und unter Umgehung der Auflagen der Denkmalpflege, die dem Bau nun als kunsthistorisch wertvolles Projekt mehr Bedeutung zuwies als die Mehrheit der Mitglieder der Israelitischen Cultusgemeinde selbst. Nach einigen turbulenten Gemeindeversammlungen beschloss man eine Minimalvariante mit dem bezeichnenden Namen «0-Plus».

Die Geschichten der Synagogen Basels und Zürichs und der Blick auf die beiden abgerissenen Synagogen weisen auf den Wandel der Bedeutung jüdischer Gotteshäuser hin: Das sich in seiner Wertestruktur oft wandelnde Judentum sucht und findet immer wieder neue Inhalte, die es in neuen Formen zu verpacken gilt. Die Behörden aber und insbesondere die Denkmalpflege gehen von einem eher statischen Verständnis der Bauten aus, die sie für die Nachwelt dokumentieren und erhalten wollen.

Synagogenbau heute

Zurzeit entstehen vor allem im deutschen Raum etliche neue Synagogen, eine Folge des raschen Anwachsens der Gemeinden durch die Zuwanderung von Juden vor allem aus osteuropäischen Staaten.

Deutsche Architekten, jüdische wie nicht jüdische, versuchen mit neuen Konzepten und Formen das Dunkel der Vergangenheit zu überwinden und neue Perspektiven aufzudecken für die Legitimierung des neu entstehenden deutschen Judentums. Erste Synagogen entstanden in den fünfziger und sechziger Jahren. Erwähnt sei hier als Beispiel die Neue Synagoge in Karlsruhe.

Das 1971 eingeweihte Gotteshaus[13] versucht als zentralsymmetrischer Bau mit der Grundreform des Davidsterns, althergebrachte Symbole in neuzeitlicher Baumanier zu verwerten. Ebenso erwähnt seien die kürzlich eingeweihte Synagoge von München, Zwi Heckers Synagogenbau von Duisburg oder Sempers Nachfolgebau in Dresden, denen sowohl von jüdischer Seite

---

13 Synagoge in der Knielinger Allee, Einweihung am 4.7.1971, Architekten Backhaus & Brosinsky, Karlsruhe.

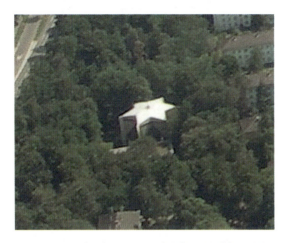

Abb. 12   Synagoge Karlsruhe, 1971, Architekten Backhaus & Brosinsky.

wie auch von der Architekturszene viel Aufmerksamkeit gezollt werden. Etwas weniger auffällig ging am 9. November 2008 die Einweihung der neuen Synagoge des Städtchens Lörrach in unmittelbarer Nähe zu Basel über die Bühne.

Die Bauten verstehen sich einerseits als Beitrag zur Findung einer neuen, zeitgemäßen Identität neu entstehender jüdischer Gemeinden, andererseits sind sie auch als Beitrag Deutschlands an die Vergangenheitsbewältigung zu sehen. Dementsprechend werden sie zu einem maßgeblichen Teil von Bund und Ländern finanziert.

In der Schweiz verhält sich dies anders: Die nach dem Krieg entstanden Synagogenbauten beanspruchen nicht mehr die Funktion der Repräsentation, wie dies bei den ersten Synagogenbauten der Fall gewesen war. Nach vollzogener Emanzipation und Akkulturation werden die jüdischen Gotteshäuser als Zweckbauten verstanden, befreit von aufwendigen Formen, ganz im Trend einer funktionalen Architektur. Sie sind von außen her kaum mehr als Synagogen erkennbar. Erwähnt sei hier die 1963 eingeweihte Synagoge der Agudas Achim an der Weststrasse, einer streng Toratreuen Gemeinde. In Genf entstand 1973 die mit 1000 Sitzplätzen größte Synagoge der Schweiz, Hechal Hanes, die der dortige sephardische Unternehmer Nissim Gaon als Privatmann errichten ließ. Die Synagoge liegt in einem Grundstück im Innern einer Blockrandbebauung, und kann daher von der Straße her kaum eingesehen werden. «Nicht auffallen» heißt hier das Konzept. Teile des Volumens sind erdüberdeckt, und nur wenigen Genfern ist es bewusst, dass sich hier die größte Synagoge der Schweiz befindet.

Ebenfalls in Genf wurde am 15. März 2010 die neue Synagoge der Liberalen Gemeinde Genfs eingeweiht. Die Architektur der Synagoge lehnt sich nach Aussage der Gemeinde und des Architekten an die Form eines Schofars, des an Jom Kippur geblasenen Widderhorns, an.

Das Haus enthält auch Versammlungs- und Schulräume, die ebenso bestimmend für die Formgebung sind wie der für den Gottesdienst bestimmte Raum.

Auch hier noch wurde die Einweihung selbst zum Medienspektakel. Das Ereignis fand breite Beachtung und wurde auch in der Tagesschau des Schweizer Fernsehens gesendet. Sinnbildlich für die vollzogene Emanzipation zu guten und pflichtbewussten Schweizerbürgern ließen die Organisatoren zur festlichen Einweihung nicht etwa den Schofar ertönen, sondern Schweizer Alphornklänge, vom Almemor geblasen, trugen zur festlichen Einweihung bei.

Abb. 13   Alphornbläser anlässlich der Einweihungsfeier der Communauté Israélite Libérale de Genève, 2010. Architekten GA Groupement d'Architectes SA, Genf.

Literaturverzeichnis

Bürkli, David (1886): David Bürklis Züricher Kalender nebst Monatskalender und Münz- und Maßvergleichungen aus dem Jahr 1886, Zürich: [s.n.].

Danby, Miles (1995): Moorish Style, London: Phaidon Press.

Epstein-Mil, Ron (2008): Die Synagogen der Schweiz. Bauten zwischen Emanzipation, Assimilation und Akkulturation, Zürich: Chronos.

Fröhlich, Martin (1991): Gottfried Semper, Zürich: Verlag für Architektur.

Hammer-Schenk, Harold (1975): «Ästhetische und politische Funktionen historisierender Baustile im Synagogenbau des ausgehenden 19. Jahrhunderts». Kritische Berichte 3(2/3).

Hammer-Schenk, Harold (1981): Synagogen in Deutschland, Hamburg: Christians.

Hunziker, Edith/Ralph Weingarten (2005): Die Synagoge von Lengnau und Endingen und der jüdische Friedhof, Bern: Gesellschaft für Schweizerische Kunstgeschichte.

Goetschel, Edi (1984): Die ICZ-Synagoge Löwenstrasse in Zürich, Sonderdruck der Jüdischen Rundschau für die ICZ-Mitglieder.

Jarrassé, Dominique (1997): Une histoire des synagogues françaises. Entre Occident et Orient. Arles/ Paris: Actes Sud.

Kaufmann, Robert Uri (1985): «Swiss Jewry. From the Village to the City, 1780–1930, London». Leo Baeck Institute Year Book 30, S. 283–299.

Kaufmann, Robert Uri (2005): «Zur Akkulturation der Juden in Zürich 1850–1900». In: Peter Niederhäuser/Anita Ulrich (Hg.), Fremd in Zürich – fremdes Zürich? Migration, Kultur und Identität im 19. und 20. Jahrhundert, Zürich: Chronos, S. 11–25.

Kaufmann, Robert Uri (2005): «Das Bild vom Judentum bei Augustin Keller». In: Yvonne Leimgruber et al. (Hg.), Pädagoge – Politiker – Kirchenreformer. Augustin Keller (1805–1883) und seine Zeit, Baden: hier + jetzt, S. 123–132.

Koppelkamm, Stefan (1987): Der imaginäre Orient. Exotische Bauten des achtzehnten und neunzehnten Jahrhunderts in Europa, Berlin: Ernst.

Künzl, Hannelore (1984): Islamische Stilelemente im Synagogenbau des 19. und frühen 20. Jahrhunderts, Frankfurt/M.: Lang.

Nordemann, Dr. Theodor (1955): Zur Geschichte der Juden in Basel 1805–1955, Basel: Brin.

Peçon, Yves (1998): «La synagogue de Genève». Patrimoine et architecture 4.

Picard, Jacques/Epstein, Ron (2005): «Synagogen – zwischen religiöser Funktion und räumlicher Inszenierung». Kunst + Architektur in der Schweiz 56.

Rosenau, Helene (1977): «Gottfried Semper and the German Synagogue Architecture». Leo Baeck Institute Year Book 22, S. 237–244.

Wildi, Tobias (1998): «Abwanderung im Surbtal – Zuwanderung in Baden. Die Veränderung der jüdischen Wohn- und Berufsstruktur 1840–1920». Badener Neujahrsblätter, S. 43–58.

Visuelle Selbstrepräsentation islamischer Identität in Deutschland: Konfliktanlässe und -kontexte im Wandel

Jörg Hüttermann

1 Plädoyer für eine soziologische Erklärung

«Das ist die wahre Symbolik, wo das Besondere das Allgemeinere repräsentiert, nicht als Traum und Schatten, sondern als lebendig augenblickliche Offenbarung des Unerforschlichen.» (Goethe 1826, nach Schütz 1971: 411) Sieht man einmal von der romantischen Anrufung des Unerforschlichen ab, so enthält diese Definition einen wesentlichen Aspekt dessen, was ein Symbol ausmacht: nämlich die Tatsache, dass es auf etwas verweist, was nicht unmittelbar anwesend ist, aber durch diesen Verweis zur Anwesenheit gebracht wird. Aus soziologischer Sicht ist ein Symbol – etwa ein Minarett oder ein Gebetsruf – nicht allein deshalb, was es ist, weil es für sich selbst stünde oder spräche, sondern es ist dadurch charakterisiert, dass es für etwas Abwesendes steht, das Menschen mit ihm verbinden. Dass eine islamische Präsenzform etwas Abwesendes (gegebenenfalls auch Vergangenes oder Zukünftiges) zur gegenwärtigen Anwesenheit bringt, ist mithin nicht das Verdienst des für sich seienden «Gegenstands» (eines Bauwerks oder einer Schallemission), sondern das Ergebnis sozialer Handlungen und kognitiver Akte.

Solche Zuschreibungs- und Verständnisakte bringen soziale Strukturen hervor; sie beruhen aber auch selbst auf Voraussetzungen. So sind sie in divergierende Interessenlagen eingebunden und von Intergruppenbeziehungen affiziert, die sich ihrerseits im Laufe der Zeit herausgebildet haben. Aktuelle Debatten um Moscheekonflikte in der deutschen Einwanderungsgesellschaft übergehen häufig die Zeit- und Interessenbedingtheit der besagten Deutungs- und Zuschreibungsakte. Zwar werden Konflikte um das Für und Wider der baulichen Präsenz islamischer Symbole z.T. unter Bezugnahme auf epochenübergreifende Kultureigenschaften und historisch gewachsene Mentalitäten diskutiert. So seien Muslime – dies eine weiter unten zu diskutierende Position – nicht mit den jüdisch-christlich-abendländischen Traditionen, Mentalitäten und institutionellen Errungenschaften verträglich, die, scheinbar geschichtsnotwendig, in den modernen liberalen Rechtsstaat hinübergewachsen seien. Angesichts solcher geschichtsphilosophischer Argumente fällt auf, dass die unmittelbar historisch-soziale Einbettung des Konflikts um islamische Symbole in die deutsche Gesellschaft meist nicht zureichend gewürdigt wird. Wichtige Aspekte der Soziogenese des sozialen Konflikts bleiben deshalb im Dunkelfeld der wissenschaftlichen Debatte.

Konflikte um islamische Präsenzformen und die sie begleitenden Deutungskämpfe sind in die junge Geschichte der deutschen Einwanderungsgesellschaft selbst eingebunden. Der vorliegende Beitrag zeigt dies durch die figurationssoziologische Analyse des ‹Konflikts vor dem Konflikt›. Er wendet sich damit nicht allein gegen die Geschichts- und Kontextvergessenheit der Debatte; die figurationssoziologische Analyse soll darüber hinaus auch als Instrument der Konfliktursachen- und Konfliktfolgenanalyse dienen. Vor diesem Hintergrund geht es um die Beantwortung dreier Grundfragen:

1. Warum nehmen Konflikte um die Errichtung und Nutzung von Moscheen seit den 90er Jahren des 20. Jahrhunderts nicht nur zahlenmäßig zu, sondern avancieren auch mehr und mehr zu öffentlich bewegenden Themen?
2. Was ist die soziale Natur dieser Konflikte?
3. Welche möglichen Rückwirkungen haben diese Konflikte auf unsere Gesellschaft?

Abschnitt 2 soll zeigen, dass und wie sich Intergruppenbeziehungen und Interaktionsmuster gewissermaßen aus dem Figurationsprozess der frühen Einwanderungsgesellschaft herausschälen, um sich *peu à peu* in einen rangordnungsbezogenen Intergruppenkonflikt zu verwandeln, der in seiner gegenwärtigen Phase die Gestalt eines Kulturkonflikts anzunehmen scheint. Zu diesem Zweck werden vier Sequenzen des Figurationsprozesses der deutschen Einwanderungsgesellschaft herausgearbeitet. Die Sequenzierung erfolgt nach Maßgabe der für jede einzelne Sequenz charakteristischen Interaktionsrollen und Interdependenzen migrationsbezogener Gruppen (Figuration).[1]

---

1 Um den selbst von Migrationsforschern oft übersehenen Sachverhalt der wechselwirkenden Konstitution sozialer Gruppen in der Einwanderungsge-

In Abschnitt 3 soll herausgearbeitet werden, warum gerade Zuwande-rer aus muslimisch geprägten Herkunftsregionen im Fokus des Rangord-nungskonflikts bleiben, während andere Gastarbeiternachfahren als un-auffällig gelten. In Abschnitt 4 werden einige der seit den 90er Jahren zu beobachtenden Konflikte um islamische Präsenzformen im Lichte der Sequenzen des Figurationswandels betrachtet. Dabei zeigt sich, dass der figurationssoziologisch rekonstruierte soziale Kontext für die Analyse der Konflikte um islamische Symbole von besonderer Bedeutung ist. Folgt man dieser Analyseperspektive so kann man den aktuellen Konfliktdiskurs gleichsam von den Höhen vermeintlich unteilbarer Kulturwerte auf den irdischen Boden des Sozialen zurückführen (vgl. Abschnitt 5). Figurations-soziologische Erklärungen machen dann kulturalistische oder gar biolo-gistische Erklärungsansätze nicht nur hinfällig; sie zeigen auch, dass sol-che Positionen selbst Teil des Figurationswandels der deutschen Einwan-derungsgesellschaft sind und durch diesen selbst erklärt werden müssen.

2 Soziogenese des Konflikts

Es ist eine konfliktsoziologische Grunderkenntnis, dass die Wahrschein-lichkeit der Eskalation von Konflikten zwischen sozialen Gruppen, die in einem Verflechtungszusammenhang stehen, dann zunimmt, wenn die ihnen zugrunde liegenden Machtbeziehungen sich verändern bzw. ver-schieben (vgl. Gaventa 1980: 23; Horowitz 2001: 525). Erst die Veränderung oder Destabilisierung von Machtbalancen sozialer Figurationen (ins-besondere durch verändertes Ausweichverhalten) birgt entsprechende

sellschaft zum Ausdruck zu bringen, verwenden wir im Folgenden die For-mulierung «migrationsbezogene Gruppen». Zu den die Einwanderungsgesell-schaft charakterisierenden Gruppen gehören aus figurationssoziologischer Sicht nicht nur Aussiedler, Gastarbeiternachfahren, Asylsuchende und andere Migrantengruppen, sondern auch die Alteingesessenen selbst. Zu einer mig-rationsbezogenen Gruppe werden Alteingesessene nicht durch ihre objektiv längere Wohndauer, sondern durch die sozialen Beziehungen, die sich aus der Interaktion unterschiedlicher Gruppen der Einwanderungsgesellschaft erge-ben. Erst wenn die Akteure der Einwanderungsgesellschaft sich wechselseitig mit Blick auf migrationsbezogene Gruppenkategorien qualifizieren und dabei auch auf die Wohndauer rekurrieren (bzw. auf die Geschichte der lokalen und nationalen Ansässigkeit ihrer Vorfahren), wird aus einem Ansässigen ein Alteingesesser – mithin das Mitglied einer migrationsbezogenen Gruppe.

Eskalationspotenziale. Sowohl klassische Revolutionstheorien (vgl. Marx/
Engels 1983; Tocqueville 1969) als auch moderne Theorien der sozialen
Identität (SIT) (vgl. Tajfel 1982: 63ff.) und empirische Studien, die sich mit
Gruppenkonflikten befassen (vgl. Davies 1969 und 1970; Miller/Bolce/
Halligan 1977; Gaventa 1980; Dubet 2002), gehen davon aus, dass Inter-
gruppenkonflikte durch sozialen Wandel bedingt werden (vgl. Feyerabend/
Feyerabend/Nesvold 1992). Einige Ansätze brechen diese sehr unspezifi-
sche Annahme herunter, indem sie die Bedeutung des ökonomischen und
sozialstrukturellen Wandels, den Zerfall politischer Systeme (vgl. Bwy
1972: 223ff.) oder die Rolle der Veränderung von Werterwartungen im
Verhältnis zu Wertrealisierungsmöglichkeiten in den Vordergrund rücken.
Die SIT stellen dagegen eher den nicht auf Struktureffekte reduzierbaren,
eigensinnigen und eigenlogischen Wandel von Intergruppenbeziehungen
selbst ins Zentrum ihrer theoretischen Überlegungen zu Konfliktursachen
(vgl. Tajfel 1982: 63ff.).

Wie sehen nun die Machtbeziehungen der maßgeblichen migrationsbezogenen Gruppen zu Zeiten der Gastarbeitermigration aus? Wie verändern sie sich? Warum wandeln sie sich? In welchen Sequenzen erfolgt
der Wandel? Die Antwort auf diese Fragen gibt die nachstehende figurationssoziologische Sequenzierung des sozialen Wandels der deutschen
Einwanderungsgesellschaft.

2.1 Sequenz I: Platzanweiser und Gäste

Zuwanderer der deutschen Einwanderungsgesellschaft (und überhaupt
aller Einwanderungsgesellschaften) finden keine *Tabula-rasa*-Situation
vor; sie betreten vielmehr eine normative soziale Ordnung. Diese ist in den
Rollen und Positionen, welche die Einwanderungsgesellschaft den Neu-
ankömmlingen zuweist, ebenso vergegenständlicht wie in den Zuschreibungen, mit denen sie diese versieht. Sie ist zudem vielen formellen wie
informellen Regeln zu entnehmen und besteht u.a. aus Arbeits-, Hy-
giene-, und Straßenverkehrsnormen, aus lebensweltlich sedimentierten
Selbstverständlichkeiten des ‹guten Benehmens›, der Bekleidung, des
öffentlichen und privaten Auftretens etc. Solche Normen sind entweder
verschriftlichte, gesatzte und verrechtlichte Regeln oder informelle,
lebensweltlich sedimentierte Normen. Soweit es die frühe deutsche Einwanderungsgesellschaft betrifft, verweisen sie auf das Gastrecht oder das,
was man in der (frühen) deutschen Einwanderungsgesellschaft dafür hält.

Soweit sie ihnen verständlich ist, unterwerfen sich Zuwanderer zunächst dieser Ordnung (vgl. Tabelle 1).

Charakteristische Interaktionsrollen in Sequenz I		
Alteingesessene	Akteure im Demarkationsbereich	Zuwanderer
Platzanweiser	Transmissionsakteure	der periphere Fremde (Gast)

Tabelle 1: Interaktionsrollen der frühen Einwanderungsgesellschaft.

Obwohl keine interkulturelle Konstante, bestimmt das Gastrecht doch seit Jahrtausenden das Verhältnis von ‹Fremden› und ‹Eigenen› (vgl. Pitt-Rivers 1992; Hüttermann 2006: 69ff). Bei allen kulturellen Besonderheiten wohnt dem Gastrecht ein hierarchisches Machtdifferenzial inne: auf der einen Seite der platzanweisende Hausherr oder auch Patron, auf der anderen Seite der Fremde als Schutzbefohlener und Gast, der keine Ansprüche stellt, sondern das, was kommt, mit gebotener Dankbarkeit entgegennimmt bzw. entgegennehmen soll.

Die normative Ordnung der Zuwanderungsgesellschaft begegnet den Zuwanderern erst einmal in der sozialen Figur des platzanweisenden Gastgebers. Gleich ob als Vorarbeiter oder Hausmeister, Ausbilder oder Lehrer, Polizist oder Schaffner, Amtsperson oder Vermieter, Verkäufer oder Nachbar, Kollege oder Mitreisender im Zugabteil – es sind Alteingesessene, die den Hinzugekommenen den ihnen zukommenden Platz weisen. Wenn nötig, geschieht dies mit Händen und Füßen.

Auf dem Arbeits- und Wohnungsmarkt, im Wohnumfeld und im Freizeitbereich nehmen die Zuwanderer entsprechend randständige soziale Positionen ein. Nicht nur im Erwerbsleben, sondern auch im öffentlichen Leben befinden sie sich im weitesten Sinne des Wortes «unter Tage».[2]

2   Selbst das Kabarett jener Zeit weist ihnen periphere Positionen zu: Entweder sie spielten die randständige Rolle eines gutwilligen, aber meist tollpatschig-naiven Zeitgenossen, der die herrschende Hausordnung immer wieder missversteht und somit lustige Situationen anstößt. Oder der Hinzugekommene verkörpert die (nur auf dem ersten Blick gegenteilige) Rolle eines total

Sowohl für älter eingesessene Platzanweiser als auch für die Hinzugekommenen sind die Grenzen zwischen oben und unten, zwischen Zentrum und Peripherie fraglos gültig. Weil sie so selbstverständlich sind, erscheinen sie allen Beteiligten als legitim. Die randständigen Plätze sind insbesondere im Legitimationsprinzip des Gastrechts und des Gewohnheitsrechts lebensweltlich verankert. Verstößt der randständige Fremde gegen die engere oder erweiterte Hausordnung der ‹Gastgebergesellschaft›, wird er zurechtgewiesen. Derartige Unter-, An- und Zurechtweisungen beginnen in jener Zeit häufig mit den Worten: «Bei uns in Deutschland ...».

Das folgende Zitat aus einem Interview, das der Autor 1997 mit einem ehemaligen Duisburger Betriebsrat führte, bringt die soziale Asymmetrie der frühen deutschen Einwanderungsgesellschaft auf den Punkt:

> «Und ich sag Ihnen dat mal so: Ich musste denen damals sogar Scheißen lernen. Wir hatten nen Hausmeister in den Häusern von Thyssen, da hat der Verwalter gesagt: ‹Passt mal auf. Hier wird dat so gemacht.› Nicht die Unterhose, aber die Hose [hat er] ausgezogen, hat sich hingesetzt und hat gesagt: ‹So, jetzt macht mal da rein.› Dolmetscher war dabei. Und dann putzt man ab oder nicht – je nachdem. Wir mussten denen wirklich beibringen, wie gekackt wird.»

Die Erwartung, dass der Schutzbefohlene sich den Anweisungen fügt, harmonierte mit einer engagierten Anpassungsbereitschaft der Zuwanderer. Zur Veranschaulichung sei ein Zitat aus einem Interview angeführt, das der Verfasser 1997 mit einem Polizisten führte, der als «Sheriff von Bruckhausen» in die Duisburger Stadtgeschichte eingegangen ist:

> «Mit der ersten Generation hatte ich ein enges Vertrauensverhältnis. Die vertrauten mir ja. Da konnt' ich sagen: ‹Mach das so und so!›, ne, dann haben die das gemacht, ne. Und das hat beiderseitigen Nutzen. [...]
> Da ist mal ein ganz dummes Ding passiert. Da kommt einer und sagt: ‹Die Nachbarn sagen mir, mein 17-jähriger Sohn [ist] nachts immer draußen. Ich habe ihm schon paar Mal [Bescheid] gesagt, [aber] er hört einfach nicht.›

angepassten Fremden, der den normativen Standards der geltenden Hausordnung besser zu entsprechen weiß als der ihm oft gegenübergestellte, anmaßende Platzanweiser; durch seine perfekte Anpassung an die bestehenden Standards verdient er sich jene Anerkennung, die der moralische Zeigefinger des Kabaretts einfordert.

> [...] Und zuletzt sage ich, so mehr so zum Spaß: ‹Wissen sie was, ich
> würd' mir von einem Siebzehnjährigen nicht so auf der Nase herumtanzen
> lassen. Zum Notfall würde ich ihn an die Heizung ketten, ne.› Er geht also
> weg, und am anderen Tag, ein Kollege von mir [...] guckt sich die Wohnung
> an und sieht, der Junge angekettet an der Heizung, hier eine Kette um den
> Hals und ein Schloss daran.»

Beide Zitate bringen neben der selbstverständlichen lebensweltlichen
Hierarchie auch zum Ausdruck, dass Sprachprobleme und entsprechende
Missverständnisse die reibungslose soziale Reproduktion der Rangordnung
von Platzanweisern und peripheren Fremden im Alltag mitunter stören
konnten. Vor diesem Hintergrund ist die Rolle der Transmissionsakteure
für die Figurationssequenz der Gastarbeitergesellschaft zu würdigen.

Transmissionsakteure vertreten die Position alteingesessener Eliten
gegenüber den Zugewanderten. Sie tun dies meist ganz ohne eigenes Sendungsbewusstsein. Sie wollen ihr Gegenüber nicht missionieren, nicht
verändern, erlösen oder assimilieren – wozu auch, steht ihrer Meinung
nach doch deren schlussendliche Rückreise außer Frage. Es geht ihnen
zunächst bloß darum, die Zugewanderten so einzupassen, dass nervenaufreibende und kostspielige Missverständnisse bzw. Konflikte ausbleiben.
Transmissionsakteure übertragen die geltende soziale Hausordnung –
wenn nötig mit Händen und Füßen – auf die Alltagskontexte der Begegnung von Alteingesessenen und Zuwanderern. Für diese Aufgabe werden
nicht nur autochthone, sondern auch und schließlich vor allem zugewanderte Akteure eingesetzt. Zur Einpassung der türkisch-kurdischen Minderheit werden z.B. Migranten eingestellt, die im Vorfeld und im Gefolge
des türkischen Militärputsches von 1980 immigriert waren. Dabei handelt
es sich meist um politisch Verfolgte, die häufig eine akademische Ausbildung vorzuweisen oder diese in Deutschland zum Abschluss gebracht
haben. Zwar werden diese Migranten selten offiziell als Dolmetscher beschäftigt; da aber Verwaltungen, Parteien, Schulen, Wohnungsbaugesellschaften und Wohlfahrtsorganisationen es zunehmend mit einer neuen
zugewanderten Klientel und entsprechenden Verständigungsproblemen
zu tun bekommen, rutschen diese sprach- und sozialkompetenteren
Migranten mit der Zeit gewissermaßen in die Dolmetscher- und Transmissionsrolle hinein.

Für diejenigen, die als Transmissionsakteure handeln, gibt es viel zu
tun. Sie werden in eine zwischen Platzanweisern und peripheren Fremden
gelagerte Transmissionsfunktion integriert (vgl. Jonker 2002: 9), bei der es

nicht nur um den Transport und die Übersetzung von Informationen der Platzanweiser, sondern auch um unmittelbar machtvolle Anweisungen geht. Sowohl in der Arbeitswelt als auch auf dem Felde der Politik, der Schule, im Wohnbereich und im Gesundheitswesen tragen Transmissionsakteure dazu bei, dass die als selbstverständlich und *qua* Selbstverständlichkeit legitim erscheinende Hierarchie zwischen Platzanweisern und randständigen Fremden gewissermaßen alle Interaktionsfelder der Einwanderungsgesellschaft durchdringt.

2.2 Sequenz II: Anwälte
Seit den 70er Jahren verändert sich die Figuration zwischen Alteingesessenen und Zuwanderern (vgl. Tabelle 2). Die Machtbalance verschiebt sich geringfügig zugunsten der Zuwanderer. Dies liegt zunächst einmal daran, dass die Gäste sich zunehmend auch als Arbeiter unter Arbeitern fühlen, um sich in die dominante Figuration von Arbeit und Kapital einzufädeln. Dabei nehmen sie gewissermaßen universale Klasseninteressen und Arbeiterrechte in Anspruch, welche die national verstandenen Grenzen der partikularen Gastgebergesellschaft *per se* transzendieren. Die minimale Verschiebung der Machtbalance geht auch darauf zurück, dass nach dem Dolmetscher nun eine neue soziale Figur der Einwanderungsgesellschaft an Bedeutung gewinnt, die sich ebenfalls im Demarkationsbereich zwischen Alteingesessenen und Zuwanderern bewegt – die Figur des Anwalts.

Charakteristische Interaktionsrollen in Sequenz II		
Alteingesessene	Akteure im Demarkationsbereich	Zuwanderer
umstrittener Platzanweiser	Anwalt (Platzanweiser mit Herz)	Peripherer Fremder (Klient und Schutzbefohlener)

Tabelle 2: Fragwürdige Hierarchie in den 70er und 80er Jahren.

Die soziale Figur des Anwalts umfasst mehr, als der Begriff des Rechtsanwalts impliziert. Meist ohne eigentliche juristische Qualifikation, übernimmt der Anwalt, von dem hier die Rede ist, eine Rolle, welche die sich wandelnde Einwanderungsgesellschaft ihm gewissermaßen anbietet. Warum nimmt er sie an? Es sind zuerst sporadische und dann kontinuierliche schützende Parteinahmen für Zuwanderer, die viele Alteingesessene in informelle Advokaten in fremder Sache verwandeln. Als von christlichen, humanistischen oder sozialistischen Solidaritätsidealen bewegte Gewerkschafter, Hausmeister, Vorarbeiter, Kumpel, Nachbarn, Ärzte, Mitarbeiter von Wohlfahrtsverbänden und als Genossen wachsen Alteingesessene in die meist informelle anwaltliche Rolle hinein. Sie verteidigen Zuwanderer gegenüber Ausbeutung, Diskriminierung und Übergriffen etwa von Arbeitgebern, Vermietern, Vorarbeitern und Behördenvertretern. Die Anwälte, um die es hier geht, rekrutieren sich aus den Reihen der Platzanweiser selbst; als ‹Platzanweiser mit Herz› sind sie für die Humanisierung der Beziehungen zwischen Alteingesessenen und Zuwanderern von größter Bedeutung.

Die Anwaltsrolle impliziert, dass diejenigen, die sie spielen, Zuwanderer primär als hilflose Opfer betrachten, die nicht für sich selbst sprechen können. Das ist angesichts der Sprachprobleme in der jungen deutschen Einwanderungsgesellschaft sowie angesichts der fortdauernden, sich aus dem Gastrecht herleitenden präventiven Fügsamkeit der Zuwanderer, nicht zuletzt auch aufgrund von Benachteiligungssituationen meist angemessen. Als eine der prägnantesten Verkörperungen einer Anwaltsfigur der deutschen Einwanderungsgesellschaft kann der Investigativjournalist Günter Wallraff gelten. Er hat mit seinen intrinsischen Reportagen zu den diskriminierenden Arbeitsbedingungen von Zuwanderern in Industrieunternehmen sehr öffentlichkeitswirksam auf entsprechende Defizite hingewiesen. Wallraff gab sich 1983 als türkischer Gastarbeiter namens Ali Sığırlıoğlu aus, um hinter den Unternehmensfassaden verdeckt zu recherchieren. Er arbeitete unter anderem bei einem Subunternehmer von Thyssen und legte seine Beobachtungen in dem Buch «Ganz unten» dar (vgl. Wallraff 1985), in dem er u.a. die systematische Verletzung grundlegender Regeln des Unfall- und Gesundheitsschutzes im Falle von Migranten beschreibt.

Die Herausbildung der gerade beschriebenen Anwaltsfunktion ist nicht das Resultat eines bestimmten Ereignisses, sondern das Ergebnis eines längeren Prozesses. Am Rande der überwiegenden Anpassungs- und Einpassungsroutinen bewirkten viele kleinere und größerer Konflikte und der zumeist zaghafte Widerstand gegen Diskriminierungen eine minimale Verschiebung der Machtbalance. Erst dadurch wurden die funktionalen Voraussetzungen für die Anwaltsrolle geschaffen.

Als Beispiel für die Abhängigkeit der Konflikt- und Ausweichinteraktionen der Einwanderungsgesellschaft von ihrem Figurationswandel mag die nachfolgend skizzierte Konfliktinteraktion gelten. Es handelt sich um den wilden Streik türkischer Arbeiter in den Ford-Werken vom 24. bis 30. August 1973 (vgl. Hunn 2005: 243ff.).[3] Der Streik wurde mittelbar durch die fristlose Entlassung von 300 Arbeitern veranlasst, die aus der Türkei zugewandert waren. Die Entlassenen hatten sich nicht den Vorgaben ihrer Platzanweiser gefügt und sich, wie schon in den Jahren zuvor, verspätet aus dem Türkeiurlaub an ihren Arbeitsplatz zurückgemeldet. Da die Werksleitung nur wenige Monate zuvor noch zugesagt hatte, angesichts der besonders schwierigen Reisebedingungen für türkische Arbeitsmigranten zusätzlichen unbezahlten Urlaub zu gewähren, rechnete niemand mit einer solch harten Reaktion. Aus diesem Grund wurden die Entlassungen in der Belegschaft als gezielter Affront gegen diese Zuwanderergruppe verstanden. Von den Sanktionen der Unternehmensführung überrascht, legten vorübergehend über 10'000 Arbeiter türkischer und deutscher Provenienz ihre Arbeit nieder. Die Unternehmensführung reagierte mit dem Angebot, die Entlassungen zurückzunehmen, wenn die Betroffenen nachvollziehbare Gründe für ihre verspätete Urlaubsrückkehr angeben könnten. Offenbar weil dieses Angebot dehnbare Interpretationen bzw. unsichere Konsequenzen implizierte, ging der Streik weiter. Der Betriebsrat und selbst der größere Teil der (zum größten Teil alteingesessenen) Vertrauensleute zogen daraufhin jedoch ihre Unterstützung zurück. Sie sahen sich nicht als Anwälte einer Klientel. Der Arbeitskonflikt wurde im Gefolge dessen als Verletzung der Friedenspflicht interpretiert. Schließlich wurde er mit Hilfe von Polizei, gewerkschaftstreuen Arbeitern, Vertrauensleuten und durch den Einsatz des Werkschutzes gewaltsam beendet. Im Ergebnis wurde neben den bereits Entlassenen noch weiteren Arbeitsimmigranten gekündigt, die sich für den Fortgang des Streiks engagiert hatten.

---

3   Der Arbeitskampf ereignete sich noch in der zuvor beschriebenen Sequenz, als nicht die soziale Figur des Anwalts, sondern die des Transmissionsakteurs die Intergruppenbeziehungen zwischen Eingesessenen und Zuwanderern maßgeblich verkörperte.

Das Ereignis zeigt: Selbst auf dem Feld des Arbeitslebens, wo die Interaktionsdichte und die formale Gleichstellung viel weiter gediehen waren als auf anderen Feldern der Einwanderungsgesellschaft,[4] war die Zeit für Mittler, die ihre Anwaltsfunktion bzw. ihre Klientel ernst genommen hätten, noch nicht reif. Drei Gründe mögen hier zusammengewirkt haben: Einerseits hatten die randständigen Migranten in dieser Phase nur wenig Einblick in die Machtfiguration der Einwanderungsgesellschaft der 70er Jahre. Andererseits war die extreme Machtüberlegenheit der alteingesessenen gewerkschaftlichen Platzanweiser als auch der Unternehmensleitung in diesem Stadium des Figurationsprozesses noch nicht durch öffentliche Kritik und Selbstzweifel getrübt. Und schließlich war die Ideologie des Gastrechts in der eingangs beschriebenen Anfangssequenz der Einwanderungsgesellschaft noch sehr wirkmächtig. So heißt es mit Blick auf den Ford-Streik in der Bild-Zeitung vom 29.8.1973: «Gastarbeiter, dieses Wort kommt von Gast. Ein Gast der sich so beträgt, gehört vor die Tür gesetzt.» Für Anwälte gab es in dieser Phase noch keinen sozialen Ort, weil das Gastrecht die Anwaltsrolle ausschloss.

Das letztlich auf dem *ius sanguinis* beruhende Staatsbürgerschafts- und Aufenthaltsrecht bleibt über die ersten Sequenzen der sich figurierenden Einwanderungsgesellschaft hinaus eine rechtliche Bastion der Gastrechtsideologie. In ihrer Wirkmächtigkeit für die Alltagserfahrung der Migranten ist dieser Zuschnitt des Rechts nicht hoch genug zu veranschlagen, müssen diese doch bei den Behörden regelmäßig Aufenthalts- und Arbeitserlaubnisse einholen. Aber weil rechtsstaatliche und gewerkschaftliche Institutionen in den Folgejahren nicht immer und überall jede Form von Diskriminierung zulassen konnten; weil der ideologische Überbau des Gastrechts durch die Normativität der real existierenden Interaktionsbeziehungen in Arbeitswelt, Schule und Wohnumfeld zunehmend ad absurdum geführt wurde; nicht zuletzt aber weil die Immigranten selbst sich zunehmend gewerkschaftlich engagierten und sich wehrten, nahm die Bedeutung kleiner und größerer, alltäglicher und außeralltäglicher Konflikte in den 70er und 80er Jahren zu.

4   Ungeachtet der formalen Gleichberechtigung wurden die türkischen Arbeitsimmigranten in den Kölner Ford-Werken von deutschen Bandführern, Bandmeistern und Hallenmeistern ausgebeutet. Diese bekamen von der Werksleitung Prämien dafür, in ihren jeweiligen Arbeitsbereichen möglichst wenige türkische Kollegen möglichst viel Arbeit erledigen zu lassen.

Der Arbeitswelt kam dabei vermutlich eine Vorreiterrolle zu. Denn auf kaum einem anderen Figurationsfeld – mit Ausnahme vielleicht des Sports – prallten universalistische, allinklusive Grundsätze der Solidarität und der Menschenwürde mit den partialinklusiven Normen eines Gastrechts, das Vorzugsrechte der Alteingesessenen und die Benachteiligung der Zugewanderten legitimierte, mit solcher Wucht aufeinander. Die Hierarchie verbürgenden Gastrechtsnormen konnten den dem eigenen Anspruch nach symmetrischen, auf freien Warenverkehr, Vertragsfreiheit und Solidarität verpflichteten Rechtsnormen der fordistischen Arbeitswelt und denjenigen, die sich auf diese Normen beriefen, nicht unangefochten standhalten.

Das starre Machtdifferenzial der frühen Einwanderungsgesellschaft gerät durch diesen Übergang in Bewegung; eine Bewegung, die einstweilen in einer neuen, der dritten Sequenz des Figurationsprozesses mündet. Sie ist durch eine neue, irritierende Sichtbarkeit des avancierenden Fremden charakterisiert, von dem nun die Rede sein soll.

2.3 Sequenz III: Avancierende Fremde

In den 90er Jahren ist die Herausbildung einer ganz neuen Figuration zu beobachten (vgl. Tabelle 3): Transmissionsakteure und Anwälte verlieren an Bedeutung, weil Immigranten einander zunehmend selbst einweisen, auf die herrschende Hausordnung (und ihre Lücken) einstimmen und ihre Interessen selbst vertreten bzw. deren Verteidigung nicht länger automatisch an alteingesessene Anwälte, sondern vermehrt an ‹eigene› Repräsentanten delegieren – mithin an Anwälte (im weiteren figurationssoziologischen Sinne des Wortes), die selbst einen Migrationshintergrund aufweisen. Aus den Gästen der Gastgeber, den Klienten der Anwälte und den Mündeln der Paternalisten werden Arbeiter, Mitbürger und schließlich Anspruchsbürger, die in einer durch Einwanderung geprägten Gesellschaft, die sich wesentlich über den öffentlichen Interessenstreit ihrer Akteure integriert, auf gleicher Augenhöhe agieren wollen. Diese Migranten der zweiten Generation nehmen mehr und mehr von ihren Rechten Kenntnis und wollen nicht länger in der Dankbarkeit des Gastes oder der Sprachlosigkeit des Mandanten verharren.

Charakteristische Interaktionsrollen in Sequenz III		
Alteingesessene	Akteure im Demarkationsbereich	Zuwanderer
partiell entmachtete Platzanweiser	a) Paternalist b) Protestierender	avancierender Fremder (Anspruchsbürger)

Tabelle 3: Veränderung der Machtbalance in den 90er Jahren.

Gerade weil Zuwanderer und ihre Nachfahren nicht länger in den randständigen Rollen und Räumen der Einwanderungsgesellschaft verharren, erscheinen sie den zunehmend entmachteten Platzanweisern fremder denn je. Der Grund dafür liegt darin, dass sie die lebensweltlich sedimentierten Statusgrenzen überschreiten und zerbrechen und so den Platzanweisern in neuer, irritierender, beängstigender und befremdender Unmittelbarkeit begegnen. Der avancierende Fremde ist nicht der Fremde, von dem einst Simmel sagte, dass er «heute kommt und morgen bleibt» ([1908] 1992: 764); er ist derjenige, der vorgestern kam, gestern blieb und heute die ihm zugedachten Außenseiterrollen sowie die den Platzanweisern lieb und teuer gewordenen Rangordnungsgrenzen in Frage stellt. Er tut dies, indem er lebensweltlich sedimentierte Grenzen, Hürden und Tabus, die besonders älter eingesessene Akteure gern erhalten wollen, in zunehmendem Maße überschreitet, weshalb es alltäglich zu mal sporadischen, mal verfestigten, befremdenden Rangordnungskonflikten kommt. Um diesen Zusammenhang aufzuhellen, gilt es drei Fragen zu beantworten:

1. Welche Rangordnungsgrenzen überschreitet der avancierende Fremde?
2. Wie überschreitet er diese Grenzen?
3. Was haben Grenzübertritte mit Rangordnungskonflikten zu tun?

2.3.1 Grenzüberschreitungen in der lokalen Öffentlichkeit
Rangordnungen stehen in Frage, wenn der andere mir nicht mehr länger ausweicht, wie ich es ehedem noch selbstverständlich erwarten durfte, sondern sich mir entgegenstellt, wenn er Widerstand leistet oder gar erreicht, dass ich ihm ausweiche. Die Formen der Befolgung, Erzwingung oder Verweigerung von erwartetem Ausweichen sind vielfältiger, als es

auf den ersten Blick erscheinen mag. Nicht nur mit Blick auf Käufer-
schlangen oder im Gedränge beim Zustieg ins Flugzeug ist an Ausweichhandeln zu denken. Selbst Kunst und Hochkultur können unter dem Gesichtspunkt figurationswirksamen Ausweichhandeln betrachtet werden.

Bis zu der einschlägigen und einschlagenden Studie Pierre Bourdieus
über die «Feinen Unterschiede» glaubten hierzulande viele, dass die Kunst
nicht an der Dynamik der Intergruppenfiguration teilhabe. Französische
Soziologen wussten es schon lange besser. So betont Gabriel Tarde in
seiner Soziologie der Nachahmung, dass die Französische Revolution
nicht erst 1789, sondern in den Jahren zuvor begonnen hatte, als das
bürgerliche Publikum in Paris den stets in Versailles uraufgeführten
Theaterstücken nicht mehr artig applaudieren wollte (vgl. Tarde 2003: 223).
Der verweigerte Applaus war mehr als das, nämlich die körpersprachlich
ausgedrückte Weigerung des aufstrebenden Bürgertums gegenüber dem
Adel, diesen die künstlerischen Trends setzen zu lassen. Statt wie bisher
fügsam applaudierend auszuweichen, zog das avancierende Bürgertum
eine neue Grenze des Widerstands gegen Privilegien und entwertete das
Überholprestige der herrschenden Kulturavantgarde.

Wie im Folgenden deutlich werden wird, sind figurationswirksame
Ausweichinteraktionen auch auf den unterschiedlichsten Feldern der
deutschen Einwanderungsgesellschaft zu beobachten. Hierarchiewirk-
same Veränderungen im Ausweichverhalten sozialer Gruppen vollziehen
sich hier unter anderem im lokalöffentlichen bzw. gewerblich-kommer-
ziellen Wohnumfeld. Als Beispiel sei eine Beobachtung aus dem Jahr 1997
herangezogen, die zeigt, wie Alteingesessene des Duisburger Stadtteils
Marxloh die Tatsache empfinden, dass die ehemaligen Gastarbeiter nicht
mehr nur in den gleichsam toten Winkel ausweichen, sondern sich auf die
Mitte der lokalen Öffentlichkeit zubewegen.

«Gegen Mittag bin ich einmal zufällig in einer bürgerlichen Kneipe an der
Wiesenstraße, etwa 500m vom Schwelgern-Stadion entfernt gelandet. Vor
der langen Theke hocken drei ältere Herren, alle um die 60, beim Pils. Ich
bestellte mir eine Apfelschorle, woraufhin der Wirt erst mal in den Keller
gehen muss, um Wasser zu holen. Thema ist der ein oder zwei Tage
zurückliegende Tod eines Freundes.
   Jetzt würden wohl jede Menge Kränze gestiftet: Von der SPD, den
Verwandten, von der Knappschaft etc. ‹Da könnten so an die 20 Kränze
gestiftet werden.› Es stellt sich nun heraus, dass der Tote eine Kneipe oder
Gaststätte betrieben hatte, die jetzt wahrscheinlich verkauft werden
müsse. Man fragt sich, wer denn nun die Kneipe kaufe. Eine ‹tüchtige

schlanke Kellnerin› wird als Nachfolgerin ins Spiel gebracht. Und dann, mit deutlichem Abscheu: ‹Oder ein Türke, die haben doch schon fast alle Geschäfte hier. Die machen dann wohl ein Kaffee daraus.› Ein anderer: ‹Noch ein Kaffee? Et gibt doch schon vier oder fünf davon um die Ecke. Womit verdienen die wohl ihr Geld?› Daraufhin der andere wieder mit trockenem verschmitztem Unterton: ‹Mit Kaffee!› Alle lachen. ‹Ja die haben doch hier schon alle Imbissbuden mit ihrem – Kebab? Oder wie heißt dat?› Der Thekennachbar bestätigend ‹Kebab›. Der dritte: ‹Und die Friseure! Die Friseure sind doch auch schon alle Türken!›»

Das sich verändernde Gesicht der lokalen Geschäftswelt zwingt die Alteingesessenen dieses Stadtteils in immer stärker kontrahierende, identitätsaffirmative Rückzugsorte (wie Kneipen und Kirchen) zurück.

Ebenso bedeutend für die Veränderung von Machtbalancen sind die vier nachstehend angeführten Beispiele. Sie sind ebenfalls ethnografischen Feldforschungen entnommen, die ich zwischen 1996 und 1999 in Duisburg durchgeführt habe. Auch sie veranschaulichen den Nexus von Ausweichverhalten, Gruppenhierarchie und Konflikt:

1. Ausweichinteraktion in der Arbeiterbewegung

Am 1. Mai 1997 gelingt es weder dem DGB noch der Duisburger Polizei, einige türkische und kurdische Gruppen davon abzuhalten, von der vom DGB angemeldeten Demonstrationsroute abzuweichen und dann eine eigene Kundgebung unter eigenen Fahnen durchzuführen. Die zugewanderten Arbeitergruppen weichen dem Führungsanspruch der alteingesessenen Gewerkschaften erfolgreich aus. Sie machen sich für die ehemaligen Platzanweiser in irritierender Form sicht- und vernehmbar.

2. Ausweichverhalten im öffentlichen Personentransport

Alteingesessene Bevölkerungsgruppen wollen seit etwa Mitte der 90er Jahre in Duisburg nicht länger von türkischen Taxifahrern transportiert werden. Daher bestellten sie bei der Taxi-Funkzentrale explizit deutschstämmige Taxifahrer. Nach einem am 28.5.1999 gesprochenen Urteil des Oberlandesgerichts Düsseldorf muss diese diskriminierende Praxis schließlich aufgegeben werden. Die ehemaligen Platzanweiser können dem avancierenden Fremden, der seine Rechte kennt und durchsetzt, nicht länger in der gewohnten Form ausweichen. (Gewiefte ausländerfeindliche oder entsprechend angstvoll gestimmte Taxikundinnen ändern daraufhin ihre Strategie: Sie fordern nun für ihre Fahrten in politisch korrekter Form ausschließlich Taxifahrerinnen an. Da die Duisburger Taxiunternehmen in dieser Zeit keine Fahrerin beschäftigen, die der Gastarbeitergeneration entstammt, bleiben deutsche Frauen, die es darauf anlegen, auch nach der veränderten Rechtslage unter sich.)

3. Ausweichinteraktion im Mietsektor ⁎

Anlässlich der nordrhein-westfälischen Kommunalwahlen im Jahr 1999 gelingt es einem alteingesessenen Immobilienhändler, die alte sozialdemokratische Hochburg Duisburg-Marxloh zu erobern. Sein zugkräftigstes Argument ist damals, dass er sich gegen den Immobilienerwerb von Türken einsetzen will.[5] In der Mitte der 90er Jahre wird das Thema «Häuserkauf durch Türken» in Duisburg zu dem bewegenden Thema der lokalen Öffentlichkeit. Das Eigentümliche dieses Konfliktthemas ist, dass es vor allem den deutschen Teil der Stadtteilöffentlichkeit bewegt, während der türkische Pol von der (die Alteingesessenen bewegenden) Qualität dieses Themas kaum Kenntnis hat. Nicht allein die sich verändernden Besitzverhältnisse im Mietsektor und bei Eigentumswohnungen bringen die fortschreitende Umkehrung der überkommenen Rangordnung zum Ausdruck; vielmehr werden aus der Sicht der alteingesessenen Deutschen mittlerweile auch solche Gasthäuser und Geschäfte von den avancierenden Fremden übernommen, die ehedem gewissermaßen als Zitadellen respektive als Zentren des identitätsaffirmativen Raumes und als Denkmäler besserer Zeiten fungierten. Das eigene Zentrum wird aus der Sicht der alteingesessenen Deutschen damit zur Peripherie. Mit jedem «türkischen» Geschäft oder jedem «türkischen» Gasthaus, das seine eigenen Zeichen und Grenzmarkierungen setzt (z.B. in Form von z.T. türkischen Werbetexten, Warenauslagen, Klientel etc.), sehen sich viele Alteingesessene gezwungen, zurückzuweichen und/oder auszuweichen bzw. fortzuziehen.

4. Ausweichinteraktion im motorisierten Individualverkehr

Auch die Tatsache, dass Bewohner türkischer Herkunft seit den 90er Jahren nicht mehr die ihnen lange Zeit zugeordneten randständigen Automarken und -typen, sogenannte «Türkenkutschen», sondern Mercedes und BMW favorisieren, und somit in Richtung auf statushöhere Marktsegmente avancieren, wird vonseiten Alteingesessener als Beleg für illegale Einkommen und kriminelle Machenschaften gewertet. Sie wollen, dass der avancierende Fremde auf das ihm gebührende randständige Marktreservat zurückweicht. Vergeblich bitten Bürger den Polizeipräsidenten Duisburgs, dafür zu sorgen, dass alle südländisch aussehenden Fahrer teurer Autos angehalten und durchsucht und auf ihre wahrscheinliche Zugehörigkeit zur türkischen Mafia hin überprüft werden sollen. Doch die Polizei kann und will die partiell entmachteten Platzanweiser nicht wieder in die gewohnte Vormachtstellung zurückbringen, weil das moderne Polizeirecht dies nicht in der Form zulässt, die sich viele Alteingesessene wünschen.

---

5   Da er aber diesbezüglich nicht zuletzt aufgrund des rechtsstaatlich verbürgten Gewerbe- und Vertragsfreiheit nichts bewirken kann, weicht er als CDU-Ratsherr später auf die lokale Sportpolitik aus.

Akteure, die nicht ausweichen, wo man dies selbstverständlich erwartet, enttäuschen nicht einfach Erwartungen, sie durchbrechen mitunter sogar eine durch die Erwartung gesetzte Grenze. Wenn diese Grenze eine Statusgrenze ist, stellen diese Akteure Rangordnungen in Frage. Wenn hierarchische Rangordnungsgrenzen zunehmend häufig in Frage gestellt, angegriffen oder ihr Verlauf nicht mehr, wie gewohnt, mit Verweis auf eindeutige Übermacht entschieden werden kann, entzünden sich Rangordnungskonflikte. Im letzten der oben angeführten Beispiele wird anschaulich, wie die für sich genommen unbedeutende Interaktionen an der lebensweltlich sedimentierten Rangordnungsgrenze durch stigmatisierenden Schimpfklatsch respektive Verschwörungstheorien in gruppenbezogene Konflikte überführt werden.

Wenn die an solchen Rangordnungskonflikten Beteiligten das Konfliktverhalten des jeweils anderen wechselseitig u. a. durch die Verbreitung von Verschwörungstheorien und stigmatisierenden Schimpfklatsch auf das kollektive Handeln der ihm zugerechneten Gruppe zurückführen, expandieren zeitlich und räumlich begrenzte Rangordnungskonflikte zu entsprechenden Intergruppenkonflikten. Diese entfalten ihr Eskalationspotenzial mit der weiteren Verschiebung der Machtbalance. Sichtbar und erlebbar wird dies zuallererst in einzelnen Sozialräumen der Gesellschaft. Die gesamtgesellschaftliche Öffentlichkeit erkennt die Brisanz des Figurationswandels bzw. des diesem inhärenten Eskalationspotenzials weniger deutlich als die alteingesessenen Eliten in eher proletarisch geprägten Stadt- und Stadtteilgesellschaften. Letztere erleben einen Figurationswandel, den die breite bürgerliche Mittelschicht der deutschen Einwanderungsgesellschaft erst später realisiert.

2.3.2 Grenzüberschreitungen im öffentlichen Diskurs

Dass die Machtbalancen in proletarisch geprägten Stadtgesellschaften wandeln oder gar umkippen, lässt die bundesweite Öffentlichkeit weniger aufhorchen als rappende oder schriftstellernde Nachfahren der Gastarbeiter, welche die eingelebten Selbstgewissheiten und Grenzen durchbrechen. Ein Beispiel sei herausgegriffen: Mit seinem rebellischen Habitus und in seinen frühen Publikationen rekurriert Feridun Zaimoğlu auf die Stigmatisierungs- und Konflikterfahrungen von Gastarbeiternachfahren. Insbesondere in Fernsehauftritten und Lesungen spitzt er dabei den Grenzübertritt so zu, dass auch noch die multikulturell erweiterten Grenzen der Political Correctness der 90er Jahre als Zwangsgrenzen erscheinen. Denn, so eine der Botschaften Zaimoğlus, weil die wirklichkeitsfremde politische Korrektheit des multikulturell durchlüfteten Establishments sowie auch die Regeln der Rechtsstaatlichkeit nur nach Ansehen der Person bzw. ihrer Abstammung angewendet würden und weil den Gastarbeiternachfahren angesichts unzureichenden rechtsstaatlichen Schutzes vor rechtsextremer Gewalt letztlich das Widerstandsrecht und das Recht auf körperliche Unversehrtheit abgesprochen würde, seien die Normen des Establishments für die Nachfahren der Gastarbeiter nicht länger bindend. Damit überschreitet Zaimoğlu Grenzen, in die ihn multikulturell korrekte Platzanweiser einweisen möchten.

> «Wir haben uns zusammengeschlossen, wir Kanakster aus aller Herren Länder, Bastarde, die sich gesagt haben: ‹Das lassen wir uns nicht länger gefallen.› Keiner hilft uns. Und wir haben keine Lust zu winseln. Wir haben keine Lust zu protestieren, zu sagen: ‹Ach, kalt ist es in Deutschland!› Sondern wir haben zurückgeschlagen. Wir haben, um es mal so auszudrücken, den Skindreck rausgestiefelt aus Kiel» (Zaimoğlu am 8.5.1998 in der Talkshow «III nach 9» im NDR; die Aufzeichnung ist im Netz leicht auffindbar).

Die irritierten Gesichter des durch prominente Politiker, Journalisten, Musiker und Schauspieler repräsentierten liberalen Establishments und ihre Unfähigkeit, angesichts solcher befremdenden Grenzüberschreitungen zu antworten, zeigt einmal mehr, dass Alteingesessene ihre Vormachtstellung auch auf dem Gebiet bildungsbürgerlicher Kultur- und Toleranzdebatten nicht mehr ungebrochen ausagieren können. Und wenn sie es doch tun, so rekurrieren sie dabei – wie in dem besagten Fernsehformat – mit dem Versuch, das Gegenüber mit Platzanweisungen in seine Schranken zu weisen.

Wie die oben angeführten Beispiele veranschaulichen, werden Rangordnungskonflikte zwischen Alt- und Neueingesessenen in den 90er Jahren zunehmend sichtbar. Bereits in den 80er Jahren zeigen sich Migranten in der deutschen Öffentlichkeit von einer bis dato ganz unbekannten Seite. Im Gefolge der zum Ende der 70er Jahre sich entfaltenden bürgerkriegsähnlichen Situation in der Türkei und des Militärputschs im Jahr 1980 sowie auch aufgrund des dann eskalierenden kurdischen Guerillakampfes radikalisieren sich einige Zuwanderergruppen im linken und rechten Spektrum. Stellvertretend für viele andere Gruppierungen sei etwa die kurdische Arbeiterpartei (PKK) erwähnt, die seit Anfang der 80er Jahre in Deutschland aktiv ist. Sie organisierte hierzulande Protestaktionen gegen das türkische Militär, die in zunehmendem Maße gewaltförmig verliefen. Am 24. Juli 1993 besetzen etwa PKK-Anhänger das türkische Generalkonsulat in München und nehmen 20 Geiseln. Sie fordern, dass sich der Bundeskanzler öffentlich für die kurdische Sache ausspricht. Darüber hinaus werden zahlreiche Brandanschläge gegen türkische Einrichtungen verübt. Am 26. November wird die Organisation in Deutschland verboten.

Das Auftreten einer bis dato weitgehend unbekannten Zuwanderertypus, den man als «gefährlich fremd»[6] wahrnahm, wurde durch einige dramatische Ereignisse in der deutschen Einwanderungsgesellschaft beschleunigt. So ist eine Serie von Mordanschlägen und z.T. pogromartigen Aufruhraktionen gegen Asylbewerber und aus der Türkei eingewanderte MigrantInnen zu nennen. Bundesweite Aufmerksamkeit erlangten vor allem die Ereignisse vom 2. Oktober 1991 in Hünxe, vom 22. bis 26. August 1992 in Rostock-Lichtenhagen und vom 23. November 1992 in Mölln. Die Serie hatte am 17. September 1991 in Hoyerswerda begonnen und gipfelte am 26. Mai 1993 im Anschlag von Solingen, dem zwei Frauen und drei Mädchen zum Opfer fielen. Ein Baby und ein weiteres Kind wurden lebensgefährlich verletzt. Daraufhin formieren sich insbesondere in Solingen gewaltsame Protestkundgebungen, deren Bilder durchs Land gehen. Weite Teile der Öffentlichkeit in der Einwanderungsgesellschaft sind nicht nur angesichts der grausamen Gewalttaten bestürzt, sondern auch angesichts der Bilder von partiell gewaltsam protestierenden und vandalierenden Gastarbeiternachfahren. Andere Teile der Einwanderungsgesellschaft, nämlich insbesondere aus der Türkei stammende Nachfahren von Migranten, nehmen mit ähnlicher Betroffenheit zur Kenntnis, dass der deutsche Bundeskanzler Helmut Kohl es nicht nur ablehnt, an den Beerdigungsfeierlichkeiten in der Türkei teilzunehmen, sondern dies auch unter Rekurs auf den kaum anders als zynisch und abweisend zu verstehenden Begriff des «Beileidstourismus» tut.

6   «Gefährlich fremd» lautete die Titelbotschaft der Illustrierten «Der Spiegel» am 14.4.1997.

Auch in Duisburg, wo ich in der Mitte der 90er Jahre Feldforschungen durchführe, ist dieser neue Typus eines grenzüberschreitenden «gefährlich fremden» Minderheitenakteurs zu beobachten. So kommt es anlässlich eines EM-Qualifikationsspiels der türkischen gegen die schwedische Nationalmannschaft 1995 zu größeren unangemeldeten Freudenkundgebungen türkischer Fußballfans. PKK-Anhänger, die sich nicht als Teil, sondern Opfer der türkischen Nation begreifen, reagieren daraufhin mit politischen Gegendemonstrationen. Vorübergehend werden in Duisburg-Marxloh auf der zentralen Durchgangsstraße Barrikaden errichtet. Der Vorfall macht auf die Stadtteilgesellschaft der Stahl- und Bergbaustadt großen Eindruck. In fast allen narrativ-biografischen Interviews, die ich zwischen 1996 und 1998 in Duisburg-Marxloh mit alteingesessenen Bürgern durchführe, wird diese Konflikteskalation zur Sprache gebracht. Sie ist in der lokalen Öffentlichkeit zu einer Art lokalem Trauma geworden.

Im Zuge solcher Ereignisse kommt eine neue, unerwartete und spontan illegitim erscheinende soziale Figur ins öffentliche Spiel, der die oben beschriebene soziale Figur des Anwalts einmal mehr überflüssig macht: der protestierende Fremde, der sich nicht nur im politischen Feld, sondern auch im Alltag vernehmbar macht. Der protestierende Fremde ist gewissermaßen die Avantgarde des avancierenden Fremden und löst die aus den Reihen der Alteingesessenen stammende Anwaltsfigur zunehmend ab. Sein Erscheinen bringt zum Ausdruck, dass Zuwanderer jetzt eine weitere Statushürde überwinden: Statt als Schutzbefohlene in der Klientenrolle eingeschlossen zu sein, verstehen sich Zuwanderer zunehmend als Anwälte in eigener Sache. Statt sich und ihre Interessen einem in juristischen, politischen oder gewerkschaftlichen Diskursen versierten, alteingesessenen Experten zu überantworten, entwickeln sie nun einen neuen, anklagenden Diskurs, der u. a. mit dem Passepartout-Argument des Rassismus oder dem Diskriminierungsvorwurf operiert. Ein vor allem dem Diskurs linker Anwälte abgeschautes Passepartout-Argument vieler avancierender Fremder ist der Nazi-Vorwurf. Es wird bald auf allen Konfliktfeldern – vom Sport über die Arbeitswelt bis hin zum Konflikt im Straßenverkehr – eingesetzt, weil es bei den verunsicherten Platzanweisern so leicht verfängt und weil nur ein Wort genügt, damit ‹alles› gesagt ist.

Die Repräsentanten der Mehrheitsgesellschaft reagieren auf solche und andere Grenzüberschreitungen bzw. auf die Augenfälligkeit des avancierenden Fremden sowohl mit Platzverweisen als auch mit der

Institutionalisierung und Aufwertung der sozialen Anwaltsfigur. So werden einerseits (Organisations-)Verbote ausgesprochen und Polizeieinsätze gegen militante Organisationen durchgeführt und andererseits Ausländerbeauftragte etabliert, die sich ihrerseits aus der Minderheitenpopulation rekrutieren, deren Kompetenzen aber strikt festgelegt sind.

Im Jahr 1978 war das neu geschaffene Amt «Beauftragter zur Förderung der Integration der ausländischen Arbeitnehmer und ihrer Familienangehörigen» dem Bundesministerium für Arbeit und Sozialordnung zugeordnet worden, weil man Zuwanderung noch ganz im Rahmen von Arbeitsgesellschaft und Wohlfahrtsstaat diskutierte. Später wurde es dem Familienministerium, seit 2005 schließlich dem Kanzleramt unterstellt. In dieser Entwicklung zeigt sich, dass das Thema «Zuwanderung und Integration» zunächst den Rahmen der Figuration von Kapital und Arbeit sprengte, um dann auch über die Kompetenzen des Familienressorts hinauszuwachsen und schließlich so weit avancierte, dass es zur ChefInnensache wird. Vor allem seit dem Ende der 80er und zu Anfang der 90er Jahre werden Ausländerbeauftragte (später «Integrationsbeauftragte» genannt) auf breiter Ebene in Städten und Ländern, aber auch in großen Unternehmen und Universitäten etabliert.

Entsprechend der von Bundesland zu Bundesland variierenden Gemeindeordnungen stehen den Einwanderungsstädten nun auch über Landesrecht institutionalisierte Ausländerbeiräte (in NRW-Gemeinden seit 1994) zur Seite, die das neue Protestpotenzial in die zivile Konfliktkultur einfädeln sollen. Während meiner Feldforschungen in Duisburg besuchte ich auch Sitzungen des örtlichen Ausländerbeirates. Die entsprechenden Versammlungen erschienen mir wie eine Art autoritären Nachhilfeunterrichts für politisch unmündige Bürger zweiter Klasse. So war der für den Ausländerbeirat zuständige Bildungsdezernent Duisburgs während der von mir beobachteten Beiratssitzungen überwiegend damit befasst, die Beiräte zu ermahnen, die Verfahrensregeln einzuhalten und sich keine Kompetenzen anzumaßen, die ihre öffentlich-rechtlich eng definierten Befugnisse überschritten. Die seither abnehmende Beteiligung an den Wahlen zu den Beiräten zeigt, dass das paternalistische, die Zuwanderer auf politische Rechte zweiter Klasse festlegende Unternehmen «Ausländerbeirat» von den Betroffenen nicht ernst genommen wird. Avancierende Fremde und ihre protestierende Avantgarde fügen sich weder in dieses noch in andere Reservate der Einwanderungsgesellschaft.

2.4 Sequenz IV: Kultursubjekte

Spätestens seit dem Kristallisationsereignis des 11. September 2001 nimmt die Entwicklung der deutschen Einwanderungsgesellschaft eine neue Wende. Der sich in der vorausgegangenen Figuration manifestierende Rangordnungskonflikt verwandelt sich an seiner veröffentlichten Oberfläche nun in einen Kulturkonflikt.

2.4.1 Kultursubjekte in Stadt und Gesellschaft

Beginnen wir wiederum mit einem kurzen Rückblick auf meine Duisburger Feldforschungen: Nachdem die Moscheevereine der Ruhrgebietsstadt 1996 beantragt haben, den lautsprecherverstärkten Gebetsruf durchführen zu dürfen, reichert sich der gegen den avancierenden Fremden gerichtete Schimpfklatsch der Alteingesessenen mit Kulturargumenten an. Selbst das ungebührliche Verhalten von Kindern wird mit dem Szenario einer muslimischen Weltverschwörung verknüpft:

> P: «Ich kam mit meinem Mann, wir parkten dann unsern Firmenwagen hier vorne am, vorm Gericht und, ähm, da waren welche um elf Uhr [abends] noch draußen, mit [dem] Fahrrad. [Das] waren auch so Türken gewesen, drei oder vier. [...] Und da sag ich: ‹Mensch, müsst Ihr nicht mal zu Hause sein›? [Sie antworten:] ‹Wir sind freie Bürger, wir dürfen hier alles!› [...] Die waren höchstens zehn, älter auf keinen Fall. ‹Wir sind freie Bürger, wir dürfen hier alles!› [...] Die kriegen das richtig eingeimpft, ich denke auch mal, ähm, hat ja auch was mit der Religion zu tun [...] und [...] die kriegen das also eingeimpft, auch sind das diejenigen, sag ich mal, die – äh, ich vermute mal – sowieso die Weltherrschaft anstreben, sag ich mal so, weil die sagen: ‹Wir sind die Richtigen› – ne? – ‹und alle anderen, Christen oder sonst wen, die müsste man am liebsten› – ähm, sag ich mal – ‹skalpieren! › ne?» (Auszug aus einem Interview mit einer Bewohnerin).

Das letzte Beispiel zeigt, dass der avancierende Fremde fremd wird, weil er zum einen Statusgrenzen durchbricht und sich eben darum der Platzanweiserperspektive entfremdet und weil er zum anderen kulturalistisch be-fremdet wird. Entfremdung auf der einen und kulturalisierende Befremdung durch lokalen und globalen Schimpfklatsch (etwa in Form massenmedialer Bilder) auf der anderen Seite greifen in diesem ganz alltäglichen Prozess Hand in Hand. Selbst wort- und textsprachlich sachliche Berichterstattungen über Zuwanderer aus islamisch geprägten Ländern werden seit der islamischen Revolution im Iran (1978) geradezu zwanghaft mit Bildsequenzen über die geschlossenen Reihen betender Männer oder mit Kopftücher tragender Frauen überformt. Gerade die

Bildsprache zeichnet seither die stereotype Figur des muslimischen Kultursubjekts.

Charakteristische Interaktionsrollen in Sequenz IV		
Alteingesessene	Akteure im Demarkationsbereich	Zuwanderer
christlich-abendländisch säkularisiertes Kultursubjekt	a) Kronzeugen b) Dialogakteure c) Kulturstaatsanwalt	muslimisch-orientalisches Kultursubjekt

Tabelle 4: Kulturalisierte Einwanderungsgesellschaft seit 2001.

«Gefährlich fremd», lautet beispielsweise ein Leitartikel der illustrierten Wochenzeitung «Der Spiegel» vom 14.4.1997.[7] Zwar berichtet diese in dieser Ausgabe teilweise sehr differenziert über soziale Desintegrationsprozesse und die Ethnisierung sozialer Konflikte. Ganz anders, als das plakative Titelbild vermuten lässt, geht es nicht allein um fanatisierte türkischstämmige Gastarbeiternachfahren, sondern auch um deutschstämmige Aussiedler. Auf der Ebene der Bildsprache aber reiht sich diese Spiegelausgabe in die breite Front medial inszenierter ‹ursprungsbedingt gefährlicher› Kultursubjekte ein. Die Bild und Text bzw. Bild und Sprache verbindenden Kulturalisierungsbotschaften setzen sich im Fernsehmedium fort. Dichte Reihen betender bärtiger Muslime in der Moschee, Kopftuchfrauen auf den Märkten und Basaren, Minarette und repräsentative Moscheen, Geschäftsfassaden mit orientalischen Stilmerkmalen und Warenauslagen und dergleichen mehr bilden einen ehernen Subtext zu thematisch einschlägigen Wortbeiträgen selbst in seriös auftretenden Fernsehformaten. Diese Bildersprache sagt, dass die Kultur des Anderen stets eine substanziell andere, der modernen Zivilisation gegenüberstehende ist.

Seit dem Kristallisationsereignis des 11. September 2001 sorgt unter anderem auch der Sleeper-Diskurs dafür, dass Zuwanderer aus islamisch geprägten Herkunftsländern zunehmend befremdlich erscheinen und man dies auch (endlich) sagen darf. Dieser Diskurs wird durch die fortdauernde

---

7   S. oben Anm. 6.

Aufdeckung immer neuer Aktivitäten islamistischer Terrornetzwerke genährt, was wiederum auf die lokalen Konfliktkonstellationen zurückwirkt. Anlässlich meiner Feldforschungen zu Moscheekonflikten begegne ich im Jahre 2002 dem Sprecher einer gegen den Bau eines Minaretts gerichteten Bürgerinitiative. Er verleiht mir gegenüber seiner Sorge Ausdruck, dass der betreffende Moscheeverein zwar aktuell moderat sein möge, dass man aber nicht wissen könne, ob das auch für alle Zukunft gelte. Er betrachtet die Moscheevereinsmitglieder als potenziell radikalisierbare Fanatiker. Andere Mitglieder der Bürgerinitiative lesen während der Verhandlungen mit dem Moscheeverein mit zitternder, angsterfüllter Stimme aus Zeitungsartikeln vor, die von den Attentätern des 11. September und den Taliban in Afghanistan handeln, und bringen dabei Befürchtungen zum Ausdruck, dass sich in ihrer Stadtgesellschaft genau das entwickeln könnte, was der Islamismus in Afghanistan angerichtet habe.

Was die Alteingesessen subtextlich zur Sprache bringen, ist die soziale Figur des ‹verschlafenen Sleepers›. Dieser kann, bedingt durch die Natur seiner Religion und/oder seiner Ethnizität, langfristig nicht aus seiner kulturellen Haut heraus. Wecken ihn erst einmal entzündungsfähige Ereignisse, wird der verschlafene Sleeper zum wiedererwachten Gotteskrieger. Vom Sleeper, wie ihn Sicherheitsorgane definieren, unterscheidet sich der ‹verschlafene Sleeper› des Alltagsdiskurses darin, dass er aufgrund eines ihm selbst nicht bewussten, subkutanen kulturellen Codes handelt. Er verstellt sich nicht, sondern schlendert arglos auf eine durch Schlüsselereignisse ausgelöste Selbsttransformation zu. Dieser ‹verschlafene Sleeper› ist das muslimische Kultursubjekt par excellence.

Muslimische Kultursubjekte legen ihre inneren Motive – ob bewusst oder unbewusst – nicht offen. Daher greifen sie zu «Salamitaktiken»: Das Schlagwort macht überall dort die Runde, wo sich Konflikte an islamischen Symbolen entzünden. Dass eine stark geräucherte und scharf mit Knoblauch gewürzte Dauerwurst herhalten muss, um als Symbol für heimtückisches Vorgehen Eingang in die deutsche Alltagssprache zu finden, macht Sinn: Ist diese Wurst – und damit wohl auch die durch sie appräsentierte taktische Hinterlist – doch ursprünglich ein fremdes, aus Italien stammendes Produkt.

Zwar wird der Begriff «Salamitaktik» oft mit einem gewissen Schmunzeln geäußert; hält man sich aber den historischen Kontext seiner

Verwendung vor Augen, so werden die ihm innewohnenden moralischen Konnotationen deutlich. Dabei handelt es sich um moralische Konnotationen, die mittelbar auf die Soziologik des Gastrechts verweisen. Der Begriff «Salamitaktik» bezeichnet ein strategisches Vorgehen in mehr oder weniger kleinen Schritten, die für sich genommen und auf den ersten, arglosen Blick nicht auf ein ihnen zugrunde liegendes strategisches Konzept schließen lassen, dieses vielmehr gezielt verschleiern. Wenn der mit der «Salamitaktik» konfrontierte Akteur die Strategie erkennt, ist es schon zu spät.

Der Begriff wird offenbar überwiegend in politischen Kontexten benutzt, um in der Regel das vermeintlich hinterlistige Vorgehen des politischen Gegners aufzudecken, der das großzügige Entgegenkommen eines sich als Quasi-Gastgeber gerierenden Akteurs ausnutzt. Als Kampfbegriff evoziert er das Bild eines undankbaren Gastes, der die Freigiebigkeit des Hausherrn über Gebühr in Anspruch nimmt und somit droht, diesen arm zu machen (Pitt-Rivers 1992: 17), sprich dessen Salamivorräte restlos aufzuzehren. Der Gast geht dem Gastgeber gewissermaßen ans «Eingemachte» (als gepökelte und damit zur Bevorratung bestimmte Dauerwurst ist die Salami auch eine Art Eingemachtes). Aus dieser Situationsdefinition speist sich dann die «berechtigte» Empörung des Quasi-Gastgebers gegenüber einem Gast, der zum schmarotzenden Feind mutiert. Der Hausherr und Wirt ist fortan folglich von Großzügigkeit und Rücksichtnahme gegenüber dem nimmersatten, ihm feindlich gesinnten Gast moralisch entbunden. Es geht jetzt gewissermaßen «um die Wurst».[8]

---

8   Der politische Begriff der «Salamitaktik» soll 1946 oder 1947 von ungarischen Kommunisten geprägt worden sein (vgl. Küpper 1968: 293). Als Schöpfer des Begriffs wird der ungarische Kommunist Rakoczi genannt. Der historische Kontext ist die Volksfrontpolitik der osteuropäischen Kommunisten, die ihre schrittweise erfolgende Machtübernahme in den Jahren nach dem Zweiten Weltkrieg durch die geschickte und überrumpelnde Einbeziehung bürgerlicher Parteien realisieren konnten. Andere wollen das Wort schon 1939 gehört haben; der Begriff verweist dann wahrscheinlich auf die schrittweise erfolgende und allzu gleichmütig hingenommene Annexion fremder Territorien durch das Naziregime im Vorfeld des Zweiten Weltkrieges. Wie dem auch sei: Beide Wortursprünge bezeichnen dieselbe politisch motivierte Heimtücke eines bedrohlichen, avancierenden Fremden, der zunächst nur beansprucht, am Gastrecht beziehungsweise an den großzügigen Zugeständnissen einer bereits etablierten politischen Gemeinschaft zu partizipieren,

Was aber kann in diesem Zusammenhang als «Wurst» gelten? Oder anders gefragt: Worin besteht das durch die Entstehung eines Minaretts bedrohte «Eingemachte» eines alteingesessenen Hausherrn? Es geht hier um die in lebensweltlich sedimentierten Rangordnungsgrenzen verankerte Dominanz Alteingesessener gegenüber Zuwanderern, die diese überkommene Machtasymmetrie in Frage stellen. Sie stellen die alte Hierarchie in Frage, indem sie sich sicht- und vernehmbar machen – m.a.W., um eine basale Voraussetzung ihrer Integration zu erfüllen, ist doch ohne Sicht- und Vernehmbarkeit die Teilhabe am gemeinsamen Interessenstreit, durch die sich eine offene Gesellschaft integriert, nicht denkbar.

Die Kindeskinder der Gastarbeiterimmigration, die auch nach 22 Uhr ihre Rechte einklagen, junge Nachfahren von Gastarbeitern, die statt der ihnen zugestandenen Ford-Automobile nun zu prestigeträchtigeren Marken wie BMW und Mercedes wechseln, Wohneigentum erwerben und deutschen Mietern als Vermieter gegenübertreten (wobei diese Mieter u.U. einst ihre Vorarbeiter waren), Moscheevereine, die nicht länger unsichtbar auf Hinterhöfen am Rande der lokalen Öffentlichkeit in Randständigkeit verharren wollen, Zuwanderer, die nicht erst auf die Fürsprache eines informellen alteingesessenen Anwalts warten, sondern zur Polizei gehen und gegen ihre ehemaligen Platzanweiser Anzeige erstatten oder die spontan mit dem Rassismus- und Diskriminierungsvorwurf operieren, haben aus Sicht einer figurationssoziologischen Konfliktanalyse eines gemein: Sie alle durchbrechen lebensweltlich sedimentierte Rangordnungsgrenzen und bedrohen das eingelebte Machtdifferenzial. Eben darum werden sie durch stigmatisierende Sleeper-Diskurse und mit Hilfe von in Gestalt einer Salami-Rhetorik verkleideten Verschwörungstheorien als «gefährlich fremd» definiert und zu Kultursubjekten stilisiert.

dabei aber die Naivität und gefährliche Gutgläubigkeit des Gastgebers ausnutzt, um diesen schließlich zu hintergehen. Im Falle Ungarns sind dies etablierte bürgerliche Parteien, im Falle Deutschlands die etablierten europäischen Großmächte England und Frankreich, die Nazideutschland mit Hilfe ihrer Apeasement-Politik einen gleichberechtigten Platz im europäischen Machtgefüge zugestehen wollten.

2.4.2 Der Kulturstaatsanwalt

Die Kulturalisierung sozialer Konflikte der deutschen Einwanderungsgesellschaft wird jedoch nicht nur durch beiläufige Alltagskonflikte vorangetrieben. Auch wissenschaftliche Debatten und renommierte akademische Akteure wie etwa Hans Ulrich-Wehler tragen dazu bei. Wehler gilt als einer der Väter der Bielefelder Schule der Geschichtswissenschaft. Diese verstand sich einst als historische Sozialwissenschaft. Als solche schrieb sie materiellen als kulturellen *longue-durée*-Strukturen Erklärungskraft zu. In aktuellen Fernsehauftritten und Reden bringt Wehler aber ganz neue Seiten zum Klingen, die ihn eher als historischen Kultur- denn als Sozialwissenschaftler ausweisen.

Wehler ist ein dezidierter Kritiker der Integration der Türkei in die EU. Im Eifer des Gefechts der mitunter sehr aufgeregten Debatte rekurriert er nicht nur auf sozialwissenschaftlich nachvollziehbare, sondern auch auf kulturalistische Argumente. So stilisieren einige seiner Formulierungen «den Islam» zu einem Kollektivsubjekt, das über Menschen hereinbricht, sie erfasst und mitreißt.

> «Der Islam ist die einzige noch immer auffällig rasch expandierende Weltreligion. Sie erfasst jetzt mehr als eine Milliarde Menschen und wird in nächster Zeit die Anhänger des Christentums weit überholen.» (Wehler 2002: 7)

Im Tenor solcher Formulierungen sind Menschen keine Akteure, sondern Akzidenzien eines in einer kulturellen *longue-durée*-Struktur verankerten Kollektivsubjekts.

Mit einem modernen Menschenbild, das sich vor allem in der jungen Soziologie und in der modernen Geschichtswissenschaft gegen ein essenzialisierendes Mentalitäts- und Volksdenken durchgesetzt und auch in der von Wehler maßgeblich mitgeprägten historischen Sozialwissenschaft niedergeschlagen hat, ist eine solche Diktion kaum vereinbar. Statt von Menschen auszugehen, die, wie der Soziologe und Philosoph Plessner in den 20er Jahren darlegte, aufgrund ihrer Natur dazu in der Lage sind, kulturelle und soziale Umstände zu transzendieren bzw. zu verändern, erscheint der Mensch in Wehlers Islamdiskurs eher als Pflanzennatur, die in Kulturböden und Vaterländern wurzelt. Dieser Mensch hat keine Beine, um sich zu bewegen, sondern bloß Wurzeln, die ihn binden.

Wehler widerspricht dem, wofür er steht, wenn er den kulturtiefen und aus seiner Sicht handlungsdeterminierenden Boden des Islam freilegt, um die Unverträglichkeit der Muslime und ihrer Religion mit der europäischen Kultur zu belegen:

> «Aus Mohammeds synkretistischer Verschmelzung unterschiedlicher religiöser Elemente – auch vielfach aus der israelischen und christlichen Religion, in deren Tradition des Prophetentums er sich bewusst stellte – ist ein militanter, expansionslustiger Monotheismus hervorgegangen, der seine Herkunft aus der Welt kriegerischer arabischer Nomadenstämme nicht verleugnen kann.» (Wehler 2002: 7)

Die Inkommensurabilität des Islam werde, so Wehler auch an der Integrationsverweigerung der Muslime in Europa deutlich. Auf die Frage eines Journalisten, ob nicht 2,4 Mio. türkische Einwanderer in Deutschland ein Beispiel dafür seien, dass ein friedliches Zusammenleben funktionieren könne, antwortet Wehler in einem Interview:

> «Das Beispiel zeigt, dass es eben nicht funktioniert. Die Bundesrepublik hat kein Ausländerproblem, sie hat ein Türkenproblem, diese muslimische Diaspora ist im Prinzip nicht integrierbar.» (*TAZ* vom 10.9.2002)

In den Augen von Islamforschern und Soziologen, die sich ernsthaft mit Muslimen und ihrer Religiosität befassen, ist Wehlers Vorstellung vom Islam als einem metaphysischen Kulturboden, der sich selbst noch jenen an die Seele heftet, die ihren Kulturkreis verlassen, unhaltbar. Nehemia Levtzion (1987: 142ff.) etwa zeigt, dass die islamische Mystik maßgeblich an der Verbreitung des Islam mit friedlichen Mitteln beteiligt war und dabei viele Elemente anderer Religionen aufnahm. Noch heute ist der Sufismus in der islamischen Welt und auch unter den aus von Muslimen geprägten Herkunftsländern stammenden Einwanderern eine weit verbreitete spirituelle Bewegung, die so gar nichts mit kriegerischen Nomadenstämmen zu tun hat (Hüttermann 2002). Eine in 31 von Muslimen maßgeblich geprägten Ländern durchgeführte Umfrage des Gallup-Instituts mit 50 000 Befragten zeigt, dass selbst im «Gottesstaat» Iran 85 Prozent der Befragten sich die Gleichberechtigung von Mann und Frau wünschen. Nur 7 Prozent der Muslime rechtfertigen die Attentate des 11. September; und selbst von diesen Extremisten bewundert noch etwa jeder zweite das westliche Wertesystem (vgl. Süddeutsche Zeitung vom 28.2.2008).

Auch die größte Zuwanderergruppe in der BRD (die aus der Türkei zugewanderte) passt nicht in Wehlers Zerrbild: Nur etwa ein Drittel dieser Zuwanderer begibt sich regelmäßig in die Moschee, ein Drittel erscheint nur einmal im Jahr zum Zuckerfest und ein Drittel betritt nie eine Moschee (vgl. Salentin 2002). Von den regelmäßigen Moscheegängern wiederum stehen viele für einen eher pragmatischen unorganisierten Volksislam, der zwar ethisch anspruchsvoll ist, dessen islamische Prinzipien aber durch Humor und Ironie sowie durch mündlich überlieferte Lebenserfahrungen gefiltert und so an die modernen Alltagsnöte adaptiert worden sind (vgl. Tezcan 2003: 256, Fn. 23).

Das Beispiel Wehler ist nicht nur geeignet, den Bruch im Denken öffentlicher Intellektueller, die bislang eher für eine offene Gesellschaft standen, zu markieren oder die Argumentationstechniken der Befremdung des Fremden (die Konstruktion von unwandelbaren Kollektivsubjekten) zu veranschaulichen. Es offenbart nicht nur, dass und wie die soziale Konstruktion des muslimischen Kultursubjekts in der Einwanderungsgesellschaft von einer alteingesessenen Bildungselite vorangetrieben wird, sondern zeigt auch, dass sich alteingesessene Akteure im Zuge ihrer Kritik avancierender Fremder und avancierender Staaten selbst in (christlich-abendländische) Kultursubjekte verwandeln:

> «Europa ist geprägt durch die christliche Tradition, durch die jüdisch-römisch-griechische Antike, durch Renaissance, Aufklärung, Wissenschaftsrevolution. Das alles gilt auch für die Beitrittsstaaten in Osteuropa, aber es gilt nicht für die Türkei. Man kann diese Kulturgrenze nicht in einem Akt mutwilliger Selbstzerstörung einfach ignorieren.» (Wehler im TAZ Interview vom 10.9.2002)

Wehler lehnt den möglichen türkischen EU-Beitritts ab, weil die Türkei «einem anderen Kulturkreis» angehöre (2004: 7). Der Begriff «Kulturkreis» wird vom Afrikaforscher Leo Frobenius in seinem 1898 veröffentlichten Aufsatz über den «Ursprung der afrikanischen Kultur» geprägt. Frobenius nimmt darin an, dass es Völkergruppen gebe, denen Kulturelemente zugrunde lägen, die nicht durch Kulturaustausch affiziert oder durch ihn affizierbar seien. Solche Elemente stellten vielmehr ureigene, invariante Wesenheiten eines je gegebenen Kulturkreises dar. Damit schuf Frobenius für die Völkerkunde ein Konzept, das eine substanzialisierende, Mentalitäten festschreibende Menschen- und Kulturauffassung prägnant zum Ausdruck bringt. In den 30er und 40er Jahren wurde die Kulturkreislehre in Deutschland in einer Weise rassistisch zementiert, dass Frobenius ihr schließlich abschwor, doch er konnte sie nicht mehr zurückrufen – die Lehre war bereits an die sozialdarwinistische Rassenlehre adaptiert (vgl. Kronsteiner 2005: 1f.). Dass der Historiker Wehler im Eifer des Konflikts den Begriff des Kulturkreises ungeachtet seiner Geschichte wieder aufnimmt, zeigt, dass die von historisch verankerten, invarianten Mentalitäten ausgehende Kulturauffassung eine Versuchung darstellt, derer sich auch diejenigen, die es besser wissen (müssten), nicht immer entziehen können.

Im Lichte der hier figurationssoziologisch herausgearbeiteten Konfliktanalyse – des Rangordnungsstreits zwischen zunehmend verunsicherten und geschwächten, alteingesessenen Platzanweisern auf der einen und Gastarbeiternachfahren aus muslimischen Herkunftsländern auf der anderen Seite – betrachtet, ist Wehlers Diskurs auf der gleichen Ebene anzusiedeln wie jene oben zitierte Verschwörungstheorie, welche Kinder von Migranten zur Vorhut muslimischen Weltverschwörer stilisiert und stigmatisiert. Beide Abstoßungsdiskurse sind funktional äquivalent im Bemühen, die vermeintlichen Paria und Parvenus, die auf die Mitte der Gesellschaft zu rücken, wieder an deren Rand zurückzudrängen, wo sich die Gastarbeiter einst aufhielten. Auf der anderen Seite geht Wehler mit seinem Kulturkreisargument aber weit über das Niveau alltagsweltlicher Verschwörungstheorien hinaus. Seine jüdisch-christlich-abendländische Kulturkreislehre begründet so etwas wie eine ‹Neue Europäische Hausordnung›, auf der dann eine Gastrecht-Ideologie zweiter Ordnung aufgebaut werden kann. Nicht das nationale Haus der Deutschen, sondern das supranationale Haus der Europäer liefert die institutionell-politische Basis für diese neue, supranationale Gastrechts-Ideologie. Folgt man Wehlers akademisch raffiniertem Diskurs der Konstruktion einer Europäischen Hausordnung, dann verwandelt sich die universalistische Ethik und Rechtsordnung Europas in einen partikularistischen Torso. Aufklärung und Recht wären dann nicht Mittel der Selbstüberschreitung und der Emanzipation, sondern unveräußerliche europäische Besitztümer. Den aus fremden Kulturkreisen zugewanderten Migranten haftete in letzter Konsequenz der Geruch des unwandelbar Fremden an, dem nur die Wahl zwischen Ghetto oder Gaststatus bliebe.

Auf der Seite der in unseren Tagen primär als Muslime wahrgenommenen Nachfahren ehemaliger Gastarbeiter fehlen einstweilen noch jene intellektuellen Persönlichkeiten, die auf gleicher Augenhöhe bzw. mittels einer akademisch raffinierten Form der kulturalisierenden Befremdung des Fremden zu antworten in der Lage wären. Selbst wenn es sie gäbe, gehörte schon ein ungleich größerer Mut dazu, die Mehrheitsgesellschaft mit kulturdeterministischen Argumenten anzugehen, als ihn das Handeln jener öffentlichen Intellektuellen erfordert, die sich gegen eine unbeliebte muslimische Minderheit wenden.[9] Im Übrigen sind die Intellektuellen und Repräsentanten der inkriminierten Minderheit weiter davon entfernt, eine den neuen Islamkritikern vergleichbare, massenmedial abgesicherte Definitionsmacht ausüben zu können.

Es kann nicht verwundern, dass es an öffentlichkeitsfähigen Persönlichkeiten mangelt, die dazu in der Lage wären, die an ihrem durch den Figurationsprozess bedingten Bedeutungsverlust verzweifelnden Platzanweiser mit ‹guten›, akademisch verbrämten Gründen zu unrettbar christlich-abendländisch beschränkten Kultursubjekten zu stigmatisieren. Zwar kann man in Stadtteilgesellschaften, in denen die Nachfahren von aus der Türkei oder Marokko eingewanderten Gastarbeitern die eingelebte Machthierarchie umgekehrt haben (Hüttermann 2000), beobachten, dass befremdende Verschwörungstheorien kursieren, die den alteingesessenen Platzanweisern z.B. die Absicht unterstellen, die türkischstämmige Jugend bewusst in die Kriminalität oder Drogenabhängigkeit zu treiben, um sie erst kulturell zu entwurzeln und dann langfristig an die deutsche Mehrheitskultur zu assimilieren (vgl. Tezcan 2000: 439ff.). Und tatsächlich werden hierzulande in einigen islamischen Minderheitenmilieus die europäischen Gesellschaftsordnungen aufgrund ihrer christlichen Wurzeln abgelehnt und die nichtmuslimischen Bewohner entsprechend moralisch disqualifiziert (vgl. Hüttermann 2002: 186, 200f.). Und es ist nicht zu verkennen, dass Anhänger des politischen Islam sowie türkisch-nationalistischer Gruppierungen die Mehrheitsgesellschaft

---

9   Eine repräsentative Jugendstudie zeigt, dass autochthone Jugendliche ihren jugendlichen Gastarbeiternachfahren nach Ethnizität abgestufte Sympathien entgegenbringen: Sie wünschen sich z.B. weitaus seltener türkischstämmige Jugendliche als Nachbarn als etwa italienische (vgl. Baier et al. 2009: 113ff.). Sofern diese Ergebnisse auf die alteingesessene Mehrheit übertragbar sind, verleihen sie der Qualität der Intergruppenbeziehungen deutlichen Ausdruck. Bezeichnend für die Intergruppenbeziehungen ist auch, dass autochthone Deutsche, gefragt, an wen sie beim Wort «Ausländer» denken, überwiegend «Türken» anführen (ca. 60%). Osteuropäer folgen mit 12,7 Prozent, hinzu kommen allgemein «Muslime» mit 5 Prozent der Befragten. Italienische und andere nichtmuslimische Gastarbeiternachfahren werden dagegen sehr selten als Ausländer wahrgenommen (vgl. Asbrock et al. 2009: 156f.).

aufgrund eines Überlegenheitsanspruchs ablehnen, den sie unter Rückgriff auf den Islam begründen (vgl. etwa Heitmeyer/Müller/ Schröder 1997: 156). Aber angesichts der fortdauernden Machtasymmetrie zwischen alteingesessener Mehrheit und als islamisch etikettierter Minderheit bleibt diese befremdende Gegenstigmatisierung zumeist unterhalb jener Öffentlichkeitsschwelle, die erreichen müsste, wer das Stigma zu einer symbolische Gewalt von gesamtgesellschaftlicher Tragweite machen wollte. Der Gegendiskurs im islamistischen Milieu ist in erster Linie nur dazu geeignet, zur Verhärtung von Intergruppengrenzen in lokalen Räumen beizutragen.

2.4.3 Der Kronzeuge

Will man erklären, wie die am universalistischen Gehalt des demokratischen Rechtsstaates verzweifelnden alteingesessenen Eliten den avancierenden Fremden in seine ihm zugedachten Schranken zurückzudrängen suchen, so ist die soziale Figur des Kronzeugen nicht zu übergehen. Was ist damit gemeint?

Wenn die verfügbaren Beweismittel in Strafrechtsprozessen nicht ausreichen, werden Kronzeugen bestellt, die Mittäter sind oder waren – selbst wenn die verfügbaren Beweismittel im Prozess der Stigmatisierung von Menschen zu Kultursubjekten nicht ausreichen. Eine der prominen ntesten Kronzeuginnen der kulturalisierten Zuwanderungsgesellschaft unserer Tage ist Necla Kelek.[10]

Vom normativen Bezugspunkt der eigenen Biografie und der Aufklärung ausgehend, widmet sich Necla Kelek unter anderem einem die deutsche Öffentlichkeit zu Recht empörenden sozialen Tatbestand, der Zwangsehe zwischen in Deutschland lebenden Muslimen und (zum Teil minderjährigen) Muslimas. Für den sozialen Missstand der Zwangsehe

---

10 Um es gleich zu sagen: Der Vergleich hinkt. Zwar wird auch der Kulturalisierungsdiskurs mitunter geführt, als ginge es darum, den jeweils anderen (gleich ob alteingesessen oder zugewandert) einer vollbrachten oder auch nur geplanten Unrechtstat zu überführen; andererseits sind die Kronzeugen der Kulturalisierung nicht ehemalige ‹Mittäter›, sondern eher prominente Opfer, die von Akteuren innerhalb der Minderheit bedroht, diskriminiert und zum Teil physisch attackiert worden sind. In der sich kulturalisierenden Einwanderungsgesellschaft gehen sie dennoch in der Rolle des Kronzeugen auf, die ihnen insbesondere von den Massenmedien sowie von intellektuellen und politischen Platzanweisern der Einwanderungsgesellschaft zugewiesen wird.

macht Kelek die althergebrachte Sklavenhaltermentalität der Schwiegermütter und Kinder in traditionellen türkisch-muslimischen Familien verantwortlich. Hinzu komme der tief verwurzelte Fatalismus gegenüber dem eigenen Schicksal. Keleks Zeit- und Menschendiagnose ist sehr klar formuliert:

> «Seitdem eine verstärkte Islamisierung der türkischen Gesellschaft auch unter den Migranten in Deutschland zu beobachten ist, kommen die alten Traditionen und Bräuche, von denen man glaubte, sie seien durch Atatürks Reformen und durch die Moderne überwunden, wieder zur Anwendung. Die Tradition frisst die Moderne.» (Kelek 2005: 57)

Dass die Tradition erst die türkische und nun auch die deutsche Moderne frisst, führt Kelek auf die tiefsten Sedimentschichten des islamischen Kulturbodens zurück:

> «Und je länger ich mich mit diesem Thema beschäftige, desto stärker wurde mein Verdacht, dass vieles, was den Islam so resistent gegen die Anforderungen der Moderne macht, seinen Kern und Ursprung im Leben seines Gründers hat» (Kelek 2005: 165).

Dass Keleks Zeit- und Menschendiagnose so einfach und glättend formuliert ist, ist auch der Grund für ihre Unhaltbarkeit: Islamforscherinnen in allen Teilen der vom MuslimInnen geprägten Welt (vgl. Werner 1997; Klein-Hessling/Nökel/Werner 1999), aber auch in Deutschland (vgl. Nökel 2002), haben beobachtet, dass eine islamistische bzw. textfundamentalistische Auslegung des Islam der Emanzipation junger Muslimas von traditionellen, patriarchalen Strukturen dienen kann. Die der heiligen Texte kundigen neuen Islamistinnen legen sich ihren Islam so aus, dass er ihnen z.B. zur Abwehr der elterlichen Ehe-Arrangements dient. Die abgesprochenen Ehen werden von diesen Frauen zurückgewiesen, indem sie sich auf den vermeintlich reinen, von der kulturellen Tradition unverstellten Islam berufen. In solchen empirischen Studien von Islamforscherinnen, die sich so gar nicht als Kronzeuginnen der oben genannten Art eignen, erscheinen Muslimas als Menschen, die deuten und verstehen und auf ihre Umstände zurückwirken können. Sie werden nicht als auf ewig mit ihren Ursprüngen verwachsene Pflanzenwesen dargestellt.

Ob das von Islamforscherinnen beobachtete neue Denken und Handeln der Muslimas bloß als Randphänomen bewertet werden darf, ist eine ernst zu nehmende Frage. Indem Kelek diese und andere Einwände aber gar nicht diskutiert, erweist sie sich nicht als Wissenschaftlerin, sondern eben als ‹Kronzeugin›, die Menschen *cum studio et ira* über den Kamm einer vermeintlich tief verwurzelten Kulturdifferenz schert. Im Kontext der Figuration einer kulturalisierten Einwanderungsgesellschaft nehmen sowohl der wohnumfeldnahe als auch der akademisch raffinierte Schimpfklatsch darauf Bezug.

2.4.4 Der Dialogakteur

Der christlich-islamische Dialog auf lokaler, nationaler und internationaler Ebene wird überschätzt. Er erfüllt nicht die hohen Erwartungen, dass er zur Integration der Einwanderungsgesellschaft oder gar der Weltgesellschaft beitrage. Gründe dafür können hier nur angedeutet werden: Zum einen schafft der Dialog selbst wieder kulturelle und somit letztlich auch soziale Grenzen – unter anderem die zwischen dialogfähigen und nicht dialogfähigen sozialen Gruppen (vgl. Nassehi 2006). Im Falle der neuen Grenze zwischen dialogfähigen und nicht dialogfähigen Akteuren liefert er die moralische Legitimation, eine Außengruppe abzuwerten und somit neue Gegnerschaften oder gar neue Feindschaften buchstäblich herbeizureden. Man kann dies aktuell am Beispiel der gegenwärtig (im Sommer 2010) scheiternden Islamkonferenz beobachten – dem wohl wichtigsten Dialogformat für die alteingesessene politische Elite und die muslimische Minderheit. So schloss der deutsche Innenminister einen wichtigen Akteur, den Islamrat, von der Mitwirkung an der Konferenz aus, weil die Staatsanwaltschaft München gegen dessen wichtigste Mitgliedgruppierung, die Millî Görüş, ermittelte. Aber auch nachdem die Staatsanwälte ihre Ermittlungen ergebnislos abgeschlossen haben, bleibt der Islamrat ausgeschlossen, weil aus der Sicht des Innenministers noch andere Punkte gegen seine Dialogfähigkeit sprechen (vgl. *FAZ* vom 22.9.2010).

Eine weitere Schwäche des Dialogs, die sich immer dann offenbart, wenn dieser sich anmaßt, schulpolitische, sicherheitspolitische oder kriminalpolitische Debatten ablösen zu können, ist, dass er erst schafft, was er zu überwinden vorgibt: zunächst Kultursubjekte, schließlich auch Kulturkonflikte.

«Seit der interreligiöse Dialog, verstärkt als Reaktion auf den internationalen Terrorismus, öffentlich mit der Aufgabe betraut wird, bei der Integration von (muslimischen) Einwanderern zu helfen, ist er kein randständiges Thema mehr. Es geht um die Transformation vom (muslimischen) Einwanderer zum eingewanderten Moslem. Integrationsfragen erscheinen immer mehr als religiös-kulturelle Fragen.» (Tezcan 2006: 31)

Aus integrations- und konfliktsoziologischer Sicht besteht die paradox anmutende Wirkung eines seine Grenzen verkennenden Dialogs darin, dass Rangordnungs- und Verteilungskonflikte der Einwanderungsgesellschaft nicht durch interreligiösen Dialog gelöst werden können. Im Gegenteil: Wer mit Blick auf Diskurse über Kriminalität, Drogenhandel, aber auch mit Blick auf bewegende Themen wie Häuserkauf durch Türken oder knappe Arbeitsplätze die Dialogkarte ausspielt, unterstellt fälschlicherweise, dass kulturell bzw. religiös sich definierende Dialogakteure, die im Übrigen ohne demokratische Legitimation handeln, nicht nur alle ihre zugewanderten Kulturgenossen repräsentieren, sondern sie darüber hinaus auch noch führen könnten. Mehr noch: Durch die Anrufung tiefster Kulturschichten oder höchster theologischer Wahrheiten verwandeln sich gerade Konflikte und Probleme, über die man nüchtern reden könnte, in nicht mehr verhandelbare «Entweder-oder-Konflikte» (vgl. Hirschman 1994: 303f). Die Überdehnung von Dialogdiskursen impliziert mithin eine Spirale der Konflikteskalation.

Konfliktsoziologisch betrachtet ist ein interreligiöser oder interkultureller Dialog nur dann hilfreich, wenn er seine Grenzen kennt und sich darin trainiert, auch angesichts fundamentaler theologischer Differenzen grenzüberschreitende Sympathien zu kultivieren, und wenn er jede noch so prestigeträchtige Kronzeugenrolle ablehnt. Ein solcher Dialog kann hilfreich sein, wenn er den Integrationssog des Gastrechts ins Spiel bringt, das immer schon und immer noch zum integralen Bestandteil des modernen Lebens gehört. Im besten Falle – wenn nicht nur eine Seite einlädt – versetzt der Dialog beide Dialogakteure abwechselnd in die Rolle von Gast und Gastgebern und stellt dann die Symmetrie der gleichen Augenhöhe her, die eine Grundbedingung für die Sozialintegration moderner Gesellschaften ist. Seine ritualisierten, auf das Gastrecht bezogenen Formen des Austausches bringen zudem Bekanntschaften und mitunter auch freundschaftliche Bande hervor, die Dialogakteure zu Dialogpartnern werden lassen. Der Umschlag von Bekanntschaft oder gar Partnerschaft in Feindschaft respektive die Umstellung von Gast- auf Faustrecht ist aber – nicht zuletzt aufgrund der durch Gastrechtsrituale konstituierten reziproken Beißhemmungen – unwahrscheinlicher als etwa der Überang von quasi nackten Interessengegensätzen zur Konflikteskalation.

2.4.5 Kultursubjekte im Rangordnungskonflikt

Die deutsche Einwanderungsgesellschaft ist in ihrer ersten Sequenz durch die Figuration zweier sozialer Figuren charakterisiert: des alteingesessenen Platzanweisers, der sich als Gastgeber begreift, und des zugewanderten peripheren Fremden, der sich als Gast versteht. Seither, dies zeigt die figurationssoziologische Analyse, bildet die Einwanderungsgesellschaft im Zuge der Verschiebung der Machtbalance einen Rangordnungskonflikt zwischen Alteingesessenen und Zuwanderern aus, der in Sequenz IV zunehmend mit Argumenten ausgefochten wird, die dem Gegenüber einen unverrückbaren, gleichsam subkutanen Wesenskern zuschreiben. Das kulturalistisch essenzialisierte Subjekt ist in letzter Konsequenz weder dialog- noch konfliktfähig bzw. weder konsens- noch kompromissfähig, weil es ihm sowohl im Dialog als auch im Konfliktfall immer um Sein oder Nichtsein seiner unwandelbaren, letztlich unbeugsamen Wesensnatur gehen muss.

Die sich so wechselseitig Stigmatisierenden betrachten ihr Gegenüber so, als folgte es unweigerlich seinem ihm auf Leib und Seele eingeschriebenen Kulturcode. Angesichts dessen stellen sich verschiedene Fragen: Wird die hier herausgearbeitete soziale Natur eines Intergruppenkonflikts um Status und Rang damit transformiert? Ergibt sich aus der Dynamik des Streits mit kulturalistischen Argumenten so etwas wie eine sich selbst erfüllende Prophezeiung, welche die Rangordnungsinteressen der Beteiligten völlig überlagert? Könnte sich aus der dargestellten Tendenz zur kulturdeterministischen Würdigung des Gegenübers auch so etwas wie eine sich selbst erfüllende Prophezeiung entwickeln, so dass der Kampf um Vorrechte und Statuspositionen in den Hintergrund gedrängt wird und alle Beteiligten sich nunmehr auf die Frage konzentrieren, welche religiös bestimmte moderne bzw. gottgefällige Lebensform die einzig wahre und richtige sei? Hierauf sind drei Antworten zu geben:

1. Die oben angeführte Analyse zeichnet zwar so etwas wie ein Negativszenario der Kulturalisierung, das, wenn man es extrapolieren würde, in eine kulturalistisch (aber keineswegs *per se* rassistisch) verankerte Apartheidgesellschaft einzumünden drohte. Doch wäre diese Lesart unserer Analyse vermutlich dem Umstand geschuldet, dass hier (aus Platzgründen und aufgrund der Notwendigkeit argumentativer Zuspitzung) Gegentendenzen zur Kulturalisierung des Konflikts nicht diskutiert werden können. Tatsächlich ist nicht ausgemacht, ob die u.a. von Kulturstaatsanwälten,

Dialogakteuren und Kronzeugen vorangetriebene Kulturalisierung die verfassungsrechtlich eingeschriebenen und in der politischen Kultur verankerten universalistischen Potenziale einer rechtsstaatlich verfassten Gesellschaft zerstören wird. Die idealtypische Zuspitzung der Soziologie ist und bleibt auch im Falle der figurationssoziologischen Konfliktanalyse immer eine Überzeichnung – wenn auch eine, die eine wissenschaftliche Debatte vorantreiben kann, weil sie Gegenevidenzen und Gegenargumente anregt.

2. Bedeutsamer für die Beantwortung der Frage, ob der Rangordnungskonflikt sich durch die zu beobachtende Kulturalisierung von Argumenten und Subjekten in einen Kulturkonflikt verwandelt, der seine soziale Natur radikal verändern würde, ist ein anderer Aspekt: Kulturalistische Argumente schließen Rangordnungskonflikte nicht aus, sondern ein. So haben die beteiligten Akteure genaue Vorstellungen davon, wie die sozialen Hierarchien und die Ordnung der Vorrechte in einer von ihnen geprägten Gesellschafts-, Europa- oder Weltordnung aussehen sollen. Türkische Islamisten der Millî Görüş etwa schwärmen vom mittelalterlichen Modell des Vertrags von Medina, der Christen eindeutig zu Unter tanen zweiter Klasse machte. Christlich-abendländische Islamkritiker dagegen träumen von einer deutschen oder europäischen Leitkultur und vor allem davon, Muslime in die Schranken zu weisen.

3. Die Frage ob die Kulturalisierung des Menschen in eine sich selbst erfüllende Prophezeiung umschlägt, muss offen bleiben. Einerseits hat die Debatte um Thilo Sarrazin, der eine Abkehr von einem basalen Toleranzmultikulturalismus fordert, die Position alteingesessener Kulturalisten gestärkt. Dass Sarrazin vermeintlich genetisch begründete Schranken und Stärken alteingesessener wie zugewanderter Minderheiten diskutiert, als hätte es die Abwege der Eugenik und des nationalsozialistischen Rassenwahns nie gegeben, lässt kulturdeterministische Positionen und Grundsätze der Kulturstaatsanwälte, Kronzeugen und Dialogakteure als moderat erscheinen. Die ‹rote Line› bzw. dadurch markierte Tabugrenzen der politischen Kultur werden im Zuge dessen ganz beiläufig verschoben.

Andererseits gibt es Anzeichen dafür, dass die inkriminierten Minderheiten sich zunehmend anders entwickeln, als der kulturdeterministische Diskurs es erwarten ließe. Sie wirken abseits von Debatten um historisch-kulturell determinierte Mentalitäten und stehen der Dynamik einer sich selbst erfüllenden Prophezeiung des Zusammenpralls der Kulturen

entgegen. So sind etwa die zwar relativ bescheidenen, aber zunehmenden
Bildungserfolge der Nachkommen türkischer Migranten zu nennen. Der
Anteil von Personen mit akademischem Abschluss hat sich in dieser
Zuwandererpopulation zwischen 2001 und 2006 von 1 Prozent auf 3 Pro-
zent erhöht; der Anteil der Abiturienten dieser Bevölkerungsgruppe stieg
im gleichen Zeitraum von 13 Prozent auf 16 Prozent (Statistisches Bundesamt 2008: 203). Zudem ist eine seit dem Jahr 1997 «steigende Tendenz
in Bezug auf binationale Ehen (von MigrantInnen aus der Türkei [Verf.]) mit
Deutschen» zu verzeichnen (Schroedter 2006: 431). Gegenwärtig liegt der
Anteil bikultureller Ehen in dieser Gruppe mit 5 Prozent auf dem gleichen
Niveau wie der entsprechende Anteil in der autochthonen Mehrheitsbevölkerung (Berlin-Institut 2009: 49). Und schließlich wäre an die Erfolge
von Unternehmern, Filmemachern, Fußballstars, Schauspielern, Schrift-
stellern, Musikern und Politikern zu erinnern, die Nachfahren von Migranten aus muslimischen Ländern sind, der Einwanderungsgesellschaft als
Leitbilder dienen können und die kulturell begründete Abwertung und
Abstoßung von Zuwanderern performativ widerlegen. Ihre Bedeutung
lässt sich nicht in Zahlen und Statistiken ermessen, darf aber nicht übersehen werden.

3 Soziale statt kulturelle Problemlagen

Alle demokratischen Einwanderungsgesellschaften müssen erleben, dass
die Integration von Zuwanderern und Alteingesessenen mehr oder weniger von Intergruppenkonflikten begleitet werden. Offenbar sind solche
Konflikte Teil des Integrationsprozesses, weil Autochthone nicht gerne
auf formelle wie informelle Privilegien verzichten und Zuwanderer sich
nicht auf ewig mit ihrer sozialen Randstellung abfinden. Tatsächlich gab
es in der frühen Phase der deutschen Einwanderungsgesellschaft kein
spezielles ‹Türkenproblem›, erst recht kein ‹Moslem-Problem›. Abstoßungsreaktionen betrafen zunächst alle Gastarbeiterpopulationen gleichermaßen. Warum aber fokussiert die alteingesessene Mehrheit der
deutschen Einwanderungsgesellschaft ab Sequenz III des Figurationsprozesses vorwiegend auf Muslime, wenn es um Probleme oder Konflikte
geht? Warum erscheinen nur solche migrationsbezogenen Gruppen als
Problemverursacher, die aus Gesellschaften stammen, die maßgeblich vom
Islam geprägt sind? Wie kann es sein, dass Jugendliche in Deutschland sich

vorstellen können, italienische Nachbarn zu haben, während sie türkische Nachbarn eher ablehnen (vgl. Baier et al. 2009: 113ff.)? Warum sind die Nachfahren von Arbeitsmigranten anderer Herkunftsländer heute nicht mehr im Visier der Platzanweiser?

Charakteristische Interaktionsrollen der Figurationen/Sequenzen		
Alteingesessene	Akteure im Demarka-tionsbereich	Zuwanderer
Sequenz I: gastrechtlich legitimierte Hierarchie in den 60er und frühen 70er Jahren		
Platzanweiser	Transmissionsakteur	peripherer Fremder (Gast)
Sequenz II: fragwürdige Hierarchie in den 70er und 80er Jahren		
umstrittener Platzanweiser	Anwalt (Platzanweiser mit Herz)	peripherer Fremder (Klient und Schutz-befohlener, der bleibt)
Sequenz III: sichtbare Verschiebung der Machtbalance in den 90er Jahren		
partiell entmachteter Platzanweiser	a) Paternalist b) Protestierender	avancierender Fremder (Anspruchsbürger)
Sequenz IV: Versuch der Zementierung der letzten Vorrechte durch Kulturalisierung seit etwa 2001		
christlich-abendlän-disch säkularisiertes Kultursubjekt	a) Kronzeuge b) Dialogakteur c) Kulturstaatsanwalt	muslimisch-orien-talisches Kultursubjekt

Tabelle 5: Die Einwanderungsgesellschaft im Figurationswandel.

Hält man sich diesen Figurationswandel der deutschen Einwanderungsgesellschaft vor Augen, dann ergibt sich – ähnlich wie mit Blick auf andere Einwanderungsgesellschaften – auch für Deutschland nicht das Bild einer statischen Gesellschaft, die zugewanderte Minderheiten dauerhaft in vorbestimmte soziale Räume, Rollen oder Reservate einweist, sondern das Bild einer Gesellschaft, die sich im Zuge eines Rangordnungskonflikts wandelt. Dieser Rangordnungskonflikt ist nicht durch Einwanderung selbst (vgl. Sequenz I), sondern durch das für beide Seiten unerwartete Bleiben eines Teils der Einwanderer veranlasst worden. Er beruht darauf, dass alteingesessene, machtstarke Akteure von ihrem machtvollen Gastgeberstatus in dem Maße abrücken müssen, wie die Zuwanderer aus ihrer Gastrolle herauswachsen wollen.

Indem die Zuwanderer sich als Konsumenten, Kollegen und Auszubildende/Schüler mehr und mehr im Sinne des modernen, universalistischen Ideals der Gleichheit vor Gesetz und Markt verstehen und universelle Rechte und marktgerechte Preise zunächst über die soziale Figur des Anwalts einklagen, gerät das anfänglich ehern erscheinende Machtdifferenzial der Einwanderungsgesellschaft in Bewegung. Und indem die vielen, auf diesen Zusammenhang basierenden Einzelkonflikte im Lichte der schon bei der Anwerbung der Gastarbeiter zur Verfügung stehenden ethnischen Gruppenkategorien bzw. im Lichte der Unterscheidung von Deutsch/Nichtdeutsch oder alteingesessen/zugewandert interpretiert werden, entwickelt sich jener Rangordnungskonflikt, der sich in seiner aktuellen Sequenz (IV) durch ein Spannungsverhältnis zwischen essenzialisier endem Kulturdiskurs und universalistischer Verfasstheit des modernen Rechtsstaates auszeichnet.

Der oben dargelegte Befund, dass zeitgenössische Konflikte keineswegs Kultur-, Religions- oder Wertekonflikte sind, obschon Menschengruppen beteiligt sind, die sich wechselseitig als Muslime oder als Christen identifizieren, mag irritieren. Man könnte gegen den Befund einwenden, dass mit Blick auf italienische oder spanische Minderheiten keine vergleichbaren Konflikte zu beobachten sind. Demnach wäre anzunehmen, dass die Herkunftskultur der Migranten darüber entscheidet, ob die Interaktion mit den Autochthonen konfliktfrei oder mit Konflikten beladen ist. Es mag auf dem ersten Blick einleuchten, das Ausscheren der nichtmuslimischen

Migranten aus dem Rangordnungskonflikt, der anfänglich alle Gastarbeiterpopulationen betraf, mit dem ‹christlich-abendländischen Kulturboden› zu erklären.

Aus figurationssoziologischer Sicht ist darauf zu antworten, dass nicht nur christliche Prägungen die genannten Gruppen eint, sondern auch eine vergleichsweise bessere Vorbildung und das damit verbundene Wissen um die Bedeutung von Bildung für das beruflich-soziale Vorankommen ihrer Kinder. Hinzu kommt die Gemeinsamkeit, dass Italiener, Griechen, Portugiesen und Spanier in den 60er Jahren nicht im selben Maße an bestimmten Produktions- und Siedlungsstätten konzentriert wurden wie Einwanderer aus der Türkei. Dies und die Tatsache, dass viele Arbeitsmigranten nach den wirtschaftlichen Erfolgen und demokratischen Reformen ihrer Herkunftsländer remigrierten, trug zur relativ aufgelockerten Siedlungsweise der entsprechenden in Deutschland verbleibenden Migrantengruppen bei. Die schrumpfenden Gastarbeiterpopulationen aus nicht-islamischen Herkunftsregionen konnten somit auch nicht jene Dichte eigenethnischer Geschäfte, Treffpunkte, Sportstädten und Gewerbe ausbilden, auf die Stadtsoziologen fokussieren, wenn sie von «institutioneller Vollständigkeit» sprechen (vgl. Breton 1964).[11] Damit fehlen den ‹unauffälligen Minderheiten› aber auch jene Gelegenheitsstrukturen, aus denen sich «Mobilitätsfallen» (vgl. Wiley 1967) bzw. sozialräumlich benachteiligte Siedlungsgebiete ergeben konnten. Während es etwa für Portugiesen mangels Gelegenheiten in Deutschland kaum Möglichkeiten gibt, innerhalb der eigenen Community eine ethnische Karriere zu machen, gab und

---

11 Spitzt man die Figur der «institutionellen Vollständigkeit» idealtypisch zu, so bilden institutionell vollständige ethnische Ghettos in der segregierten Stadtgesellschaft u.a. ethnische Ökonomien, Bildungs- und Erziehungseinrichtungen, Gewaltmonopole (z.B. in Form mafiöser Strukturen) sowie ethnische Kunst und Unterhaltung aus. Sie sind dadurch in der Lage, das Leben ihrer Bewohner von der Wiege bis zur Bahre zu gestalten, ohne dass diese am Leben jenseits der ethnischen Grenze teilhaben müssen. Mehr noch, gerade weil das soziale, politische und kulturelle Kapital, über das der Ghettobewohner verfügt, durch das institutionell vollständige ethnische Milieu geprägt ist, können die BewohnerInnen ihre Kapitalien – und damit letztlich sich selbst – nicht im Sozialraum außerhalb des eigen-ethnischen Ghettos verwerten. Ihr Wissen, ihre Netzwerke und ihre politischen Organisationen sind innerhalb des Ghettos unverzichtbar, außerhalb jedoch bestenfalls wertlos. Die Mobilitätsfalle ist komplett.

gibt es diese Option für Angehörige der türkischen Gastarbeiternachfahren durchaus. Die Mobilitätsfalle schlägt für sie in dem Moment zu,
wenn diese türkischstämmigen Akteure ihre Fertigkeiten und Kenntnisse,
die sie im türkischsprachigen Milieu erworben haben, außerhalb ihres
Milieus verwerten wollen, dies aber nicht können, weil diese Kenntnisse
mit den informellen Spielregeln des dominanten Sozialraumes (wie auch
aufgrund sprachlicher Barrieren) nicht kompatibel sind.

Vor allem aber stimmen die vermeintlich unproblematischen Minderheiten darin überein, dass sie Gesellschaften entstammen, die als
befreundet gelten und von denen schon der deutsche Nachkriegsschlager
nur das Schönste zu besingen wusste. Zuwanderer, die aus islamisch
geprägten Gesellschaften eingewandert sind, bringen demgegenüber Voraussetzungen mit, die sie in den Augen von Platzanweisern für die Rolle
des Außenseiters qualifizieren. Nicht erst seit dem 11. September 2001,
sondern schon seit 1978 (der islamischen Revolution im Iran) werden
diese Länder mit Schurkenstaaten, islamischem Fanatismus oder Terrorismus in Verbindung gebracht. Die Neufiguration der Weltgesellschaft
nach dem kalten Krieg wirkt sich hier schon sehr früh auf die Dynamik der
Intergruppenbeziehungen der deutschen Einwanderungsgesellschaft aus.

Ein kurzer Blick in die USA entkräftet das kulturdeterministische
Argument: Bei amerikanischen Platzanweisern genießt eine bestimmte
religiös-ethnische Minderheit denselben Ruf wie hierzulande jene Bevölkerungsgruppe, deren Vorfahren in von Muslimen maßgeblich geprägten
Gesellschaften lebten. Diese Minderheit, die älter eingesessene amerikanische Kreise beschäftigt, gilt diesen als machistisch, frauenfeindlich
und fanatisch. Ihnen wird vorgehalten, sich in Ghettos einzuigeln und im
Drogengeschäft zu engagieren, sich zu weigern, die Landessprache zu
erlernen, und überdurchschnittlich häufig kriminell zu sein. Was die
inkriminierte Minderheit charakterisiert, ist jedoch aus amerikanischer
Sicht nicht der Islam, sondern die katholische Religion und die spanisch
geprägte Kultur. Dass der Katholizismus und die spanische Kultur mit
modernen liberalen Gesellschaften nicht kompatibel seien, behaupten
dort insbesondere konservative Intellektuelle wie Samuel P. Huntington
(vgl. 2004). Huntington würde damit aber selbst bei verunsicherten und
machtgeschwächten deutschen Platzanweisern kaum Zustimmung finden, gelten doch hierzulande eben diese katholischen Spanier als mus-
tergültig, weshalb sie immerzu als Kontrastfolie für die Behauptung einer

gescheiterten Integration muslimischer Zuwanderer herangezogen werden.

Der Vergleich der deutschen mit der US-amerikanischen Einwanderungsgesellschaft zeigt, dass das, was die als «gefährlich fremd» wahrgenommenen Minderheiten in den USA und in Europa verbindet, und das, was ihre soziale Randstellung erklärt, gerade nicht die gemeinsame Religion oder die gemeinsame Kultur ist, vielmehr die Tatsache, dass sie von machtstarken Gruppen der jeweiligen Einwanderungsgesellschaften kulturell und religiös stigmatisiert werden. Berücksichtigt man, dass solche Stigmatisierungen zumindest hierzulande in einem innergesellschaftlichen Rangordnungskonflikt wurzeln und diesen zugleich vorantreiben, dann wird deutlich, dass wir es mit Blick auf Konflikte um islamische Symbole mit einem *sozialen Problem* zu tun haben, dass *sozial* erklärt werden muss.

4 Moscheekonflikte im Figurationswandel

Moscheen, die als solche zu erkennen sind, wurden hierzulande wie auch in anderen westeuropäischen Ländern schon früher errichtet, als die aufgeregten Debatten unserer Tage vermuten lassen. Doch stehen diese islamischen Sakralgebäude wie etwa die 1924 errichtete Moschee der Muslimischen Mission in Berlin-Wilmersdorf oder die 1964 auf dem Aachener Campus fertiggestellte Bilal-Moschee (vgl. Kraft 2002) in einem gänzlich anderen historisch-sozialen Kontext als die Moscheen, die zurzeit überall im Lande errichtet werden. Die ersten Moscheen waren nicht solche einer Einwanderungsgesellschaft, sondern exotische Ausnahmeerscheinungen in einer okzidentalen Gesellschaft, deren Bildungsbürgertum (v.a. Novalis und Goethe) seit der Romantik glaubte, dass ihm beim Anblick des Morgenlandes ein Licht aufgehen würde, um zu deutscher Tiefe bzw. deutscher Identität zurückzufinden. Nicht zuletzt durch das gegen britische Kolonialinteressen gerichtet, vom Kaiserreich promovierte Projekt der Bagdad-Bahn wurde das deutsche Interesse am Orient weiter verankert. Noch der 1958 von muslimischen Studenten angeregte und von mehreren islamischen Staaten unterstützte Bau der Aachener Moschee konnte von dieser grundsätzlich positiven Haltung profitieren, die sich in einem finanziellen Zuschuss der Stadt Aachen ausdrückte.

Die in der Bundesrepublik auftretenden Konflikte um die Sicht- und Vernehmbarkeit von Moscheen zu Beginn der 90er Jahre stehen dagegen im Kontext der sich seit der Gastarbeiterimmigration figurierenden deutschen Einwanderungsgesellschaft. Alsbald bewegen sie nicht nur lokale, sondern auch überregionale Öffentlichkeiten. Die neue Qualität der Errichtung und Nutzung von Moscheen ist schon mit Blick auf die Formen auszumachen, welche die Architektur der frühen Moscheen von denen der Einwanderungsgesellschaft unterscheiden.

Die Bauherren und Architekten der wenigen frühen Moscheen Deutschlands bewegen sich in Stilfragen auf der Höhe moderner wie klassischer Hochkulturen. Die Aachener Bilal-Moschee verbindet etwa den modernen westlichen Stil des Brutalismus mit dem der nordafrikanischen Festungsmoschee; die Imam-Ali-Moschee in Hamburg (Grundsteinlegung 1961) orientiert sich streng am persischen Vorbild der Vier-Iwan-Moschee (vgl. Kraft 2002). Die aktuell durch Moscheevereine errichteten Moscheen bringen dagegen meist eine Mischung aus Pragmatismus, begrenzten finanziellen Ressourcen, volkskultureller Ästhetik und schließlich die Tatsache zum optischen Ausdruck, dass der Weg von der Hinterhofmoschee der ehedem randständigen Muslime zur repräsentativen Moschee in der deutschen Einwanderungsgesellschaft nur selten in einem Schritt bzw. durch ein konsistentes architektonisches Konzept erfolgen kann. Dies wird augenfällig, wenn – wie häufig der Fall – ein ehemaliges Industriegebäude durch ein osmanisches Minarett oder eine Kuppel aufgewertet wird. Anders als mit Blick auf die stilistisch vollendeten frühen repräsentativen Moscheen, die auf kleine muslimische Sozialeinschlüsse in einer ansonsten religiös und ethnisch sich homogen wähnenden Nationalgesellschaft verweisen, zeichnet sich in der Architektur der seit den 90er Jahren in Deutschland errichteten Moscheen der sich erst langsam verändernde Status muslimischer Minderheiten ab. Die Sicht- und Vernehmbarkeit von Moscheen lässt sich nicht länger auf wenige lokale Enklaven mit ihren exotischen und eben darum als gefällig empfundenen Sakralarchitekturen begrenzen.

Die Entwicklung der Moscheearchitektur spiegelt den Figurationsprozess der deutschen Einwanderungsgesellschaft nicht nur wider, sie ist ein konstitutiver Bestandteil desselben. Schon in den 80er Jahren wollten Moscheevereine in Deutschland Moscheen mit repräsentativen Merkmalen der islamischen Sakralarchitektur errichten bzw. vorhandene

Gebäude entsprechend umbauen. Doch ist über diese Vorhaben wenig bekannt, weil sie keine öffentlich wahrgenommenen Konflikte hervorgebracht haben.

Für unseren Zusammenhang ist wichtig, dass sie sich nahtlos in den Figurationsprozess der deutschen Einwanderungsgesellschaft einfügen. Freilich geschieht dies nicht in vollständiger Gleichzeitigkeit. Nicht jeder eskalierende oder nicht eskalierende Konflikt um islamische Präsenzformen ist in zeitlicher Hinsicht genau einer der vier Sequenzen zuzuordnen. Der zeitliche Rahmen der oben dargelegten Sequenzierung ist denn auch bloß als Annäherung an die Entwicklung der deutschen Einwanderungsgesellschaft insgesamt zu verstehen. Auf lokaler Ebene können gewissermaßen ungleichzeitige soziale Voraussetzungen gegeben sein. Der Bau einer repräsentativen Moschee in einer ostwestfälischen Kleinstadt trifft auf ganz andere Voraussetzungen als die Errichtung einer entsprechenden Moschee in einer Ruhrgebietsstadt.

Keine repräsentative Moschee in Espelkamp (Sequenz 1/2) Auf eigener Feldforschung beruhende Erfahrung lassen mich vermuten, dass die alteingesessenen lokalen Eliten[12] islamische Sakralarchitektur längere Zeit verhindern konnten, weil sie erstens in einer überlegenen Machtposition sind bzw. als unangefochtene Platzanweiser agieren konnten und weil zweitens die Muslime aufgrund ihres eigenen Selbstverständnisses als muslimische Gäste eines christlichen Gastgeberlandes auf einen Rechtsstreit bzw. auf einen damit einhergehenden öffentlichen Konflikt verzichten wollen. Darüber hinaus fehlte es den Muslimen, die zunächst in der sozialen Position des peripheren Fremden aufgehen, ohnehin an lokalpolitischer und baurechtlicher Expertise, um der Raffinesse der fest etablierten Platzanweiser begegnen zu können. Die nachstehende Interviewpassage kann diesen Zusammenhang an einem Beispiel illustrieren, das weitgehend der oben beschriebenen Sequenz I der Einwanderungsgesellschaft entspricht.

12 Moscheevereine suchen in dieser Phase zunächst den Kontakt und den Rat von Bürgermeistern, um für ihre Bauvorhaben zu werben. Später werden sie für solche Zwecke im Vorfeld u.a. Beiräte mit nichtmuslimischen Mitgliedern bilden und gezielte Überzeugungs- und Anerkennungsarbeit in der lokalen Öffentlichkeit leisten.

P: «Sie [die Muslime] haben natürlich auch ihre Kulturvereine gegründet. Und als [sie] seinerzeit so massiert da waren, hab ich seinerzeit auch gedacht: naja, schafft doch mal einen Beirat, einen Ausländerbeirat, einen türkischen Beirat und den haben wir auch zusammengeholt und die haben sich so untereinander die Gruppierungen angegiftet, dass wir einfach das auflösen mussten und sagen: Also komm, kommt nicht infrage! Die [grauen?] Wölfe unter den Türken da usw. Und die wollten ja auch eine Moschee hier errichten.»

I: «Ja davon weiß ich gar nichts!»

P: «Aber eine Supermoschee für ganz Norddeutschland!» [...]

I: «Wäre das eine repräsentative Moschee gewesen, mit Kuppel, Minarett [...]»

P: «Mit allem drum und dran also ein Riesending. Ein *riesengroßer* Apparat! Halb Mekka wollte ich bald sagen.»

I: «So groß wie die Bethäuser [der Espelkamper Mennoniten und Baptisten]?»

P: «Der Planung nach drei vier Bethäuser [groß], die die hier her bauen wollten.»

I: «Und das ging hier von Espelkamp aus, von diesem Moscheeverein?»

P: «Das waren Türken, die wahrscheinlich auch für den ganzen nördlichen Raum, haben die eine Möglichkeit gesucht, und wir haben auch mit vielen türkischen Menschen Verbindungen gehabt, mit denen gesprochen. [Ich habe] auch gute Verbindungen [zu ihnen gehabt]. Ich habe Delegationen in meinem [Rats-]Zimmer gehabt, die mit mir da verhandelten. Und ich habe ihnen gesagt: ‹Hier! Moschee kommt für uns nicht infrage hier in Espelkamp. Aber Gemeinschaftszentren, also Kulturhäuser haben wir nichts dagegen, werden wir unterstützen.› Und wenn sie dann darin eben ihre Moschee, ihre kleinen Einrichtungen haben, haben wir nichts dagegen, aber hier so ein Ding, das kann für uns nicht infrage kommen aufgrund der ganzen Zusammensetzung hier vor Ort.»

I: «Und wie haben Sie denn das abgeblockt? Denn eigentlich auf der rechtlichen Ebene, wenn der Bebauungsplan entsprechend ist, gibt es doch kaum eine Handhabe.»

P: «Ja, aber da war ja kein Bebauungsplan. Den hätten wir schaffen müssen. Und ansonsten haben wir natürlich alles, was sonst infrage kam, dergestalt abgeblockt, dass wir einmal sagten: ‹Aus städtebaulichen Gründen geht das nicht hier!› Dass das fadenscheinig war, war ganz klar, aber jedenfalls wir haben das verhindert.»

(Auszug aus einem narrativ-biografischen Interview mit einem der ehemaligen Bürgermeister einer ostwestfälischen Kleinstadt)

Moschee in Lauingen (Sequenzen I und II des Figurationsprozesses) Während das Machtgefälle zwischen alteingesessenen Platzanweisern und randständigem Moscheeverein in Espelkamp den Bau einer repräsentativen Moschee verhinderte, führte die auf der gleichen Machtfiguration beruhende Interaktion zwischen Alteingesessenen und Muslimen in Lauingen zum Bau einer solchen Moschee (Schmitt 2003: 162ff), und dies ohne jeden Konflikt.

Schon zu Beginn der 80er Jahre bezieht der Lauinger Moscheeverein ein denkmalgeschütztes Gebäude, das er als Moschee nutzt. Als die Stadt im Jahr 1990 den Verein auffordert, das Haus gemäß den Richtlinien des Denkmalschutzes zu sanieren, wendet sich der Verein, dem die daraus resultierenden Kosten zu hoch erscheinen, an den seit 1986 regierenden Bürgermeister. Als er den Entwurf für einen Neubau vorlegt, der sich in nichts von dem eines normalen Mehrfamilienhauses unterscheidet, reagiert dem Bürgermeister, der der CSU angehört, anders als erwartet. Statt die avisierte architektonische Unauffälligkeit des Entwurfes zu würdigen, lehnt er ihn rundweg ab. Er fordert den Verein auf, stattdessen eine repräsentative Moschee zu errichten. Im Gegenzug äußert er die Erwartung, dass der Verein auf den lautsprecherverstärkten Gebetsruf in Form einer schriftlichen Erklärung verzichtet. Für den Fall, dass der Verein dies akzeptiert, bietet der Bürgermeister seine Unterstützung für die politische Durchsetzung des Projekts und auch bei der Suche nach einem geeigneten Grundstück an. Die Muslime willigen ein.

Der daraufhin überarbeitete Entwurf beinhaltet nun eine Kuppel mit einem Durchmesser von 11 Metern, zwei kleinere Kuppeln und ein Minarett in der Höhe von 25,5 Metern. Das Stadtoberhaupt hilft tatsächlich, ein am Rande des Stadtkerns gelegenes Grundstück zu finden, das gleichermaßen Sichtbarkeit und optimale Verkehrsanbindung gewährleistet. Dem Schrebergartenverein, der das Gelände bislang genutzt hat, wird auf Betreiben des Bürgermeisters ein größeres Terrain zur Verfügung gestellt. Dem Bürgermeister gelingt es nicht nur, seine Fraktion für die Zustimmung zum Moscheebauprojekt hinter sich zu bringen (hierfür ist insbesondere die schriftliche Verzichtserklärung des Moscheevereins bezüglich des Gebetsrufs entscheidend), er setzt schließlich für das Bauvorhaben, trotz Einwänden der örtlichen SPD, einen städtischen Zuschuss in Höhe von 100 000 DM durch.

Mit Blick auf die Abfolge der Phasen des Figurationsprozesses ist der Lauinger Nichtkonflikt den ersten beiden Sequenzen zuzuordnen. Dass der Bau aus einer Platzanweisung hervorgeht, lässt seine Errichtung zunächst als Stein gewordenen Ausdruck der Übermacht des alteingesessenen Platzanweisers erscheinen. Andererseits handelt dieser Platzanweiser nicht ohne Empathie. In einem gewissen Sinne macht er sich selbst zum Anwalt der Interessen des ortsansässigen Moscheevereins, die er gegenüber der alteingesessenen Mehrheitsbevölkerung offensiv vertritt. Er entspricht damit auch dem, was oben mit der Figur des «Platzanweisers mit Herz» zum Ausdruck gebracht worden ist.

Der Duisburger Gebetsrufkonflikt (Sequenz III) In Städten und Regionen, wo der Figurationsprozess die dritte Sequenz ausfiguriert hat, die von der Interaktion zwischen partiell entmachteten Platzanweisern und avancierenden Fremden geprägt ist, funktioniert das Modell der paternalistischen Führung und Abdrängung peripherer Fremder nicht mehr, ohne dass es zu Widerspruch und Konflikt käme. Die Zuwanderer und ihre Nachfahren kennen jetzt ihre Rechte und berufen sich auf die universalistischen Gehalte des deutschen Rechtsstaates. Alteingesessenen Platzanweiser sehen sich dadurch (aber wohl auch durch eigenes Dazulernen) genötigt, von den lebensweltlich legitimierten Gastrechtsprivilegien zurückzutreten und auf die Ebene des formalen Rechts herabzusteigen; denn (um ein Beispiel herauszugreifen) weder das Baurecht noch das Privatrecht unterscheiden zwischen abend- und morgenländischen Bauherren.

Vor dem Hintergrund der neuen Sichtbarkeit avancierender Fremder in Sequenz III entbrennt auch in der Duisburger Stadtgesellschaft der Konflikt um den lautsprecherverstärkten Gebetsruf. In der an der Ruhrmündung gelegenen Industriestadt beginnt der Konflikt mit einem Antrag.[13] Der dem DİTİB-Verband angehörende Moscheeverein der Sultan Ahmet Moschee in Duisburg-Laar und ein in Marxloh ansässiger Verein der ATIB (Avrupa Türk İslam Birliği/Türkisch-Islamische Union in Europa)[14]

---

13 Die nachstehenden Ausführungen stützen sich auf die von Tezcan (2000) vorgelegte Analyse des Gebetsrufkonflikts in Duisburg sowie auf meine eigenen, zur gleichen Zeit am selben Ort durchgeführten Feldforschungen.

14 Die ATIB ist aus einer Abspaltung von den Grauen Wölfen hervorgegangen

beantragen Ende des Jahres 1995 den «Betrieb einer Beschallungsanlage zum Zwecke des Gebetsrufes». Zugleich nimmt auch der Ausländerbeirat das Anliegen auf und berät es im Beisein des für die Belange des Beirates verantwortlichen Dezernenten. Der Antrag wird 1996 aufgrund der Presseberichterstattung und spontaner Reaktionen der Bewohner (in Form von Leserbriefen und heftigen Reaktionen auf Mitgliederversammlungen in den Ortsgliederungen der SPD) schnell zu einem lokalen Politikum. Dem für Minderheitenintegration zuständigen Dezernenten gelingt es, die Muslime (zunächst den Ausländerbeirat) davon zu überzeugen, es nicht bei einem formellen Genehmigungsprozedere zu belassen, sondern das Anliegen in den entsprechenden Stadtteilen im Rahmen von Bürgerversammlungen erst einmal zur Diskussion zu stellen. Auf diese Weise soll die Akzeptanz der alteingesessenen Duisburger für das Ansinnen sondiert und schließlich gefördert werden.

Besondere Brisanz gewinnt der Duisburger Gebetsrufkonflikt dadurch, dass der Pfarrer der evangelischen Gemeinde in Duisburg-Laar, deren Kirche unmittelbar neben dem Moscheegebäude der ATIB liegt, mit Flugblättern theologische Argumente gegen den öffentlich vernehmbaren Gebetsruf ins Feld führt. Demnach seien Christentum und Islam nicht als zwei gleichberechtigte ‹abrahamitische› Religionen zu verstehen, und der Gott der Muslime sei auch nicht der Gott der Christen. So sei der lautsprecherverstärkte muslimische Gebetsruf als Aufforderung an die Christen zu verstehen, vom rechten Weg abzugehen und einen Götzen anzubeten. Was in Teilen als Glaubens- und Wertekonflikt daherkommt, ist jedoch, wie Tezcan zeigt, auch im Fall des Duisburger Gebetsrufkonflikts ein Rangordnungsstreit.

(vgl. Tezcan 2000: 434). Die Abspaltung erschien den ATIB-Gründern notwendig zu sein, weil es ihnen anders als den Grauen Wölfen nicht mehr allein um eine ausschließlich transstaatliche Orientierung der Migranten auf die Entwicklungen in der Türkei ging, sondern auch um die Belange der Migranten vor Ort. Tezcan führt weiter aus, dass die ATIB, die dem Dachverband des Zentralrates der Muslime in Deutschland angehört (Lemmen 2002: 57), traditionell einer politischen Debatte kritisch gegenübersteht. Aus diesem Grunde, aber auch in Kenntnis der für die Muslime günstigen Rechtslage, war es, wie ATIB-Vertreter äußerten, ein Fehler, den Antrag vor den Ausländerbeirat zu bringen, anstatt ihm ohne Aufsehen beziehungsweise durch reines Verwaltungsprozedere zum Erfolg zu verhelfen.

> «Der Anerkennung von kollektiv und kulturell gewichtigen Symbolen für die muslimische Seite steht die Sicherung christlicher Vorrangstellung beziehungsweise die partielle Abwehr öffentlicher Sichtbarkeit islamischer Religiosität gegenüber, unabhängig von der tatsächlichen Glaubensstärke auf der Seite deutscher Gegner des lautsprecherverstärkten Gebetsrufes. Die Rangordnungskonflikte, in denen es für die Etablierten um den Erhalt der Rangordnungsverhältnisse und für die Außenseiter um die Anerkennung der Präsenz geht, erfahren in den Wertekonflikten ihre diskursive Legitimität.» (Tezcan 2000: 426)

Tezcan macht deutlich, dass noch die theologisch verbrämte Abwertung des Islam und die von christlichen Fundamentalisten betrieben symbolische Exkommunikation Allahs aus der Gemeinschaft ‹abrahamitischer› Religionen der Soziologik eines Rangordnungskonflikts folgen, der seinerseits praktischer Ausdruck der Figurationsumkehrung im Verhältnis von Etablierten und Außenseitern in den Stadtteilgesellschaften des Duisburger Nordens ist.

> «Der Antagonismus zwischen Allah und dem christlichen Gott darf nicht aufgehoben werden, sonst geht man einer notwendigen Grenzziehung verlustig, mit der man den Alltag mit den Fremden interpretiert und die Verlusterfahrungen (etwa der identitätsaffirmativen Räume) verarbeitet. Markierte denn nicht das Verhältnis der Götter zueinander in der Menschheitsgeschichte schon immer zugleich das Verhältnis der Völker zueinander? [...] Die Verschiebung [...] [der] Rangordnungsverhältnisse in den Stadtteilen trifft auch die Rangordnungsverhältnisse in der symbolischen Präsenz der Götter vor Ort.» (Tezcan 2000: 429)

Betrachtet man die in den Bürgerversammlungen vorgebrachten Argumente genauer, spielen die theologischen Argumente jedoch nur eine Nebenrolle. Was die Moscheegegner vorzubringen haben, bezieht sich zum überwiegenden Teil auf negative Erfahrungen im Kontext alltäglicher Begegnungen im engeren und weiteren Wohnumfeld. Nicht der christlich-islamische Disput bewegt die Beteiligten, sondern die Verletzung der Hausordnung, das Zuparken der Einfahrten, das Parken in zweiter Reihe oder das aggressive Verhalten junger Männer, die vor den Spielhallen stehen. Das vom christlich-fundamentalistischen Pfarrer des Stadtteils Laar eingebrachte religiös-kulturelle Diskursformat wird in den Bürgerversammlungen von Alteingesessenen nicht aufgegriffen.

Der Gebetsrufkonflikt endet schließlich mit einem Pyrrhus-Sieg der Alteingesessenen. Zwar verzichten die Vertreter der Duisburger Moscheen schließlich einhellig auf die Ausrufung des lautsprecherverstärkten

Gebetsrufes. Dessen ungeachtet wird den Gegnern eines öffentlich vernehmbaren Gebetsrufs zum einen deutlich, dass die geltende Rechtsordnung nicht mehr länger die Rechtsordnung der Platzanweiser ist, zum anderen, dass der randständige Zuwanderer in der Mitte der Stadtgesellschaft angekommen und *in ipso actu* in der Stadtgesellschaft aufgerückt ist. Die folgende Beobachtung gibt die z.T. resignative Grundstimmung jener Alteingesessenen wieder, die spüren, dass ihre eingelebte Vorrangstellung nicht länger selbstverständliche Geltung beanspruchen kann (Tezcan 2000: 427f.).

> «Der Saal wirkt nicht so karg wie in Laar. Es sind Tische in Reihen aufgestellt, man kann in kleinen Gruppen sitzen, ja sich dazu während der hitzigen Debatten ein wenig mit Getränken erfrischen. Die Sitzordnung, die sich in der Kneipe eines traditionsreichen Hotels faktisch ergeben hat, weicht ein Stück von dem klaren Schema von Etablierten und Außenseitern ab, das auf der [Duisburg-]Laarer Versammlung so offensichtlich war. Nichtsdestotrotz sitzen auch hier in der Mitte mehrheitlich deutsche Zuhörer. Viele türkische Zuhörer kommen erst kurz vor dem Beginn der Veranstaltung, bekommen aber noch Sitzplätze. Die Versammlung spiegelt den öffentlich sichtbaren Alltag in Marxloh relativ getreu wider. Türkische Zuhörer sind entsprechend ihrem Anteil im Stadtteil auf der öffentlichen Versammlung zahlreich vertreten, das Thema geht sie doch etwas an und sie scheinen das ernst zu nehmen. Die demografische Struktur des Maxloher Alltags findet ihren Ausdruck auch in der Altersstruktur der Zuhörer. Während sich die anwesenden Deutschen auf die mittleren und älteren Jahrgänge konzentrieren, weisen die türkischen Teilnehmer einen jüngeren Altersdurchschnitt auf. Die Stimmung ist bei weitem nicht so angeheizt wie in Laar. Man konnte bei den deutschen Zuhörern statt Aggression einen gewissen Zynismus heraushören. «Ihr habt uns die Hose genommen, lasst uns wenigstens das Hemd», so rief ein deutscher Teilnehmer den Türken zu.» (Auszug aus dem Forschungstagebuch)

Alles in allem bleibt der Duisburger Gebetsrufkonflikt im Wesentlichen der dritten Sequenz verbunden, in der entmachtete Platzanweiser und avancierende Fremde die Intergruppenbeziehungen prägen. Allerdings ist nicht zu verkennen, dass es bereits erste Versuche einer alteingesessenen Gemeinde und ihres Pfarrers gab, diesen Konflikt eine religiös-kulturelle Note zu geben. Die akustische Durchdringung des öffentlichen Raumes durch den Gebetsruf hätte durch diese religiös-kulturalistische Rahmung des Konflikts den Charakter eines Sakrilegs angenommen; doch war die Zeit für eine solche Rahmung offenbar noch nicht gekommen, nur eine kleine Minderheit der Alteingesessenen folgte dieser Situationsdeutung.

Zentralmoschee in Köln-Ehrenfeld (Sequenz IV) Nachdem französische Truppen 1794 die Bischofsstadt Köln besetzt hatten, wurde Köln Teil der französischen Republik und kam somit in den Genuss der Religionsfreiheit (vgl. Stelzmann/Frohn 1990; Müller 2005). Wie fast überall in Deutschland wurden auch in Köln die Klosterbesitzungen bzw. die kirchlichen Reichsstände säkularisiert. Im Zuge dessen übergaben die Behörden der evangelischen Gemeinde zu Köln 1802 die ehemalige Antoniterkirche zur Umnutzung bzw. zum Umbau. Protestantische Gottesdienste mussten nun nicht länger im Verborgenen abgehalten werden. Sie rückten näher an den öffentlichen Raum. Fast sechzig Jahre später (1860) konnte die evangelische Gemeinde in der katholisch dominierten Stadtgesellschaft ihren ersten Kirchenneubau einweihen, dessen Campanile eine Höhe von 43 Metern erreicht. Die Errichtung dieses steinernen Dokuments eines sich verschiebenden Machtdifferenzials der Stadtgesellschaft wurde durch die finanzielle Unterstützung vonseiten des protestantisch regierten Preußens möglich, dem Köln seit 1815 zugehörte. Erst zum Ende des 19. Jahrhunderts besaß die evangelische Gemeinde Kölns mehrere größere, repräsentative Kirchen. In den sechziger Jahren des 19. Jahrhunderts wurden in Köln dann auch drei Synagogen eingeweiht (vgl. Pracht 1997). Dass die Synagoge in der Glockengasse im neo-orientalischen Stil errichtet wurde, rief in der Kölner Stadtgesellschaft keine Ablehnung hervor, stellte doch damals die islamisch-orientalische Architektur die Projektionsfläche für eskapistische Fantasien des europäischen Bürgertums dar (vgl. Korn 2008). Diese kleine Fußnote zur Geschichte der Kölner Sakralarchitektur macht deutlich, dass der Weg zur architektonischen Selbstvisibilisierung multireligiösen Lebens im katholischen Köln – wie andernorts in Deutschland – auch noch lange nach dem Ende der Glaubenskriege auf zeitlich ausgedehnten Um- und teilweise auch Abwegen verlief.[15]

Dies ist im Fall des Konflikts um die Zentralmoschee in Köln nicht anders. Das Projekt der Zentralmoschee wird seit Beginn des neuen Jahrtausends durch den 1984 gegründeten Moscheeverband DİTİB (Diyanet

---

15 In diesem Zusammenhang darf auch die Zerstörung der Kölner Synagogen in der Reichspogromnacht vom 9. November 1938 nicht unerwähnt bleiben. Die Einheit solcher nur auf den ersten Blick disparater Ereignisse wird durch den mal langsam, mal eruptiv verlaufenden Figurationswandel der (Stadt-)Gesellschaft gestiftet.

İşleri Türk-İslam Birliği/DİTİB) vorangetrieben. Dieser Verband versammelt den größten Teil jener Moscheevereine unter seinem Dach, die in Deutschland von aus der Türkei stammenden Gastarbeitern und deren Nachfahren gegründet worden sind.[16] Er kann als Auslandsorganisation des in der Türkei ansässigen «Präsidiums für Religionsangelegenheiten» (Diyanet İşleri Başkanlığı/DİB) gelten. Dieses wirkt über das türkische Generalkonsulat in Köln auf den DİTİB-Verband ein.[17] Der Entschluss, eine repräsentative Moschee zu errichten, wurde 2003 gefällt. 2005 wurde ein Architekturwettbewerb ausgelobt, dem eine in ihrer Mehrzahl aus Nichtmuslimen zusammengesetzte Fachjury vorstand. Den Zuschlag bekam das Kölner Architekturbüro Paul Böhm. Die avisierte Architektur vereint in konsistenter Weise zeitgenössische Baukunst mit Grundformen der osmanischen Sakralarchitektur und fügt sich in die bauliche Umgebung des Stadtteils Köln-Ehrenfeld ein. Dem DİTİB-Verband gelingt es frühzeitig, den Kölner Oberbürgermeister Schramma und dessen Partei für den Bau einer Zentralmoschee zu gewinnen. Dies ist notwendig, weil die Realisierung des Projekts eine Bebauungsplanänderung für das Grundstück in Ehrenfeld voraussetzt, die erst durch den Rat beschlossen werden muss. Auf der anderen Seite darf vermutet werden, dass die Kölner CDU –bestärkt durch ihren NRW-Integrationsminister Armin Laschet – durch ihr Entgegenkommen gegenüber diesem Prestigeprojekt die Stellung des als relativ moderat geltenden DİTİB-Verbandes innerhalb der aus der Türkei eingewanderten muslimischen Minderheit Deutschlands stärken will.

Dennoch erregt das Vorhaben nicht zuletzt wegen seiner imposanten Größe und der avisierten Minaretthöhe von 55 Metern öffentlichen Widerwillen. Dazu mag beigetragen haben, dass die Bischofsstadt seit dem Verbot der islamistischen Gemeinde des selbsternannten Kalifen von Köln, Metin Kaplan, im Brennpunkt jener öffentlichen Aufmerksamkeit steht, die dem neuen, relativ selbstbewussten Erscheinungsbild muslimischer Minderheiten in Deutschland gilt. Eine in einer örtlichen Zeitung veröffentlichte repräsentative Umfrage eines Marktforschungsinstituts zeigt, dass das Projekt ungeachtet seines auf öffentliche Akzeptanz zielenden

---

16 Im Jahr 2002 sind das etwa 770 Moscheevereine (vgl. Kücükhüseyin 2002).
17 Als staatliche Behörde ist die DİB dem türkischen Ministerpräsidenten zu- und untergeordnet (zu Geschichte und Soziologie des staatlich verwalteten Islam in der Türkei vgl. Tezcan 2003a: 62ff.).

Vorlaufs in der Stadtgesellschaft umstritten ist.[18] Als kurz darauf die
Kölner CDU auf einem Parteitag mehrheitlich gegen den Bau der Moschee
in der geplanten Größe stimmt, kann Schramma den DİTİB-Verband dafür
gewinnen, einen kleineren Bau zu planen. Am 23. Januar 2008 wird der
reduzierte Bauplan öffentlich vorgestellt. Der Neubau ist jetzt um ein
Drittel kleiner, der Gebetsraum wird von 2000 auf 1200 Plätze für Betende
verringert. Die Gebetstürme bleiben bei 55 Metern, werden aber ver-
schlankt. Auch die Kuppel behält ihre ursprünglich vorgesehenen Dimensionen. Am 28. August 2008 beschließt der Kölner Stadtrat die notwendige
Änderung des Bebauungsplans. Die Grundsteinlegung erfolgt am 7. November 2009.

Der Konflikt zeichnet sich gegenüber vorausgegangen in mehrerlei
Hinsicht aus: Zunächst einmal geht es in Köln nicht um irgendeine Moschee
irgendeines Moscheevereins, sondern um die Zentralmoschee des größten Dachverbandes. Aufgrund der Bedeutung, die dieses Vorhaben nach
dem Willen des Verbandes für alle deutschen Muslime haben soll, ist von
Beginn an eine überlokale, mindestens deutschlandweite öffentliche Aufmerksamkeit beabsichtigt. Zudem wird die Zentralmoschee in einer deutschen Bischofsstadt errichtet, deren Dom das wohl populärste christliche
Sakralbauwerk der Republik darstellt. Somit wird die Frage aufgeworfen,
inwieweit das Bauvorhaben das veränderte Machtverhältnis zwischen
religiösen bzw. migrationsbezogenen Gruppen in der Gesellschaft bzw.
Stadtgesellschaft zum Ausdruck bringt oder gar *ipso facto* zugunsten der
Muslime verschieben könnte. Die Höhe der Domtürme (157 Meter) in
Relation zur Höhe der Minaretttürme (55 Meter) ist denn auch für die
meisten Moscheegegner und -befürworter ein fester argumentativer Bezugspunkt. Ohne dass dies explizit ausgesprochen werden muss, ist den
Beteiligten zumindest intuitiv bewusst, was die obige Anmerkung zur
Geschichte der Kölner Sakralarchitektur deutlich machen sollte – dass
nämlich Architektur und die Machtbalancen sozialer Gruppen einander
abbilden und aufeinander einwirken. Im Unterschied zu anderen (wenn
auch nicht allen) vorausgegangenen Moscheebauprojekten ist in Köln das

---

18 «Befürworten Sie den geplanten Neubau einer Zentralmoschee der Türkisch-
    Islamischen Union DİTİB in Köln Ehrenfeld?» Mit «Ja» antworten 35,6 Prozent,
    mit «Ja, aber nicht in dieser Größe» 27,1 Prozent, mit «nein»: 31,4 Prozent und
    mit «Weiß nicht/kenne das Projekt nicht» 5,9 Prozent der Befragten (vgl.
    Kölner Stadtanzeiger vom 19.6.2007).

Bemühen des Bauherrn hervorzuheben, die Öffentlichkeit schon in den Planungsprozess einzubeziehen und ihre Zustimmung zu gewinnen.

Der «Fall Köln» unterscheidet sich aber vor allem darin, dass er von Beginn an nicht nur lokale Akteure, sondern auch überlokale Befürworter und Gegner auf sich zieht. Der Kölner Konflikt sprengt die lokale, stadtgesellschaftliche Dimension weit mehr als alle vorausgegangenen Konflikte um islamische Sakralbauten der deutschen Einwanderungsgesellschaft. So hat sich hier zum ersten Mal eine neonazistische Gruppierung des Moscheethemas öffentlichkeitswirksam bemächtigt.[19]

Für die Dynamik der Intergruppenbeziehungen ist dies aber von weitaus geringerer Bedeutung als die Tatsache, dass sich auch öffentliche Intellektuelle, Schriftsteller, Filmemacher und Journalisten durch Beiträge in deutschlandweit rezipierten Medien zu Wort melden. So äußert der Schriftsteller und Literaturtheoretiker Dieter Wellershoff in einem Beitrag Bedenken, die der Position des partiell entmachteten Platzanweisers entsprechen, der sich nicht damit abfinden kann, dass der randständige, unauffällige Fremde seinen peripheren Status aufgibt, um sich als avancierender Fremder im lokal-öffentlichem Raum auf gleicher Augenhöhe mit Alteingesessenen zu positionieren (vgl. Sequenz III). Zwar findet er sich ausdrücklich damit ab, dass die Zentralmoschee aufgrund der Rechtslage nicht zu verhindern sei. Dennoch möchte er den Muslimen zunächst jene in Gefühlen verankerte ‹rote Linie› alteingessener Akteure aufzeigen, welche seiner Ansicht nach die Gastarbeiternachfahren mit ihrem Bauvorhaben zu überschreiten drohen.

> «Aber ich muss gestehen, dass ich die beiden kleinen Räume eines Eckhauses in der Kölner Südstadt, in denen seit Jahren alltäglich gekleidete türkische Männer mittleren und fortgeschrittenen Alters zum Gebet und zu nachbarschaftlichen Gesprächen zusammenkommen, gerade wegen

---

19 Dass die mit der neofaschistischen deutschen Szene verbandelte (Verfassungsschutzbericht 2009: 66ff) und im Kölner Stadtrat vertretene «Bürgerbewegung pro Köln» sich gegen die Zentralmoschee aussprach, entspricht der allgemeinen Strategie rechter Gruppierungen, auf die Öffentlichkeit bewegende Themen gewissermaßen als Trittbrettfahrer aufzuspringen. Durch ihren für September 2008 vorgesehenen Anti-Islamisierungskongress in Köln und mehr noch durch antifaschistische Gegendemonstrationen und Blockaden, die schließlich zum Abbruch jenes Kongresses führen, kann die rechte Gruppierung auf sich aufmerksam machen.

ihrer Alltäglichkeit und Intimität als Gebetsorte immer besonders sympa-
thisch fand.» (*FAZ* vom 14.6.2007)

Nach dieser nostalgisch anmutenden, mit dem Anspruch der Wahrhaftigkeit verbundenen Formulierung schlägt Wellershoff schließlich kulturdeterministische Töne an (vgl. Sequenz IV). Nicht mehr der Anspruch
auf subjektive Wahrhaftigkeit sondern auf objektive Wahrheit leitet das
folgende Argument:

> «Die Schnelligkeit und Massenhaftigkeit, mit der sich die Handygenera-
> tion zu Weltjugendfesten zusammenfindet, könnten einen bedenklich
> stimmen, wenn sie sich nicht genauso schnell wieder zerstreute. Es ist aber
> auch das Potential einer neuen, fernsehgerecht inszenierten Protest-
> kultur. Das sieht bei der Moschee allerdings ganz anders aus. Sie um-
> schließt die Beter und hält sie fest.» (*FAZ* vom 14.6.2007)

Diese Aussage ist falsch: zum einen, weil die Religiosität der deutschen
Muslime tatsächlich heterogen und abgestuft und keineswegs statisch ist
(vgl. oben Abschnitt 2.4.2); zum andern, weil sie den Eindruck erweckt, als
seien Muslime nur Appendizes eines überindividuellen Subjekts, in
diesem Falle der Moschee, die in Wellershoffs Artikel ihrerseits wiederum
als bauliche Manifestation des die Massen ergreifenden Islam steht. Die
Frage, ob wahr oder falsch, ist für eine figurationssoziologische Konfliktanalyse aber weniger wichtig als die Frage, welche Funktion eine jeweilige
Aussage in der konkreten Konfliktinteraktion ausübt. So betrachtet, ist
Wellers Beitrag vor allem deshalb relevant, weil er zeigt, wie kulturdeterministische Argumentation verfährt: Ihre Autoren konstruieren
kulturell aufgeladene über- bzw. außermenschliche und extrasoziale
Großsubjekte, die ‹den Menschen› instrumentalisieren. Solche Subjekt-
kreaturen agieren dann ohne ‹den Menschen› (als Subjekt) mittels ‹des
Menschen› (als *sub-iectus* bzw. Unterworfener) für ihre letztlich außer-
menschlichen Kulturzwecke. In diesem Sinne ist die kulturalistische Verdinglichung des Anderen eine sublime Technik der Entmenschlichung des
Konfliktgegners und zugleich eine Voraussetzung für die potenzielle Konflikteskalation.

Wellershoffs Einlassung ist darüber hinaus interessant, weil der Schriftsteller seine Argumentation auf Fernsehbilder von muslimischen Gebeten
gründet. Damit stellt er *en passant* die Rolle der Medien für die Herausbildung kulturdeterministischer Alltagstheorien über das Handeln von
Muslimen heraus:

«Dagegen haben mich Filmaufnahmen muslimischer Großveranstaltungen, bei denen Massen gleichgekleideter Männer, dicht aneinandergedrängt, mit der Stirn auf dem Boden lagen, immer befremdet und abgestoßen. Ich empfand diese hingestreckten Menschenleiber als eine kritische Masse unberechenbarer Energien, die von der lautsprecherverstärkten Stimme des Imams beherrscht und zu Teilen eines mächtigen Gesamtwillens verschmolzen werden.» (*FAZ* vom 14.6.2007)

Anders als Wellershoff will der Kölner Publizist, Schriftsteller und Journalist Ralph Giordano nicht akzeptieren, dass der Bau der Moschee durch Art. 4 des Grundgesetzes abgedeckt sei. In einem Kölner Lokalsender erklärt Giordano seine Ablehnung:

«Also, sie [die Muslime] haben das Recht [auf freie Religionsausübung] nach unserem Grundgesetz. [...] Nur es gibt kein Grundrecht auf den Bau einer zentralen Großmoschee. Das werden Sie mir nicht weismachen können.» (Giordano im Sender KSTA-TV am 17.5.2007, nach selbst angefertigtem Transkript)

Zur Begründung seiner Ablehnung verbindet Giordano mit dem geplanten Sakralbau u. a. die weltweite Terrorgefahr, die Unterdrückung der Frau im Islam, die Sippenmorde, das Fehlen einer islamischen Aufklärung, die Unfähigkeit zur historisch-kritischen Interpretation heiliger Texte, mangelnde Integrationsbereitschaft und anders mehr. Die emotionale Aufladung seiner Argumentation – und letztlich auch die der Moschee –, mit der er im genannten Fernsehformat dem relativ gelassen auftretenden Dialogbeauftragten des DİTİB-Verbandes entgegentritt, äußert sich unter anderem in seiner Bezeichnung verhüllter Muslimas als «menschliche Pinguine». Zwei Wochen später, nachdem er nach eigenem Bekunden Morddrohungen von Muslimen erhalten hat, zeichnet Giordano das Bild einer Art islamistischer Weltverschwörung. In seinem am 1. Juni 2007 in der *FAZ* und im Kölner Stadtanzeiger abgedruckten «Manifest zur Verteidigung der Meinungsfreiheit» suggeriert er unter Anspielung auf die Metapher des Kraken, dass das Bauvorhaben und die Bauherren in Bezug zu einem

«[...] Erpresserpotenzial [stünden: d. Verf.], das uns unter islamischer Beobachtung halten will und seine Tentakel von Zentral- und Vorderasien bis in die Mitte Europas ausgeworfen hat: Wer nicht kuscht, der lebt gefährlich!» (Kölner Stadtanzeiger vom 1.6.2007).

Seine Ablehnung des Bauvorhabens begründet er letztlich mit kulturellen Qualitäten des Islam:

«Die Integration ist gescheitert. Die Quelle des islamistischen Terrors liegt in den Schwierigkeiten der islamischen Gesellschaft bei der Anpassung an die Moderne.» (Giordano im Sender KSTA-TV am 17.5.2007)

Figurationssoziologisch betrachtet sind die einzelnen Bausteine dieser Argumentation, die das konkrete Bauvorhaben mit geografisch und sachlich Abwesenden und (meist) Abstoßenden verknüpft, um es abzulehnen, weit weniger wichtig als die Tatsache, dass sie von einem öffentlichen Intellektuellen geäußert werden. Dieser hat durch sein Lebenswerk wie kein anderer die politische Kultur der Bundesrepublik geprägt und z.T. sehr unbequeme moralische Maßstäbe an die politische Elite des Landes herangetragen. Dass eine moralisch renommierte Persönlichkeit wie Giordano letztlich mit kaum verhohlenen Ekel und Unmut auf die muslimische Sakralarchitektur bzw. auf die muslimische Minderheit der Republik reagiert, ist m.E. als ein Signal an das politische Establishment zu betrachten, die bislang erreichten Standards des öffentlich-politischen Diskurses und des politisch Korrekten über Probleme der Einwanderungsgesellschaft im Falle von Muslimen hintanzustellen. Die unverhüllte Botschaft lautet: Wer Muslimen eine Wesensnatur zuschreibt, die mit der Kultur der offenen Gesellschaft unvereinbar ist, erfüllt damit eine Bürgerpflicht.

Necla Kelek interveniert ebenfalls in den Konflikt um die Kölner Zentralmoschee. Sie unterbietet dabei nicht nur die Standards der politischen Kultur, sondern (einmal mehr) auch die der Soziologie. Mit der Reputation einer Quasi-Kronzeugin stellt sie ein für alle Mal fest, was sowohl abendländisch säkularisierte als auch islamische Kultursubjekte mit islamischer Sakralarchitektur und anderen islamischen Symbolen zu verbinden hätten – nämlich Herrschaft. Unter Rekurs auf die Geschichte des Islam legt sie dessen vermeintlich unwandelbare Wesensnatur als eine «Glaubenspartei» ohne «verbindliche theologische Lehre» frei, die deshalb nichts mit anderen Religionen gemein habe. Diese Glaubenspartei dürfe auch nicht in den Genuss der Religionsfreiheit kommen.

«Deshalb ist die Frage des Moscheebaus auch keine Frage der Glaubensfreiheit, sondern eine politische Frage.» (N. Kelek in der FAZ vom 5.6.2007)

Diese Argumentation repräsentiert die reinste Form der Kulturalisierung. Sie ist der performative Widerspruch zum Menschenbild von Aufklärung und Soziologie, welche die Wesensnatur des Menschen in seiner Fähigkeit zur Selbsteinwirkung und Selbstüberschreitung erkennen. In Keleks gegen die Kölner Moschee gerichtetem Beitrag geraten Muslime einmal mehr zu gleichsam botanischen Kreaturen, die unabänderlich in den objektiven Kulturwerten des Islam wurzeln und somit auch nicht von der Stelle, geschweige denn zu einem gleichberechtigten Miteinander in der Einwanderungsgesellschaft kommen könnten.

Betrachtet man den Konfliktdiskurs, dann fällt auf, dass die muslimischen Befürworter auf eine öffentlich geäußerte kulturdeterministische Deutung des Konfliktes im Allgemeinen und auf eine entsprechend kulturdeterministische oder religiöse Stigmatisierung ihrer Konfliktgegner verzichten. Diese Zurückhaltung teilen sie mit jenen eingangs erwähnten religiösen Minderheiten, die im Laufe mehrerer Jahrhunderte und nach z.T. tödlichen Rückschlägen in der Kölner Stadtgesellschaft eigene Sakralbauten errichten konnten. Sie wissen offenbar um die Gefahr der Revidierbarkeit des je Erreichten; sie kennen die stadtgesellschaftlichen Machtdifferenziale. Vielleicht beruht die relative Zurückhaltung hinsichtlich der Verwendung kulturdeterministischer Argumente aber auch auf dem Vertrauen der Muslime in die universalistischen ethischen Gehalte des demokratischen Rechtsstaates, an dem die partikularistischen Argumentationsstrategien der Moscheegegner abprallen müssten, solange dieser rechtliche Unterbau die politische Kultur trägt. Wie dem auch sei, beides spräche dafür, dass sich die Muslime weitaus mehr in die Machttechniken und -verhältnisse des politischen Gemeinwesens integriert haben als ihre Väter, die – wie das oben angesprochene Beispiel des Ford-Streiks zeigt – diesbezüglich noch sehr unerfahren waren. Außerdem widerspräche das erreichte Niveau politischer Urteilskraft dem, was die zuletzt genannten Moscheegegner muslimischen Akteuren unterstellen.

5 Die soziale Natur des Moscheekonflikts

Vor dem Hintergrund des Gesagten lassen sich die eingangs gestellten Fragen beantworten. Die Konflikte um die Errichtung und Nutzung von Moscheen nehmen seit den 90er Jahren des 20. Jahrhunderts nicht nur zahlenmäßig zu, sondern avancieren auch mehr und mehr zu öffentlich bewegenden Themen, weil sie Teil eines Rangordnungskonflikts sind, der die deutsche Einwanderungsgesellschaft verändert hat. Erst in den Sequenzen III und IV des Figurationsprozesses werden Konflikte um die baulichen und akustischen Präsenzformen der Gegenwart von Muslimen manifest. Die Moscheevereine werden zunächst als avancierende Fremde wahrgenommen, welche die Veränderung der eingelebten Machtdifferenziale in irritierender Weise sichtbar machen. Dann aber – vor allem seit dem 11. September 2001 – werden die Moscheevereine und -verbände zunehmend als korporativ agierende islamische Kultursubjekte verstanden. Die Abstoßungsreaktionen alteingesessener Eliten werden heftiger. Die lokal ansetzenden Konflikte um islamische Symbole erreichen in Sequenz IV des Figurationsprozesses schnell eine gesamtgesellschaftliche Aufmerksamkeit. Nicht zuletzt darin zeigt sich, was die in den Abschnitten 2 und 3 gemachten Ausführungen verdeutlichen sollten: Konflikte um islamische Symbole sind nicht nur bewegte, sondern auch bewegende Elemente, nicht nur Indikatoren sondern auch Motoren eines umfassenden, konfliktanfälligen Figurationsprozesses.

Die soziale Natur des Konflikts um islamische Symbole in der deutschen Einwanderungsgesellschaft besteht in dem sich als Intergruppenkonflikt vollziehenden Rangordnungskampf zwischen Alteingesessenen und Zuwanderern, der schon in den 60er Jahren des 20. Jahrhunderts einsetzt. In dessen Verlauf verändern sich die Machtdifferenziale zwischen Alteingesessenen und Zuwanderern insbesondere aus islamisch geprägten Herkunftsländern. Die nichtmuslimischen Zuwanderer fallen weitgehend aus dem zunehmend antagonistischen Konfliktprozess heraus, weil sowohl der sich in der europäischen Einigung ausdrückende Figurationswandel als auch der Wandel globaler Machtdifferenziale und Konfliktlinien (Stichwort «Krieg gegen den Terror») die nichtmuslimischen Minderheiten gewissermaßen aus der Schusslinie des figurationswirksamen Schimpfklatsches und machtvollen Ausweichhandelns schieben. Nichtmuslimische Gastarbeiternachfahren befinden sich infolgedessen auf einem Nebengleis der Aufmerksamkeit jener definitionsmächtigen alteingesessenen Elite, die ihrem Ideal einer homogenen Gesellschaft so weit folgt, wie es die Grenzen des Kulturkreisdenkens zulassen. Nichtmuslimische Minderheiten sind infolgedessen der Wechselwirkungsdynamik von Stigmatisierung und Gegenstigmatisierung weniger ausgesetzt als jene Zuwanderer, die zu kulturkreisfremden islamischen Kultursubjekten gestempelt werden.

Ein Anliegen dieses Artikels ist es, mit Hilfe der Analyseperspektive der figurativen Konfliktsoziologie die Einsicht in die möglichen negativen

Nebenfolgen der Kulturalisierung von Rangordnungskonflikten der deutschen Einwanderungsgesellschaft vorzubereiten. Zwar mag die Versuchung der partiell entmachteten Platzanweiser groß sein, die alte Machtstellung durch Kulturdialoge und unter Berufung auf Kronzeugen wiederherzustellen. Auch kann eine Politik, die auf die Instrumente des Sozialstaats verzichten möchte, der Verlockung erliegen, über Kulturdebatten und Integrationsgipfel Handlungsspielräume durch symbolische Politik zurückzuerlangen. Und viele mehr oder weniger schlichte Gemüter mögen dem Kitzel nachgeben, sich öffentliches Gehör zu verschaffen, indem sie ihre durch keinen rationalen Diskurs zu widerlegende, kulturell unterfütterte Betroffenheit in die öffentliche Arena werfen (vgl. Hüttermann 2006: 103ff.; 2007: 205ff.). Wenn aber erst älter Eingesessene und die Nachfahren der Gastarbeiter einander zurufen: «Auf einem mir ureigenen Kulturboden bin ich verwurzelt, ich kann nicht anders!», dann mag es für die integrative politische Kultur des öffentlichen Interessenstreits zu spät sein. Der Preis, den wir für die kulturalistische Sublimierung von Rangordnungskonflikten zu zahlen bereit sein müssten, ist hoch. Es geht um die Seiteneffekte der Verwandlung von Rangordnungs- und Ressourcenkonflikten in unteilbare (weil auf letzte, absolute Werte bezogene) Kulturkonflikte. Es geht um die mögliche Herausbildung unversöhnlicher, vermeintlich kulturverwachsener Apartheidsbeziehungen zwischen sozialen Gruppen. Es geht um die Preisgabe einer offenen Gesellschaft, die sich durch gehegte Konflikte integriert und sich auf die universalistischen Werte des demokratischen Rechtsstaats stützt. Diese Gesellschaft ist kein Gut, über das alteingesessene Gruppen verfügen könnten, ohne es gerade dadurch zu zerstören. Der Bestand der offenen Gesellschaft hängt vielmehr davon ab, dass ihre Akteure sie u. a. gegen die Kulturalisierung von Konflikten und Menschengruppen verteidigen.

In methodisch konzeptioneller Hinsicht ist zweierlei hervorzuheben:

1. Die vorgelegte idealtypisch zugespitzte Sequenzierung soll nicht den Eindruck hinterlassen, dass der Figurationsprozesse die Einwanderungsgesellschaft komplett synchronisiert. Aufgrund des Eigensinns lokaler Kontexte sind Ungleichzeitigkeiten vielmehr zu erwarten. Dies kann jedoch keine Entschuldigung dafür sein, die grundlegende Soziologik des Konflikts bzw. die Formen des Figurationswandels hintanzustellen.

2. Die hier dargelegte figurationssoziologische Konfliktanalyse ist ein Plädoyer dafür, dass zumindest die Debatten über den Nexus von Islam,

Migration und Integration eine Forderung der Gründerväter der Soziologie (etwa Simmel, Durkheim, Weber oder Elias) beherzigen: die Forderung, soziale Tatbestände in ihren Wechselwirkungen zu betrachten. Gerade wo vom Islam die Rede ist, fokussieren selbst viele Soziologen entweder einseitig auf mächtige Eliten, die das Handeln der Migranten von einer höheren, machtstarken Position aus (fehl-)steuern, oder sie grenzen den Erkenntnisgegenstand von seinen sozialen Bezügen ab, weil er so ganz anders erscheint als andere Forschungsgegenstände. Da aber islamische Symbole der Einwanderungsgesellschaft soziale Artefakte sind, die, wie die figurationssoziologische Konfliktanalyse gezeigt hat, durch die Interaktion migrationsbezogener Gruppen und Akteure alltäglich hervorgebracht werden, ist weder die überpointierte Top-down-Perspektive noch die Abgrenzung des vermeintlich Außerordentlichen angemessen. Vor allem aber gilt: Für die Verdinglichung der Bedeutungsgehalte religiöser Symbole und für die Kulturalisierung von Menschen bietet seriöse Soziologie keinen Raum.

Literaturverzeichnis

Asbrock, Frank/Lemmer, Gunnar/Wagner, Ulrich/Becker, Julia/Koller, Jeffrey (2009): «Das Gefühl macht den Unterschied». Deutsche Zustände 7, S. 165–167.

Baier, Dirk/Pfeiffer, Christian/Simonson, Julia/Rabold, Susann/Kappes, Cathleen (2010): Kinder und Jugendliche in Deutschland: Gewalterfahrungen, Integration, Medienkonsum, Hannover: KFN Forschungsbericht 109.

Breton, Raymond (1964): «Institutional Completeness of Ethnic Communities and the Personal Relations of Immigrants». American Journal of Sociology 70, S. 193–205.

Bwy, Douglas P. (1972): «Political Instability in Latin America: The Cross-Cultural Test of a Causal Model». In: Ivo K. Feyerabend/Rosalind L. Feyerabend/Ted Robert Gurr (Hg.), Anger, Violence and Politics, Englewood Cliffs, NJ: Prentice Hall, S. 223–241.

Davies, James C. (1969): «Toward a Theory of Revolution». In: Barry McLoughlin (Hg.), Studies in Social Movements, New York: Free Press, S. 85–109.

Dubet, Francois (2002): «Jugendgewalt und Stadt». In: Wilhelm Heitmeyer/ John Hagan (Hg.), Internationales Handbuch der Gewaltforschung, Wiesbaden: Westdeutscher Verlag, S. 1171–1192.

Feyerabend, Ivo K./Feyerabend, Rosalind L./Nesvold, Betty (1972): «Social Change and Political Violence». In: Ivo K. Feyerabend/Rosalind L. Feyerabend/Ted

Robert Gurr (Hg.), Anger, Violence and Politics, Englewood Cliffs, NJ: Prentice Hall, S. 107–124.

Gaventa, John (1980): Power and Powerlessness. Quiescence and Rebellion in an Appalachian Valley, Oxford: Clarendon.

Giordano, Ralph (2007): Erinnerungen eines Davongekommenen, Köln: Kiepenhauer & Witsch.

Heitmeyer, Wilhelm/Müller, Joachim/Schröder, Helmut (1997): Verlockender Fundamentalismus, Frankfurt/M.: Suhrkamp.

Hirschman, Alfred (1994): «Wieviel Gemeinsinn braucht die liberale Gesellschaft?». Leviathan 22, S. 293–304.

Horowitz, Ruth (1983): Honour and the American Dream, New Brunswick, NJ: Rutgers University Press.

Hunn, Karin (2005): «Nächstes Jahr kehren wir zurück [...]» Die Geschichte der türkischen «Gastarbeiter» in der Bundesrepublik, Göttingen: Wallstein.

Huntington, Samuel (2004): Who Are We? Die Krise der amerikanischen Identität, Hamburg: Europa-Verlag 2004.

Hüttermann, Jörg (2002): Islamische Mystik. Ein ‹gemachtes Milieu› im Kontext von Modernität und Globalität, Würzburg: Ergon.

Hüttermann, Jörg (2006): Das Minarett: zur politischen Kultur des Konflikts um islamische Symbole, Weinheim: Juventa.

Kelek, Necla: (2005): Die fremde Braut. Ein Bericht aus dem Inneren des türkischen Lebens in Deutschland, Köln: Kiepenheuer & Witsch.

Klein-Hessling, Ruth/Nökel, Sigrid/Werner, Karin (Hg.) (1999): Der neue Islam der Frauen. Weibliche Lebenspraxis in der globalisierten Moderne – Fallstudien aus Afrika, Asien und Europa, Bielefeld: transcript.

Korn, Salomon (2008): «Moschee auf der Alm: Zu schwach, um Fremdes zu ertragen?». Frankfurter Allgemeine Zeitung (FAZ), 27.10.2008.

Kraft, Sabine (2002): Islamische Sakralarchitektur in Deutschland. Eine Untersuchung ausgewählter Moschee-Neubauten, Münster: LIT.

Kronsteiner, Ruth (2005): «Kulturkreis» oder Rassismus/Sexismus im neuen Gewand? Vortrag, gehalten am 20.4.2005 in Graz. www.isop.at/veranstaltungen/kultur_rueck2005.htm (22.3.2012).

Kücükhüseyin, Sevket (2002): Türkische politische Organisationen in Deutschland, Sankt Augustin: Konrad-Adenauer-Stiftung.

Küpper, Heinz (1968): Handliches Wörterbuch der deutschen Alltagspraxis, Hamburg/Düsseldorf: Claassen.

Lemmen, Thomas (2002): Islamische Vereine und Verbände in Deutschland, Berlin: Friedrich-Ebert-Stiftung.

Levtzion, Nehemia (1987): «Aspekte der Islamisierung: Eine kritische Würdigung der Beobachtungen Max Webers». In: Wolfgang Schluchter (Hg.), Max Webers Sicht des Islam, Frankfurt/M.: Suhrkamp, S. 142–155.

Marx, Karl/Engels, Friedrich (1983): Die Deutsche Ideologie, Marx-Engels-Werke 3, Berlin: Dietz.

Miller, Abraham H./Bolce, Luis H./Halligan, Mark (1977): «The J-Curve-Theory and the Black Urban Riots. An Empirical Test of Progressive Relative Deprivation Theory». American Political Science Review 71, S. 964–982.

Müller, Klaus (2005): Köln von der französischen zur preußischen Herrschaft: 1794–1815, Köln: Greven.

Nassehi, Armin (2006): «Dialog der Kulturen – Wer spricht?». Aus Politik und Zeitgeschichte 28–29, S. 33–38.

Nökel, Sigrid (2002): Die Töchter der Gastarbeiter und der Islam. Zur Soziologie alltagsweltlicher Anerkennungspolitiken, Bielefeld: transcript.

Pitt-Rivers, Julian (1977/1992): «Das Gastrecht». In: Almut Loycke (Hg.), Der Gast, der bleibt: Dimensionen von Georg Simmels Analyse des Fremdseins, Frankfurt/M./New York: Campus, S. 17–41.

Pracht, Elfie (1997): Jüdisches Kulturerbe in Nordrhein-Westfalen, Köln: Bachem.

Salentin, Kurt (2002): Sind Türken Muslime? Ein empirisches Bild der Religiosität der größten Zuwanderergruppe in der Bundesrepublik, Bielefeld: Institut für interdisziplinäre Konflikt- und Gewaltforschung (Arbeitspapier SW 3/2002 des DFG-Projekts Bedingungen und Folgen ethnischer Koloniebildung).

Schmitt, Thomas (2001): Moscheen in Deutschland – Konflikte um ihre Errichtung und Nutzung, München: Dissertation.

Schroedter, Julia H. (2006): «Binationale Ehen in Deutschland». In: Statistisches Bundesamt Wiesbaden (Hg.), Destatis, Wiesbaden: SFG Servicecenter Fachverlage.

Schroedter, Julia H. (2006): «Binationale Ehen in Deutschland». Wirtschaft und Statistik 4, S. 419–431.

Schütz, Alfred (1971): «Symbol, Wirklichkeit und Gesellschaft». In: Alfred Schütz, Gesammelte Aufsätze 1, Den Haag: Nijhof, S. 331–411.

Statistisches Bundesamt (Destatis)/Gesellschaft Sozialwissenschaftlicher Infrastruktureinrichtungen (GESIS-ZUMA), Mannheim/Zentrum für Sozialindikatorenforschung, Heinz-Herbert Noll/Wissenschaftszentrum Berlin für Sozialforschung (WZB) (2008): Datenreport 2008. Ein Sozialbericht für die Bundesrepublik Deutschland. Bonn: Bundeszentrale für politische Bildung.

Stelzmann, Arnold/Frohn, Robert (1990): Illustrierte Geschichte der Stadt Köln, Köln: Bachem.

Taijfel, Henry (1982): Gruppenkonflikt und Vorurteil. Bern: Huber.

Tarde, Gabriel de (2003): Die Gesetze der Nachahmung, Frankfurt/M.: Suhrkamp.

Tezcan, Levent (2000): «Kulturelle Identität und Konflikt. Zur Rolle politischer und religiöser Gruppen der türkischen Minderheitsbevölkerung». In: Wilhelm Heitmeyer/Reimund Anhut (Hg.), Bedrohte Stadtgesellschaften, Weinheim/ München: Juventa, S. 401–448.

Tezcan, Levent (2003): «Das Islamische in den Studien zu Muslimen in Deutschland». ZFS 32, S. 237–261.

Tezcan, Levent (2006): «Interreligiöser Dialog und politische Religion». Aus Politik und Zeitgeschichte 28–29, S. 26–32.

Tocqueville, Alexis de (1969): Der Alte Staat und die Revolution, Reinbek bei Hamburg: Rowohlt.

Verfassungsschutz Nordrhein-Westfalen (2009): Verfassungsschutzbericht des Landes Norddrhein-Westfalen. www.im.nrw.de.

Wallraff, Günter (1985): Ganz unten, Köln: Kiepenheuer & Witsch.

Wehler, Hans-Ulrich (2002): Amerikanischer Nationalismus, Europa, der Islam und der 11. September 2001, Bielefeld: Rede zum Jahresempfang der Universität Bielefeld.

Wehler, Hans-Ulrich (2004): «Verblendetes Harakiri: Türkei-Beitritt zerstört die EU». Aus Politik und Zeitgeschichte 33–34, S. 6–8.

Werner, Karin (1997): Between Westernization and the Veil. Contemporary Lifestyles of Women in Cairo, Bielefeld: transcript.

Wiley, Norbert F. (1967): «The Ethnic Mobility Trap and Stratification Theory». Social Problems 15, S. 147–159.

Woellert, Franziska/Kröhnert, Steffen/Sippel, Lilly/Klingholz, Reiner (2009): Ungenutzte Potenziale. Zur Lage der Integration in Deutschland, Berlin: Berlin-Institut für Bevölkerung und Entwicklung.

Zaimoğlu, Feridun am 8.5.1998 in der Talkshow «III nach 9» im NDR (eigenes Transkript).

Die Sehenswürdigkeit von Gretzenbach. Die mediale Karriere eines thai-buddhistischen Tempels und ihre Auswirkungen

Vanessa Meier[1]

1 Einleitung

Spätestens wenn aus temporärer Migration eine «permanent or quasi-permanent relocation»[2] (Ruenkaew 2003: 20, mit Bezug auf Parnwell 1993: 13) wird, entsteht bei religiösen Gemeinschaften das Bedürfnis, auch im Aufnahmeland eine eigene und ‹richtige› Stätte für die gemeinschaftliche Religionsausübung aufzubauen (vgl. dazu bspw. Cesari 2005). Solche Bauprojekte stellen für religiöse Minderheiten einen großen Schritt dar. Der planerische und finanzielle Aufwand ist immens, was zum Beispiel an sehr langer Suche nach einem geeigneten Bauplatz, an überlanger Bauzeit oder einem schlichter als eigentlich gewünschten Gebäude zu erkennen ist. Über die unterschiedlichen Motivationen, in ein solches Bauwerk zu investieren, ist schon einiges bekannt (vgl. auch die Beiträge von Kestler und Wäckerlig in diesem Band).[3] In diesem Beitrag geht es nicht um Motivationen für das Errichten eines Sakralbaus, sondern um die Vorgänge während der Bauzeit und nach der Eröffnung. Der Bau eines solchen

---

1 Der Beitrag basiert auf einer im Januar 2011 am Religionswissenschaftlichen Seminar der Universität Zürich abgeschlossenen Masterarbeit, die als Teil des vom Schweizerischen Nationalfonds für wissenschaftliche Forschung im Rahmen des Nationalen Forschungsprogramms 58 «Religionsgemeinschaften, Staat und Gesellschaft» geförderten Projekts «Sichtbar gemachte religiöse Identität, Differenzwahrnehmung und Konflikt / Visible Markers of Religious Identity in Public Debate » (Leitung: D. Lüddeckens, Ch. Uehlinger, R. Walthert) konzipiert worden war.

2 Permanente oder quasi-permanente Umsiedlung liegt dann vor, wenn Migranten nicht oder nicht mehr beabsichtigen, in ihr Herkunftsland zurückzukehren.

3 Vgl. beispielsweise Brigitte Luchesis Analyse tamilisch-hinduistischer Tempel in Deutschland von 2005, Sabine Krafts Untersuchung neuer Moscheen in Deutschland von 2002 oder Ron Epstein-Mils Übersicht über die Synagogen in der Schweiz von 2008. Zur Integrations- oder Desintegrationsleistung von Religion bei Migranten vgl. Baumann 2002.

Gebäudes stellt immer auch einen Schritt in die Öffentlichkeit dar, mit
dem eine Religionsgemeinschaft sich identifizierbar macht und in bestimmter Weise positioniert. Das sichtbare Bauwerk bietet einen konkreten Anlass zur öffentlichen Thematisierung der betreffenden Gruppe
und Religion (vgl. Baumann/Tunger-Zanetti 2008 und den Beitrag von
Uehlinger in diesem Band).[4] Anhand eines thai-buddhistischen Tempels
in der Schweiz werde ich zeigen, wie das Sichtbarwerden einer religiösen
Gemeinschaft in Zeitungsberichten verhandelt wird und welche Rückwirkungen dieser – möglicherweise für die Gemeinschaft selbst unerwartete –
Diskurs auf die Nutzung des Baus und die Aktivitäten der religiösen Gemeinschaft hat.

2 Wat Srinagarindravararam: Baugeschichte und Eigenschaften

Nur etwa zehn Kilometer Luftlinie entfernt von Wangen (SO) mit seinem
umstrittenen Minarett[5] steht das Wat Srinagarindravararam. Das thai-
buddhistische Zentrum[6] ist eine Anlage mit mehreren Gebäuden auf einer
Fläche von ca. 3400 m², die im Gewerbegebiet der mittelgroßen Gemeinde
Gretzenbach im Schweizer Mittelland liegt. In einer ersten Bauetappe von
1993 bis 1996 wurden ein eingeschossiger Pavillon und ein großes Mehr-
zweckgebäude erstellt, das als Wohnraum für momentan 5 Mönche und
einen Abt dient. Es enthält außerdem mehrere Gästezimmer, einen
Gebets- und Audienzraum, eine Küche und Administrationsräumlichkei-
ten. Bis 2003 wurden in einer zweiten Etappe im Zentrum des Grundstücks
ein halb unterirdisch liegender großer Mehrzweckraum mit Bühne und
angeschlossener Großküche gebaut. Darüber befindet sich der eigentliche

4   www.religionenschweiz.ch/pdf/Migration_und_rel_Bauten.pdf (29.11.2010).
5   Vgl. den Beitrag von O. Wäckerlig in diesem Band.
6   In der Schweiz sind laut der Statistik des Bundesamtes für Migration heute
    knapp 9000 Menschen thailändischer Herkunft registriert. Ihre Zahl hat seit
    den achtziger Jahren stetig zugenommen (1993: ca. 3000 Personen, 2003: 7500
    Personen). Diese Zahlen enthalten jedoch nicht die nach Heirat oder Lang-
    zeitaufenthalt eingebürgerten Personen thailändischer Herkunft oder hier
    geborene Secondos. Die tatsächliche Zahl thailändischstämmiger Personen in
    der Schweiz dürfte also höher sein. Der damalige Präsident des Tempel-Trä-
    gervereins Peter Ernst äußerte für das Jahr 2004 eine Schätzung von 13000
    Personen (vgl. Artikel im *Oltner Tagblatt* vom 29.6.2004: «Pulsierende Thai-Kultur
    zelebriert»), Sindemann nannte 2007 eine Schätzung von 12 000 Personen.

Haupttempel, der sogenannte *Ubosoth*. Er enthält eine große goldene Buddhastatue, begleitet von weiteren Statuen, Blumen und anderen Dekorationen. Seine Innenwände sind vollständig mit aufwendigen Malereien verziert. Die Anlage enthält außerdem zwei kleine Schreine und einen Teich. Eine Mauer grenzt das Wat von der Umgebung klar ab, sie enthält außerdem Nischen für die Aufbewahrung von Urnen. Der große Mehrzweckbau und der seitliche Pavillon unterscheiden sich kaum vom durchschnittlichen modernen europäischen Baustil, nur die mehrfarbigen Dächer fallen auf. Dagegen zeigt der *Ubosoth* mit seinen übereinander geschichteten Giebeln, den goldenen spitzen Giebelenden, dem auffälligen Turm und buddhistisch-mythologischen Figuren eindeutig die für einen thai-buddhistischen Tempel typischen Architekturelemente (vgl. Matics 1992; Döhring 2000). Das Bauwerk ist so von weitem eindeutig als nichteuropäisches Gebäude zu erkennen.

Die gesamte Anlage wurde von Grund auf neu errichtet. Es handelte sich zum Zeitpunkt seiner Eröffnung um das einzige Gebäude seiner Art in Europa; alle anderen Thai-Tempel waren in bereits bestehende Gebäude integriert worden.[7] Die Baugeschichte vom Landkauf 1993 bis zum Tag der Eröffnung des Haupttempels erstreckte sich über zehn Jahre, die Einweihung des Haupttempels fand im Sommer 2003 statt. Die Anlage mit Kosten von bis heute insgesamt fast 12 Millionen Franken[8] wurde fast ausschließlich durch Spendengelder finanziert, wobei ein beträchtlicher Teil von Mitgliedern der thailändischen Königsfamilie gestiftet wurde. Als Architekten stellten sich zwei Schweizer zur Verfügung. Beide sind mit thailändischen Ehefrauen verheiratet und kamen darum in Kontakt mit dem Verein und seinen Bauplänen.

---

7 So wurde es zumindest seitens der Trägerschaft des Wat Srinagarindravараraram kommuniziert. Ob seit der Eröffnung des Wat in Gretzenbach inzwischen weitere Thai-Tempel vollständig neu erbaut wurden, konnte ich nicht mit Sicherheit feststellen.

8 Allein der Bau des Haupttempels kostete über 4,5 Millionen Franken, hinzu kam 2005 der Kauf der angrenzenden Landparzelle für knapp 2,3 Millionen Franken. Vgl. die vom Trägerverein herausgegebene Zusammenstellung «Wat Srinagarindravararam. Die Entstehungsgeschichte», den Artikel in der *Aargauer Zeitung* vom 28.6.2005: «Tempel-Jubiläum mit Thai-Markt» und den Artikel im *Oltner Tagblatt* vom 1.11. 2006: «Kathin-Spende als Volksfest gefeiert».

Abb. 1 Das Wat Srinagarindravarararam in Gretzenbach (SO) aus der Vogelper-
spektive.[9]

Für den Standort Gretzenbach sprachen mehrere Faktoren: Der Verein
erfuhr bei der ersten Kontaktaufnahme mit der Gemeindeverwaltung
keine Ablehnung oder große Skepsis. Das betreffende Grundstück befindet
sich in der Gewerbezone, weshalb der Bau eines Tempels auch nicht zu
baurechtlichen Problemen führte. Der Bau wurde von der Gemeinde nach
Rücksprache mit den kantonalen Behörden als «Dienstleistungsbetrieb»
für zonenkonform erklärt. Der Turm des *Ubosoths*, der die eigentliche
Maximalhöhe für Gebäude in dieser Zone überschreitet, wurde als «be-
triebsnotwendige Einrichtung» bewilligt.[10] Verkehrstechnisch betrachtet

---

9   www.wat-srinagarin.com/photos/wat/index.php (29.11.2010).
10 Vgl. Interview Cartier, Ramel & von Däniken (2010) und Interview Niedermaier
    (2010). Ich habe im Zeitraum von April bis Juni 2010 Leitfadeninterviews mit
    drei am Bauprojekt beteiligten Parteien geführt: Vertretern der Trägerschaft
    (dem Abt des Wat und einer freiwilligen Mitarbeiterin, die für Führungen
    durch die Anlage zuständig ist), Vertretern der Gemeindebehörden Gretzenbach
    (dem Gemeindepräsidenten sowie der ehemaligen Vorsteherin und dem

bietet Gretzenbach eine ideale Lage im Zentrum des Mittellandes. Die Bahnlinie Zürich-Bern verläuft in unmittelbarer Nähe, die nächsten Autobahnausfahrten der beiden Hauptverkehrsachsen A1 und A2 befinden sich nur acht bzw. dreizehn Kilometer entfernt.

Die Tempelanlage wird heute rege genutzt; vor allem an den Wochenenden kommen viele Besucher, um an Sprachunterricht und diversen Kursen für Thais und Schweizer sowie der buddhistischen Sonntagsschule für Kinder teilzunehmen. Aber auch an Werktagen kommen täglich Besucher: Thais, die bei den Mönchen Rat suchen oder für sie kochen, Besuchergruppen für Führungen, individuelle Besucher, Teilnehmer der abendlichen Meditationskurse. Hinzu kommen Anlässe wie das Sommer-Camp für Jugendliche, spezielle Meditationswochen und große Festlichkeiten zum alljährlichen Jubiläum und zu thailändischen und/oder buddhistischen Feiertagen, die alle verschiedene Besucher anziehen.[11]

3 Charakteristika des medialen Diskurses über das Wat

3.1 Struktur der Medienberichte

Für den Zeitraum von 1994 bis 2009 konnte ich 110 Zeitungsartikel ermitteln, in denen das Wat erwähnt wird.[12] Die Berichterstattung blieb zum großen Teil auf regionaler Ebene (93 Beiträge); in überregionalen Zeitungen fanden sich nie mehr als vier Beiträge pro Jahr (vgl. Diagramm 1).[13]

Anlass für die Erwähnung des Bauwerks in überregionalen Medien boten jeweils die Festivitäten zum Abschluss der beiden Bauetappen 1996

---

heutigen Vorsteher der Baukommission) und dem zweiten Architekten, der mit der Planung des Haupttempels betraut war. Die Auswertung der Interviews fand auf der Grundlage der kritischen Diskursanalyse statt (vgl. Jäger 2009; Jäger 2010).

11 Vgl. Interview Kittimoli & Lämmli (2010).

12 Systematisch untersucht wurden die folgenden Printmedien: *Berner Zeitung*, Zeitungen des MLZ-Verbunds (*Aargauer Zeitung*, *Oltner Tagblatt*, *Solothurner Zeitung*), *Der Bund*, *Tages-Anzeiger*, *Neue Zürcher Zeitung*, *Blick*. Auch die Analyse der Artikel wurde nach Richtlinien der kritischen Diskursanalyse durchgeführt (vgl. Jäger 2009; Jäger 2010).

13 Imhof/Ettinger definieren ein Kommunikationsereignis als Berichterstattungskette von mindestens drei Beiträgen, die sich auf dasselbe Thema bzw. denselben Vorgang beziehen (2007: 292). Überregional betrachtet stellt das Wat kein Kommunikationsereignis in diesem Sinne dar.

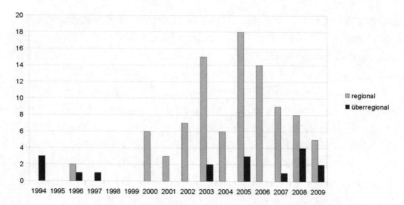

Diagramm 1   Zeitungsartikel von 1994 bis 2009, in denen das Wat erwähnt wird.

und 2003. In der ab 2006 aufkommenden medialen Diskussion um den Bau von Minaretten bzw. deren Verbot wurde das Wat ebenfalls erwähnt und als unproblematischer Fall in Kontrast zu den beiden konfliktreich verlaufenden Minarettbauprojekten in Wangen (SO) und Langenthal (BE) gesetzt. Das Wat wurde zudem in Artikeln erwähnt, die sich allgemein mit Buddhismus befassten: in Feuilleton-Artikeln mit Reportagen zum Buddhismus in der Schweiz oder Artikeln in der Rubrik «Tourismus», in denen Möglichkeiten für eine Begegnung mit asiatischer Religiosität in Europa geschildert wurden.

Die Berichte lassen sich in fünf Typen einteilen:

Typ A: *Informationen für die Lokalbevölkerung.* Diese Artikel sind vorwiegend deskriptiv, sie enthalten Informationen zum geplanten Bauwerk und dem erfolgreichen Bewilligungsprozess, zu den Tätigkeiten des Trägervereins, zum Voranschreiten des Baus und zu vorgesehenen Verkehrsbehinderungen an Festtagen. Zum Teil sind die Texte mit Plänen oder Illustrationen des geplanten Baus ergänzt.

Typ B: «Erlebnis Buddhismus». Dies sind meist ausführliche Berichte über einen Besuch des Autors/der Autorin im Wat, häufig aus Anlass eines größeren Fests und oft mit mehreren Fotos illustriert. Teilweise enthalten sie Interviews mit Mitgliedern des Trägervereins, oder es handelt sich um Berichte über Buddhismus in der Schweiz insgesamt.

Typ C: Wat als Ausflugsziel: Diese Berichte erscheinen ausschließlich in der regionalen Presse. Es sind kurze Berichte von Gruppen, die den Tempel besucht haben, nahezu immer sind sie mit einem Foto illustriert. Dieser Artikeltyp taucht ab 2002 auf und häuft sich in den darauffolgenden Jahren.

Typ D: Wat als Sakralbau: Hier wird das Wat als Kontrastbeispiel zu konfliktiven Minarettbauprojekten erwähnt und ist nicht selbst Hauptthema der Artikel. Da die mediale Thematisierung von Minarettbauprojekten erst 2005 einsetzte, sind auch erst ab diesem Zeitpunkt Artikel dieses Typs vorhanden.

Typ E: Diverse Anlässe: Das Wat ist in solchen Artikeln ebenfalls nicht das zentrale Thema, sondern wird aus unterschiedlichem Anlass erwähnt (z.B. als Ort der Hilfe bei der Trauer um die Opfer des Seebebens in Südostasien 2006; als Beispiel für Präsenz fremder Religionen bei der Vorstellung eines neuen Lehrmittels; oder die Segnung eines neuen Thai-Restaurants durch Mönche aus dem Wat).

Die Grenze zwischen den Typen A und B ist fließend, die drei anderen Typen sind dagegen meist klar unterscheidbar und identifizierbar.

3.2 Positive Verhandlung von Sichtbarkeit

Besonders während und nach dem Bau des auffälligen *Ubosoth* finden sich ausführliche Beschreibungen zu Ausführung, Materialien und Besonderheiten des Bauwerks; es werden den LeserInnen auch einzelne thailändische Bezeichnungen von architektonischen Elementen näher gebracht, wie z.B. «Chao Faa»[14] oder eben «Ubosoth».[15] Besonders der *Ubosoth* wird als «schön», «attraktiv», «beeindruckend» oder als «Blickfang» bezeichnet. Auch die Beurteilungen der Anlage insgesamt sind durchwegs positiv: Die Anlage sei «kunstvoll», «außergewöhnlich», «speziell», «mit golden glänzenden Verzierungen» ausgestattet» und stehe in ihrer «ganzen Herrlichkeit mitten in Gretzenbach».[16] An mehreren Stellen wird erwähnt, dass der Tempel schon von weitem gut sichtbar sei und glänze.

---

14 Eine stilisierte mythologische Vogelgestalt, deren zeremonielles Anbringen am Dach des Tempels den Bau vollendet. Vgl. Ringis 1990: 79 und bspw. *Aargauer Zeitung*, 19.11.2002 («Tscho-Faa-Aufzug mit Tempelfest gefeiert»).
15 Vgl. z.B. *Oltner Tagblatt*, 1.7.2003 («Einweihungsfest in der buddhistischen Oase»).
16 Ebd.

Dieser Umstand wird nicht bewertet, wirkt jedoch im Kontext der allgemein positiven Berichterstattung[17] ebenfalls positiv. Damit verknüpft ist auch die Beurteilung des Tempels in seiner Umgebung: Er wird als ästhetische Aufwertung des Gewerbegebiets gesehen und im Text und in Fotos mehrfach in Kontrast zum nahe gelegenen, als hässlich empfundenen Atomkraftwerk Gösgen gesetzt. So findet sich unter einem Foto, welches das Wat im Vordergrund und den Kühlturm des Atomkraftwerks im Hintergrund zeigt, folgende Bildunterschrift: «Buddhistisches Zentrum. Die Aussicht wird hier bald einen etwas attraktiveren Blickfang erhalten».[18] Auch für die Standortgemeinde Gretzenbach wird der Tempel als Aufwertung verstanden. Diese Deutung ist schon im ersten Artikel von 1994 vorhanden, in dem der damalige Gemeindepräsident den Tempel als Zeichen der Offenheit seiner Gemeinde bezeichnete. Ab der Eröffnung des Ubosoth wird das Wat, von der stark befahrenen Schnellzugsstrecke Zürich–Bern aus gut sichtbar, zum eigentlichen Wahrzeichen der Ortschaft.

Wie stark die medialen Deutungsmuster auch auf weiteren Kommunikationsebenen wirken, zeigt sich z.B. in einem Inserat, das am 20. Juni 2009 auf einer großen Schweizer Immobilien-Webseite erschien: «Schöne Wohnung mit Aussicht neben Thai Tempel und Aldi»[19] war der Titel, das Inserat warb mit der schönen Lage neben dem Tempel und enthielt unter anderem auch ein Foto, das den Blick vom Balkon auf das Tempelgelände zeigte. Zudem bestätigte sich auch bei einem Interview mit Mitgliedern der Gretzenbacher Gemeindebehörden die Rolle des Wat als Wahrzeichen: «Der Tempel ist inzwischen eines der wesentlichen Wahrzeichen geworden. [...] Der fällt auf, und dann kann ich einfach sagen: ‹Beim Tempel, dort wohn ich!› und dann ist alles klar.»[20]

---

17 Es lässt sich nur eine einzige Stelle in einem Artikel finden, an der die Tempelanlage kritisiert wird. Dabei handelt es sich um einen Auszug aus einem Brief an die Gemeindebehörden von Wangen a.A., der nahegelegenen Ortschaft mit dem umstrittenen Minarett. Vgl. *Berner Zeitung*, 10.6.2006 («Schweizern in die Seele geguckt»).

18 *Aargauer Zeitung*, 23.9.2006: «Ein Tempel bekommt sein Herz».

19 Vgl. www.homegate.ch/id=d,102985149 (nicht mehr verfügbar).

20 Vgl. Interview Cartier, Ramel & von Däniken (2010).

3.3 Das Wat als Sehenswürdigkeit: Ästhetischer Mehrwert und Exotik

Vor allem nach der Eröffnung des Haupttempels häufen sich Kurzartikel, in denen Besuchergruppen über den Tempel berichten (Typ C). Die Gruppen sind sehr unterschiedlich: So besichtigten beispielsweise Schulklassen verschiedener Stufen, christliche Gruppen, Gruppen auf Firmenausflug, Schützenvereine oder politische Parteien den Tempel. Sie schildern ihre Erfahrungen ausnahmslos positiv. Der Ausflug zum Tempel wird als voller Erfolg bewertet, die Führung wird als interessant und die Architektur als sehenswert bezeichnet. Oft veröffentlichen die BesucherInnen Gruppenfotos ihres Ausflugs mit dem Tempel im Hintergrund. Mit solchen Artikeln wird das Wat als Sehenswürdigkeit markiert,[21] die Berichte decken sich in Form und Inhalt mit anderen Berichten zu Firmen- und Vereinsausflügen. Der Besuch im Wat steht dabei gleichwertig neben dem Besuch einer Kunstausstellung, dem einer Schnapsbrennerei oder einem Spaziergang in einer Schlucht.[22]

Immer wieder wird in den Artikeln auf die Einzigartigkeit der Anlage in Europa hingewiesen. Die AutorInnen betonen zudem die faszinierende Fremdheit der Anlage, deren Besuch es ermöglicht, Exotik ohne weite Reisen zu erfahren: «Das Buddhistische Zentrum [...] mit seinem farbenfrohen Tempel mit goldverzierten Dächern entführt die Besucher in eine ganz andere Welt.»[23] Der Status als außergewöhnliche Sehenswürdigkeit wird auch an einem anderen Beispiel sichtbar. In einem Interview mit einem 62-jährigen Maurer aus der Region antwortet dieser auf die Frage, welchen Ort er in der Region einem Besucher aus dem Ausland auf jeden Fall zeigen würde: «[...] den buddhistischen Tempel in Gretzenbach. Diese Bauweise und Innenausstattung sieht man nicht überall, das ist für die heutige Zeit speziell schön.»[24]

---

21 Touristische Attraktionen sind nicht einfach gegeben, sondern werden als solche konstruiert. Sie werden als Sehenswürdigkeiten markiert, z.B. durch Hinweisschilder, Werbekataloge, Informationsmaterialien, Aufnahme in Reiseführer, Postkarten oder Souvenirs (vgl. dazu Stausberg 2010: 62; MacCannell 1999: 24).

22 Vgl. *Oltner Tagblatt*, 18.5.2007 («Politprominenz auf Erkundungstour») und 26.2. 2005 («Hexen, Geld, Buddha und Museen in Olten»).

23 *Oltner Tagblatt*, 11.1.2005 («Man muss lernen, den Tod zu akzeptieren»).

24 Vgl. *Oltner Tagblatt*, 17.8.2004 («Die Kafi-Glace, das Dorffest und der Regen»).

3.4 Positive Konstruktion von Tradition

An einigen Artikeln lässt sich auch zeigen, dass mit Blick auf das Wat Tradition durchwegs positiv konstruiert, Traditionelles als schön und wertvoll klassifiziert wird.[25] So wird etwa über die Frauen berichtet, die mit Leichtigkeit nach thailändischer Tradition tanzen,[26] und über Kinder, die in der Sonntagsschule des Wat mit den thailändischen Traditionen vertraut gemacht werden.[27] Die traditionelle Bauweise des *Ubosoth* wird in keinem einzigen Artikel in Frage gestellt, sondern als besonders gelungen und authentisch bewertet.[28] Im Interview mit den Gemeindebehörden zeigte sich, dass auch sie die traditionelle Bauweise nicht in Frage stellen. Die Wichtigkeit der Anlage für die Thais in der Schweiz und auch im nahen Ausland rechtfertigt aus Sicht des Gemeindepräsidenten die traditionelle Gestaltung.[29] Die mediale Positivkonstruktion von Tradition konnte ich außerdem auch an einem weiteren Fall, dem ebenfalls praktisch konfliktfrei verlaufenen Bau eines Gurdwara durch eine Sikh-Gemeinschaft,[30] nachvollziehen. Allerdings kann nicht allgemein davon ausgegangen werden, dass eine traditionelle Gestaltung zu einem konfliktfreien Verlauf von Sakralbauprojekten beiträgt (vgl. hierzu Egeter 2009; Bleisch-Bouzar 2007: 60).

3.5 Erlebnis Buddhismus und spiritueller Mehrwert

Berichte über den Tempelbau werden häufig begleitet von Informationen über Geschichte und Glaubensinhalte des Buddhismus. Vielfach wurden diese bei einem Besuch vermittelt und anschließend im Bericht wiedergegeben. Ein Besuch bietet neben dem ästhetischen Erlebnis die Möglichkeit, Informationen über Glaubensinhalte des Buddhismus ‹aus erster

---

25 Vgl. dazu zum Beispiel *Oltner Tagblatt*, 25.6.2003 («UboSoth wird am Wochenende eingeweiht»).
26 *Oltner Tagblatt*, 4.12.2006 («Der buddhistischen Thai-Kultur verbunden»).
27 Vgl. beispielsweise Artikel in der Sonntagsausgabe der *MLZ* vom 21.10.2007 («Zu reden – nie so gut wie zu sein»).
28 Vgl. beispielsweise *Oltner Tagblatt*, 25.6.2003 («UboSoth wird am Wochenende eingeweiht»).
29 Vgl. Interview mit den Behörden von Gretzenbach.
30 Das Gurdwara befindet sich in Langenthal (BE), ebenfalls im Schweizer Mittelland auf der Achse zwischen Zürich und Bern.

Hand› zu erhalten. Manchmal finden sich zusätzliche Hintergrundinformationen zu Geschichte und Glaubensinhalten des Buddhismus in separaten Informationsabschnitten. In beiden Fällen wird der Buddhismus durchweg neutral bis sehr positiv beurteilt. Außerdem gilt er als für jedermann zugänglich und auch mit verschiedenen Glaubensrichtungen und Lebensstilen kompatibel. Der «Buddhismus mit seiner nicht-materialistischen Grundhaltung»[31] wird gelobt, er wird als Weg zu einem verantwortungsbewussten Leben vorgestellt.[32] Besonders oft tritt die Zuschreibung «friedlich» auf. Ein Besuch am Ort verspricht auch, direkt positiv auf die BesucherInnen zu wirken: «Weg von der Hektik des Alltags bietet es [das thai-buddhistische Zentrum] eine Oase der Ruhe, des Friedens. Ein Ort der Spiritualität und Meditation.» Beim Besuch werde einem «die besondere Kraft innerhalb der Anlage bewusst».[33]

Den Thais wird zugeschrieben, sie seien gläubiger oder spiritueller als die Schweizerischen Christen: «Die [Thais] machen nicht nur so eine halbherzige Kniebeuge, wie das manche Christen in der Kirche tun». Der Buddhismus erscheint als «nicht von Säkularisierung bedroht wie das Christentum» und grundsätzlich positiver: «Im Gegensatz zu christlichen Prozessionen prägten den Thett-Mahachart-Umzug Musik und fröhlich lachende Gesichter.»[34] Zudem wird in den Artikeln mehrfach auf die auch Nicht-Buddhisten offenstehenden abendlichen Meditationskurse hingewiesen.

Ein Besuch im Tempel verspricht damit insgesamt nicht nur ästhetischen Erlebniswert, sondern auch einen «spirituellen Mehrwert». Das Wat rückt so in die Nähe von «Kraftort»-Ausflugszielen wie z.B. dem Kloster in Einsiedeln (SZ) oder der Emma-Kunz-Grotte in Würenlos (AG), die ebenfalls auf den Listen der jeweiligen regionalen Tourismusbüros als Sehenswürdigkeiten auftauchen.

---

31 Vgl. *Aargauer Zeitung*, 26.6.2000 («Buddha lächelt – die Leute ebenso»).
32 Vgl. z.B. *Oltner Tagblatt*, 7.5.2005 («Überzeugt von der Friedlichkeit der Mönche»).
33 *Oltner Tagblatt*, 11.1.2005 («Man muss lernen, den Tod zu akzeptieren»).
34 Beide Zitate aus der *Aargauer Zeitung* vom 26.6.2000: «Buddha lächelt – die Leute ebenso».

4 Entstehungsbedingungen für das Kommunikationsereignis «Wat»

Unter den Bedingungen des modernen, hauptsächlich nach ökonomischen Logiken funktionierenden Mediensystems wird die religiöse Deutung politischer Vorgänge, wie sie noch bis in die achtziger Jahre zu beobachten war, obsolet (vgl. Imhof/Ettinger 2007: 291). Die massenmediale
Berichterstattung über Religion bzw. Religionsgemeinschaften unterliegt
heute denselben Bedingungen wie andere Ereignisse: Es erscheinen nur
Beiträge mit einem sogenannten Nachrichtenwert, d.h. wenn sich ein
Ereignis oder Thema zur Konfliktstilisierung, Skandalisierung, Personalisierung und Privatisierung eignet und allenfalls auch eine Möglichkeit zur
Visualisierung besteht (vgl. Imhof/Ettinger 2007: 289). Michael Schetsche
zeigt anhand der medialen Thematisierung sozialer Probleme, welche
Faktoren eine massenmediale Verhandlung begünstigen: die Existenz
einer binär codierten Konfliktsituation; die Möglichkeit zur Personalisierung von Verantwortung für Missstände; die Möglichkeit zur Dramatisierung oder Skandalisierung; eine medien- und formatspezifische
Darstellbarkeit eines Themas; die Möglichkeit zur Herstellung eines unmittelbaren Bezugs zu den Rezipienten; die Anschlussfähigkeit an bereits
vorhandene Wissensbestände und das Vorliegen einer emotional berüh-
renden Normverletzung (vgl. Schetsche 2008). Die Errichtung einer thai-
buddhistischen Tempelanlage im Schweizer Mittelland erfüllte offenbar
einige dieser Kriterien, denn bereits mit dem Landkauf und der Planung
der Anlage setzte eine – vorerst regionale – Berichterstattung ein.

Die positive Verhandlung der Anlage, von Buddhismus und/oder von
Thailand insgesamt ist dominant.[35] Ambivalente, kritische oder offen
negative Berichte sind nicht vorhanden. Über die überraschende Abwahl
des ersten Architekten aus dem Vorstand des Trägervereins kurz nach
Abschluss der ersten Bauetappe wurde nur einmal berichtet[36] und das
Thema dann nicht mehr aufgegriffen. Auch nicht medial thematisiert wurden die Einwanderungsgründe thailändischer Menschen in der Schweiz,
die politische Haltung des thailändischen Königshauses als Haupt-Geld-
geber oder lokale Kleinkonflikte mit einem katholischen Pfarrer – alles

---

35 Zum Asien- und Orient-Diskurs insgesamt vgl. beispielsweise Geiger 1998;
    Mazumdar/Kaiwar/Labica 2009.
36 Vgl. *Aargauer Tagblatt*, 29.10.1996 («Gretzenbach: Machtkampf um den Thai-
    Tempel»).

Themen, die durchaus kontrovers diskutiert werden könnten. Auch eine Gegenüberstellung von Säkularismus und Religion, die in den Berichterstattungen zu Minarettbauprojekten zu beobachten ist, fand nicht statt. Der Tempelbau eignete sich offenbar nicht zur Skandalisierung oder Konfliktstilisierung, wurde aber trotzdem zumindest auf regionaler Ebene ein Kommunikationsereignis. Schetsches Faktoren für die mediale Thematisierung sozialer Probleme sind in verallgemeinerter Form auch an der Berichterstattung zum «Nicht-Problem» Wat erkennbar: Die «Neuigkeit eines Ereignisses oder Sachverhalts» ist beim Wat gegeben, die Anlage war zur Zeit ihrer Entstehung in Europa einzigartig. Ihr Bau stellte eine Normverletzung dar, allerdings keine problematische, sondern eine sehr positiv bewertete. Es existiert zwar keine binär codierte Konfliktsituation, sehr wohl aber eine binär codierte Situation, in der klar zwischen Fremdem und Eigenem unterschieden werden kann. Eine Personalisierung ist z. B. über die Figur des Abts leicht möglich, er wird in vielen Berichten namentlich erwähnt und/oder der Leserschaft auf einem Foto präsentiert. Statt einer Dramatisierung oder Skandalisierung bietet das Wat die Möglichkeit zur Exotisierung. Die Mehrheit der Berichte zum Wat ist bebildert, das Thema eignet sich sehr gut zur Visualisierung. Der unmittelbare Bezug zu den LeserInnen ist beispielsweise durch Berichte des Typs «Wat als Ausflugsziel» gewährleistet. Zudem ist für viele LeserInnen Thailand als beliebte Urlaubsdestination von unmittelbarem Interesse; Berichte über das Wat können somit an bereits vorhandene Wissensbestände anschließen.

5 Auswirkungen des Öffentlichwerdens und der medialen Deutungsmuster

Mit der Sichtbarwerdung der Thai-Buddhisten in der Schweiz setzt eine mediale Berichterstattung ein, vor allem auf regionaler Ebene, aber hin und wieder auch in nationalen Printmedien. Tatsächlich kommt erst mit der Sichtbarwerdung eine kontinuierliche öffentliche Verhandlung der Anwesenheit der Thai-Buddhisten in der Schweiz in Gang. Darin geäußerte Deutungsmuster werden stets wiederholt, wodurch sich schließlich eine öffentliche Meinung (vgl. Neidhardt 1994) über das Wat und die Thai-Buddhisten einspielt. Diese ist, wie gezeigt, ausschließlich positiv. Die massenmediale Öffentlichkeit erreicht potenziell alle Mitglieder einer

Gesellschaft. Sie kann die gesellschaftlich relevanten Themen bestimmen und wirkt so auch auf die Kommunikation und das Verhalten auf anderen Öffentlichkeitsebenen zurück (vgl. Imhof/Ettinger 2007: 288).

Die von Beginn an sehr positive Berichterstattung ist eine mögliche Ursache für den konfliktlosen Verlauf des Bauprojekts. Die Konfliktlosigkeit wiederum generiert nur neutrale oder positive Berichterstattung. Der konfliktlose Verlauf wird medial sogar explizit thematisiert, wenn es zur Kontrastierung von konfliktiven Minarettbauprojekten und dem Wat kommt.[37] Damit wird der Fall als konfliktlos klassifiziert, ambivalente, kritische oder negative Aspekte werden erst recht nicht mehr angesprochen. Genau wie die Tendenz besteht, negative Typisierungen aus dem medialen Diskurs unreflektiert auf die entsprechenden religiösen Gemeinschaften zu übertragen (vgl. Imhof/Ettinger 2007: 298), so haben ebenso sehr positive Typisierungen ihre Auswirkungen. «Der Einfluss medial vermittelter Beiträge von Öffentlichkeitsakteuren steigt in dem Maße, in dem sie konsonant sind und das Publikum sozusagen von allen Seiten in dieselbe Richtung stimulieren.» (Neidhardt 1994: 28) BesucherInnen, die vorher aus den Medien vom Wat erfahren haben, kommen deshalb vermutlich mit einer wohlwollenden Haltung an, was wiederum positive Berichte zur Folge hat. Ein Abbrechen dieses Positiv-Diskurses ist nicht zu erwarten.

Die mediale Klassifikation als Sehenswürdigkeit, als Ort mit hohem Erlebniswert und möglichem spirituellem Gewinn wirkt sich auf das Wat selbst aus. Bereits im Jahr vor der Eröffnung des *Ubosoth* verzeichnete die Anlage ein bis zwei Besuchergruppen pro Woche,[38] am Eröffnungsfest wurden ca. 7000 Besucher empfangen.[39] Das Interesse, das Wat zu besichtigen, nahm danach noch zu, bereits 2005 besuchten schätzungsweise über 25 000 Personen pro Jahr die Anlage.[40] Ab 2005 wurde das Wat außerdem in die Liste der kantonalen Sehenswürdigkeiten des Kantons Solothurn aufgenommen. Auf der Webseite des kantonalen Tourismusbüros

---

37 Vgl. *Oltner Tagblatt*, 25.9.2006 («Für Minarett fehlt Vertrauen»).
38 Aussage des damaligen Präsidenten des Trägervereins, vgl. *Aargauer Zeitung*, 23.6.2002 («Thailand, das war wie heimzukommen»).
39 Vgl. *Aargauer Zeitung*, 15.5.2003 («Weihe für Buddha-Tempel»).
40 Vgl. *Oltner Tagblatt*, 12.2.2005 («Geschichte und Alltag der Mönche erfahren»). Genaue Besucherzahlen sind aufgrund der Überschneidungen zwischen den verschiedenen Nutzergruppen schwer zu ermitteln.

ist es als Sehenswürdigkeit der Region Olten unter der Rubrik «Kulturelle Begegnung» aufgeführt.[41] Die Aufnahme in die Liste der Sehenswürdigkeiten geschah ohne Rücksprache mit dem Trägerverein des Tempels, das Tourismusbüro selbst hat die Anlage in der sonst touristisch eher wenig attraktiven Gegend als wichtige Sehenswürdigkeit eingeschätzt.[42] Ein ähnlicher Eintrag findet sich auf der Website der Stadt Aarau.[43] Und auch auf www.myswitzerland.ch, dem offiziellen Webauftritt des Schweizerischen Tourismusverbands, existiert ein Eintrag, der für einen Besuch im Tempel wirbt. Der Tempel wird dort unter anderem als eines der acht touristischen «Highlights» der Region Aarau-Olten aufgeführt. Die oben gezeigten medialen Deutungsmuster werden aufgenommen: «Die bauliche Fremdheit fasziniert unweigerlich und wirkt durch die Lage im Industriegebiet von Gretzenbach noch eindrücklicher.»[44] Das Wat in Gretzenbach ist mit diesem Status als Sehenswürdigkeit kein Einzelfall.[45]

Die Überschneidung von religiöser und touristischer Nutzung einer Stätte kann zu diversen Problemen führen (vgl. dazu Stausberg 2010: 61, 76). Große Besucherströme können die religiösen Nutzer verdrängen sowie zu einer stärkeren Abnützung der Anlagen führen und damit unerwartete Kosten verursachen. Unangemessenes Verhalten von Touristen kann auch die religiöse Signifikanz von Stätten und darin ausgeführten Handlungen senken, der Status der ‹Heiligkeit› kann durch Tourismus manchmal auch ganz zerstört werden (vgl. Olsen/Timothy 2006: 13). Olsen

41 Vgl. www.oltentourismus.ch. Über den genauen Zeitpunkt der Aufnahme in die Liste konnte ich nichts erfahren, die dafür verantwortlichen Personen arbeiten nicht mehr dort. Es findet sich ebenfalls ein Eintrag in «weiter gehen – 44 Reisetipps im Kanton Solothurn», dem vom selben kantonalen Tourismusbüro herausgegebenen gedruckten Reiseführer.

42 Herzlichen Dank an Frau Sägesser vom Tourismusbüro Solothurn für die Auskunft.

43 Vgl. www.aarauinfo.ch/04_freizeit_tourismus/08_sehenswuerdigkeiten/buddhistisches_zentrum_gretzenbach.php (29.11.2010).

44 www.myswitzerland.com/de/infra_anlagendetail.cfm?rkey=1046&instance=1016783&art=Oeffentliches%20Geb%C3%A4ude (29.11.2010).

45 Ein großer Hindu-Tempel im norddeutschen Hamm wurde ebenso in Reiseführern und auf diversen Tourismus-Webseiten als Sehenswürdigkeit aufgenommen und beispielsweise in einem Zeitungsbericht inklusive Anreisetipps und Hotelempfehlungen als Ausflugsziel vorgestellt. Die jährliche große Prozession lockte in den vergangenen Jahren manchmal über 20000 Besucher an (vgl. Baumann 2009).

und Timothy konnten auch zeigen, dass hohe Besucherzahlen in manchen Fällen einen negativen Effekt auf die Religionsausübung der Menschen haben, die an touristischen Destinationen beheimatet sind, da die Präsenz und das Verhalten von «Outsidern» die Lokalbevölkerung von der Teilnahme an religiösen Anlässen ausschließt, «[it] decreases grassroots participation, and alters the function of the festivals as a basis for social cohesion» (Olsen/Timothy 2006: 12–13). Dass Tourismus in jedem Fall zu einer zunehmenden Zerstörung religiöser Strukturen oder zu verstärkter Säkularisierung führt, ist jedoch nicht belegbar (vgl. Stausberg 2010: 25–27). Michael Stausberg konnte in seinem Buch «Religion und moderner Tourismus» an einem Beispiel zeigen, dass verschiedene Benutzergruppen die mit dem Tourismus einhergehende Kommerzialisierung als Bedrohung, als neutralen Fakt oder aber als positiven Effekt auffassen (vgl. Stausberg 2010: 76). Tourismus kann möglicherweise auch zur Ausbreitung oder Erneuerung von Religionen beitragen. Es ist denkbar, dass die verstärkte Frequentierung einer religiösen Stätte durch touristische Besucher ihre religiöse Bedeutung für die lokale Bevölkerung verstärkt oder überhaupt erst entstehen lässt.[46]

Für das Wat Srinagarindravararam lassen sich einige konkrete Folgen des Besucheraufkommens erkennen: Die Gemeinde forderte vom Trägerverein, mehr Parkplätze für die Besucher zur Verfügung zu stellen; 2005 musste dieser deshalb ein zusätzliches Landstück zum Bau von Parkplätzen erwerben. Während in Zeitungsartikeln aus der Zeit vor der Eröffnung des Haupttempels noch erwähnt wurde, dass der Tempel ganztägig für alle Besucher offen sei und Besucher zur Mittagszeit sogar gratis verköstigt würden, gibt es seit spätestens 2003 am Nachmittag Öffnungszeiten für Besucher. Auch wurde die Anzahl der Führungen pro Jahr auf 75 beschränkt, da die freiwillige Helferin, die sie durchführt, an die Grenzen ihrer Kapazitäten stößt.[47] Zudem wurde wegen respektlosen Verhaltens einzelner Besucher im Ubosoth eine Überwachungskamera installiert. Es bleibt abzuwarten, welche Konsequenzen der Status als Sehenswürdigkeit

---

46 Ich denke hier z. B. an Besuche von keltischen oder germanischen Kultstätten durch Neuheiden. Vgl. auch Stausberg (2010: 149 und 178) zu Tourismus als Stimulus für die Aufrechterhaltung und Weiterentwicklung des Repertoires bei religiösen Festen und Tänzen sowie zur Entstehung von «Insiderfeierlichkeiten».

47 Vgl. Interview Kittimoli & Lämmli (2010).

in Zukunft haben wird – nicht nur in organisatorischer Hinsicht, sondern auch im Hinblick auf das Selbstverständnis der Thai-Buddhisten in der Schweiz.

6 Zusammenfassung

Die mediale Darstellung des Wat Srinagarindravararam in Gretzenbach (SO) ist durchwegs positiv. Seine Sichtbarkeit wird positiv verhandelt, es gilt als grundsätzlich schön, als ästhetische Aufwertung seiner Umgebung und als Wahrzeichen seiner Standortgemeinde. Das Wat ist «sehenswert»: Die Einzigartigkeit der Anlage und ihre Exotik werden hervorgehoben. Ein Besuch im Wat verspricht über das ästhetische Erlebnis hinaus auch Informationen über «den Buddhismus» aus erster Hand und vor allem «spirituellen Mehrwert» und die Erfahrung von lebendiger Tradition.

Das Wat zeigt einige Eigenschaften, die eine mediale Verhandlung begünstigen: Statt einer Dramatisierung oder Skandalisierung bietet das Wat die Möglichkeit zur Exotisierung. Die Einzigartigkeit der Anlage und die Möglichkeiten zur Personalisierung und Visualisierung machen das Wat zu einem attraktiven Gegenstand medialer Berichterstattung. Zumindest auf regionaler Ebene wurde seit dem Beginn des Baus des *Ubosoth* kontinuierlich über das Bauwerk berichtet, das Wat wurde so zu einem eigenen Kommunikationsereignis. So wird nach und nach die öffentliche Meinung über das Bauwerk – und damit verknüpft auch über die Gemeinschaft der Thai-Buddhisten in der Schweiz – gefestigt.

Die sehr positive öffentliche Meinung ist sowohl Bedingung als auch Folge des konfliktlosen Verlaufs des Bauprojekts. Die Sichtbarwerdung der thai-buddhistischen Gemeinschaft und die damit einhergehende Deutung des Wat als Sehenswürdigkeit und Ort von hohem Erlebniswert führt zu einigen konkreten Auswirkungen: Das Wat wird vor allem seit dem Bau des *Ubosoth* auch von vielen nicht-thailändischen Besuchern besichtigt und wurde ab 2005 sogar in die Liste der kantonalen Sehenswürdigkeiten des Kantons Solothurn aufgenommen. Probleme bei der Überschneidung von religiöser und touristischer Nutzung wurde mit verschiedenen Maßnahmen, beispielsweise mit der Einführung von Öffnungszeiten, begegnet. Es bleibt abzuwarten, welche weiteren Auswirkungen die positive öffentliche Meinung auf das Wat und die thai-buddhistische Gemeinschaft in der Schweiz hat.

Literaturverzeichnis

Cesari, Jocelyne (2005): «Mosques in French Cities: Towards the End of a Conflict?».
Journal of Ethnic and Migration Studies 31(6), S.1025–1043.

Döhring, Karl (2000): Buddhist Temples of Thailand: An Architectonic Introduction, Bangkok: White Lotus Press.

Epstein-Mil, Ron (2009): Die Synagogen der Schweiz. Bauten zwischen Emanzipation, Assimilation und Akkulturation, Zürich: Chronos.

Geiger, Wolfgang (1998): «Das westliche Asienbild im Zeitalter der Globalisierung.
Aktuelle Beobachtungen und Notizen». Orientierungen 2, S.1–11.

Imhof, Kurt/Ettinger, Patrick (2007): «Religionen in der medienvermittelten Öffentlichkeit der Schweiz». In: Martin Baumann/Jörg Stolz (Hg.), Eine Schweiz –
viele Religionen. Risiken und Chancen des Zusammenlebens, Bielefeld: transcript, S.285–300.

Jäger, Siegfried (2009): Kritische Diskursanalyse. Eine Einführung, Münster:
Unrast-Verlag.

Jäger, Siegfried (2010): Lexikon kritische Diskursanalyse. Eine Werkzeugkiste,
Münster: Unrast-Verlag.

Kraft, Sabine (2002): Islamische Sakralarchitektur in Deutschland. Eine Untersuchung ausgewählter Moschee-Neubauten, Münster: Lit Verlag.

Luchesi, Brigitte (2005): «Die neue Präsenz des Hinduismus in deutschen Städten.
Tempel und religiöse Aktivitäten tamilischer Hindus in der Bundesrepublik».
In: Jürgen Heumann (Hg.), Stadt ohne Religion? Zur Veränderung von Religion
in Städten – Interdisziplinäre Zugänge, Frankfurt/M.: Peter Lang.

MacCannell, Dean ([1976] 1999): The Tourist. A New Theory of the Leisure Class,
Los Angeles/London: University of California Press.

Matics, K. I. (1992): Introduction to the Thai Temple, Bangkok: White Lotus Press.

Mazumdar, Sucheta/Kaiwar, Vasant/Labica, Thierry (Hg.) (2009): From Orientalism
to Postcolonialism: Asia-Europe and the lineages of difference, Abingdon:
Routledge.

Neidhardt, Friedhelm (1994): «Öffentlichkeit, öffentliche Meinung, soziale Bewegungen». Kölner Zeitschrift für Soziologie und Sozialpsychologie 34, S.7–41.

Olsen, Daniel H./Timothy, Dallen J. (2006): «Tourism and religious journeys». In:
Daniel H. Olsen/Dallen J. Timothy (Hg.), Tourism, Religion and Spiritual
Journeys, London/New York: Routledge, S.1–22.

Parnwell, Mike (1993): Population Movement and the Third World, London/ New
York: Routledge.

Ringis, Rita (1990): Thai Temples and Temple Murals, Oxford/Singapur: Oxford
University Press.

Ruenkaew, Pataya (2003): Heirat nach Deutschland. Motive und Hintergründe
thailändisch-deutscher Eheschließungen, Frankfurt/M.: Campus-Verlag.

Schetsche, Michael (1996): Die Karriere sozialer Probleme, München: Oldenburg Verlag.

Sindemann, Kerstin-Katja (2007): «Mönche, Mantra, Meditation: Buddhismus in der Schweiz». In: Martin Baumann/Jörg Stolz (Hg.), Eine Schweiz – viele Religionen. Risiken und Chancen des Zusammenlebens, Bielefeld: transcript, S. 208–222.

Stausberg, Michael (2010): Religion im modernen Tourismus, Berlin: Verlag der Weltreligionen.

Internetquellen

Baumann, Martin (2009): Der Sri Kamadchi Ampal Tempel in Hamm. Tamilischer Hinduismus in Deutschland. www.baumann-martin.de/Kamad-Tem.html (29.11.2010).

Baumann, Martin (2002): Religion und ihre Bedeutung für Migranten. Antrittsvorlesung an der Universität Luzern, 20.6.2002. www.unilu.ch/ files/antritts-vl-web.doc (29.11.2010).

Baumann, Martin/Tunger-Zanetti, Andreas (2008): Migration und religiöse Bauten – Neuaushandlung des öffentlichen Raums. www. religionen schweiz.ch/pdf/ Migration_und_rel_Bauten.pdf (29.11.2010).

Egeter Edwin: Neue Sakralbauten von Migranten in der Schweiz zwischen Tradition und Modernität. Eine Analyse von Deutungsmustern (Masterseminararbeit Universität Luzern 2009). www.religionenschweiz.ch/pdf/egeter-sakralbauten.pdf (29.11.2010).

Aarau Tourismus (Autor unbekannt): Buddhistisches Zentrum, Gretzenbach. www.aarauinfo.ch/04_freizeit_tourismus/08_sehenswuerdigkeiten/buddhistisches_zentrum_gretzenbach.php (29.11.2010).

Homegate (Autor unbekannt): Schöne Wohnung mit Aussicht neben Thai Tempel und Aldi. www.homegate.ch/id=d,102985149 (29.11.2010).

Wat Srinagarindravararam (Autor unbekannt): Fotogalerie. www.wat-srinagarin. com/photos/wat/index.php (29.11.2010).

Interviewquellen

Cartier, D.; Ramel, D.; von Däniken, H. (2010): Persönliches Interview, geführt von der Verfasserin am 15. Juni 2010 in Gretzenbach.

Kittimoli, P.; Lämmli, R. (2010): Persönliches Interview, geführt von der Verfasserin am 15. Juni 2010 in Gretzenbach.

Niedermaier, M. (2010): Persönliches Interview, geführt von der Verfasserin am 3. Juni 2010 in Luzern.

Steine des Anstoßes. Diskurse um religiöse Gebäude und Bauvorhaben in der Schweiz

Annegret Kestler[1]

1 Einleitung

Bauvorhaben religiöser bzw. religiös konnotierter Gebäude rufen heutzutage vielerorts in Europa Widerstand, Auseinandersetzungen und Protest hervor. Insbesondere Moschee- und Minarettbauten sind in verschiedenen Ländern Europas zum Gegenstand öffentlicher und rechtlicher Konflikte geworden. In diesem Zusammenhang schreibt der Architekt und Soziologe Salomon Korn:

«Je weniger Muslime in Europa als Teil der jeweiligen Mehrheitsgesellschaft empfunden werden, desto stärker bildet sich Widerstand gegen ihre Moscheen. Ähnlich wie das Sein das Bewusstsein bestimmt, bestimmt auch das Bewusstsein unsere Wahrnehmung. Goethe zufolge sieht man, was man weiß. Was aber, wenn dieses Wissen lückenhaft ist oder an dessen Stelle Vorurteile, gar Ängste treten? Dann sieht man nicht mehr, was man weiß, sondern was man zu wissen vermeint, vermutet – oder sehen will.» (Korn 2010: 250)

Durch den Volksentscheid zur Initiative «Gegen den Bau von Minaretten» am 29. November 2009 haben besonders die Schweizer Auseinandersetzungen über Minarettbauten bzw. -bauvorhaben auch über den lokalen und nationalen Kontext hinaus erhöhte Aufmerksamkeit erhalten. Durch die Annahme der Initiative mit einem Anteil von 57,5 Prozent Ja-Stimmen sind sie für die Bundesverfassung der Schweizerischen Eidgenossenschaft folgenreich geworden: Artikel 72 wurde um einen dritten Absatz, «Der Bau von Minaretten ist verboten», ergänzt.[2]

---

1   Der Beitrag basiert auf einer Untersuchung im Rahmen des Projekts «Sichtbar gemachte religiöse Identität, Differenzwahrnehmung und Konflikt/ Visible Markers of Religious Identity in Public Debate» (Leitung: D. Lüddeckens, Ch. Uehlinger, R. Walthert, Religionswissenschaftliches Seminar der Universität Zürich), das vom Schweizerischen Nationalfonds für wissenschaftliche Forschung im Rahmen des Nationalen Forschungsprogramms 58 «Religionsgemeinschaften, Staat und Gesellschaft» gefördert wurde.

2   Vgl. zum Abstimmungsergebnis www.admin.ch/ch/d/pore/va/20091129/

Aber auch andere religiöse bzw. religiös konnotierte Bauwerke können und konnten in den letzten Jahren nicht widerstandslos gebaut werden. Die Absicht von Religionsgemeinschaften, öffentlich durch eigene Gebäude in Erscheinung zu treten, trifft oftmals auf gesellschaftliche Ablehnung. Durch die sehr unterschiedlich ausgeformte intendierte Sichtbarkeit in baulicher Form rückt die Anwesenheit der ‹fremden›, durch (jeweils unterschiedlich motivierte bzw. begründete) Zuwanderung in der Schweiz entstandenen Religionsgemeinschaften zunehmend ins gesamtgesellschaftliche Bewusstsein. Bei den baulichen religiösen Repräsentationen von Moschee und Minarett, aber auch von Tempel und Kirche handelt es sich aus gesellschaftlicher Sicht um spezifisch religiöse Symbole, die unterschiedliche Interpretationen, kognitive Verknüpfungen und Problematisierungen hervorrufen können. Wie zu sehen sein wird, besteht aus gesellschaftlicher Sicht nur in relativ geringem Maße Anschlussfähigkeit an andere, bekannte Zeichen und Symbole und ihre Deutungen. So kann z.B. das Minarett nicht ‹nur› eine Funktion als Konsum- bzw. Erkennungssymbol haben wie etwa das orangene M einer Migros-Filiale.[3]

Ziel der folgenden Ausführungen ist es, Aspekte der zunehmenden Sichtbarkeit bzw. Inanspruchnahme öffentlich sichtbarer Präsenz durch kleinere, durch Zuwanderung in der Schweiz entstandene Religionsgemeinschaften genauer zu beleuchten. Dazu wird zunächst der Kontext der hier betrachteten Fälle erörtert, bevor auf die jeweilige Konfliktbiografie eingegangen wird. Daran anschließend wird ein Konzept zur theoretischen Modellierung verschiedener Dimensionen von Sichtbarkeit vorgestellt, das nachfolgend auf die Diskurse um die jeweiligen baulichen Repräsentationsformen der besprochenen Religionsgemeinschaften angewandt wird. In einem Fazit und Ausblick soll abschließend die Frage angesprochen werden, welche über die Betroffenheit der muslimischen Gemeinschaften hinaus reichenden gesellschaftlichen Konsequenzen aus dem Verbot religiös konnotierter Sichtbarkeit in Form von Minaretten heraus erwachsen können.

---

index.html (26.10.2010), zur Bundesverfassung der Schweizerischen Eidgenossenschaft vom 18. April 1999 (Stand am 7. März 2010) www.admin.ch/ch/d/sr/1/101.de. pdf (6.11.2010).

3   S.u. bei Anm. 78.

2 Die religiöse Landschaft der Schweiz: unsichtbare Vielfalt

Auch für die Schweiz lässt sich konstatieren: «Die religiöse Landschaft [...] ist bunter geworden.» (Krech 2005: 116) Wie sich aus den Daten der Eidgenössischen Volkszählung aus dem Jahr 2000 ergibt, stellen Angehörige christlicher Traditionen mit über 80 Prozent noch immer die Mehrheit. In dieser Zahl sind schon «kleinere christliche Gemeinschaften» (Krech 2005: 120, 125–129) berücksichtigt, die gemäß der Volkszählung in der Schweiz anzutreffen sind.[4] Auf orthodox-christliche Kirchen entfallen 1,81 Prozent der angegebenen Zugehörigkeit. Dennoch lassen sich, bis auf wenige Ausnahmen, für die übrigen nicht-christlichen Religionsgemeinschaften im Vergleich zu Daten der Volkszählungen 1970, 1980 und 1990 jeweils gestiegene Anteile an der Bevölkerung ersehen (vgl. Bovay 2004: 11, insb. Tabelle 1). Diese Daten lassen aber «gewissermaßen erst die Spitze des Eisbergs religiöser Vielfalt erkennbar werden» (Baumann/Stolz 2007: 40), da hinter den Kategorien «eine oft große interne Pluralität» steht (Baumann/Stolz 2007: 40).[5] In der weiteren Rangfolge der religiösen Gemeinschaften nach ihrer Größe folgen nach Nennungen der Zugehörigkeit der Islam (4,26%), Hinduismus (0,38%), Buddhismus (0,29%) und Judentum (0,24%) (zu den Zahlen Baumann/ Stolz 2007: 40f. mit Tabelle 1). Die sich im statistischen Bild abzeichnende, bunter bzw. vielfältiger gewordene religiöse Landschaft ist jedoch architektonisch-baulich im öffentlichen Raum noch nicht wahrnehmbar, wie Baumann/Stolz konstatieren:

> «Das äußere Erscheinungsbild der Schweizer Städte spiegelt die faktisch bestehende Religionsvielfalt bislang nicht wider. Kirchtürme dominieren das Stadtbild, die Existenz nichtchristlicher Traditionen und Gruppen ist dagegen – bis auf ganz wenige Ausnahmen – nicht sichtbar.» (Baumann/ Stolz 2007: 45f.)

4 An dieser Stelle muss betont werden, dass die Daten der Eidgenössischen Volkszählung 2000 lediglich eine «Annäherung» (Baumann/Stolz 2007: 39) an die Realität der religiösen Landschaft darstellen. Dies liegt insbesondere in «gewissen methodischen Problemen» (Baumann/Stolz 2007: 39f.) begründet. Claude Bovay, auf den sich in diesem Zusammenhang auch Baumann/Stolz beziehen, verweist in seiner Auswertung der Daten auf die «Gruppe ‹Ohne Angabe› [die] [...] sich im Jahr 2000 deutlich vergrößert» hat (Bovay 2004: 54, bes. Anm. 55).

5 Zur Datenerhebung und Kategorienbildung vgl. auch Bovay 2004: 9f.

Veränderungen in dieser Hinsicht lassen sich für Einzelfälle auffinden. Einzelne religiöse Gemeinschaften planen, meist aus pragmatischen Gründen, etwa einer Raumnot, eigene Gebäude, die sie in mehr oder minder eindeutig zurechenbarer Weise öffentlich sichtbar werden lassen. Mit drei solchen Bestrebungen werden sich die folgenden Auseinandersetzungen in Hinsicht auf die Hintergründe und Konsequenzen der neuen (intendierten) Sichtbarkeit von «kleineren religiösen Gemeinschaften» (Krech 2005: 120) beschäftigen: dem Bauprojekt der Islamischen Glaubensgemeinschaft Langenthal (IGGL, *Xhamia e Langenthalit*) in Langenthal (BE), der mittlerweile gebauten und genutzten serbisch-orthodoxen Kirche in Belp (BE) und einem gescheiterten Bauprojekt des hinduistisch-tamilischen Vereins *Aum Sakthi*[6] ebendort.

Die «Islamische Glaubensgemeinschaft Langenthal» war schon über ein Jahrzehnt in Langenthal ansässig und betrieb ein Vereinslokal bzw. einen Gebetsraum, als im Jahr 2006 die öffentlichen Auseinandersetzungen um das geplante, sechs Meter hohe Minarett begannen. Dem Verein gehören, wie der Name *Xhamia e Langenthalit* erkennen lässt, in der Mehrheit Muslime albanischen Hintergrunds an. Im Jahr 1991 von sieben Mitgliedern gegründet, wuchs der Verein auf heute etwa 130 Personen an. Infolgedessen wurden für das Vereinslokal Umbaumaßnahmen ins Auge gefasst, im Zuge derer die Liegenschaft, in welcher der Verein seit langem ansässig ist, auch mit einem Minarett und einer Kuppel ausgestattet werden sollte.[7] Das Verfahren um das Minarett in Langenthal und die Auseinandersetzungen um ein im Januar 2009 errichtetes Minarett in Wangen bei Olten gelten als Auslöser der Initiative «Gegen den Bau von Minaretten».[8]

Die Serbisch-Orthodoxe Kirchgemeinde Bern, die in Belp ihr Gotteshaus errichtete, hatte zuvor in einer christkatholischen Kirche in Bern Gastrecht genossen, bevor Überlegungen zur Überwindung von Platzproblemen und zeitlichen Überschneidungen der eigenen Gottesdienste mit denen der christkatholischen Gemeinde zum Wunsch nach einem

---

6   Die Schreibweise des Vereins lautet in der Medienberichterstattung fast durchgängig «Aum Shakti», auf dem Namensschild des Vereins sowie in seinen Statuten jedoch «Aum Sakthi».

7   Vgl. *Berner Rundschau*, 16.6.2006 («Minarett an Bützbergstraße») und *Der Bund*, 9.8. 2006 («Ein Symbol der Eroberung?»).

8   Vgl. den Beitrag von O. Wäckerlig in diesem Band.

eigenen Gebäude führten. Die Suche nach geeignetem, bebaubarem Land führte schließlich nach Belp. Als ‹Aktive› in der als Verein organisierten Gemeinde werden nach eigenen Angaben etwa 200 Personen gezählt, die einen Vereinsbeitrag leisten. Die Zahl der Teilnehmenden am Gottesdienst kann je nach Anlass auch nur 30 bis 50 betragen, wobei diese nicht ausschließlich serbischen Hintergrunds sind; auch Orthodoxe russischer oder griechischer Herkunft nehmen daran teil.[9]

Auch für den tamilisch-hinduistischen Verein *Aum Sakthi* waren vor allem Platzgründe ausschlaggebend für das Vorhaben, in Belp ein eigenes Bauwerk zu errichten, da bislang genutzte Räumlichkeiten für die Veranstaltungen zu klein geworden waren. Zudem sollte ein eigenes Bauwerk genug Platz bieten, um die Angebotspalette des Vereins für die Mitglieder zu erweitern. Für den Verein ist seine Familienstruktur prägend. Die Zahl aktiver Mitglieder, die einen Monatsbeitrag leisten, wird mit 250 bis 300 angegeben. Die Zahl der Besucher der Veranstaltungen schwankt jedoch und liegt mit 100 bis 200 Besuchern auch bei Großanlässen unter der Mitgliederzahl. Der 2001 gegründete Verein war zunächst in Lyss ansässig gewesen, bevor ein Umzug nach Kirchberg erfolgte; erst die Landsuche führte dann nach Belp.[10]

Den nachfolgenden Überlegungen zur Sichtbarkeit liegen Ergebnisse einer Diskursanalyse (vgl. Diaz-Bone 1999, 2002, 2005) zugrunde, die nach Identitäts- und Differenzkonstruktionen in den Diskursen um religiöse Bauten fragt. Besonderes Augenmerk liegt auf der Rolle von Visibilität bzw. Sichtbarkeit und der Frage, ob und wie die sichtbare Kennzeichnung von Bauten als ‹religiös› in der diskursiven Konstruktion von Differenz als Argument verwendet wird. Die Diskurse wurden anhand einer Printmedienanalyse und Interviews mit Akteuren im Feld analysiert. Das besondere Interesse an der massenmedial vermittelten Verhandlung der Bauwerke liegt im Aufkommen der Diskurse selbst begründet: Erst im Anschluss an die massenmediale Thematisierung der Bauabsichten in lokalen Medien (unter anderem in Form der rechtlich vorgeschriebenen öffentlichen Bekanntmachung der Baugesuche in den jeweiligen Amtsanzeigern) kam es zu öffentlichen Auseinandersetzungen. Die Datenbasis für die Medienanalyse stellt ein Datenkorpus von Zeitungsartikeln und

---

9 Auskünfte aus Interviews mit einschlägigen Experten (s. u., Anm. 12).
10 Auskünfte aus Interviews mit einschlägigen Experten (s. u., Anm. 12).

Feldmaterialien dar.[11] Im Anschluss an die Medienanalyse wurden Leitfadeninterviews mit Experten aus den einzelnen Diskurszusammenhängen geführt. Diese gehörten den betroffenen Religionsgemeinschaften an, waren an behördlichen Prozessen beteiligt oder traten durch ihr spezifisches Engagement in Erscheinung. Entsprechend wurde auch erhoben, wie die beteiligten Akteure selbst die analysierten Diskurse wahrgenommen haben.[12]

3 Über Minarette hinaus: Fallbeispiele konfliktiv verlaufender Diskurse um religiöse Bauten

Im Folgenden wird zunächst der jeweilige Konfliktverlauf auf der Basis der Datengrundlage der Medienberichte dargestellt.

3.1 Das Bauvorhaben der Islamischen Glaubensgemeinschaft Langenthal

Auf lokaler und regionaler Ebene wird ab Mitte Juni 2006 über das geplante Minarett in Langenthal bzw. das Baugesuch der IGGL berichtet.[13] Schon beim Einsetzen der Berichterstattung und während ihres gesamten Verlaufs wird das Langenthaler Geschehen in einen Zusammenhang mit dem «Minarett-Streit»[14] in Wangen bei Olten (SO) und dem dortigen Baugesuch des Türkischen Kulturvereins Olten (*Olten Türk Kültür Ocağı*, OTKO) für ein Minarett gesetzt.[15] Von Anfang an werden Aspekte der

---

11 Dabei soll das Datenkorpus die Diskurse möglichst vollständig abbilden (vgl. Diaz-Bone 2005: 545f.). Den Entscheidungen bezüglich der Wahl der Printmedien liegen dementsprechend einerseits Überlegungen bezüglich der geografischen Verortung der Diskurse – auf lokaler, regionaler und überregionaler Ebene – zugrunde, andererseits ist die Abdeckung relevanter Öffentlichkeiten im Sinne der medialen Reichweite der Diskurse – im Hinblick auf ihre Auflage- und Leserschaftszahlen – von Bedeutung. Insgesamt wurden drei Zeitungsverbunde bzw. neun einzelne Zeitungen auf lokaler und regionaler Ebene und vier Zeitungen auf überregionaler Ebene zur Datenerhebung herangezogen. Ebenfalls erfasst wurden die Sonntagsausgaben dieser Zeitungen bzw. die Sonntagszeitungen der berücksichtigten Verlagshäuser.

12 Als Experten gelten «Menschen, die aufgrund ihrer Beteiligung Expertenwissen über diese Sachverhalte erworben haben» (Gläser/Laudel 2010: 13).

13 Vgl. *Berner Rundschau*, 16.6.2006 («Ein Minarett für Langenthal», «Minarett an der Bützbergstraße»).

14 *Berner Rundschau*, 28.6.2006 («... wie eine Kirche ohne Turm»).

15 Vgl. ebd.

Sichtbarkeit betont: zum einen die konkreten Ausformungen von Minarett und Kuppel, die als sichtbare bauliche Veränderungen Gegenstand des Baugesuchs sind, zum andern auch allgemein die Sichtbarkeit der IGGL in Langenthal.

Die Bedeutung des Minaretts für den Verein selbst wird unter ästhetischen Aspekten beschrieben; diese betreffen die architektonische Einheit von Moschee und Minarett sowie die Ästhetik dieses baulichen Ensembles.[16] Außerdem wird thematisiert, dass der Verein, obwohl er schon länger als ein Jahrzehnt in Langenthal ansässig ist, dort bisher noch nicht wirklich in Erscheinung getreten sei – «[k]aum jemand nahm bisher Notiz [von der Moschee der IGGL: d. Verf.]».[17]

Das Aufkommen von Widerstand manifestiert sich zunächst Ende Juni bzw. Anfang Juli 2006 in zahlreichen Leserbriefen. Besonders deutlich tritt schon zu diesem Zeitpunkt als Argumentationsmuster der Minarettgegner das Prinzip der Reziprozität hervor: Christen würden in islamischen Ländern Freiheits- und Gleichheitsrechte verwehrt – dies betrifft unter anderem die Möglichkeit, Kirchen zu bauen –, so dass eine Grundlage zur Akzeptanz muslimischer Bauwerke in der Schweiz nach Meinung der Leserbriefschreiber nicht gegeben sei.[18]

Weiterhin werden bis Mitte Juli 2006 etwa 70 Einsprachen[19] eingereicht. Diese haben einerseits Bauliches – etwa Bedenken wegen der Zonenkonformität, der Ästhetik oder des Verkehrsaufkommens – zum Gegenstand, machen andererseits aber auch eine allgemeine Angst vor dem Islam geltend. Zudem formiert sich das Aktionskomitee «Stopp Minarett», tritt an die Öffentlichkeit und wird in seinen Äußerungen massenmedial rezipiert. Dieses Komitee, dem insbesondere auch Mitglieder mit freikirchlichem Hintergrund angehören, beabsichtigt zunächst, den Bau des Minaretts mit einer Petition zu verhindern, die auch von einer regionalen Sektion der Eidgenössisch-Demokratischen Union (EDU) unterstützt wird.[20]

---

16 Vgl. *Berner Rundschau*, 28.6.2006 («[...] wie eine Kirche ohne Turm», «Ein Minarett ist doch schön»).

17 *Berner Rundschau*, 16.6.2006 («Minarett an der Bützbergstraße»).

18 Vgl. *Berner Rundschau*, 1.7.2006 (Leserbriefe: «Gibt es einen Staat im Staat?») und 4.7.2006 (Leserbriefe: «Langenthaler Minarett gibt zu reden»).

19 Die Zahl der Einsprachen schwankt in der Berichterstattung von 70 bis 77.

20 Vgl. *Berner Rundschau*, 13.7.2006 («Petition soll Minarett verhindern») und *Berner Zeitung*, 26.7.2006 («Minarett: EDU für Petition»).

Die Berichterstattung über den sich konzentrierenden Widerstand führt schließlich dazu, dass auch überregionale Medien Ende Juli 2006 in den Diskurs eintreten.[21]

Während das Minarett in Wangen bei Olten Mitte Juli 2006 vom Solothurner Baudepartement zunächst bewilligt wird, fangen in Langenthal die Auseinandersetzungen an. Die in der Berichterstattung zum Fall des Minaretts in Wangen gezogenen Parallelen konzentrieren sich unter anderem auf die Rolle der Landeskirchen auf lokaler Ebene, die in Wangen selbst als Einsprecher gegen das Minarett fungierten. Während der Widerstand gegen das Minarett in Langenthal in der Berichterstattung eher mit der «fundamentalchristliche[n] und rechtsnationale[n] Seite»[22] assoziiert wird, die eine «Islamisierung der Schweiz»[23] befürchtet, wird in den Medienberichten für die Landeskirchen eine Position konstruiert, die Toleranz betont und dazu aufruft.[24]

Seitens der Medien selbst wird auch die Heftigkeit des Widerstands reflektiert und die Reaktion der IGGL diesbezüglich eingeholt. Dabei wird deutlich, dass insbesondere das Minarett als Symbol unterschiedlich wahrgenommen und rezipiert wird. Betont der muslimische Verein seine Symbolhaftigkeit, seine Nicht-Begehbarkeit, seine Funktion als Zierde und den ausdrückliche Verzicht auf Beschallung sowie seine Bedeutung als Zeichen von Integration, so deuten Gegner des Minaretts dieses als Symbol der Eroberung und verknüpfen damit Gedanken an religiöse und geschlechterspezifische Unterdrückung.[25]

Wie die lokale und regionale Berichterstattung deutlich macht, sind es gerade die Auseinandersetzungen um ein Minarett in Langenthal und der Streit um ein Minarett in Wangen, welche die Gründung des sogenannten Egerkinger Komitees befördern, das aus Vertretern der Schweizerischen

21 Vgl. *Tages-Anzeiger*, 20.7.2006 («Viele Einsprachen gegen Minarett»).
22 *Berner Rundschau*, 14.7.2006 («Islamisierung der Schweiz?»).
23 Ebd.
24 Vgl. *Berner Rundschau*, 14.7.2006 («Von landeskirchlicher Seite wird zu Toleranz aufgerufen») bzw. *Oltner Tagblatt*, 14.7.2006 («Toleranz gepredigt»). Diese Haltung wird in der Berichterstattung über eine gemeinsame Erklärung der Katholischen und Reformierten Kirchen in Langenthal Anfang September bekräftigt; vgl. *Der Bund*, 2.9.2006 («Ortskirchen schalten sich ein»); *Berner Zeitung*, 2.9.2006 («Klares Ja der Kirchen zum Minarett»); *Berner Rundschau*, 2.9.2006 («Die Kirchen fordern den Dialog»).
25 Vgl. *Der Bund*, 9.8.2006 («Ein Symbol der Eroberung?»).

Volkspartei (SVP) und EDU-Mitgliedern besteht und gemäß einer Medienmitteilung die Koordination der «massive[n] Opposition gegen Minarett-
Bauten [...] in allen mit Projekten konfrontierten Gemeinden»[26] bezweckt.
Schon an dieser Stelle wird auf die Möglichkeit der Lancierung verschiedener Initiativen verwiesen, die zur Verhinderung der Manifestation von
«religiös-politische[n] Machtansprüche[n]»[27], mit denen das Egerkinger
Komitee das Minarett in Verbindung bringt, führen sollen.[28] Zudem betont das Komitee, dass den betroffenen Gemeinden nicht «das Recht [ab-
zusprechen sei], Bauten aus grundsätzlichen, politischen Gründen abzulehnen, wenn diese religiös-politische Machtansprüche zum Ausdruck
bringen, welche den religiösen Frieden gefährden können.»[29]

Die Einweihung eines Tempels bzw. Gurdwaras einer Sikh-Gemeinschaft Ende September 2006 in Langenthal eröffnet in der Berichterstattung schließlich noch die Möglichkeit eines Vergleichs: Anders als beim
Baugesuch für das Minarett regte sich bezüglich des äußerlich auffälligen
Tempels kein Widerstand.

Ende November 2006 schließt die Stadt Langenthal einen «privat-
rechtlichen Dienstbarkeitsvertrag»[30] mit der IGGL, in dem der Verzicht
des Vereins auf Gebetsrufe vom Grundstück aus, sei es durch einen Muezzin oder durch Lautsprecher, festgeschrieben wird. Schließlich wird der
IGGL Mitte Dezember 2006 die Baubewilligung erteilt. Die Medienberichterstattung hält explizit fest, dass der genannte Vertrag zwischen
Verein und Stadt gemäß Angaben des Stadtschreibers keine zwingende
Bedingung für den Bau darstellte, sondern als freiwilliges Angebot von der
IGGL ausging und als ihr ausdrückliches Entgegenkommen gewertet werden müsse.[31]

Gegner des Baugesuchs hatten jedoch schon Anfang Dezember, als sich
ein positiver Bescheid abzuzeichnen begann, einen Rekurs dagegen in

26 *Oltner Tagblatt*, 8.9.2006 («SVP-Minarettgegner vereinigen sich»).
27 Ebd.
28 Bereits Anfang November 2006 wird dann eine eidgenössische Volksinitiative
    gegen den Bau von Minaretten für das Frühjahr 2007 angekündigt; vgl. *Aar-
    gauer Zeitung*, 3.11.2006 («Initiative gegen Minarette»).
29 Ebd.
30 *Oltner Tagblatt*, 30.11.2006 («Minarett wird bewilligt»).
31 Vgl. *Der Bund*, 13.12.2006 («Baubewilligung für Minarett») und *Berner Rund-
    schau*, 30.11.2006 («Bewilligung für Minarett ist unterschriftsreif»).

Aussicht gestellt und verwirklichten dieses Vorhaben dann Mitte Januar 2007. Gemäß Medienberichten wenden sich 20 Einsprecher an die Bau-, Verkehrs- und Energiedirektion (BVE) in Bern.[32] Dabei verfolgt insbesondere das Aktionskomitee «Stopp Minarett» die Absicht, mit seiner Beschwerde «das Unwohlsein in der Bevölkerung gegenüber der islamischen Ausbreitung» zu bekunden, und wendet sich explizit nicht nur gegen die bauliche Manifestation, sondern besonders auch gegen deren «ideelle Immission».[33]

Mitte April 2007 lässt die Medienberichterstattung verlauten, dass die von der Stadt Langenthal erteilte Bewilligung des Baugesuchs der IGGL durch einen Entscheid des Kantons aufgehoben worden sei. Geltend gemacht werden dabei u.a. Mängel hinsichtlich der seitens der Stadt getroffenen Abklärungen zur Zonenkonformität, Lärmimmission und der Notwendigkeit einer Gastgewerbebewilligung zum Führen des Vereinslokals sowie das Fehlen eines Nutzungs- und Betriebskonzepts. Weiterhin müssen aus Sicht des Kantons umfangreichere Abklärungen zur Parksituation bei Großveranstaltungen getroffen werden. Der Kanton beurteilt das Baugesuch in diesem Zusammenhang mehr als Umnutzung denn als Umbau, wie es der Sichtweise der Stadt Langenthal entsprach. Das Gesuch wird zur Überarbeitung an die Stadt Langenthal zurück überwiesen.[34] Schon zu diesem Zeitpunkt lässt der Verein angesichts des für ihn enttäuschenden Ergebnisses erkennen, er sei «notfalls [...] bereit, bis vor Bundesgericht zu gehen».[35]

Die Lancierung der Eidgenössischen Volksinitiative gegen den Bau von Minaretten durch das Egerkinger Komitee am 3. Mai 2007 hat zunächst keine konkreten Auswirkungen auf das Projekt der IGGL.[36] Insbesondere geht die Stadt Langenthal nicht auf die Forderung des Aktionskomitees

---

32 Vgl. u.a. *Berner Zeitung*, 24.1.2007 («Minarett: Beschwerde eingereicht») und *Berner Rundschau*, 24.1.2007 («Beschwerde gegen Minarett»).

33 Ebd.

34 Vgl. u.a. *Berner Zeitung*, 18.4.2007 («Teilerfolg für Minarett-Gegner»); *Berner Rundschau*, 18.4.2007 («Noch kein Minarett-Entscheid»); *Zofinger Tagblatt*, 19.4. 2007 («Noch kein Minarett-Entscheid gefällt»).

35 *Berner Zeitung*, 18.4.2007 («Teilerfolg für Minarett-Gegner»).

36 Vgl. *Berner Rundschau*, 12.5.2007 («Initiative spaltet Minarett-Kritiker»).

«Stopp Minarett» nach einem Moratorium in der Behandlung des Baugesuchs der IGGL bis zu einem Volksentscheid ein.[37]

Nach Beginn der Unterschriftensammlung für die Initiative ist die Berichterstattung im Fall des Minarettbaus in Langenthal vorwiegend durch Thematisierungen der intensivierten Bemühungen der Minarett-Gegner – auch mit Blick auf die Unterstützung der Initiative – geprägt. Die Volksinitiative «Gegen den Bau von Minaretten» wird schließlich mit rund 115 000 Unterschriften am 8. Juli 2008 eingereicht.[38]

Die konkreten Entwicklungen das Baugesuch der IGGL betreffend wird seitens der Medien selbst von April 2007 bis Anfang Juli 2008 eine gewisse «Funkstille»[39] konstatiert. Erst kurz nachdem der Entscheid in den Medien kommuniziert worden ist, dass die Baubewilligung für das Minarett in Wangen im Juli 2008 nach wie vor gültig sei, wird auch in Bezug auf Langenthal wieder die Frage nach dem Stand der Dinge gestellt.[40] Anfang Juli 2009 wird dem Verein seitens der Stadt Langenthal erneut eine Baubewilligung erteilt.[41] Die sich schon vor dem Entscheid abzeichnende erneute Beschwerde der Minarettgegner bei der Berner Bau-, Verkehrs- und Energiedirektion wird Anfang August 2009 in den Medien durch entsprechende Berichte bestätigt.[42] Bis zur Abstimmung über die Volks-initiative «Gegen den Bau von Minaretten» am 29. November 2009 bleibt diese Beschwerde bei der BVE hängig. Kurz nach dem Bekanntwerden des Abstimmungsergebnisses wird seitens der IGGL bzw. ihres Anwalts die Absicht mitgeteilt, das Gesuch bei Bedarf bis vor das kantonale Verwal-tungsgericht, das Bundesgericht oder notfalls gar an den Europäischen Gerichtshof für Menschenrechte zu ziehen. Als Argumentationsposition wird seitens des Vereins auf die Inanspruchnahme der Garantie der Rechtssicherheit sowie die Uneindeutigkeit des geplanten Bauwerks als Minarett abgestellt; wie seitens des Vereins in den Medien kommuniziert

---

37 Vgl. *Der Bund*, 4.5.2007 («Minarett-Gegner fordern Moratorium»); *Berner Zeitung*, 4.5.2007 («Komitee verlangt Moratorium»).

38 Vgl. *Aargauer Zeitung*, 8.7.2008 («Symbole eines gemäßigten Islam»).

39 *Berner Rundschau*, 9.7.2008 («Nun wird das Minarett-Gesuch neu beurteilt»).

40 Vgl. *Solothurner Zeitung*, 9.7.2008 («Turmbau zu Wangen ohne Ende») und *Berner Rundschau*, 9.7.2008 («Nun wird das Minarett-Gesuch neu beurteilt»).

41 Vgl. *Berner Zeitung*, 2.7.2009 («Langenthal erteilt Baubewilligung für Mina-rett»); *Der Bund*, 3.7.2009 («Minarett darf gebaut werden»).

42 Vgl. *Berner Rundschau*, 3.8.2009 («Beschwerde gegen Minarett eingereicht»).

wird, handle es sich bloß um ein «minarettartiges Türmchen»[43], dass durch das nunmehr in die Bundesverfassung eingeschriebene Verbot von Minaretten nicht eindeutig betroffen sei. Das Aktionskomitee «Stopp Minarett» fordert hingegen die IGGL zum Respekt des demokratischen Entscheids und zum Rückzug des Baugesuchs auf.[44]

Wie im September 2010 bekannt wurde, hatte die BVE nur einen Teil der Beschwerde vom August 2009 gutgeheißen. Als zulässig betrachtete sie insbesondere die Baubewilligung für das Minarett, das damit gebaut werden dürfe.[45] Gegen diesen Entscheid wurde wiederum von den Minarettgegnern Ende Oktober 2010 Beschwerde bei der nächsthöheren Instanz, dem Verwaltungsgericht des Kantons Bern, eingelegt.[46] Nach dessen Entscheid gegen den Bau des Minaretts wurde Ende April 2012 in der Medienberichterstattung der Verzicht des Vereins auf das Minarett publik gemacht.[47]

3.2 Der Bau der serbisch-orthodoxen Kirche in Belp

Über die Absicht der Serbisch-Orthodoxen Kirchgemeinde Bern, in Belp eine Kirche zu errichten, wurde die Öffentlichkeit im Oktober 2006 zeitgleich auf lokaler, regionaler und überregionaler Ebene informiert.[48] In verschiedenen Zeitungen war bereits am Vortag auf die offizielle Publikation des Baugesuchs hingewiesen worden. Mitunter finden sich in den Artikeln explizite Verweise auf die Baugesuche für Minarette in Wangen bei Olten und Langenthal.[49] Die nachfolgende Berichterstattung auf

43 *Berner Zeitung*, 1.12.2009 («Das Minarett vor dem Aus»).

44 Vgl. *Aargauer Zeitung*, 10.12.2009 («Komitee fordert Rückzug des Baugesuchs»).

45 Vgl. *Neue Zürcher Zeitung Online*, 22.10.10 («Grünes Licht für Minarett in Langenthal»), www.nzz.ch/nachrichten/schweiz/gruenes_licht_fuer_minarett_ in _langenthal_1.7643053.html (2.11.2010).

46 Vgl. *Neue Zürcher Zeitung Online*, 21.10.2010 («Langenthaler Minarett beschäftigt weitere Instanz»), www.nzz.ch/nachrichten/schweiz/langenthal_ minarett_1. 8091427.html (2.11.2010).

47 Vgl. z.B. *Tages-Anzeiger*, 28.4.2012 («Langenthaler Muslime verzichten auf Minarett»).

48 Vgl. *Berner Zeitung*, 25.10.2006 («Eine Kuppel für Belp», «Serben planen orthodoxe Kirche», «Kirche mit Kuppeldach»); 20Minuten, 25.10.2006 («Erste Serbisch-Orthodoxe Kirche in Belp geplant»).

49 Siehe dazu den Verweis auf die «Wogen der Diskussion» in diesem Zusammenhang, *Berner Zeitung*, 25.10.2006 («Eine Kuppel für Belp»).

lokaler und regionaler Ebene thematisiert zunächst v. a. die Überraschung, die das Projekt sowohl für die Bevölkerung Belps als auch für parteipolitische Akteure darstellte. Gleichzeitig wird bereits an dieser Stelle auf den Informationsabend verwiesen, der von der Kirchgemeinde innerhalb der Einsprachefrist gegen das Baugesuch anberaumt worden war.[50]

Die Architektur des geplanten Sakralbaus betreffend wird mit Einsetzen der Berichterstattung besonders auf das Kuppeldach hingewiesen, welches das geplante Gebäude architektonisch prägt.[51] Auf überregionaler Ebene fällt die Berichterstattung erwartungsgemäß insgesamt weniger detailliert und ausführlich aus, doch sind dort gerade die geplante Architektur und Aspekte der Sichtbarkeit einer christlich-orthodoxen Identität im geplanten Kirchengebäude von Interesse.[52]

Bevor inhaltlich über den Informationsabend berichtet werden kann, kommt in Medienberichten zunächst ein «Vandalenakt»[53] zur Sprache, der Anfang November 2006 gegen die Profile, die den geplanten Standort und die Maße der Kirche andeuten, verübt wurde. Die Bauprofile wurden Ende November noch ein weiteres Mal zerstört, was die Sichtweise nährte, dass das Bauvorhaben für die Gemeinde Belp ein «Sicherheitsproblem»[54] hervorrufen könnte.[55]

Der Informationsabend der Serbisch-Orthodoxen Kirchgemeinde, bei dem sowohl Vertreter der Gemeinde wie auch der beteiligte Architekt sprachen, wird dann in ausführlichen Artikeln der lokalen und regionalen

---

50 Vgl. ebd.; *Der Bund*, 26.10.2006 («Serben planen Kirche in Belp»); *Berner Rundschau*, 26.10.2006 («Orthodoxe wollen Kirche bauen»).

51 Vgl. *Berner Zeitung*, 25.10.2006 («Kirche mit Kuppeldach», «Eine Kuppel für Belp», «Serben planen orthodoxe Kirche»); *Berner Rundschau*, 26.10.2006 («Kirche für Orthodoxe», «Orthodoxe wollen Kirche bauen»); *Der Bund*, 26.10.2006 («Serben planen Kirche in Belp»). Die Beschreibung der Planung wird (soweit aus dem erhobenen Datenmaterial ersichtlich) in zwei Fällen visuell mit einem Abdruck von Ausschnitten aus den Bauplänen unterstützt, vgl. *Berner Zeitung*, 25.10. 2006 («Serben planen orthodoxe Kirche»); *Berner Rundschau*, 26.10.2006 («Orthodoxe wollen Kirche bauen»).

52 Siehe *Neue Zürcher Zeitung*, 27.10.2006 («Serbisch-Orthodoxe Kirche in Belp geplant»).

53 *Berner Zeitung*, 6.11.2006 («Vandalen zerstören die Profile der orthodoxen Kirche»).

54 *Berner Zeitung*, 13.4.2007 («SVP zieht Einsprache nicht weiter»).

55 Vgl. *Berner Zeitung*, 29.11.2006 («Erneut zerstört»).

Presse rekapituliert. Dabei wird festgestellt, dass das Baugesuch von den Teilnehmenden vor allem auf zwei Ebenen problematisiert worden sei. Fragen und Vorbehalte des Publikums betrafen zum einen konkrete formale Kriterien der Erteilung einer Baubewilligung und Befürchtungen hinsichtlich der Auswirkungen, die die Errichtung der serbisch-orthodoxen Kirche für den Ort insgesamt und insbesondere für das betroffene Quartier nach sich ziehen könne; dabei wurden vornehmlich die Parkplatzsituation (v. a. bei Großanlässen), die Bauvorschriften (hier insbesondere die Gebäudegestaltung, die Architektur und Sichtbarkeit in Hinblick auf den Ortsbildschutz), aber auch die ästhetische Gesamtwirkung der geplanten Kirche angesprochen.[56] Zum anderen wurden aber auch diffusere Ängste geäußert, etwa, inwiefern sich mit dem Bau der Kirche serbischer Nationalismus in Belp manifestiere.[57]

Obwohl die Organisatoren des Informationsabends ein positives Fazit des Anlasses zogen, hatten sie nicht alle Bedenken ausräumen können. Kurz darauf wurde bekannt, dass innerhalb der Einsprachefrist sechs Einsprachen eingereicht worden waren, die sich auf die den Ortsbildschutz, die Zonenkonformität des geplanten Bauwerks und den zu erwartenden Mehrverkehr bezogen. Am detailliertesten wird die Einsprache der Belper Ortssektion der SVP öffentlich. «Gestützt auf die Bauvorschriften der Gemeinde und die langjährige Praxis der Baukommission»[58] erteilt die Baubehörde im November 2006 dennoch eine vorläufige Bewilligung für den Bau, unter Vorbehalt der Verhandlungen und mit Auflagen, die besonders die geplante Zahl der Parkplätze betreffen.

Im Januar 2007 solidarisieren sich die reformierte und die römisch-katholische Kirchengemeinde mit der serbisch-orthodoxen Gemeinde und feiern gemeinsam mit ihr einen ökumenischen Gottesdienst.[59] Zwei

---

56 Vgl. *Berner Zeitung*, 8.11.2006 («Kritische Fragen und Willkommensgrüße»); *Der Bund*, 8.11.2006 («Freude, aber auch Skepsis in Belp»); *Berner Rundschau*, 9.11.2006 («Wir suchen das Gespräch und werden eine einvernehmliche Lösung finden»).

57 Vgl. *Berner Zeitung*, 8.11.2006 («Kritische Fragen und Willkommensgrüße»); *Der Bund*, 8.11.2006 («Freude, aber auch Skepsis in Belp»).

58 *Der Bund*, 28.11.2006 («Baugesuch für Kirche bewilligt»); *Der Bund*, 29.11.2006 («Gängige Praxis gab den Ausschlag»).

59 Vgl. *Berner Zeitung*, 10.1.2007 («Kirchen stehen zu den Serben»); *Der Bund*, 11.1.2007 («Vesper für Serben und Schweizer»); *Berner Zeitung*, 15.1.2007 («Mit viel Gesang und Weihrauchduft»).

Monate später bestätigt die Baubehörde die Baubewilligung unter Abweisung aller Einsprachen. Infolgedessen beschließt auch die SVP-Ortssektion, ihre Einsprache nicht aufrechtzuerhalten.[60] Von da an wandeln sich die Argumentationsschemata. Fokussiert wird nun auf die Symbolhaftigkeit der Architektur, die mit serbischer Identität und der politischen Situation auf dem Balkan in Verbindung gebracht wird. Die visuelle Repräsentation religiös-ethnischer Identität wird als potenzieller Auslöser für Konflikte mit anderen «Volksgruppen dieser Länder»[61] bezeichnet und damit eine Übertragung der Balkankonflikte auf die Schweiz bzw. auf Belp prognostiziert. Dennoch beginnt im März 2008 der Bau der Kirche, der ohne Störungen verläuft. Im Mai 2009 war die Kirche soweit fertig gestellt, dass sie eingesegnet und dann ihrer Verwendung zugeführt werden konnte, auch wenn der Innenausbau, etwa die Ausgestaltung der Wandmalereien, zu diesem Zeitpunkt noch nicht abgeschlossen war.[62]

3.3 Das gescheiterte Bauprojekt des Vereins Aum Sakthi in Belp

Im April 2007 wird in der lokalen und regionalen Berichterstattung publik, dass auch der hinduistisch-tamilische Verein *Aum Sakthi* beabsichtigte, in Belp ein eigenes Gebäude zu errichten. Es sollte nach Absicht des Vereins in direkter Nachbarschaft zu der – zu diesem Zeitpunkt noch nicht rechtskräftig bewilligten – serbisch-orthodoxen Kirche zu stehen kommen. Zwar hatte der Verein vorerst nur eine Bauvoranfrage, noch kein Baugesuch bei den zuständigen Belper Behörden eingereicht.[63] Vor dem Hintergrund der Probleme, die das Baugesuch der Serbisch-orthodoxen Kirche hervorgerufen hatte, wird das Vorhaben aber seitens der Medien sogleich auf mögliches Konfliktpotenzial hin hinterfragt. Weil es sich nach Aussage des Vereinspräsidenten bei dem geplanten Neubau nicht um eine eigentliche «Tempelanlage»[64] handeln soll, wird dieses zunächst als eher

---

60   Siehe *Berner Zeitung*, 13.4.2007 («SVP zieht Einsprache nicht weiter»).

61   *Berner Rundschau*, 13.7.2007 («Leben und in Frieden leben lassen»).

62   Vgl. 3.7.2009 *BZ online* («Serbisch-orthodoxe Kirche in Gebrauch genommen»): www.bernerzeitung.ch/region/bern/Serbischorthodoxe-Kirche-in-Gebrauch -genommen/story/23473668 (18.12.2010).

63   Vgl. *Der Bund*, 13.4.2007 («Tamilen bei den Serben», «Tamilen ziehts neben die Serben»); *Berner Zeitung*, 14.4.2007 («Tamilen planen ein Vereinslokal»); *Berner Zeitung*, 17.4.2007 («Tamilen wollen bauen»).

64   *Der Bund*, 13.4.2007 («Tamilen bei den Serben»).

gering eingeschätzt. Ende Juni 2007 manifestiert sich gleichwohl expliziter Widerstand in einer auch durch überregionale Medienberichte aufgenommenen gemeinsamen Mitteilung der Belper Ortssektionen von SVP, FDP und EDU, die sich gegen eine «Ballung von Sakralbauten»[65] im betroffenen Belper Industriegebiet aussprechen. Begründet wird diese Haltung einerseits durch wirtschaftliche Argumente: Die nach der nun rechtskräftigen Bewilligung der serbisch-orthodoxen Kirche verbleibende Fläche solle «zur Schaffung von neuen Arbeitsplätzen genutzt»[66] werden. Andererseits werden auch die Themen Fremdheit und Integration angesprochen: Eine konzentrierte Ansiedlung von «fremden Kulturen»[67] gefährde zum einen «die Identität des Dorfes»[68]; zum anderen würden die Zuwanderer Gefahr laufen, auf diese Weise «ghettoisiert»[69] zu werden.

Ende Juni 2007 weitet sich der massenmediale Diskurs um das Bauvorhaben des hinduistisch-tamilischen Vereins in Belp weiter aus. Im Zusammenhang mit dem Kauf des Baulandes wird die Gemeinde Belp in den Medien als mögliche Konkurrentin des hinduistisch-tamilischen Vereins ausgemacht. Nach einer etwa vierwöchigen Unterbrechung wird das Thema der Konkurrenz zwischen Gemeinde und Verein im Vorfeld der Gemeindeversammlung Anfang September 2007, in der über den Landkauf entschieden werden soll, erneut aufgegriffen und vertieft. Wie seitens der Medien festgestellt wird, kommt in der offiziellen Version der Gemeindeposition das geplante tamilische Kulturzentrum gar nicht explizit zur Sprache.[70] Inoffizielle Sichtweisen sehen im Vorgehen des Gemeinderats jedoch einen «gute[n] Schachzug»[71] zur Vermeidung von Konflikten bzw. Konfliktpotenzial und zur Vermeidung des Zentrums der Tamilen überhaupt.[72] Mitte September 2007 wird schließlich die Entscheidung der Stimmberechtigten in der Gemeindeversammlung publik, die sich mehrheitlich

65 *Der Bund*, 29.6.2007 («Bürgerliche gegen Hindus»).
66 Ebd.
67 Siehe ebd.
68 *Berner Rundschau*, 29.6.2007 («Jetzt wollen auch Hindus bauen»).
69 Ebd.
70 Vgl. *Berner Zeitung*, 15.9.2007 («Belper Realsatire»).
71 Siehe *Der Bund*, 8.9.2007 («Fragwürdiges Vorgehen»).
72 Vgl. ebd.

für einen Landkauf durch die Gemeinde aussprachen. Damit ist das Bauprojekt des Vereins «Aum Sakthi» in Belp gescheitert.[73]

4 Die Rolle der Sichtbarkeit

«Sichtbarkeit» spielt in den oben dargestellten Diskursen eine vielfältige Rolle. Zunächst ist zu betonen, dass es den Religionsgemeinschaften nur zum Teil explizit darum geht, sichtbar zu werden. Der Wunsch nach einem eigenen Gebäude entspringt primär pragmatischen Gründen, oftmals einer Raumnot. Wenn aber ein eigenes Gebäude entstehen soll, wird dieses – aus Gründen der identitären Repräsentation und der Identifikation – mit bestimmten Erwartungen hinsichtlich spezieller architektonisch-baulicher Formen und Sichtbarkeit verbunden. Aus mehrheitsgesellschaftlicher Sicht werden diese Formen jeweils ganz unterschiedlich wahrgenommen bzw. thematisiert. Nicht immer, wohl aber bei sich zuspitzenden Kontroversen – besonders deutlich zu sehen am Minarett – wird die spezifische Frage nach Sichtbarkeit oder Unsichtbarkeit zum Politikum. Da Sichtbarkeit auf ganz unterschiedlichen Ebenen problematisiert werden kann, muss es an dieser Stelle zunächst einmal darum gehen, den Begriff der Sichtbarkeit analytisch zu schärfen.

4.1 Thematisierungen von Sichtbarkeit

Als gewinnbringend erweist sich im vorliegenden Zusammenhang die Studie Johanna Schaffers zu «Ambivalenzen der Sichtbarkeit» (2008). Deren Intention ist zunächst die Rückführung des Begriffs der Sichtbarkeit aus «oppositionelle[n] politische[n] Rhetoriken» (Schaffer 2008: 12) «auf eine analytische Ebene» (ebd. 11f.). Für Schaffer grundlegend ist die Abkehr von der Vorstellung «eines kausalen Zusammenhangs zwischen Sichtbarkeit und politischer Macht» (ebd. 12), dass nämlich «mehr Sichtbarkeit auch mehr politische Präsenz, mehr Durchsetzungsvermögen und mehr Zugang zu den Strukturen der Privilegienvergabe bedeutet» (ebd.).[74] Sichtbarkeit als solche muss keineswegs «anerkennende Sichtbarkeit»

---

73 Vgl. *Berner Zeitung*, 15.9.2007 («Gemeinde kauft Tamilen Land weg») und *20Minuten*, 15.9.2007 («Berner Gemeinde schnappt Tamilen das Land weg»).

74 An anderer Stelle wird diese Vorstellung auf die eingängige Formel «mehr Sichtbarkeit = mehr politische Macht» gebracht; siehe Schaffer 2008: 15.

(ebd. 59) sein. Mit «Anerkennung» verbindet Schaffer in Anlehnung an Arbeiten von Iris Marion Young und Judith Butler einerseits die «Lesbarkeit und Verstehbarkeit spezifischer Subjektpositionen – im Sinne von Erkennbarkeit» (ebd. 20), andererseits die «Belehnung mit Wert» (ebd.). Dass es sich bei «Sichtbarkeit» keinesfalls um einen intuitiv verständlichen und mit positiven Konsequenzen einhergehenden «Gemeinplatz» (ebd. 11), sondern um ein ambivalentes Konzept handelt, macht Schaffer mit Verweis auf drei Einwände deutlich, die «gegen eine vorbehaltlose Affirmation der Sichtbarkeit und den darin impliziten Binarismus [Sichtbarkeit – Unsichtbarkeit: d. Verf.]» (ebd. 59) sprechen: die «höhere Einbindung in normative Identitätsvorgaben und Parameter der Kontrolle und Disziplinierung» (ebd. 51), die (Be-)Deutung von Unsichtbarkeit als «reale Macht und ein enormes Privileg» bis hin zum «Überlebensgarant[en]» (ebd. 54), schließlich eine «extreme Sichtbarkeit als visuelle Überdeterminiertheit» (ebd. 55).[75]

In der folgenden Analyse liegt der Fokus auf den sprachbasierten Diskursen um religiöse Bauten und auf der diesbezüglichen Herausarbeitung der von Schaffer ausgeführten Unterscheidung der Dimensionen, die im Feld der Sichtbarkeit zusammentreffen (vgl. ebd. 13ff.): einer epistemologischen, einer politischen und einer ästhetischen Dimension.[76]

In *epistemologischer* Hinsicht für das Konzept der Sichtbarkeit bedeutsam sei, so Schaffer im Anschluss an Tom Holert, der «im Mythos der Moderne [herrschende] Imperativ der Sichtbarkeit, das heißt, geglaubt wird nur, was gesehen wird» (Holert 2002: 200) bzw. die sich in Geltung und Wirksamkeit befindende «moderne epistemologische Verbindung zwischen Sichtbarkeit, Erkenntnis und Wirklichkeit» (Schaffer 2008: 13). In der Alltagsbedeutung von und -forderung nach Sichtbarkeit werde

---

75 Schaffer zieht in ihrer eigenen Analyse bildliche Formen der Repräsentation als empirischen Untersuchungsgegenstand heran und erforscht anhand bildförmiger Repräsentationen stereotypisierende Sichtbarkeit im «Migrantinnendrama» (ebd. 60) sowie Repräsentationen in antirassistischen Plakatkampagnen (ebd. 23f.).

76 An anderer Stelle definiert Schaffer das «Feld der Sichtbarkeit» in Bezugnahme auf den Begriff «screen» von Kaja Silverman: «Das Feld der Sichtbarkeit steht somit für den Gesamtkomplex an Repräsentationsparametern und -praktiken sowie Weisen des Wahrnehmens und Wahrgenommenwerdens, die Sichtbarkeit und Lesbarkeit ebenso wie Unsichtbarkeit und Unlesbarkeit bestimmen.» (ebd. 113)

jedoch deren Produziertheit «in einem Zusammenhang von Wissen und Macht» übersehen; zudem stehe Sichtbarkeit immer «in einem gegenseitigen Modulationsverhältnis zu Unsichtbarkeit» (ebd.).

Ein Zusammentreffen von *politischer* und epistemischer Dimension von Sichtbarkeit sieht Schaffer «dort, wo Forderungen nach Sichtbarmachung sich auf die Repräsentation eines bestimmten Wissens richten, also einklagen, dass ein bestimmter Wissenszusammenhang in die ‹Ordnung auf deren Hintergrund wir denken› (so Foucaults Formulierung für Episteme, Foucault 1990: 25) eingeschlossen werde» (Schaffer 2008: 14). Die politische Dimension von Sichtbarkeit liege entsprechend in den hierarchischen Strukturen im Sinne von «Macht- und Herrschaftsstrukturen» (ebd.) begründet, die überhaupt festlegen, was in gesellschaftlichen Kontexten zu denken, zu sagen und letztlich auch zu sehen bzw. sichtbar zu machen möglich ist.

Ästhetische Fragen wiederum betreffen gemäß Schaffer das «Wie» der Darstellung, «in welcher Form und Struktur zu sehen gegeben wird» (ebd. 12).

Im Folgenden sollen diese drei Dimensionen zur Klärung der Rolle von Sichtbarkeit in den oben genannten Diskursen um religiöse bzw. religiös konnotierte Bauten thematisiert werden. Dabei ist vorab festzuhalten, dass bestimmte Adaptionen unvermeidlich sind, wenn nicht über ein fertiges, sondern ein erst geplantes Bauwerk verhandelt wird oder – wie im Fall des Bauvorhabens des Vereins *Aum Sakthi* – gar keine Visualisierungen des Geplanten existieren. Die hier der Analyse zugrunde liegenden Diskurse repräsentieren Prozesse sprachlicher Bedeutungsproduktion.

4.2 Ästhetische Aspekte: (un-)sichtbare Aushandlungsprozesse

Ein wichtiger Aspekt, der in den Diskursen um religiöse Bauten zum Thema gemacht wird, ist der ästhetische. Diskursiv geht es einerseits um die Frage, ob und wie eine Religionsgemeinschaft beabsichtigt, sichtbar zu werden, andererseits darum, wie diese Absicht und die mit ihre verbundene Form der Sichtbarkeit gesamtgesellschaftlich aufgefasst, diskursiv aufgegriffen und verhandelt wird. Zum einen finden, nach außen hin weitestgehend unsichtbar, bereits innerhalb der betroffenen Religionsgemeinschaften Aushandlungsprozesse bezüglich der intendierten Sichtbarkeit statt. Zum anderen rufen scheinbar ähnliche Formen von Sichtbarkeit durchaus unterschiedliche Reaktionen hervor.

4.2.1 Das Minarett als Symbol

Zentraler Gegenstand der diskursiven Verhandlung des Baugesuchs der IGGL war, wie bereits erwähnt, das geplante, sechs Meter hohe Minarett. In der Verhandlung des Minaretts zwischen gesellschaftlicher Wahrnehmung und jener der Religionsgemeinschaft ist insbesondere seine diskursive Konstruktion als «Symbol» auffällig.

Für die muslimische Gemeinschaft begründet die mit dem Minarett verbundene Symbolhaftigkeit – im Sinne der Einschätzung, das Minarett sei «nur ein Symbol»[77] – die Hoffnung, dass das Vorhaben keinen allzu großen Widerstand hervorrufen werde. Festgemacht wird diese Sichtweise daran, dass keine Beschallung und kein Gebetsruf vom Minarett ausgehen sollen. Im Sinne einer expliziten Bedeutungszuschreibung wird zudem – bisweilen mit Verweis auf Kirche und Kirchturm – auf den baulich-ästhetischen Zusammenhang von Moschee und Minarett verwiesen: «Zu einem islamischen Gotteshaus gehört nun einmal ein Minarett, sonst ist es nicht komplett.»[78] Das Minarett wird aus dieser Sicht heraus zu einem sichtbaren Marker öffentlicher Präsenz, zu einem Erkennungssymbol, das anderen, im Schweizer Kontext gebräuchlichen Symbolen gleichzusetzen sei. Ein Vereinsvertreter bringt in der Berichterstattung die Symbolhaftigkeit des Minaretts für die Religionsgemeinschaft folgendermaßen auf den Punkt:

> «Ein Minarett kann mit dem orangefarbenen M der Migrosläden verglichen werden. Während das M klar symbolisiert, dass an diesem Ort Nahrung für den Körper eingekauft werden kann, kennzeichnet das Minarett ein Gebäude, in dem man Seelennahrung erhält.»[79]

Auch die Minarettgegner betonen, es «gehe [...] nicht um die Optik eines Minarettes, sondern um das Symbol»[80], da von einem Minarett eine Signalwirkung im Sinne eines «religiös-politischen Machtanspruchs»[81] und einer territorialen ‹Landnahme› ausgehe. Folgende Äußerung seitens der Minarettgegner kann als typische gelten: «Minarette verkörpern [...] den Anspruch des Islam, als einzig wahre Religion die anderen religiösen

---

77 *Berner Rundschau*, 28.6.2006 («Wie eine Kirche ohne Turm»).
78 *Der Bund*, 9.8.2006 («Ein Symbol der Eroberung?»).
79 *Berner Rundschau*, 9.11.2009 («Wissen kann nicht alle Ängste beseitigen»).
80 *Zofinger Tagblatt*, 19.4.2007 («Noch kein Minarett-Entscheid gefällt»).
81 *Berner Rundschau*, 12.5.2007 («Initiative spaltet Minarett-Kritiker»).

Bauten zu überragen, und gelten als Symbol für die Eroberung eines Ge-
biets.»[82]

Konkret wird dem Minarett aber auch in seiner baulichen Form
Aggressivität zugesprochen, in einer umstrittenen Äußerung das Minarett
in seiner Form mit einer Rakete verglichen.[83] Die Auseinandersetzung mit
der in Langenthal ebenfalls geplanten Glaskuppel auf dem Dach des
Gebetshauses wird von der Thematisierung des Minaretts völlig in den
Schatten gestellt.

4.2.2 Abwägungsprozesse der Integration im Fall der serbisch-orthodoxen Kirche

Im Unterschied zum Langenthaler Bauprojekt der muslimischen Gemeinschaft rief im Fall der serbisch-orthodoxen Kirche von Belp insbesondere
die dort geplante Kuppel Widerstand auf den Plan. Als spezifisches architektonisches Merkmal der geplanten Kirche wird die Kuppel als Gegensatz
zu dem als üblich empfundenen Erscheinungsbild von Kirchen in den
Diskurs eingeführt und thematisiert:

> «Belp erhält eine neue Kirche. Keine mit einem hohen und schlanken
> Turm, wie sie in fast jedem Schweizer Dorf steht. Sondern eine mit einem
> kupferfarbenen Kuppeldach den Gotteshäusern in Russland und Grie-
> chenland nachempfunden.»[84]

Die Entscheidung für eine Kuppel wird jedoch im Kontext der inneren
Auseinandersetzung der Serbisch-Orthodoxen Kirchgemeinde um die
bauliche Repräsentation ihrer religiösen Identität in Abgrenzung dazu
eher als Rücksichtnahme gewertet. Seitens der Kirchgemeinde wird nach
außen kommuniziert – und auch von der Medienberichterstattung aufgegriffen –, dass auch der Bau eines Glockenturms im serbisch-orthodoxen
Kontext durchaus möglich und erwünscht gewesen wäre; man habe darauf aber aus Rücksicht gegenüber der Bevölkerung Belps verzichtet.[85]

Gemäß der Sichtweise der Serbisch-Orthodoxen Kirchgemeinde fand
ein doppelter Abwägungsprozess mit Blick auf ihre Integration in die
Schweizer Gesellschaft statt: Zum einen wurde sowohl bei der Wahl des

---

82 *Berner Rundschau*, 18.8.2007 («Regierung will kein Verbot»).

83 Siehe *Berner Rundschau*, 17.8.2006 («Eine Form wie eine Rakete»).

84 *Berner Zeitung*, 25.10.2006 («Serben planen orthodoxe Kirche»).

85 Vgl. *Der Bund*, 8.11.2006 («Freude, aber auch Skepsis in Belp»).

Standorts, der größenmäßigen Planung und auch beim Verzicht auf einen
Glockenturm (damit auch auf ein mögliches Geläut) sorgsam darauf ge-
achtet, möglichst wenig zu ‹stören›; zum anderen wurde auch abgewogen,
welche baulich markanten Merkmale – insbesondere die architektonische
Ausformung der Kirche als Kuppelbau – bei der Sichtbarwerdung beibehalten werden müssen, wenn Menschen serbisch-orthodoxen Glaubens
auch in religiöser Hinsicht eine Heimat in der Schweiz finden sollen.

4.2.3 Das Bauprojekt des Vereins *Aum Sakthi*: ein Tempel?

Mit dem Bekanntwerden der Bauabsicht des tamilisch-hinduistischen
Vereins «Aum Sakthi» in Belp verschiebt sich der Diskurs und das Erscheinungsbild der geplanten serbisch-orthodoxen Kirche wird normali-
siert:

> «Der sakrale Bau, in welchem die Serbisch-orthodoxe Kirchgemeinde Bern
> Gottesdienste feiern wird, ist – natürlich – als Gotteshaus erkennbar. Wird
> nun auch das Lokal von Aum Shakti äußerlich als Zentrum von Hindus
> erkennbar sein?»[86]

Mit Blick auf das tamilisch-hinduistische Bauprojekt ist zu betonen, dass
in diesem Fall – anders als im Fall des Baugesuchs der IGGL oder der Serbisch-Orthodoxen Kirchgemeinde – in der massenmedialen Berichterstattung keine Baupläne veröffentlicht wurden. Die Stufe einer Bauvoranfrage ohne Eingabe von Bauplänen wurde über den gesamten Verlauf
der diskursiven Verhandlung des Projekts nicht überwunden; auch wurden keine anderen Bilder der Planungen publik gemacht. Die geplante
Ausformung des Bauwerks konnte somit einzig aufgrund von sprachli-
chen Äußerungen imaginiert werden.

Von besonderer Bedeutung ist deshalb die Benennung des geplanten
Gebäudes, die anhand einer Vielfalt an Begriffen in der Berichterstattung
vorgenommen wird. Die Betitelung des Gebäudes reicht von der Bezeichnung «sozio-kulturelles Zentrum»[87] über «Begegnungszentrum»[88] und
«religiöses Zentrum»[89] bis zu «Tempel»[90]. Auf letzteren Begriff wird zwar

86 *Der Bund*, 13.4.2007 («Tamilen ziehts neben die Serben»).
87 *Der Bund*, 13.4.2007 («Tamilen bei Serben», «Tamilen ziehts neben die Ser-
    ben»).
88 *Berner Zeitung*, 17.4.2007 («Tamilen wollen bauen»).
89 *Der Bund*, 29.6.2007 («Bürgerliche gegen Hindus»).
90 *Der Bund*, 8.9.2007 («Tempel wird verhindert»).

schon mit Einsetzen des Diskurses Bezug genommen, dort jedoch um zu beschreiben, was der geplante Bau gerade nicht sein soll.

Die rein auf Sprache basierende Veröffentlichung der Bauabsicht des Vereins vermag demnach visuelle Unsicherheit hervorzurufen. Sie wird nicht mit Bauplänen oder Abbildungen unterlegt und kann damit auch in gewisser Weise nicht untermauert werden. Dies wird von einem Vereinsvertreter denn auch als Grund des Scheiterns angeführt:

> «Der Verein, das Kulturzentrum, es geht um das und so weiter, oder? [Die Medien haben] einfach geschrieben ‹Tempel›. Es wurde eben nicht hundertprozentig rübergebracht zu den Leuten, [...] das ist das Problem.»[91]

So konnte die wiederholte Betonung, es werde sich um ein kubusförmiges, unauffälliges Gebäude handeln, scheinbar nicht überzeugend in die öffentliche Wahrnehmung transportiert werden. Dass das Gebäude eine kleine Kuppel hätte haben sollen, wird im Diskursverlauf erst spät bekannt und ist dann auch nicht Gegenstand diskursiver Verhandlung.

Wie sich aus den genannten Beispielen ersehen lässt, stellt die Vermittlung der Beweggründe für eine spezifische Form der Sichtbarwerdung einen hohen Anspruch an die Religionsgemeinschaften, sowohl hinsichtlich der verbalen Argumentation als auch bezüglich der visuellen Veranschaulichung. Zudem werden im Hinblick auf architektonische Elemente, die – folgt man allein formalen Kriterien – Ähnlichkeiten aufweisen, ganz unterschiedliche Deutungsmuster aktiviert. So wird im Zusammenhang mit der serbisch-orthodoxen Kirche und der geplanten Kuppel explizit auf die in der Schweiz stattdessen üblichen «hohen, schlanken Türme»[92] verwiesen; in Bezug auf das Minarett in Langenthal wird diese Üblichkeit aber nicht thematisiert, sondern die Form eines Minaretts als raketenähnlich und aggressiv beschrieben. In diesem Sinne existiert also auch bezogen auf die gesellschaftliche Wahrnehmung keine Erwartungssicherheit.

---

91 Vgl. Interview Verein *Aum Sakthi*, 30.6.2009.
92 Vgl. *Berner Zeitung*, 25.10.2006 («Serben planen orthodoxe Kirche»).

4.3 Zusammentreffen von ästhetischer und epistemischer Dimension am Beispiel der «Kuppel»

Wie mit der Erwartungsunsicherheit der Religionsgemeinschaften hinsichtlich der gesellschaftlichen Wahrnehmung ihrer Bauprojekte schon angesprochen ist, treffen im Feld der Sichtbarkeit die ästhetische und die epistemische Dimension zusammen. Ästhetische Formen werden je nach dem Kontext, in dem sie stehen, nicht nur unterschiedlich wahrgenommen, sondern auch unterschiedlich bewertet. Dabei wird die Kontextualisierung primär über die Zuordnung eines bestimmten Gebäudes zu einer bestimmten Religionsgemeinschaft definiert.

Wie der Architekt und Soziologe Salomon Korn ausführt, ist in Europa durchaus eine Gewöhnung eingetreten, was spezifische fremde, originär aus dem ‹Orient› entlehnte baulich-stilistische und architektonische Einflüsse betrifft:

> «Islamische Architekturelemente, Arabesken und Rankenornamentik finden sich in der einstigen Donaumonarchie, auf dem Balkan, im vormaligen venezianischen Herrschaftsbereich, auf der iberischen Halbinsel und im Mittelmeerraum. Nachdem sie seit Jahrhunderten zum Formenschatz europäischer Baukunst zählen, werden sie als ebenso vertraut empfunden wie zahlreiche längst integrierte islamische Einflüsse in abendländischer Wissenschaft, Kunst und Kultur.» (Korn 2010: 246)

Korn verweist unter anderem explizit auf das architektonische Merkmal der «für Moscheen charakteristischen Kuppel» (Korn 2010: 246), das im Zusammenhang mit der Wiener Karlskirche nicht (mehr)[93] dazu führe, dass diese als «türkische Moschee» wahrgenommen wird (Korn 2010: 245f.).

Auch im Folgenden soll es in Auseinandersetzung mit dem Zusammentreffen einer ästhetischen und epistemischen Dimension in der innerhalb der Diskurse thematisierten Sichtbarkeit um die architektonische Dachform «Kuppel» gehen. Diese ist – in unterschiedlichen Ausformungen – den hier herangezogenen Bauwerken bzw. Bauvorhaben gemein.

In Langenthal wurde eine «lichtdurchlässige Kuppel»[94] auf dem Dach der Liegenschaft des Vereins geplant. Aus Sicht des Vereins kommt ihr Bedeutung zu, da sie für eine «andächtigere Stimmung im Gebetsraum der

---

93 Wie Korn ausführt, wurde die Karlskirche von ihrem Baumeister, Fischer von Erlach, «nach dem Sieg über die türkischen Belagerer 1683 [...] bewusst als ‹türkische Moschee› ins Wiener Stadtbild gesetzt»; siehe Korn 2010: 245f.

94 *Berner Rundschau*, 16.6.2006 («Minarett an der Bützbergstraße»).

Männer»[95] sorgen soll. In der massenmedial aufgegriffenen Verhandlung der Bedeutung sichtbarer, architektonisch spezifischer Elemente tritt die Dachkuppel jedoch eindeutig hinter die im Diskurs erzeugte Fokussierung auf das Minarett zurück.

Anders im Fall der serbisch-orthodoxen Kirche, in dem die Kuppel gerade der Stein des Anstoßes ist: Vor allem an ihr entzündet sich Widerstand gegen das Bauvorhaben. Betrachtet man die Thematisierung der Kuppel genauer, wird ersichtlich, dass die Auseinandersetzung mit ihr zwischen zwei Polen, einerseits ihrer Konstruktion als etwas Fremdem, andererseits ihrem ästhetischen Beitrag für das Gesamtgebäude, stattfindet. Mit Einsetzen des Diskurses um die serbisch-orthodoxe Kirche ist die Kuppel zunächst das auffälligste Merkmal, das mit dem Vorhaben in Verbindung gebracht wird. In diesem Sinne wird sie als etwas gerade für die Schweiz ‹Fremdes› konstruiert, dem nun ein sichtbarer Platz eingeräumt werden soll. Sie wird mit Kirchenbauten in Russland oder Griechenland in Verbindung gebracht, für die Schweiz dagegen als untypisch empfunden.[96] Dieser Gedanke des Untypischen und Fremden wird insbesondere auch dann aufgegriffen, wenn die Kuppel im Rahmen der Einsprache in Bezug auf «ortspflegerische Bedenken»[97] und das formale Kriterium des Ortsbildschutzes allgemein thematisiert wird. Die Kuppel wird dabei als «ortsfremd»[98] wahrgenommen.

In der Begründung der Ablehnung der Einsprachen bezüglich des Ortsbildschutzes steht ebenfalls die Kuppel im Zentrum der Argumentation, nun aber, weil sie als Dachform «zum Kirchengebäude passe»[99]. Durch sie werde die «Einheit des Erscheinungsbildes der Kirche»[100] gewahrt. Aus der Begründung der Einspracheabweisung lässt sich zudem ersehen, dass dort die Kuppelform des Daches gerade nicht in der semantischen Bezugnahme auf ‹Fremdheit›, sondern auf ‹Eigenes› – hier das Christentum –

95 Ebd.
96 Vgl. Abschnitt 4.2.2. und *Berner Zeitung*, 25.10.2006 («Serben planen orthodoxe Kirche»).
97 *Solothurner Zeitung*, 1.12.2006 («Kirche erhitzt die Gemüter»).
98 *Berner Zeitung*, 1.12.2006 («SVP will Volksentscheid»).
99 *Der Bund*, 21.3.2007 («Belp gibt Serben grünes Licht»).
100 *Berner Rundschau*, 21.3.2007 («Orthodoxe Kirche im ‹Chabisland›»).

thematisiert wird: «Eine Kuppel als Dachform gehöre zu den zwei Grund-
typen von christlichen Kirchen».[101]

Hier wird also der Schritt vollzogen, die Ähnlichkeit der geplanten
Kuppel im serbisch-orthodoxen Zusammenhang im Verweis auf Vertrautes zu kontextualisieren. Zwar führt diese diskursive Umdeutung nicht
dazu, dass sich die Auseinandersetzung bezüglich der Architektur allgemein im weiteren Fortschreiten des Diskurses um die serbisch-orthodoxe
Kirche auflöst. Doch wird nach Veröffentlichung der Begründung zur
Erteilung der Baubewilligung nicht mehr auf das architektonische Detail
der Kuppel Bezug genommen.

Dass das geplante Gebäude des Vereins *Aum Sakthi* das architektonische Merkmal einer «kleinen Kuppel»[102] aufweisen soll, wird nicht von
Anfang an thematisiert. Als dies schließlich doch noch zur Sprache
kommt, wird vom Verein sogleich der Versuch unternommen, mit dem
Verweis auf ‹Vertrautes› aus Schweizer Sicht etwaiges Konfliktpotenzial
schon vorab zu relativieren. So müsse eine kleine Kuppel nicht bedeuten,
dass das geplante Gebäude wie ein Tempel aussehen werde: «Schließlich
[hat] auch das Bundeshaus eine Kuppel»[103], meint der Architekt. Gerade
weil der spezifische Aspekt der Sichtbarkeit des geplanten Zentrums in
Form der Kuppel erst relativ spät im Diskurs – zu einem Zeitpunkt, zu dem
das ‹Schweigen› gegenüber dem Bauprojekt der Tamilen schon vor-
herrscht – überhaupt erst zum Thema gemacht wird, wird er wohl keiner
genaueren Evaluierung mehr durch eine aus dem Diskurs heraus rekon-
struierbare ‹Schweizer Perspektive› auf Architektur und Erkennbarkeit
des geplanten Bauwerks unterzogen. Doch wird aus der angewandten
Strategie – dem Versuch, einen Bezug auf Vertrautes aus Schweizer Sicht
herzustellen – deutlich, dass es ein gewisses Problembewusstsein für die
unterschiedlichen gesellschaftlichen Wahrnehmungsmöglichkeiten ähnlicher sichtbarer Merkmale gibt.

101 Ebd.
102 *Der Bund*, 8.9.2007 («Tempel wird verhindert»).
103 Ebd.

4.4 Wissens-Aspekte: von Unsichtbarkeit zu Sichtbarkeit

In epistemologischer Hinsicht betrifft die Frage nach Sichtbarkeit in den hier angeführten Fällen und analysierten Diskursen eine ganz grundlegende Ebene: Durch ihre Vorhaben, eigene Gebäude zu bauen, scheinen die hier angesprochenen Religionsgemeinschaften gesamtgesellschaftlich überhaupt erst sichtbar bzw. bewusst wahrgenommen zu werden. Diese Wahrnehmung wiederum kollidiert mit der Innensicht der religiösen Gemeinschaften, die sich selbst schon als in der Schweiz ‹angekommen› bzw. als Teil der Schweizer Gesellschaft sehen.

4.4.1 Bauvorhaben der IGGL: vieldeutige Anerkennung

Besonders deutlich wird diese Divergenz der Wahrnehmungen im Hinblick auf das Baugesuch der muslimischen Gemeinschaft in Langenthal. Mit dem Wunsch nach einem Minarett wird im Diskurs das Angekommensein des Vereins in Langenthal dokumentiert. Die Geschichte des Vereins wird immer wieder thematisiert und dabei wiederholt festgehalten, dass bis zum Baugesuch keine Notiz von seiner Anwesenheit genommen worden sei, es bis zur Veröffentlichung des Baugesuchs keinerlei Probleme gegeben habe. Zudem wird verschiedentlich der allgemeine Gesichtspunkt verhandelt, dass viele Religionsgemeinschaften, die aus der Migration ihrer Anhänger in die Schweiz hervorgehen, zum Zwecke der Religionsausübung zunächst eher kleine, unscheinbare Räumlichkeiten anmieten.[104] Diese Perspektive wird auch konkret im Diskurs um das Baugesuch der IGGL eröffnet. So werden als Gründe der Umbauten insbesondere Platzprobleme angeführt, die den Verein belasten. Hierbei wird betont, dass nicht etwas «Neues»[105] aufgebaut, sondern der vorangegangenen Entwicklung des Vereins in Aktivitäten und Mitgliederzahlen Rechnung getragen werden soll.[106]

Wie zu Beginn des Diskurses deutlich wird, nehmen die Muslime zunächst – u.a. weil ihr Baugesuch, wie bereits erwähnt, ein ‹nur symbolisches› Minarett betrifft – ein unkompliziertes Verfahren an und begründen dies auch mit der Vorstellung, bei den direkten Nachbarn bekannt zu sein. Für allfällige Skepsis im größeren Kontext der Stadt Langenthal

---

104 Vgl. *Der Bund*, 15.8.2006 («Tempel und Moscheen fehlen»); *Berner Zeitung*, 20.11. 2006 («Islamische Gebete in Lagerhallen»).
105 *Berner Zeitung*, 23.6.2006 («Hat die Stadt bald auch ein Minarett?»).
106 Vgl. *Berner Zeitung*, 23.6.2006 («Hat die Stadt bald auch ein Minarett?»).

äußern sie gleichsam prophylaktisch Verständnis: Da der Verein zuvor nicht weiter aufgefallen sei – die Angehörigen des Vereins «haben halt noch nie Probleme gemacht» – sei die Skepsis bis zu einem gewissen Grad nachvollziehbar. Dabei wird implizit angenommen, die bisherige Unauffälligkeit (und Unsichtbarkeit) würde zugunsten des Vereins ausgelegt. Umso überraschender sind dann für die IGGL das Ausmaß und der Gegenstand der Ängste von Teilen der Mehrheitsgesellschaft, bis hin zu expliziten Eroberungsbefürchtungen.[107]

Während das Minarett gemäß der Medienberichterstattung für den Verein ein Zeichen der öffentlichen Anerkennung ihrer Anwesenheit darstellt, wird seitens der Minarettgegner gerade der Rückzug des Baugesuchs zu einer Geste stilisiert, die Anerkennung und Respekt hervorrufen würde.[108] Zu einer inhaltlich orientierten diskursiven Verhandlung dieser entgegengesetzten Vorstellungen kommt es im Diskurs jedoch nicht. Sie werden nur phrasenhaft aufeinander bezogen und finden Ausdruck in der Ankündigung oder Anwendung juristischer Mittel.[109]

4.4.2 Die serbisch-orthodoxe Kirche in Belp: zwischen Identität und Integration

Auch im Diskurs um die serbisch-orthodoxe Kirche wird deutlich, dass sich die Bauherren als ‹Angekommene› verstehen. Aus ihrer Sichtweise vollzieht sich der Schritt der ‹Sichtbarwerdung› bzw. des ‹Sichtbarmachens› der serbisch-orthodoxen Identität in Form einer eigenen Kirche als einer inhärenten Logik folgend: Nicht die Anwesenheit in der Schweiz selbst wird seitens der serbisch-orthodoxen Gemeinde problematisiert, sondern «seit Jahren kein festes Zuhause»[110] zu haben.[111] Dies wird zudem mit dem wiederkehrenden Verweis auf die der Kirchgemeinde zugrunde liegende demografische Struktur deutlich. So finden sich zahlreiche Hinweise darauf, dass Serben christlich-orthodoxen Glaubens in der Schweiz nicht ‹neu› sind: «Viele seien schon lange vor dem Balkankrieg in die

---

107 Vgl. *Berner Rundschau*, 17.8.2006 («Wir haben halt noch nie Probleme gemacht»).

108 Vgl. *Berner Rundschau*, 28.6.2006 («... wie eine Kirche ohne Turm»); *Berner Zeitung*, 7.12.2009 («Aufforderung an die Verlierer»).

109 Vgl. *Berner Zeitung*, 1.12.2009 («Das Minarett vor dem Aus»).

110 *Berner Zeitung*, 25.10.2006 («Serben planen orthodoxe Kirche»).

111 Vgl. *Der Bund*, 8.12.2006 («Hier stört diese Kirche nicht»).

Schweiz eingewandert, seien integriert und Schweizer Bürger geworden».[112] Darüber hinaus seien «viele Kirchenmitglieder in der Schweiz geboren und es [gebe] etliche gemischte Ehen»[113].

Die Anwesenheit von Serben in der Schweiz ist, wie im Diskurs ersichtlich wird, auch aus gesamtgesellschaftlicher Sicht nichts Neues. Wie in einem Experteninterview zur Sprache kommt, wird an die Kirchgemeinde beispielsweise das Stereotyp der «Balkan-Raser» herangetragen, mit dem ihre Integrität und Absichten in Zweifel gezogen wird und mit dem sie sich deshalb auseinandersetzen muss. Konkretes Wissen über den serbisch-orthodoxen Glauben hingegen wird einzig über den Vorwurf des «Nationalismus» artikuliert, der sich zunächst auf die serbisch-orthodoxe Kirche allgemein bezieht. Eine Auseinandersetzung mit in der Schweiz existierenden serbisch-orthodoxen Gemeinden setzt erst mit dem Bekanntwerden des Bauvorhabens in Belp ein. Zuvor durchgeführte Umnutzungen von bereits existierenden Kirchengebäuden durch serbisch-orthodoxe Gemeinden hatten nicht im selben Maß öffentliches Interesse erregt bzw. wurden erst im Zusammenhang mit dem Bau der Kirche in Belp einer breiteren Masse publik.[114]

Die Wahrnehmung der Religionsgemeinschaft, bereits zu einem Großteil als Bürger Teil der Schweizer Gesellschaft zu sein, bedeutet nicht, dass deshalb keine Auseinandersetzung mit einer zu erwartenden öffentlichen Wahrnehmung mehr stattfände. Die Aushandlung einer eigenen Identität zwischen der serbischen Herkunft und der Majorität der Schweizer Gesellschaft ist seitens der Serbisch-Orthodoxen nicht abgeschlossen. Die Entscheidung, einer traditionellen und nicht einer modernen Architektur den Vorzug zu geben, kann in diesem Spannungsfeld interpretiert werden.[115] Der Aspekt der Sichtbarkeit – hier konkret bezogen auf die Entscheidung für bestimmte architektonische Merkmale – entfaltet so gerade auch hinsichtlich dieses Zwiespalts der Identitätskonstruktion und -festigung, zwischen einem Gefühl des ‹Angekommen-Seins› und der Erfahrung von Fremdheit bzw. als Fremde wahrgenommen zu werden, seine Wirkung.

---

112 *Berner Rundschau*, 26.10.2006 («Orthodoxe wollen Kirche bauen»).
113 *Der Bund*, 8.11.2006 («Freude, aber auch Skepsis in Belp»).
114 Vgl. *Der Bund*, 28.10.2006 («Kirche gibt zu reden»).
115 Vgl. *Der Bund*, 8.12.2006 («Hier stört diese Kirche nicht»).

4.4.3 Bauvorhaben des Vereins *Aum Sakthi* in Belp: die Problematisierung bisheriger Unauffälligkeit

Ähnlich wie in Langenthal lässt sich im Diskurs um das Bauvorhaben des Vereins *Aum Sakthi* eine Verallgemeinerung bzw. Projektion der Gesamtsituation der Tamilen in der Schweiz auf den Verein ablesen. Auch dem tamilisch-hinduistischen Verein gereicht seine bisherige Unauffälligkeit eher zum Nachteil. Wie eine Vertreterin einer politischen Partei in dieser Hinsicht feststellt:

> Die Tamilen «haben bisher in der Schweiz sehr versteckt gelebt, nun wollen sie etwas von der Gemeinschaft Schweiz, also müssen sie sich mit der Gesellschaft Schweiz, in der sie leben, auch auseinandersetzen, sich öffnen und Verbündete finden».[116]

Auf den Aspekt der «Verbündeten» wird im Folgenden noch näher einzugehen sein. Zunächst ist allerdings festzuhalten, dass sich aus der Innenperspektive des Vereins seine Anwesenheit wiederum als gelungene Integration darstellt. Auch hier wird auf die eingebürgerten Mitglieder verwiesen.[117]

Damit wird deutlich, dass es für die Religionsgemeinschaften selbst nicht einfach ist, den Grad ihrer Fremdheit in der Wahrnehmung durch die Mehrheitsgesellschaft richtig einzuschätzen. Seitens der Mehrheitsgesellschaft wiederum scheint teilweise erst durch die (Absicht von) Sichtbarwerdung größeres Interesse für die Religionsgemeinschaften geweckt zu werden, ein Interesse freilich, das nicht zwangsläufig positiv konnotiert ist, sondern sich auch und gerade in einer Abwehrhaltung äußern kann. Dabei variiert der Grad der Differenziertheit, mit dem die einzelnen Gemeinschaften wahrgenommen und größeren Kontexten zugeordnet werden.

An den angeführten Beispielen lässt sich auch die von Johanna Schaffer mit Bezug auf Sichtbarkeit gemachte Feststellung validieren, «dass und wie manche Weisen der Unsichtbarkeit [...] reale Macht und ein enormes Privileg beinhalten [...]» (Schaffer 2008: 54). So scheint es, dass den Religionsgemeinschaften in ihrer Unsichtbarkeit eine in mancher Hinsicht unbehelligtere, unproblematischere Existenz möglich war.

---

116 *Der Bund*, 29.9.2007 («Tamilen sollen Dialog entfachen»).
117 Vgl. *Der Bund*, 8.9.2007 («Tempel wird verhindert»).

4.5 Zusammentreffen von epistemischer und politischer Dimension: die Rolle von
«Verbündeten»

Im Zusammenhang mit der gesellschaftlichen Wahrnehmung der Tamilen
in der Schweiz wurde kurz die Bedeutung von «Verbündeten» angesprochen (vgl. Abschnitt 4.4.3.). Auch mit Blick auf die diskursive Verhandlung der Anwesenheit der hier angesprochenen religiösen Gemeinschaften und ihren Bauvorhaben zeigt sich die Bedeutung von Fürsprechern, die aus einem mehrheitsgesellschaftlichen Kontext stammen.[118]

Dabei kommt auch zum Tragen, was Schaffer als «erste[n] Vorbehalt
gegen eine ausschließlich positive Einschätzung des Modus und Status der
Sichtbarkeit» formuliert (Schaffer 2008: 52). Es handelt sich um den
Einwand, «dass mehr Sichtbarkeit sowohl eine höhere Einbindung in
normative Identitätsvorgaben bedeutet wie auch Kontroll- und Disziplinierungsmaßnahmen leichteren Zugriff gewährt» (ebd. 52).

Wie sich die Orientierung an normativen Identitätsvorgaben auf die
Formen der Sichtbarkeit auswirkt, wurde bereits in der Verhandlung der
ästhetischen Dimension angesprochen. Die Abhängigkeit von mehrheitsgesellschaftlichen Kontroll- und Disziplinierungsmaßnahmen spiegelt
sich zudem in der Bedeutung jener Positionen in den hier betrachteten
Diskursen wider, die von Personen eingenommen werden, die eindeutig
der Mehrheitsgesellschaft angehören. Implizit scheinen die Äußerungen
dieser Personen eine gewisse Sicherheit zu vermitteln: Es wird unterstellt,
dass ‹Einheimische› mit den ‹Spielregeln›, nach denen im Hinblick auf
öffentliche Sichtbarkeit gespielt wird, vertraut sind; im Übrigen wird
erwartet, dass sie sich an diese Regeln auch halten.[119] Die Bedeutung
dieser Fürsprecher zeigt sich am Beispiel der Serbisch-Orthodoxen Kirchgemeinde und ihrem Bauprojekt anhand von Stereotypen, die dank der
aktiven Vermittlung von Fürsprechern aus Politik und lokaler reformierter Kirche in ihrer Wirkmächtigkeit und ihrem Einfluss auf den Diskurs
eingedämmt werden konnten.[120]

---

118 Vgl. hierzu auch die Beiträge von J. Hüttermann und V. Meier in diesem Band.
119 In dieser Hinsicht stellt der Thai-Buddhistische Tempel in Gretzenbach einen
    Spezialfall dar. Seine Errichtung geht auf eine Initiative von Schweizern zu-
    rück; vgl. den Beitrag von V. Meier in diesem Band.
120 Vgl. *Der Bund*, 8.11.2006 («Freude, aber auch Skepsis in Belp»).

Im Fall des Vereins *Aum Sakthi* wurde ein Fehlen von Verbündeten registriert. Erst nach dem Scheitern des Projekts in Belp und nur in zaghaften Ansätzen ist eine gewisse Aktivierung beobachtbar.[121]

Im Falle des Minaretts von Langenthal ist ersichtlich, dass Fürsprecher aus den Landeskirchen durchaus aktiv waren, sich aber nur bedingt Gehör verschaffen konnten.[122] Bezüglich landeskirchlicher Fürsprecherrollen ist auf die ‹Dämpfung› zu verweisen, welche die Konfrontation mit Gegnern zur Folge hat, die als dezidiert ‹freikirchliche› Kreise – bspw. im Rahmen des Aktionskomitees «Stopp Minarett» – deklariert werden. So lassen sich im Diskurs zwar Ansätze einer inhaltlichen, theologisch orientierten Auseinandersetzung zwischen landeskirchlicher und freikirchlicher Perspektive bezüglich ‹fremder› religiöser Gebäude auffinden. Als Tenor kommt in Medienberichten jedoch nur die statische Feststellung zum Tragen: «[Das/Ein] Minarett spaltet die Christen.»[123] Insgesamt scheint hier die Rolle der Vertreter der Landeskirchen als Fürsprecher allein durch die stetige Wiederholung der kognitiven Verknüpfung von ‹Minarettgegner› und ‹freikirchlichem Hintergrund› im Zusammenspiel mit einem vehementeren Auftreten der Minarettgegner im Diskurs abgeschwächt zu werden.

4.6 Politische Aspekte: graduelle Abstufungen der Ablehnung

Die rechtliche Situation spielt in der Beurteilung der Bauvorhaben kleinerer Religionsgemeinschaften eine fundamentale Rolle. Dabei wird insbesondere das Fehlen von spezifischen Zonen für Bauten von «neu in der Schweiz wirkenden Konfessionen» (Kiener/Kuhn: 2004: 14) angesprochen.

Für die hier diskursanalytisch untersuchten Fälle muss noch einmal explizit darauf hingewiesen werden, dass die Bauvorhaben in verschiedenen Zonen angesiedelt sind, die unterschiedlichen baurechtlichen Status haben. Je nachdem werden deshalb bestimmte Sachverhalte – wie Zonenkonformität, Ortsbildschutz etc. – in den einzelnen Diskursen thematisiert oder nicht. Andere Aspekte können im Rahmen des behördlichen

---

121 Vgl. *Der Bund*, 29.9.2007 («Tamilen sollen Dialog entfachen»).

122 Vgl. zu den unterschiedlichen Standpunkten von landeskirchlichen Vertretern im Hinblick auf Minarettbauprojekte auch den Beitrag von O. Wäckerlig in diesem Band.

123 *Der Bund*, 25.7.2006 («Minarett spaltet die Christen»).

Ermessensspielraums Bedeutung erlangen oder nicht. Dies betrifft z.B. den Umfang von Abklärungen zur Zonenkonformität oder das Einholen von Gutachten über die äußere Gestaltung eines geplanten Gebäudes.

Allerdings lassen sich gerade auf der Basis andernorts durchgeführter Studien zum Thema der Errichtung religiöser Bauten[124] Ähnlichkeiten in der Verhandlung dieser strukturell begründeten Fragen finden. Fast überall werden die genannten rechtlichen Aspekte zum Thema gemacht. Wie die umfassende analytische Beschäftigung mit den Fällen gezeigt hat, ist ihre Thematisierung aber nur ein Teil der Problemgenerierung. Darüber hinaus werden im Hintergrund – bzw., im Fall der Minarette, sehr offensichtlich – auch andere Konzepte und Aspekte aus verschiedenen Bereichen gesellschaftlichen Wissens angesprochen und aktiviert.

Im Feld der Sichtbarkeit erlangt damit insbesondere die politische Dimension Bedeutung: Neu zu errichtende religiöse Bauten werden in diesem Sinne nicht (allein) als rechtliches, sondern auch und vor allem als politisches Problem gesehen. Mitunter wird das, was auf rechtlichem Weg nicht zu verhindern ist, auf eine politische Ebene verschoben.

Abschließend soll deshalb auf die in den Diskursen erkennbaren «Macht- und Herrschaftsstrukturen» Bezug genommen werden, die regeln, was in gesellschaftlichen Kontexten «überhaupt denkbar, sagbar und daher anschaulich ist» (Schaffer 2008: 14).

In den hier diskutierten Fällen äußert sich das Verschieben auf die politische Ebene in unterschiedlichen Strategien. Bezugspunkt ist jedoch immer eine Wahrnehmung von ‹Betroffenheit› der Bevölkerung auf lokaler, regionaler oder auch überregionaler bzw. gesamtschweizerischer Ebene.

4.6.1 Über Langenthal hinaus: Aktivierung des Konzepts der Islamisierung

Wie sich in der Minarettverbots-Initiative und ihrer Annahme zeigt, wurde im Fall des Baugesuchs der IGGL – aus Sicht der Initianten erfolgreich – das Deutungsmuster einer gesamtschweizerischen Betroffenheit aktiviert. Dabei wurde vor dem Hintergrund der Annahme, «Europa [sei] ‹Ziel einer systematischen Islamisierung›»[125], auf eine «Taktik»[126] verwiesen,

---

124 Vgl. etwa Naylor/Ryan 2003 zu religiösen Bauten in Großbritannien, Schmitt 2003 und Hüttermann 2006 zu Moscheen und Minaretten in Deutschland.
125 *Berner Rundschau*, 13.7.2006 («Petition soll Minarett verhindern»).
126 *Berner Zeitung*, 4.7.2009 («Kampf um das Minarett geht weiter»).

die Baugesuchen für Minarette generell implizit zugrunde liege: Zunächst würden nur Minarette gebaut, diese dann aber mit Lautsprechern und Muezzins ausgestattet, um architektonisch und akustisch Herrschaft über ein neu gewonnenes Territorium zu demonstrieren.[127] Dieses Argument wird selbst nach einer zunächst brieflichen, dann auch vertraglichen Zusicherung der IGGL, ihre Liegenschaft nicht beschallen zu wollen, beibehalten.[128] In Abkehr von der Vorstellung einer Eigenständigkeit des Vereins und der Unabhängigkeit des einzelnen lokalen Bauvorhabens richtet sich «der Widerstand [...] nicht gegen Menschen (die Muslime, die sich in der IGGL vereinen bzw. die in der Schweiz lebenden Muslime allgemein: d. Verf.)» sondern «gegen den Symbolgehalt des Minaretts als Zeichen für den Vormarsch des Islams.»[129] Hier wird ein Unterschied zu anderen Konflikten um Minarettbauvorhaben, bspw. in Deutschland deutlich: Unter diesen Voraussetzungen kann gar nicht (mehr) um die konkrete Ausformung eines Minaretts, etwa seine Höhe gestritten (vgl. Schmitt 2003), sondern nur auf eine allgemeine Verhinderung durch ein Verbots abgezielt werden.

Auffällig ist bei der Inanspruchnahme der Deutungshoheit der Minarettgegner über das Minarett als «Machtsymbol»[130] im Rahmen des Konzepts der Islamisierung insbesondere die vielfältige Betitelung und Benennung der Minarette. Diese werden – besonders emphatisch und eskalierend zur Promotion der Initiative «Gegen den Bau von Minaretten» – u.a. als «vorgeschobene Stützpunkte des Islam, auf deren Territorium nur das

---

127 Vgl. u.a. zu Diskursbeginn *Berner Rundschau*, 13.7.2006 («Petition soll Minarett verhindern»). Als Indiz für diese Taktik wird unter anderem darauf verwiesen, dass es zeitnah zu den Baugesuchen für Minarette in Wangen bei Olten und Langenthal gekommen sei. In der Schweiz existieren nunmehr mit dem im Januar 2009 errichteten Minarett in Wangen bei Olten vier Minarette: Das Minarett der Mahmud-Moschee der Ahmadiyya-Gemeinschaft in Zürich wurde 1962 erbaut, jenes der Moschee der «Fondation Culturelle Islamique» in Genf im Jahr 1975. Beide hatten bei ihrem Bau keinen Widerstand hervorgerufen. Das Minarett einer islamisch-albanischen Gemeinschaft in Winterthur aus dem Jahr 2005 bleibt in den Diskursen um religiöse Bauten weitestgehend unberücksichtigt, es ist auch in diesem Sinne völlig unauffällig.

128 Vgl. *Der Bund*, 20.7.2006 («Opposition gegen Minarett»); Oltner Tagblatt, 30.11. 2006 («Minarett wird bewilligt»).

129 *Der Bund*, 17.8.2006 («Widerstand gegen Minarett»).

130 *Berner Zeitung*, 8.6.2007 («Kritische Fragen zum Minarett»).

islamische Gesetz gelten darf»[131], als «Vorreiter der Scharia»[132], mit Blick auf historische Hintergründe auch als «Leuchttürme des Jihad»[133] und letztlich als «Kriegserklärung an die christliche und andersgläubige Welt»[134] beschrieben.

Die so artikulierten Vorstellungen einer Islamisierung und damit verbundenen Ängste werden nicht nur mit «kulturelle[r] Vereinnahmung»[135], sondern auch mit einer «politische[n] Unterwanderung durch ‹den Islam›»[136] in Verbindung gebracht. Dabei wird von ‹dem Islam› und ‹den Muslimen› als einem «homogenen Block»[137] ausgegangen und insbesondere der angenommene Stellenwert des Islams als «Ideologie»[138] zum Thema gemacht. Es handle sich beim Islam nicht eigentlich um eine Religion, sondern um eine «Staatsform»[139] oder auch ein «Rechtssystem»[140]. Unter dem Schlagwort der «Leitkultur»[141] wird eine klare Abgrenzung zum Christentum und seiner Entwicklung unter den Bedingungen der Aufklärung gezogen und in letzter Konsequenz eine generelle Unvereinbarkeit von westlicher und islamischer Kultur postuliert.[142]

In diesem Zusammenhang wird auch die teilweise prekäre Lage von Christen in islamisch geprägten Ländern zur Sprache gebracht. Von Bedeutung ist zudem die thematische Verhandlung der Unterdrückung der Frau im Islam. Insbesondere die Frage nach dem Tragen des Kopftuchs lenkt die Aufmerksamkeit der Berichterstattung kurzfristig wieder auf die konkreten Vereinsmitglieder der IGGL und insbesondere darauf, welcher Standpunkt bezüglich des Kopftuchs von weiblichen Mitgliedern der IGGL vertreten wird.[143]

---

131 *Berner Zeitung*, 4.5.2007 («Initiative will Türme verbieten»).
132 *Berner Zeitung*, 13.5.2009 («Minarett: Gegner wehren sich»).
133 *Berner Zeitung*, 4.5.2007 («Initiative will Türme verbieten»).
134 Ebd.
135 *Der Bund*, 15.9.2006 («Symbolträchtiger Minarettstreit»).
136 Ebd.
137 *Der Bund*, 9.8.2006 («Ein Symbol der Eroberung?»).
138 *Berner Rundschau*, 24.1.2007 («Beschwerde gegen Minarett»).
139 *Berner Rundschau*, 18.7.2006 («Bedenken auch bei Stapikandidaten»).
140 *Aargauer Zeitung*, 3.11.2006 («Initiative gegen Minarette»).
141 *Der Bund*, 27.9.2006 («Ferienträume statt Terrorangst»).
142 Vgl. *Berner Rundschau*, 9.9.2006 (Gastautor: «Turmbau zu Langenthal»).
143 Vgl. *Berner Zeitung*, 7.10.2006 («Das Minarett ist für uns ein Teil der Integration»).

Die Aktivitäten des Aktionskomitees «Stopp Minarett» werden mit dem «Unwohlsein der Bevölkerung gegenüber der islamischen Ausbreitung»[144] begründet und richten sich entsprechend, weit über die konkrete Situation in Langenthal hinaus, auf eine flächendeckende «Aufklärungsarbeit»[145], um schweizweit jene Ausbreitung zu verhindern. Ausgehend von der konkret in Langenthal vorliegenden Situation wird so über das Konzept der Islamisierung, die an der konkret-baulichen Manifestation eines Minaretts festgemacht wird, die Sichtweise einer gesamtschweizerischen Betroffenheit entwickelt.

4.6.2 Zuordnung der serbisch-orthodoxen Kirche zum Christentum

Widerstand gegen die serbisch-orthodoxe Kirche äußert sich vor allem durch die Einsprachen, die innerhalb des rechtlichen Verfahrens zur Erlangung einer Baubewilligung erhoben wurden. Eine davon wird von einer expliziten politischen Warte aus mit den «vorhandenen Ängste[n]»[146] in Teilen der Bevölkerung begründet. Gegenstand der Einsprache waren aber auch in diesem Fall materielle Aspekte des Baugesuchs (Ortsbildschutz, Zonenkonformität, Mehrverkehr).[147] Genuin politische Schritte, die etwa auf das Baurecht einwirken sollten, wurden nicht unternommen. Ein Versuch, das Vorhaben mittels einer Umzonung vor das Volk zu bringen, wurde angedacht, jedoch nicht weiter verfolgt.[148]

Ein Grund für das Ausbleiben einer politischen Reaktion auf das Vorhaben der Serbisch-Orthodoxen Kirchgemeinde kann insbesondere in ihrer Zuordnung zum Christentum gesehen werden. Es wird angenommen, dass sich die Serbisch-Orthodoxe Kirchgemeinde als «Glaubensgemeinschaft des Christentums»[149] in die bereits vor ihrem Vorhaben vielfältige christlich-religiöse Landschaft Belps eingliedern und sich «ins Dorfleben integrier[en]»[150] werde. Zwar wird im Diskurs wird zuweilen eine Distinktion zwischen der begrifflichen Fassung des Bauvorhabens als ‹Sakralbau›

---

144 *Berner Zeitung*, 24.1.2007 («Minarett: Beschwerde eingereicht»).
145 *Berner Zeitung*, 17.8.2006 («3476 Unterschriften gegen Minarett»).
146 *Der Bund*, 21.11.2006 («SVP Belp wehrt sich gegen neue Kirche»).
147 Vgl. ebd. und *Berner Zeitung*, 1.12.2006 («SVP will Volksentscheid»).
148 Vgl. *Berner Zeitung*, 1.12.2006 («SVP will Volksentscheid»); *Berner Zeitung*, 2.12.2006 («Haken an SVP-Idee»).
149 *Berner Zeitung*, 25.10.2006 («Serben planen orthodoxe Kirche»).
150 *Berner Zeitung*, 9.11.2006 («Belp ist ein Paradies für Gläubige»).

oder ‹Kirche› eröffnet, wobei Sakralbau eine größere Distanz zu bereits Existierendem impliziert bzw. implizieren soll; doch wird diese, verfolgt man die Karriere der beiden Begriffe, nicht stringent durchgehalten.

4.6.3 Bauprojekt des Vereins *Aum Sakthi*: nicht durchbrochenes Schweigen

Besonders bedeutsam erweist sich im Hinblick auf die politische Dimension des Vorhabens des Vereins *Aum Sakthi*, in Belp zu bauen und sichtbar zu werden, das Phänomen des Schweigens bzw. die scheiternde Kommunikation zwischen Verein und (politischer) Gemeinde. Diese wird, wie bereits erwähnt (Abschnitt 3.3.) vornehmlich mit Blick auf den Kauf der Landparzelle, auf der auch der tamilisch-hinduistische Verein sein Gebäude plante, durch die Gemeinde offensichtlich. Als Begründung für diesen Kauf werden allein wirtschaftliche Gründe angeführt und seitens der Medienberichterstattung durchaus als vernünftig und überzeugend aufgenommen. Jedoch ist es – für die und in der Presse – auffällig, dass das Thema der Pläne des tamilisch-hinduistischen Vereins in diesem Zusammenhang nicht einmal erwähnt wird. Eine politische Auseinandersetzung um das konkrete Vorhaben von *Aum Sakthi* findet in Medienberichten nicht statt und scheint auch nicht öffentlich wahrnehmbar zu sein. Dies wird zwar seitens der Medien zum Teil angeprangert, doch bleibt die Beobachtung folgenlos. Im Gegenteil: Von politischer Seite wird ausdrücklich darauf hingewiesen, dass ein politischer Eingriff nicht notwendig sei, weil die Diskussion sich allein auf wirtschaftliche Argumente stütze und sich dagegen kein Widerstand in der Bevölkerung rege. Schweigen trifft auf Schweigen – wogegen der Verein *Aum Sakthi* selbst nicht ankommt. Zwar wird im Diskurs auch der Standpunkt geäußert, es sei «sehr beleidigend für die Tamilen, wenn man das Thema nicht einmal diskutiert».[151] Dem Verein gelingt es aber auch medienvermittelt nicht, sich selbst in die Debatte des Landkaufs einzuschalten. Wie sich daran ablesen lässt, verfügte der Verein *Aum Sakthi* über keinen Status (und keine durchsetzungsfähigen Fürsprecher) in jenem Macht- und Hierarchiegefüge der Schweizer Mehrheitsgesellschaft, dessen Wirkmächtigkeit er durch seine Absicht, sichtbar zu werden, aktivierte.

---

151 *Der Bund*, 29.9.2007 («Tamilen sollen Dialog entfachen»).

5 Fazit und Ausblick

Die analytische Auseinandersetzung mit Sichtbarkeit zeigt ein vielge-staltiges Feld von Verflechtungen. Vor diesem Hintergrund wird ersicht-lich, dass die Inanspruchnahme öffentlichen Raums durch mehr oder minder auffällige bauliche Sichtbarkeit, die von kleineren Religions-gemeinschaften in der Schweiz intendiert wird, eine voraussetzungsreiche und anspruchsvolle Entwicklung darstellt – sowohl für die religiösen Ge-meinschaften als auch für die Gesamtgesellschaft. Es wurden ästhetische Aspekte genauso angesprochen wie epistemologische und politische, wobei sich diese Dimensionen in vielfacher Hinsicht überlagern, grund-sätzlich-hintergründige Probleme mitunter von ‹offensichtlicheren› über-deckt werden können. Dabei ließ sich auch eine Vielfalt von Strategien des Umgangs mit der (Intention von bzw. Forderung nach) Sichtbarkeit unterschiedlicher Akteure erkennen, die auf verschiedensten Motiven und Wahrnehmungen fußt und eine Vielzahl an Reaktionen hervorrufen kann.

Besonders prekär ist dabei der Stellenwert, der dem Wissen um die Diversität der religiösen Landschaft in der Schweiz aus einer gesamt-gesellschaftlichen Warte heraus zukommt. Was, wie einleitend zitiert, Salomon Korn im Hinblick auf Moschee- und Minarettbauprojekte formu-lierte, trifft auch auf andere Religionsgemeinschaften und den Schweizer Kontext zu: Auch hier bestimmt das Bewusstsein die Wahrnehmung, divergieren insbesondere die Selbstwahrnehmung der religiösen Gemein-schaften und die gesellschaftliche Fremdwahrnehmung.

So betrachten die Religionsgemeinschaften selbst das Überschreiten der Schwelle in den öffentlichen Raum und zur Sichtbarkeit hin in aller Regel als einen Fortschritt in ihrem Integrationsprozess. Gegner der Bauwerke bzw. Bauvorhaben argumentieren dagegen gerade umgekehrt, dass sich darin eine ‹Gefahr für die Integration› ausdrücke. Hieran bestä-tigt sich, dass Sichtbarkeit, wie von Johanna Schaffer betont, ein Produkt von Macht und Wissen ist.

Es sind meist demografische Entwicklungen, die den Wunsch nach einem eigenen und zu einem gewissen Grad repräsentativen Gebäude hervorrufen. Auch für die Zukunft ist von einem (weiteren) Wachstum kleinerer religiöser Gemeinschaften in der Schweiz auszugehen (vgl. Baumann/Stolz 2007: 54). Infolgedessen ist anzunehmen, dass es auch in Zukunft Bestrebungen von Religionsgemeinschaften geben wird, eigene

Bauwerke zu errichten und damit mehr oder minder sichtbar in die Öffentlichkeit zu gehen – ob es sich dabei nun um Kirchen, Tempel oder Moscheen handelt.

Den Befürwortern der Minarettverbots-Initiative ist es gelungen, ein – auch im Ausland viel beachtetes – Zeichen zu setzen. Wie das Minarett selbst ist freilich dessen Verbot – jenseits der rechtlichen Ebene – keineswegs eindeutig. Divergenzen der Wahrnehmung beruhen – wie in anderen Fällen, in denen eine Auseinandersetzung mit den Anliegen von Religionsgemeinschaften von vornherein ausgeklammert werden – unter anderem darauf, dass aus Sicht der Religionsgemeinschaften Aspekte ihrer *religiösen Identität* betroffen sind, während es sich aus mehrheitsgesellschaftlicher Sicht um Probleme der *gesellschaftlichen Integration* handelt. Im Zusammenhang mit (intendierter) Sichtbarkeit ist, was der Politikwissenschaftler Dieter Oberndörfer im Hinblick auf eine erfolgreiche Integration formuliert, besonders bedenkenswert:

> «Dabei ist gerade die Akzeptanz von Einwanderern in den Aufnahmegesellschaften – dass sie nicht als Fremdkörper oder als Minderheit, sondern als gleichberechtigter Teil der Gesellschaft wahrgenommen werden *und sich selbst auch so sehen können* – fundamental für eine erfolgreiche Integration.» (Oberndörfer 2009: 134; Hervorhebung Verf.)

Wie aufgezeigt, ist die Form, mittels derer Religionsgemeinschaften sichtbar zu werden gedenken, komplexen internen und öffentlichen Aushandlungsprozessen unterworfen. Vor den ganz unterschiedlichen Aspekten, die diese beinhalten, sollten Mehrheitsgesellschaft und Verantwortungsträger weder das Bewusstsein noch die Augen verschließen.

Literaturverzeichnis

Baumann, Martin/Stolz, Jörg (2007): «Religiöse Vielfalt in der Schweiz: Zahlen, Fakten, Trends». In: Martin Baumann/Jörg Stolz (Hg.), Eine Schweiz – viele Religionen. Risiken und Chancen des Zusammenlebens, Bielefeld: transcript, S. 39–66.

Bovay, Claude (2004): Religionslandschaft in der Schweiz. Eidgenössische Volkszählung 2000; in Zusammenarbeit mit Raphaël Broquet, Neuchâtel: Bundesamt für Statistik.

Diaz-Bone, Rainer (1999): «Probleme und Strategien der Operationalisierung des Diskursmodells im Anschluß an Michel Foucault». In: Hannelore Bublitz/Andrea D. Bührmann/Christina Hanke/Andrea Seier (Hg.), Das Wuchern der

Diskurse. Perspektiven der Diskursanalyse Foucaults, Frankfurt/M.: Campus, S. 119–135.

Diaz-Bone, Rainer (2002): Kulturwelt, Diskurs und Lebensstil. Eine diskurstheoretische Erweiterung der Bourdieuschen Distinktionstheorie, Opladen: Leske + Budrich.

Diaz-Bone, Rainer (2005): «Diskursanalyse». In: Lothar Mikos/Claudia Wegener (Hg.), Qualitative Medienforschung. Ein Handbuch, Konstanz: UVK Verlagsgesellschaft, S. 538–552.

Eidgenössische Ausländerkommission EKA (Hg.) (2004): Integration und Habitat: Materialien zur Integrationspolitik, Bern. www.ekm.admin.ch/de/ dokumentation/doku/mat_raumplanung.pdf (16.11.2010).

Foucault, Michel ([1966] 1990): Die Ordnung der Dinge, Frankfurt/M.: Suhrkamp.

Gläser, Jochen/Laudel, Grit (2010): Experteninterviews und qualitative Inhaltsanalyse als Instrumente rekonstruierender Untersuchungen, Wiesbaden: VS Verlag für Sozialwissenschaften.

Gilbert, David/Matless, David/Short, Brian (Hg.) (2003): Geographies of British Modernity. Space and Society in the Twentieth Century, Malden, MA: Blackwell.

Holert, Tim (2002): «Evidenz-Effekte. Überzeugungsarbeit in der visuellen Kultur der Gegenwart». In: Matthias Bickenbach/Axel Fliethmann (Hg.), Korrespondenzen. Visuelle Kulturen zwischen früher Neuzeit und Gegenwart, Köln: Dumont, S. 198–225.

Hüttermann, Jörg (2006): Das Minarett. Zur politischen Kultur des Konflikts um islamische Symbole, Weinheim: Juventa.

Kiener, Regina/Kuhn, Mathias (2004): «Die bau- und planungsrechtliche Behandlung von Kultusbauten im Lichte der Glaubens- und Gewissensfreiheit». Gutachten publiziert in: Eidgenössische Ausländerkommission EKA (Hrsg.), Integration und Habitat: Materialien zur Integrationspolitik, Bern 2004. www. ekm.admin.ch/de/dokumentation/doku/mat_raumplanung.pdf (16.11.2010).

Korn, Salomon (2010): «Zu schwach, um Fremdes zu ertragen? Streit um den Bau von Moscheen in Deutschland». In: Thorsten Gerald Schneiders (Hg.), Islamfeindlichkeit. Wenn die Grenzen der Kritik verschwimmen, Wiesbaden: VS Verlag für Sozialwissenschaften, S. 245–252.

Krech, Volkhard (2005): «Kleine Religionsgemeinschaften in Deutschland – Eine religionssoziologische Bestandsaufnahme». In: Hartmut Lehmann (Hg.), Religiöser Pluralismus im vereinten Europa: Freikirchen und Sekten, Göttingen: Wallstein, S. 116–144.

Mikos, Lothar/Wegener, Claudia (Hg.): Qualitative Medienforschung. Ein Handbuch, Konstanz: UVK Verlagsgesellschaft.

Naylor, Simon/Ryan, James R. (2003): «Mosques, Temples and Gurdwaras. New Sites of Religion in Twentieth-Century Britain». In: David Gilbert/David Matless/

Brian Short (Hg.), Geographies of British Modernity. Space and Society in the Twentieth Century, Malden, MA: Blackwell, S. 168–183.

Oberndörfer, Dieter (2009): «Einwanderung wider Willen. Deutschland zwischen historischer Abwehrhaltung und unausweichlicher Öffnung gegenüber (muslimischen) Fremden». In: Thorsten Gerald Schneiders (Hg.), Islamfeindlichkeit. Wenn die Grenzen der Kritik verschwimmen, Wiesbaden: VS Verlag für Sozialwissenschaften, S. 127–142.

Schaffer, Johanna (2008): Ambivalenzen der Sichtbarkeit. Über die visuellen Strukturen der Anerkennung, Bielefeld: transcript.

Schmitt, Thomas (2003): Moscheen in Deutschland. Konflikte um ihre Errichtung und Nutzung, Flensburg: Selbstverlag der Deutschen Akademie für Landeskunde (Forschungen zur deutschen Landeskunde, Band 252).

Internetquellen

Abstimmungsresultate der Volksabstimmung am 29. November 2009. www. admin.ch/ch/d/pore/va/20091129/index.html (26.10.2010).

Bundesverfassung der Schweizerischen Eidgenossenschaft vom 18. April 1999 (Stand am 7. März 2010). www.admin.ch/ch/d/sr/1/101.de.pdf (06.11.2010).

Das Fanal von Wangen. Diskursanalyse des Konflikts um ein Minarett

Oliver Wäckerlig[1]

1 Einführend

Ein Türkischer Kulturverein möchte im Jahre 2005 ein Minarett auf sein Vereinslokal in Wangen bei Olten (Kanton Solothurn) bauen und stößt auf erbitterten Widerstand in der lokalen Bevölkerung, der erst durch einen Bundesgerichtsentscheid gebrochen wird. Der lokale Konflikt wirft hohe Wellen und greift in der Schweiz auf zwei weitere Bauprojekte anderer islamischer Vereine über, was in den drei betroffenen und auch in zwei nicht betroffenen Kantonen 2005 und 2006 in den jeweiligen Kantonsparlamenten zu religionsbezogenen Verbotsanträgen führt. Schließlich gelangt die Auseinandersetzung um die Sichtbarmachung des Islam im öffentlichen Raum durch den Wahlkampf zu den Nationalratswahlen 2007 auf die nationale Ebene und mündet Ende 2009 in einer allerseits unerwartet angenommenen Volksinitiative «Gegen den Bau von Minaretten».[2] Auf überregionaler Ebene stießen die Minarettgegner dabei auf keinen organisierten Widerstand.[3]

---

1 Der Beitrag basiert auf einer 2011 am Religionswissenschaftlichen Seminar der Universität Zürich abgeschlossenen Masterarbeit, die als Teil des vom Schweizerischen Nationalfonds für wissenschaftliche Forschung im Rahmen des Nationalen Forschungsprogramms 58 «Religionsgemeinschaften, Staat und Gesellschaft» geförderten Projekts «Sichtbar gemachte religiöse Identität, Differenzwahrnehmung und Konflikt» (Leitung: D. Lüddeckens, Ch. Uehlinger, R. Walthert) konzipiert worden war.

2 Bei der Abstimmung zur Minarett-Initiative am 29.11.2009 stimmte Wangen gleich wie die umliegenden Gemeinden im Kanton Solothurn mit 61 Prozent Ja-Anteil für ein Minarettbauverbot (Landesdurchschnitt: 57,5 Prozent).

3 Es gibt keinen Dachverband, der für «die Muslime in der Schweiz» sprechen könnte, da die Identifikation der Muslime vor allem entlang ethnisch-nationalen Grenzlinien erfolgt und innerhalb dieser Gruppen wiederum Segregation stattfindet. Muslime sind in der Schweizer Bevölkerung mit ca. 5 Prozent vertreten und stammen zu etwa 90 Prozent aus dem Balkan und der Türkei. Sie stehen der Idee einer Dachorganisation aufgrund kultureller Unterschiede und verschiedener Auffassungen von Islam mit gemischten Gefühlen gegenüber (vgl. Gianni 2010: 21f.).

In einem ersten Teil dieses Beitrags wird anhand einer Medienanalyse und Interviews mit lokalen Diskursakteuren der Minarettstreit in Wangen bei Olten rekonstruiert, wobei der Schwerpunkt der Analyse auf der Entwicklung und Dynamik des lokalen Konflikts liegt. Über die Darstellung der unterschiedlichen Sichtweisen auf den Minarettbau durch den Kulturverein und durch die ansässige Bevölkerung sollen schließlich konfligierende Integrationsverständnisse aufgezeigt werden, die dem lokalen Rangordnungskonflikt teilweise zu Grunde liegen und einer einvernehmlichen Lösung beim Bau sichtbarer Zeichen religiöser Identität im Wege stehen.

2 Diskursanalytische Sichtweise und Methodik

Der Wangner Minarettbau wird in der hier präsentierten Untersuchung als Thema eines Diskurses aufgefasst. In Diskursen werden Themen von allgemeinem gesellschaftlichem Belang problematisiert und in öffentlichen Diskussionsprozessen von Diskursteilnehmern mit Bedeutung versehen, wodurch kommunikativ eine gesellschaftliche Wirklichkeit konstruiert wird. Es werden dabei verschiedene Deutungen für soziale und politische Handlungszusammenhänge eingebracht, um deren kollektive Geltung gerungen wird. In einer Diskursanalyse sollen die kommunikativen Prozesse einer diskursiven Auseinandersetzung rekonstruiert werden (vgl. Keller et al. 2001: 7; Schwab-Trapp 2001: 264).

Dabei finden öffentliche Diskurse in gesellschaftlichen Foren statt, wobei die Massenmedien als wichtigstes Forum die meisten Bürger erreichen. Denn diese «informieren sich über und beobachten das Geschehen in der Gesellschaft in erster Linie über die Medien und entwickeln ihre Deutungen der Welt durch die Beobachtung der Deutungsangebote, die sie vor allem über die Medien erfahren» (Gerhards 2008: 334). Die massenmediale Öffentlichkeit ist die Arena, in der verschiedene Akteure unterschiedlichen Diskurssträngen entlang um die Deutung der Situation ringen und eine spezifische Problemwahrnehmung durchsetzen wollen bzw. den Minarettbau überhaupt als Problem konstituieren. Der diskursive Gegenstand wird von verschiedenen Seiten beleuchtet und erscheint dann je nachdem übergroß, problematisch, harmlos, etc.

Die Diskurse manifestieren sich dabei empirisch in einzelnen Diskursbeiträgen, die von individuellen Akteuren vorgetragen werden (vgl.

Schwab-Trapp 2001: 271). Das methodische Instrument zur Analyse dieser Diskursbeiträge ist die Inhaltsanalyse (vgl. Gerhards 2008; Diekmann 2007: 576–625; Kamber/Schranz 2001). Aus einem Mediensample[4] wurden daher systematisch 409 für die Diskursanalyse relevante Berichte mit Bezug auf den Minarettbau in Wangen erhoben und die darin enthaltenen Diskursbeiträge formal und inhaltlich anhand eines inhaltsanalytischen Kategoriensystems codiert, das sowohl theoriegeleitet entwickelt wurde und sich auf eine frühere Untersuchung[5] abstützt als auch in der Erhebungsphase auf induktive Weise laufend ergänzt wurde (vgl. Glaser et al. 2008: 53ff.).

Für die Rekonstruktion der diskursiven Beziehungen auf nicht-medialer Ebene wurden mit fünf lokalen Diskursakteuren[6] teilstandardisierte mündliche Interviews geführt, da diese als selbständige Akteure von Bedeutung sind oder über einen privilegierten Zugang zu Informationen und Entscheidungsprozessen verfügen, zum Beispiel auch über die Vorgeschichte des Konflikts vor der Veröffentlichung des Baugesuchs für ein Minarett (vgl. Meuser/Nagel 2009: 470).

4   Pressearchivrecherche für den Untersuchungszeitraum von September 2005 (Publikation Baugesuch Minarett) bis Juni 2009 (Einweihung des Minaretts) in Zeitungen und Zeitschriften: *AZ Medien*: Oltner Tagblatt, Solothurner Zeitung, Aargauer Zeitung, Zofinger Tagblatt, Berner Rundschau, Sonntag; *Tamedia*: Berner Zeitung, Der Bund, Tages-Anzeiger, SonntagsZeitung, 20min, *NZZ-Gruppe*: Neue Zürcher Zeitung, NZZ am Sonntag; *Ringier*: Blick, Sonntags Blick; *Axel Springer Schweiz AG*: Der Beobachter; Formate des Schweizer Fernsehens: Schweiz Aktuell, Tagesschau, 10vor10, Rundschau, Der Club, Arena.

5   Grundlegend dazu das Codebook der Studie des fög – «Forschungsbereich Öffentlichkeit und Gesellschaft» der Universität Zürich zur Typisierung von jüdischen und muslimischen Akteuren in den Medien von 2004, die im Auftrag der «Anti Defamation (ADL) Kommission, Bnai Brith Zürich» unter der Schirmherrschaft der Eidgenössischen Kommission gegen Rassismus (EKR) durchgeführt wurde. Dank geht an Dr. Patrik Ettinger für die Erlaubnis zur Nutzung des Codebooks.

6   Experteninterviews: Reformierter Dorfpfarrer (Minarettgegner), Gemeindepräsident, Bauverwalter, Lokaljournalist (alle März/April 2010), Pressesprecher und späterer Vereinspräsident des Türkischen Kulturvereins (durchgeführt von Dr. Andreas Tunger-Zanetti im Rahmen des Projekts «Kuppel - Tempel - Minarett» des Zentrums Religionsforschung Luzern im Februar 2009; der Kulturverein war 2010 auf mehrfache Anfrage an keinem Gespräch mehr interessiert).

Auf der lokalen Diskursebene, die im Folgenden im Zentrum steht, sind die Medienbeiträge des *Oltner Tagblatts* (ein Viertel aller Medienberichte), die Experteninterviews sowie die Auftritte von lokalen Diskursakteuren im Schweizer Fernsehen zentral für die Diskursrekonstruktion und die Konfliktanalyse.[7]

3 Lokale Diskursebene

Wangen bei Olten liegt mit seinen 4600 Einwohnern im Schweizerischen Mittelland, im Dreieck der Ballungszentren Basel, Bern und Zürich. Am Jurasüdfuß sind Wangen und die anderen Dörfer entlang der Hauptverkehrsachsen zu einem Agglomerationsgürtel zusammengewachsen.

Der 1978 gegründete Türkische Kulturverein Olten kündigt im September 2002 der Gemeinde Wangen an, dass er aus Olten wegziehen und ein leerstehendes Fabrikgebäude in Wangen mieten werde. Im März 2003 wird ein Baugesuch für die Umnutzung der inzwischen erworbenen Gewerbeliegenschaft zum Betrieb von Aufenthalts-, Ess-, Spiel-, Büro- und Gebetsräumen gestellt. Im Mai wird die Nutzungsänderung für die Liegenschaft nach Einholung eines Gutachtens über die Zonenkonformität der neuen Nutzung in der Gewerbezone bewilligt. Im September 2005 wird schließlich ein Baugesuch für ein Minarett amtlich publiziert.

3.1 Übersicht Konfliktverlauf

Im Fall Wangen lässt sich ein lokaler Konflikt nachzeichnen, der sich am Minarettbau entzündet, bis vor Bundesgericht gelangt und erst Mitte 2009 durch die feierliche Einweihung des Minaretts vorläufig ein Ende findet, wobei die Konfliktkommunikation während vier Jahren vornehmlich über die Medien stattfindet.[8]

Der Konflikt beginnt im September 2005 mit dem Leserbrief[9] eines ehemaligen Gemeinderates von Wangen zu dem im Amtsblatt publizierten Baugesuch für ein Minarett: Darin wird das geplante Minarett zum Problem erklärt, indem es mit den «Unruheherden» «Rotlicht-Milieu»

---

7   Für die Analyse der überregionalen Ebene des Minarett- bzw. Islamdiskurses vgl. Wäckerlig und Walthert in diesem Band.

8   In modernen Gesellschaften ist der größte Teil der Konfliktkommunikation medienvermittelt, wie Wessler (2002: 189) feststellt.

9   *Oltner Tagblatt*, 7.9.2005 («Ein Minarett in Wangen?»).

und «Disco-Welt» in Verbindung gebracht wird, die für «Lärm, Schmutz und Nachtruhestörungen» verantwortlich gemacht werden. Zusammen mit dem Minarett werde die Gemeinde dadurch einer «schleichenden Unterwanderung von allen Seiten» ausgesetzt, welche die Lebensqualität mindere. Bemerkenswert ist der im frühen Diskursstadium noch fehlende Hinweis auf eine drohende *Islamisierung*. Begründet wird die Problematisierung des Minaretts allein wegen des befürchteten Lärms – denn ein Minarett sei nach Google ein «Moscheeturm, von dessen Brüstung aus der Muezzin die Muslime fünfmal am Tag zum Gebet ruft». Das zeigt, dass zu diesem Zeitpunkt der Begriff *Minarett* jeweils noch erklärt werden muss, da er noch nicht im allgemeinen Sprachgebrauch verankert ist. Der Leserbriefschreiber hat im Internet auch herausgefunden, dass der Muezzin heutzutage «mit vier Lautsprechern ausgewechselt» werde und vergleicht die störende «Berieselung von Moslemischen Gebeten» mit Hundegebell, Kuhglocken, Schnattern von Gänsen und Krähen von Hähnen. Er wirft dem Kulturverein zudem Wortbruch vor, da dieser früher dem Gemeinderat zugesichert haben soll, «keinen Ausbau in einen Gebetstempel vorzunehmen». Um sich vor «solchen Projekten» zu schützen, ruft er zu einer Unterschriftensammlung und zu Einsprachen gegen das Baugesuch auf.

Damit konstituiert sich eine lose strukturierte lokale Bürgerinitiative, die im Dorf innert weniger Tage knapp 400 Unterschriften für eine Sammeleinsprache gegen den Minarettbau zusammenbringt. Hierbei kündigt sich auch bereits die rechtspopulistische Vermischung von Recht und Politik im Diskurs an, denn ein 400-fach vorgebrachtes Argument wird baurechtlich nicht gewichtiger – wohl aber macht es Druck auf Verwaltung und Exekutive. Der Gemeindepräsident spricht sich nach Eingang der Einsprachen im Oktober öffentlich[10] gegen das Bauprojekt aus und führt als Grund die fehlende Vertrauensbasis zwischen dem Kulturverein und der Bevölkerung an. Der reformierte Pfarrer doppelt im November in einem Interview nach[11], denn die evangelisch-reformierte und die römisch-katholische Kirchgemeinde haben gemeinsam ebenfalls Einsprache gegen einen Minarettbau im «christlichen Kulturkreis» erhoben. Auch die kantonale SVP hat von der Sache erfahren und fordert im Solothurner

---

10 Interview im *Oltner Tagblatt* vom 4.10.2005.
11 Interview im *Oltner Tagblatt* vom 5.11.2005.

Kantonsrat sogleich einen Baustopp für «störende religiöse Bauten», wofür sie aber keine Mehrheit findet.

Die örtliche Bau- und Planungskommission lehnt das Baugesuch schließlich im Februar 2006 mit einer Vielzahl von Gründen ab, nachdem sie das Gesuch und die Einsprachen extern hat prüfen lassen, um die Unvoreingenommenheit der Kommission zu demonstrieren. Im Februar gelangt mit dem Rekurs des Kulturvereins gegen den Entscheid zeitgleich der sogenannte *Karikaturenstreit* (aufgrund von Mohammed-Karikaturen in einer dänischen Zeitung) in die massenmediale Öffentlichkeit, was den Islam in der Schweiz in eine internationale Perspektive rückt und dem Minarettstreit breite Publizität beschert.[12] Im Juli 2006 heißt das Bau- und Justizdepartement des Kantons Solothurn die Beschwerde des Kulturvereins gut, worauf der Wangner Gemeinderat (die Exekutive der Einwohnergemeinde) im August ans Verwaltungsgericht gelangt, dort aber Ende November scheitert, da der Gemeinderat gar nicht zur Beschwerde berechtigt ist.[13] Die Beschwerde zweier Anwohner, die den Entscheid weitergezogen haben, wird vom Verwaltungsgericht abgewiesen und die angestrengte staatsrechtliche Beschwerde scheitert im Juli 2007 vor Bundesgericht.

3.2 Logik und Dynamik des lokalen Konflikts

Aufgrund des baurechtlichen Einspracheverfahrens liegt die Argumentation anfangs noch vornehmlich auf rechtlicher Ebene. Es werden Dinge wie Zonenordnungen oder die Parkplatzsituation[14] diskutiert, da nur solche Argumente in einem Baurechtsverfahren Erfolg versprechen. Erst als sich der Rechtsweg als zu steinig erweist und sich eine Niederlage der

---

12 Nach der Ablehnung des Baugesuchs hat das TikK (Kompetenzzentrum für interkulturelle Konflikte) im März und April von sich aus interveniert und der Gemeinde und dem Kulturverein seine Vermittlerdienste angeboten. Der Vorschlag zur Mediation wurde an einer Gemeinderatssitzung diskutiert und zurückgewiesen, da die Sache nicht akut sei und sich auf dem juristischen Weg befinde. Auch der Kulturverein wollte dem TikK keine Auftrag erteilen, da der Ball nun bei der Gemeinde liegen würde.

13 Es ist daher davon auszugehen, dass diese Aktion mehr ein politisches Zeichen des Engagements für «Wangen» darstellen sollte.

14 Gemäß Schmitt (2007: 175) ein «Klassiker» in Moschee-Debatten.

Minarettgegner abzuzeichnen beginnt, wird der Konflikt thematisch ausgeweitet.

Mit Niklas Luhmanns Konfliktkonzept formuliert, gewinnt der lokale Konflikt soziale Existenz durch den Gebrauch des Nein im ersten Leserbrief gegenüber der durch die Baupublikation vermittelten Erwartung des Kulturvereins ein Minarett bauen zu dürfen (vgl. Luhmann 1981: 100). Im Konflikt wird also Widerspruch kommuniziert. Der Kulturverein, der sich durch das Baugesuch bereits exponiert hat, wird nun genötigt, auf dieses Nein zu reagieren, worauf ein medial inszenierter Schlagabtausch folgt, der sich über mehrere Jahre hinzieht und vor allem rund um Gerichtsentscheide – und später im Zusammenhang mit der Anti-Minarett-Initiative – zu Kommunikationsverdichtungen führt, während zwischen diesen Ereignissen der Streit zum Teil monatelang nicht mehr thematisiert wird.

3.2.1 Die Fronten verhärten sich

Ein sich sozial etablierendes Konfliktsystem aktiviert nach eigener Logik immer neue Ressourcen und breitet sich aus. Es entsteht eine Zwei-Parteien-Struktur, wobei einer Partei alles nützt, was der anderen Partei schadet – und umgekehrt (vgl. Luhmann 1981: 100f.). So wird von der Bürgerinitiative stets auf die «Volksmeinung» und den «Volkswillen» verwiesen und betont, dass sich «die Bevölkerung» gegen den Minarettbau wehre. Damit steht jeder, der eine Alternativposition vertritt und vermittelnd eingreifen möchte, unter Verdacht, gegen «das Volk» zu agieren, so zum Beispiel ein sozialdemokratischer Gemeinderat, der sich Sorgen um das «Image der Gemeinde»[15] macht, da in der polarisierten Konfliktstruktur keine anderen Positionen mehr akzeptiert werden. Auch Außenstehende, zum Beispiel Leserbriefschreiber aus Nachbarorten, werden wiederum in Leserbriefen barsch zurechtgewiesen und der unzulässigen Einmischung in eine Wangner Dorfangelegenheit bezichtigt (sie dürften das Minarett gern in ihrem Dorf aufstellen).[16]

Schließlich kann konstatiert werden, dass das Recht nicht nur Konflikte löst, es ermöglicht sie gar: Das Recht bietet dem türkischen Kulturverein als klar schwächerer Konfliktpartei Rückendeckung, so dass eine

---

15 Er hatte als einziger Gemeinderat nicht für einen Weiterzug des Falls an das Verwaltungsgericht gestimmt (*Oltner Tagblatt* vom 22.8.2006).

16 Dieser regionale Disput wird im Oktober und November 2005 in der Leserbriefspalte des *Oltner Tagblattes* geführt.

Fortsetzung des Konflikts gewagt werden kann (vgl. Luhmann 1981: 104). Der Vorstand des Kulturvereins argumentiert im Diskurs denn auch rein legalistisch, so die Sicht des Gemeindepräsidenten, denn Vereinsvertreter hätten ihm Ende September 2005 am Tag der offenen Tür gesagt: «Wenn das Gesetz sagt, wir dürfen bauen, dann bauen wir.»[17]

Der Wangner Bauverwalter teilt daraufhin im ersten Bericht[18] des Schweizer Fernsehens über den Minarettstreit im Oktober 2005 mit, dass er es nicht für wahrscheinlich halte, dass baurechtlich etwas gegen den Bau eines Minaretts spreche. Es seien aber viele Emotionen im Spiel, was die Sache schwierig mache. Mit beidem sollte er schließlich Recht behalten.

3.2.2 Minarettgegner unter Druck

Im Juli 2006 wird der Rekurs des Kulturvereins gutgeheißen: Das Bau- und Justizdepartement des Kantons Solothurn stellt fest, dass die Liegenschaft des Kulturvereins gemäß der früheren Umbaubewilligung auch als Gebetsstätte dienen darf und dass das Minarett Bloß ein äußeres Symbol dieser bereits bewilligten Nutzung sei.[19] Im August ziehen die Gemeinde und zwei Anwohner den Entscheid weiter ans Verwaltungsgericht. Daraufhin gerät die Gemeinde im September von außen unter Druck: In der Hauptausgabe der *Tagesschau*[20] wird berichtet, dass die Eidgenössische Kommission gegen Rassismus (EKR) von Behörden und Bevölkerung mehr Offenheit und Respekt gegenüber der muslimischen Minderheit verlange. Der Streit um das Baugesuch für ein Minarett in Wangen wird als exemplarisch für eine Tendenz in der öffentlichen Debatte genannt, Muslime kollektiv für das Weltgeschehen verantwortlich zu machen. In ihrem Bericht hält die EKR zudem fest:

---

17 Interview im *Oltner Tagblatt* vom 25.9.2006. Es zeigt sich später auf über-regionaler Diskursebene, dass der muslimischen Minderheit das Beschreiten des Rechtswegs – trotz oder gerade wegen der guten Erfolgsaussichten – im Islamdiskurs übel genommen wird: Es wird als Zwängerei und als anmaßendes, ständiges Stellen von Forderungen (zum Beispiel die Forderung nach musli-mischen Grabfeldern oder der Rekurs gegen ein Kopftuchverbot an der Schule) diskursiv delegitimiert. Dagegen erscheint der allgemein als juristisch chancen-los eingeschätzte, politisch motivierte Weiterzug des Wangner Minarett-Falls an das Bundesgericht den Minarettgegnern nicht als Zwängerei.

18 Interview in *Schweiz Aktuell* vom 10.10.2005.

19 Medienmitteilung der Staatskanzlei Solothurn vom 16.7.2006.

20 *Tagesschau* vom 1.9.2006.

«Stereotype den Muslimen gegenüber, z.B. die Vorstellung einer Unterwanderung durch Fundamentalisten, die sich in Gebetshäusern treffen, widerspiegeln sich in den Reaktionen auf Baugesuche wie auch in den Entscheiden der Exekutiven, die dem öffentlichen Druck nachgeben und mit oft unsachgemässen Begründungen die Bewilligungen verweigern.»[21]

Zwei Tage später doppelt der Basler Bischof Kurt Koch, Vizepräsident der Bischofskonferenz, zuständig für interreligiöse Angelegenheiten und römisch-katholischer Vertreter im Rat der Religionen, in der Sonntagspresse nach: Man dürfe den Islam nicht pauschal mit Terror gleichsetzen, sondern müsse ihn von den fanatischen Auswüchsen unterscheiden. Er will den Muslimen Minarette als «Zeichen der Identität» zugestehen. Es gehe darum, öffentlich zu seiner Religion stehen zu können.[22] Damit nimmt er gegen die lokale Kirchgemeinde Stellung. Dies provoziert die einzige öffentliche Reaktion der römisch-katholischen Kirchgemeinde Wangens im Minarettdiskurs durch einen maliziösen Leserbrief der Präsidentin, worin sie den Muslimen empfiehlt, das Minarett bei Kochs Bischofssitz in Solothurn aufzustellen.[23]

Auch politisch steht die Gemeinde im Gegenwind: Die Wangner Entscheidungsträger sehen sich am medialen Pranger, sie fühlen sich von der EKR verunglimpft. Der Gemeindepräsident verwahrt sich gegen den Vorwurf, die Wangner seien intolerant und fremdenfeindlich.[24]

---

21 Stellungnahme der *Eidgenössischen Kommission gegen Rassismus* (EKR) zur aktuellen Entwicklung (Angst 2006: 27).

22 *NZZ am Sonntag* vom 3.9.2006. Der Bischof wird im November 2010 vom Papst zum Kardinal ernannt.

23 *Oltner Tagblatt* vom 14.9.2006. Dieser innerkirchliche Konflikt ist symptomatisch für das Verhältnis von Kirchenleitung und Basis im Minarettdiskurs: Unter dem Titel «Hassattacken auf Bischof Koch wegen Minarett-Initiative» erscheint in *Sonntag* vom 22.11.2009 ein Artikel mit Interview eine Woche vor der Anti-Minarett-Abstimmung, worin Bischof Koch «massive» Reaktionen wegen der Haltung der Bischofskonferenz schildert. Er sei als Landesverräter bezeichnet worden und es sei auch zu Kirchenaustritten gekommen. Bei der evangelisch-reformierten Landeskirche ist die Haltung von Führung und Basis ähnlich gespalten: Beide Landeskirchen empfehlen die Ablehnung der Anti-Minarett-Initiative, das Kirchenvolk stimmt ihr aber beiderseits mit rund 60 Prozent zu (vgl. Hirter/Vatter 2010).

24 Interview im *Oltner Tagblatt* vom 25.9.2006.

Die Gemeinde steht nun unter Rechtfertigungsdruck.[25] Nach dem Sieg des Kulturvereins beim Bau- und Justizdepartement des Kantons Solothurn scheint dem Minarettbau nichts mehr im Weg zu stehen, denn die Minarettgegner argumentieren sowohl vor Verwaltungsgericht als auch später vor Bundesgericht kaum mehr materiell. Das heißt, das Minarett steht nicht mehr im Zentrum – es wird also nicht versucht, die vielfältigen Begründungen des lokalen erstinstanzlichen Baubewilligungsverfahrens zu verteidigen. Vielmehr berufen sich die Minarettgegner nun auf allgemeinere Rechtsgüter wie die «Gemeindeautonomie» oder auf angebliche Verfahrensmängel durch die «Verweigerung des rechtlichen Gehörs», was den Rechtsstreit zwar in die Länge zieht – auf lokaler Ebene wird nach den Niederlagen der Minarettgegner bei allen Instanzen, die Baubewilligung für abgelaufen erklärt, was wiederum ein Rekursverfahren nötig macht –, am Ausgang des Verfahrens aber wenig Zweifel aufkommen lässt.

3.2.3 Befreiungsschlag der Minarettgegner

Das Minarett, das ab Juli 2006 wohl kaum mehr verhindert werden kann, tritt nun als Thema in den Hintergrund. Dafür beginnt eine Skandalisierung des Kulturvereins. Der Gemeindepräsident wirft dem Kulturverein vor, er sei nicht kooperativ und die Mitglieder trügen nichts dazu bei, das nötige Vertrauen für einen Minarettbau aktiv aufzubauen. Zudem mache der Islam nicht durch Aktionen Schlagzeilen, die der Friedensförderung und Völkerverständigung dienten.[26] Schließlich wird dem Kulturverein vorgehalten, neben den Flaggen der Schweiz, der Türkei und Wangens (mit dem heiligen Gallus) eine Flagge mit dem Vereinslogo (einem heulenden

---

25 In einem ähnlich gelagerten Fall um den Bau eines Minaretts in Bobingen/Schwaben Anfang der 1990er Jahre gerät die Kleinstadt in den überregionalen Medien unter Verdacht, ein ausländerfeindliches, hinterwäldlerisches Dorf zu sein, was im Ort als ein Angriff von außen wahrgenommen wird und eine Wagenburgmentalität bzw. «das Schließen der eigenen Reihen» tendenziell erhöht (Schmitt 2003: 220f.).

26 Interview im *Oltner Tagblatt* vom 25.9.2006. Damit verweist er auf die muslimischen Reaktionen auf die Regensburger Papst-Rede vom 12. September, was am 22.9.2006 zu einer *Arena*-Sendung unter dem Titel «Papst empört Muslime – Kampf oder Dialog der Kulturen?» geführt hat, bei der auch der Fall Wangen thematisiert und damit wie beim Karikaturenstreit im Februar 2006 in eine internationale Perspektive gerückt wurde.

Wolf) gehisst zu haben. Diese Beflaggung kurz nach dem Sieg beim Bau- und Justizdepartement wird im Dorf als provokatives Triumphsymbol wahrgenommen. Bei der Minarettgegnerschaft werden die Segel aber nicht gestrichen, vielmehr wird mit der Problematisierung des Ver- einsemblems ein neues Konfliktfeld erschlossen.

Die Vereinsflagge löst nun mit Herbstbeginn 2006 das Minarett als Konfliktgegenstand ab. Denn der Gemeindepräsident ist im Internet auf einen Bericht des Verfassungsschutzes von Nordrhein-Westfalen von 2004 gestoßen, worin das Zeichen des «Grauen Wolfes» einer «ethnisch (rassistisch)-nationalistisch» orientierten türkischen Bewegung mit «stark islamisch gefärbter Ideologie» zugeschrieben wird. Die Bewegung sei am Führerprinzip ausgerichtet und gewaltbereit. Mit ihren totalitären Struk- turen biete sie auch einen Nährboden für islamistisch geprägte extre- mistische Bewegungen.[27] Daher sei es doch paradox, meint der Gemeinde- präsident, dass die Wangner von der Rassismuskommission des Rassismus verdächtigt würden. Er verwahrt sich nochmals gegen die Vorwürfe an die Bevölkerung und möchte verhindern, dass deren «offene Haltung» in «Fremdenhass» umschlägt.[28]

27 Vgl. Schiffauer (2006) zur Kritik an der Datenerhebung des Verfassungs- schutzes und der damit verbundenen begrenzten Aussagekraft sowie an der rezipierenden Gesellschaft, in der es seit 9/11 eine «problematische Tendenz gibt, Behauptungen in Verfassungsschutzberichten als ‹wahr› zu unterstel- len»; bereits die Tatsache, im Verfassungsschutzbericht erwähnt zu sein, werde als Verurteilung gewertet (ebd. S. 251). Dies betrifft auch die Mina- rettgegner, wenn sie in Berichten der *Eidgenössischen Kommission gegen Rassis- mus* (EKR) erwähnt werden und deshalb glauben, als Rassisten abgestempelt zu sein. Konfliktakteure nutzen nach Wessler (2002: 190) vermehrt Wissen als Ressource zur Konfliktaustragung und rechtfertigen ihre Positionen mit Ergebnissen wissenschaftlicher Untersuchungen und Expertenmeinungen. Das Internet bietet einen niederschwelligen Zugang zu Informationen, die unhinterfragt (und ohne Korrektur durch Experten) für den eigenen Kontext übernommen werden. Der Initiant der Bürgerinitiative, die Baukommission für die Begründung der Ablehnung des Minaretts sowie der Anwalt der Anwohner im Gerichtsverfahren stützen sich auf Informationen aus *Wikipedia* zu den Stichworten «Minarett» und «Graue Wölfe». Auch in einem redaktio- nellen Kommentar heisst es einmal: «Im Internet ist viel Besorgniserregendes über die ‹Grauen Wölfe› als rechtsextreme Türkenbewegung zu erfahren» (*Oltner Tagblatt* vom 30.9.2006).

28 Ein zweites Interview im *Oltner Tagblatt* vom 25.9.2006. Umrahmt werden die

Nun erscheint am Tag darauf im *Oltner Tagblatt* ein Frontseiten-Kommentar unter dem Titel «Fatales Symbol», worin die Stellungnahme der Eidgenössischen Kommission gegen Rassismus gerügt wird, da diese in ihrer Beurteilung des Wangner Minarettstreits den politischen Hintergrund des Vereins nicht berücksichtigt habe. Es scheint nun «unerträglich», die Fahne einer «gewalttätigen Ideologie« in der Region Olten wehen zu sehen.[29] Damit hat die Polarisierung im Konfliktsystem auch auf die lokale Medienberichterstattung übergegriffen. Durch die unterstellte Verbindung des Kulturvereins zu einer extremistischen, gewalttätigen Organisation werden die Mitglieder des Kulturvereins gesellschaftlich diskreditiert und somit als Diskursakteure delegitimiert.[30]

Gleichentags folgt der Auftritt des reformierten Pfarrers von Wangen in der Fernsehdiskussionssendung *Club* zum Thema «Minarett-Streit: Wie viel Islam erträgt die Schweiz?»[31] Der Pfarrer beschreibt die Mitglieder des türkischen Kulturvereins ähnlich wie der Gemeindepräsident als distanziert zur Gemeinde Wangen: Sie nähmen überhaupt keinen Kontakt zum Dorf auf und beteiligten sich nicht am gesellschaftlichen Leben («reine Abschottungspolitik»). Sie wollten im Dorf «auf Gedeih und Verderb» etwas gegen eine Mehrheit durchsetzen, die skeptisch sei und immer skeptischer werde, je mehr es auf Konfrontation hinauslaufe. Er erwähnt auch die Fahne der Grauen Wölfe und spricht von der «Gefahr des Grauen Wolfes».

Interviews auf einer Doppelseite links und rechts von Berichten zu den Haltungen der ERK und des Bischofs mit Fotos des ERK-Präsidenten und des Bischofs; zudem wird der Bericht auf der Frontseite groß angekündigt.

29 *Oltner Tagblatt* vom 26.9.2006.

30 Die Qualität der Informationen und ihre Verarbeitung zur konkreten Situationsbeurteilung wird im Diskurs kaum hinterfragt, was im Zusammenhang mit eklatantem Wissensmangel über islamische Diasporagemeinschaften und Religion im Allgemeinen steht. Das Nichtwissen (wollen) betrifft dabei auch die Medienschaffenden, wie es Dahinden und Wyss (2010) im Projekt «Rolle der Massenmedien beim Zusammenprall der Kulturen» des Nationalen Forschungsprogramms 58 aufzeigen, www.nfp58.ch/d_projekte_religion.cfm (24.6.2012).

31 *Club* vom 26.9.2006. Der Pfarrer nimmt als einziger Wangner Diskursakteur teil, nachdem im *Club* vom 21.2.2006 zum Thema: «Wangen SO: Provoziert das Minarett die Christen?» noch ein Vertreter des Kulturvereins und der Initiant der lokalen Bürgerinitiative teilgenommen hatten.

Am nächsten Tag wird der Gemeindepräsident im *Blick* zitiert, wonach der Verein sich nun glaubwürdig von den «Grauen Wölfen» distanzieren müsse.[32]

Tags darauf meldet sich der Initiant der Bürgerinitiative gegen das Minarett in Wangen per Leserbrief[33] zu Wort und sieht nun angesichts der «Grauen Wölfe» seine Befürchtung einer schrittweisen Expansion des Kulturvereins («Salamitaktik!»[34]) und die damit verbundenen – immer schon vermuteten – unlauteren Motive bestätigt. Erstmals stellt er nun den Minarettstreit in den größeren Zusammenhang des Islamdiskurses. Er verweist auf die umstrittene Regensburger Papst-Rede und die muslimischen Reaktionen darauf, wobei er einen Gegensatz zwischen «uns westlichen Ländern» und «islamischen Ländern» konstruiert und seine Bürgerinitiative als Gegenbewegung in der Nachfolge der Kreuzzüge positioniert – zur Abwehr von politisch oder religiös motivierten Menschen, die andere Menschen unterjochen wollten.

3.2.4 Reaktion des Kulturvereins

Im Oktober sieht sich der Kulturverein zu einer Medienmitteilung genötigt, «weil die Bevölkerung uns missversteht und weil gegenüber uns beleidigende und erniedrigende Aussagen gemacht werden»[35], in welcher der Vorstand alle unterstellten Verbindungen zu gewalttätigen Organisationen zurückweist.

Im November beteiligt sich der Türkische Kulturverein am «Tag der offenen Moscheen»[36] des Kantons Solothurn und versucht dabei die medial vermittelten Vorurteile zu zerstreuen. Mehrere Hundert Personen

---

32 *Blick* vom 27.9.2006.
33 *Berner Zeitung* vom 28.9.2006.
34 Hüttermann (2003: 80ff.) bezeichnet das Schlagwort «Salamitaktik» als einen ‹Klassiker› in Konflikten um islamische Symbole: Der Vorwurf meint ein verschleiertes strategisches Vorgehen des Konfliktgegners, der potenziell gefährliche Absichten verfolgt, und dient als Anknüpfungspunkt für Verschwörungstheorien. S. auch den Beitrag von Hüttermanns in diesem Band, 208f.
35 Medienmitteilung vom 16.10.2006, de.otko.com/medienmitteilung (24.6.2012).
36 Gemäß *Berner Zeitung* vom 13.11.2006 stammt die Idee aus dem Kanton Aargau und gelangte über die «Interreligiöse Arbeitsgemeinschaft (IRAS-COTIS)» zum Solothurner Integrationsdelegierten.

seien der Einladung nach Wangen gefolgt – allerdings niemand aus der Minarettgegnerschaft.[37]

Zwei Tage später findet in Olten eine Podiumsveranstaltung[38] mit dem Journalisten Werner van Gent statt, der im Minarettstreit zu einem Runden Tisch rät.[39] Tatsächlich organisiert das *Oltner Tagblatt* bereits am nächsten Tag ein Rundtischgespräch mit einer Vertreterin des Kulturvereins, zwei Minarettgegnern (dem Gemeindepräsidenten und einem Initianten der Bürgerinitiative), dem Solothurner Integrationsdelegierten, dem Generalsekretär des Bistums Basel und einer Islamwissenschaftlerin. Allerdings wird das Thema schnell wieder auf die «Grauen Wölfe» gelenkt, da der Gemeindepräsident just zu diesem Zeitpunkt ein Schreiben des Chefs des Inlandnachrichtendienstes aufs Tapet bringt, das eine Gefahreneinschätzung des Kulturvereins beinhaltet – als Antwort auf eine offizielle Anfrage der Gemeinde beim Bundesamt für Polizei vom August, die bereits Ende September bei der Gemeinde eintraf. Im Zeitungsbericht zum Rundtischgespräch wird der Brief des Schweizer Staatsschutzes auszugsweise öffentlich; es scheint nun «von höchster Stelle in Bern» bestätigt, dass der Kulturverein zu einer «rechtsextremistischen Organisation» gehört.[40] Dieses Dokument des Staatsschutzes wird von Minarettgegnern gerne aufgegriffen, da es als Deutungsangebot durch das *symbolische Kapital* (vgl. Schwab-Trapp 2001: 273) des Repräsentanten einer anerkannten politischen Institution Gewicht erhält.

---

37 *Oltner Tagblatt* und *Tages-Anzeiger* vom 13.11.2006.
38 Organisiert von der Kommission für Integration der Stadt Olten, IRAS-COTIS und dem Schweizerischen Roten Kreuz Kanton Solothurn.
39 *Oltner Tagblatt* und *Berner Rundschau* vom 15.11.2006.
40 *Oltner Tagblatt* vom 18.11.2006. Im Antwortschreiben des Staatsschutzes werden neben dem Wangner Kulturverein noch andere Vereine genannt, worauf der Regierungsrat des Kantons St.Gallen beim Bund interveniert und die Geschäftsprüfungskommission des Nationalrats zum Schluss kommt, dass der Staatsschutz im Minarett-Streit in Wangen bei Olten mit «nicht verifizierten Informationen unnötigen öffentlichen Wirbel» verursacht habe. Das Verhalten grenze an «grobe Fahrlässigkeit» (*SonntagsZeitung* vom 3.2.2008; vgl. den Originalbericht www.admin.ch/ch/d/ff/2008/5061.pdf [24.6.2012]). Diese offizielle Korrektur gelangt aber nie bis auf die lokale Diskursebene hinunter, weshalb dem Kulturverein der Ruch des Extremismus bleibend anhaften wird. Im Sommer 2010 kritisiert die Geschäftsprüfungsdelegation der Eidgenössischen Räte die Arbeitsweise des Geheimdienstes erneut (*NZZ-online* und *Tages-Anzeiger* vom 2.7.2010).

Die erneuten Vorwürfe setzen die Vertreterin des Kulturvereins am Runden Tisch unter Druck. Als eine «glaubwürdige» Distanzierung von den «Grauen Wölfen» und ein Moratorium für den Minarettbau gefordert wird (bis «das Vertrauen gewachsen ist»), erklärt sich die Vereinsvertreterin bereit, «mit einem Minarett zuzuwarten» und «die entstandenen Vorbehalte abzubauen».[41]

In den nächsten zwei Tagen konstatieren nun verschiedene Zeitungsberichte eine «Aufweichung der Fronten» im Minarettstreit.[42] Wie das Schweizer Fernsehen daraufhin berichtet, hat sich das Verwaltungsgericht zu einem Ortstermin in Wangen eingefunden und tagt nach einem Rundgang mit den Parteien in einem Restaurant, wo der Antrag der Gemeindebehörden für eine Sistierung des Baugesuchs durch ein fünfjähriges Moratorium zurückgewiesen wird, da die Sache «entscheidungsreif» sei. Der Anwalt des Kulturvereins präzisiert gegenüber dem Fernsehen, dass beim Entgegenkommen des Vereins ein Rückzug des Baugesuchs nie zur Diskussion gestanden habe. Die Gemeindebehörden haben beim Gericht nun auch das Schreiben des Staatsschutzes eingereicht.[43] Als letzten Trumpf versucht die Gemeinde noch eine Planungszone über das Gebiet zu verhängen, da eine Ortsplanungsrevision kurz bevorstehe, was aber nicht mehr gelingt.[44]

3.2.5 Eskalation

Schließlich realisieren die Diskursakteure, dass die für kurze Zeit wahrgenommene Tauwetter-Stimmung im Minarettstreit nicht mehr zu einer einvernehmlichen Lösung führen wird. Als schuldige Konfliktpartei wird schnell der Kulturverein ausgemacht, der eine große, «vielleicht einmalige Chance» vertan habe. Er habe es, heißt es in einem redaktionellen Kommentar, abgelehnt, «den Fuss auf die goldene Brücke zu setzen», die ihm die Gemeinde habe bauen wollen.[45]

---

41 *Oltner Tagblatt* vom 18.11.2006.
42 *20min-online* vom 18.11.2006, *SonntagsZeitung* vom 19.11.2006, *Solothurner Zeitung, Bund, Berner Zeitung, Tages-Anzeiger, NZZ* vom 20.11.2006.
43 *Schweiz Aktuell* vom 20.11.2006.
44 *Oltner Tagblatt* vom 21.11.2006. Diese Verhinderungsstrategie wurde auch im Minarett-Streit in Bobingen angewandt (vgl. Schmitt 2003: 200f.).
45 *Oltner Tagblatt* vom 21.11.2006.

Kurz darauf wird der Entscheid des Verwaltungsgerichts publik und stößt auf breites Medieninteresse. In einem Kommentar wird konstatiert, dass der Verein nun die Baubewilligung habe, aber den Turm nicht errichten sollte, da dieser «als Bedrohung» wahrgenommen würde. In einem anderen Kommentar werden die «Moscheebetreiber» aufgefordert, weiter ohne Turm zu beten – dafür mit einem Moratorium bis 2015 – «wenn ihre Worte vom friedlichen Zusammenleben mehr sind als Lippenbekenntnisse».[46]

In einer Glosse wird später über die Rudelbildung bei Wölfen sinniert, die (im Alpen-Kanton Wallis) eine Bedrohung darstellten – was auch für die «Grauen Wölfe» gelte; daher dürfe «Wangen nicht zu einem Treffpunkt Grauer Wölfe werden, die sich um ein Minarett scharen».[47] Für einen Solothurner SVP-Kantonsrat ist nun klar, dass es nicht mehr «nur um ein Minarett, sondern um den Ausbau eines Stützpunktes einer extremistischen Organisation»[48] gehe.

In seiner Akteurszeitschrift stellt einer der Hauptinitianten der Anti-Minarett-Initiative mit Verweis auf den erwähnten Brief des Staatsschutzes fest, dass die Wangner Moschee nicht bloß ein Gebetshaus sei, sondern der «Stützpunkt einer gewalttätigen Kampforganisation». Die Auseinandersetzung trete nun in eine «völlig neue Phase» ein, deshalb müsse der Bürger nun «handeln», denn «unser Land gehört uns – nicht Exponenten ausländischer Gewalttrupps».[49]

Zeitgleich erreicht der Islamdiskurs in der Schweiz nach dem Karikaturenstreit und der Regensburger Papst-Rede mit der «Schulweihnachts-Debatte» einen dritten Höhepunkt im Untersuchungszeitraum. Der *Blick* titelt: «Adventskränze und Christbäume – raus aus der Schule», was auf Forderungen «radikaler Muslim-Eltern» zurückgehe.[50] Das Thema beschäftigt eine Woche lang die Medien und nötigt Vertreter organisierter Muslime zu Stellungnahmen und Distanzierungen, denn: «Diese Forderung

---

46 *Oltner Tagblatt* und *Solothurner Zeitung* vom 25.11.2006. Der zweite Kommentator verlängert das von den Minarettgegnern vorgebrachte Moratorium ohne Begründung nochmals um einige Jahre.

47 *Oltner Tagblatt* vom 1.12.2006.

48 *SonntagsZeitung* vom 3.12.2006.

49 *Schweizerzeit* vom 8.12.2006.

50 *Blick* vom 11.12.2006.

brachte das Blut von Herr und Frau Schweizer ins Wallen», wie der *Blick* rückblickend konstatiert.[51]

Nach Weihnachten wird ein Anschlag auf das Vereinsgebäude verübt, mehrere Fensterscheiben werden eingeworfen und die «Wolfsfahne» wird gestohlen. Nur die regionalen Medien berichten darüber; in einem redaktionellen Kommentar heißt es dazu, dass die «offene Gewalt», die beim Übergriff auf das Vereinslokal zum Zuge gekommen sei, dem «unversöhnlichen Beharren» des Vereins auf dem Minarett-Projekt zugeschrieben werden müsse. Der Verein habe die «Zeichen auf Eskalation» gestellt.[52]

Rückblickend sagen lokale Akteure dem Autor im Interview, dass man durch die Dynamik des Konflikts gar nie zur Besinnung gekommen sei, denn es habe immer Handlungsdruck bestanden. Am Ende aber, als das Minarett installiert ist und sich die Welt ungerührt weiterdreht, versteht man gar nicht mehr, warum man wegen «dieses Türmleins» ein solches Aufheben gemacht hat.[53]

3.2.6 Fundamentalkonflikt

Der lokale Konflikt nimmt in der zweiten Hälfte 2006 zum Teil die Züge eines «Fundamentalkonflikts» (vgl. Imhof 2011: 169ff.) an, d.h. es scheint (1) in einer Regulierungsdimension aus der Sicht der Minarettgegner (und auch der Bauherrschaft) im Streit nur ein Entweder-oder zu geben (bauen oder nicht bauen), was Hirschman (1994: 301) als *unteilbaren* Konflikt beschreibt. In einem als *teilbar* wahrgenommenen (oder darin überführten) Konflikt gäbe es dagegen Verhandlungsspielraum, ein Mehr oder Weniger wäre verhandelbar.[54] In Wangen wird aber kein Interessensausgleich

---

51 *Blick* vom 18.12.2006.

52 *Oltner Tagblatt* vom 29.12.2006.

53 Schmitt (2003: 202) hat Vergleichbares auch im Bobinger Minarettstreit beobachtet und notiert, dass die Eigendynamik des Konflikts ab einem gewissen Eskalationsniveau schnell zu einem «Weiter So!» verleitet und eine «Augen zu und durch»-Mentalität «ohne große Rücksicht auf fremde und eigene (Image-)Verluste» befördert.

54 So wurde beispielsweise in Konflikten um Minarettbau-Projekte in Deutschland und Österreich über die Höhe und Gestalt des Minaretts gestritten und eine Einigung erzielt: vgl. Fall Bobingen/Schwaben Anfang 1990er (Schmitt 2003: 185ff.); Fall Halle/Westfalen 2001 (Hüttermann 2006); Fall Telfs/Tirol Ende 2005, wie in Wangen mit einer Unterschriftensammlung gegen einen Minarettbau, worauf die geplante Minaretthöhe in einem Kompromiss von 20

angestrebt, da die Minarettgegner auf einem bedingungslosen Rückzug des Baugesuchs beharren, bis irgendwann «die Zeit reif» und «Vertrauen» geschaffen worden sei.[55] Damit wird (2) in einer Anerkennungsdimension die Anerkennung des Kulturvereins als Konfliktpartei bereits von Beginn an in Frage gestellt. Als Diskursakteur vollends delegitimiert wird der Kulturverein durch die unterstellte extremistisch-gewalttätige Gesinnung der Vereinsmitglieder wegen der vom Staatsschutz behaupteten Mitgliedschaft des Kulturvereins in einer rechtsextremistischen Organisation. Nachdem sich der Kulturverein wiederholt weigert, die umstrittene Vereinsflagge mit dem heulenden Wolf einzuholen, weisen der kantonale Integrationsdelegierte sowie die Gemeinde- und Kirchenvertreter die Einladung zur Minarett-Einweihung öffentlich zurück. Die Beteuerungen der Vereinsvertreter, keinen Kontakt zu extremistischen Organisationen zu pflegen, werden von den Minarettgegnern nie als glaubwürdige Distanzierung anerkannt.

Interessanterweise wird am Ende des Minarettstreits die Skandalisierung des Vereins als extremistische Organisation auf den ganzen Konfliktverlauf zurückprojiziert; es wird nun von den lokalen Minarettgegnern der Eindruck vermittelt, dass man *schon immer* wegen des Extremismus-Verdachts gegen den Minarettbau gewesen sei. Dadurch ist man nicht mehr genötigt zu ergründen, was denn beim Minarettbau *vor* dem Auftauchen des Themas «Graue Wölfe» das Problem war, und kann den von außen herangetragenen Vorwurf der Fremdenfeindlichkeit von sich weisen.

Der größte Teil der Minarettgegner akzeptiert den Rechtsweg, während Vertreter extremer Positionen innerhalb der Bürgerinitiative diesen ablehnen. Es lassen sich innerhalb der Minarettgegnerschaft Unterschiede bezüglich der Anerkennung des Rechtsverfahrens als institutionalisierten Verfahrensprozess zur Konfliktlösung aufzeigen. Seitens des Initianten der Bürgerinitiative wird die Bau- und Planungskommission gemahnt, «darüber nachzudenken, wen sie zu vertreten hat und von wem sie gewählt

---

Meter auf 15 Meter reduziert wurde und die Einsprachen darauf zurückgezogen wurden (*Der Standard* vom 12.3.2006).

55 Vgl. etwa *Oltner Tagblatt* vom 25.9.2006. Die diesbezüglichen Zeithorizonte liegen gemäß den Gegnern zwischen Jahren (Gemeindepräsident: «bis Vertrauen geschaffen wird») und Jahrzehnten (Bürgerinitiative: «bis sich der Islam befriedet hat»).

wurde», denn es könne keine «Wertung nur nach dem Baureglement» geben.[56] Dem Baudepartement in Solothurn wird klar gemacht, dass nicht Gerichte über den «Volkswillen» entscheiden sollten.[57] In der Anerkennungsdimension fehlt also neben der wechselseitigen Anerkennung der Konfliktparteien zum Teil auch die rechtliche Anerkennung des Verfahrens zur Konfliktregelung.

Ein lokaler Akteur bezeichnet sich als «immer noch gehorsamen und überzeugten Staatsbürger», er frage sich aber immer mehr: «Kann man wirklich alles einfach so hinnehmen?»[58] Im Sinne der erwähnten Aufforderung eines Initianten der Anti-Minarett-Volksinitiative, dass der Bürger nun «handeln» müsse, droht der Streit die Grenze eines geregelten Konflikts zu überschreiten, was mit dem Gewalthandeln gegen das Vereinslokal und dem eigenmächtigen Einholen und Entwenden der Vereinsflagge punktuell auch geschieht. In der Regulierungsdimension werden im Minarettstreit also die Grenzen des gesellschaftlich tolerierten Konfliktverhaltens ausgelotet.

Die politischen und kirchlichen Gemeindevertreter hingegen halten sich – auch um ihrer gesellschaftlichen Reputation willen – an die anerkannten Konfliktregelungsmechanismen. Durch den Verweis auf die Autorität des Rechtsstaates gewinnen die pragmatischer ausgerichteten Minarettgegner einen Spielraum, um sich gegen die radikalen Forderungen seitens der Bürgerinitiative abzugrenzen.

Die von den Konfliktparteien anerkannte Autorität einer dritten Partei, hier die Anerkennung der Justiz als Garantin einer Rechtsordnung, wirkt selbstbegrenzend und zivilisierend, was Dubiel (1997: 425) als *gehegten* Konflikt beschreibt. Dadurch kann der unheilvollen Konfliktdynamik die Spitze gebrochen werden.

Die dritte Partei, das Rechtssystem mit seinen Gerichtsinstanzen, führte den Konflikt zwar keiner Lösung zu, schränkte durch die Anerkennung der Konfliktparteien und eine Auswahl von juristisch definierten Themen aber die mögliche Themenvielfalt ein. Dies führte zu einem langen Rechtsstreit, aber auch zu einer Kanalisierung der Argumentation, die im Unterschied zum Diskurs in der massenmedialen Öffentlichkeit einen

---

56 Leserbrief im *Oltner Tagblatt* vom 12.10.2005.
57 Leserbrief im *Oltner Tagblatt* vom 30.6.2006.
58 Leserbrief im *Oltner Tagblatt* vom 11.11.2005.

gewissen Rationalitätsgrad aufweisen musste und dadurch deeskalierend wirken konnte. Schließlich liegt der größte Vorteil des Vorhandenseins einer dritter Partei darin, dass sich die unterlegene Konfliktpartei – die lokale Minarettgegnerschaft – zugutehalten kann, bis zum Schluss gekämpft und der Gegenpartei nie nachgegeben zu haben, was sonst als Schwäche hätte interpretiert werden können (und zur Abwahl der politischen Vertreter hätte führen können). Nun aber kann der Verlierer den Grund für eigene Konzessionen – dass man den Kulturverein beim Minarettbau gewähren lässt – dem Dritten zurechnen (vgl. Luhmann 1981: 109).

Im eskalierenden Fundamentalkonflikt wird der unterlegenen Partei durch das Akzeptieren des Bundesgerichtsentscheides ein (mehr oder weniger ehrenvoller) Rückzug gewährt, womit die Konflikthandlungen eingestellt werden können. Der Konflikt wird zwar nicht gelöst (da er nach wie vor als *unteilbar* interpretiert wird), doch wird die Konfliktdynamik durchbrochen und die Auseinandersetzung in einen latenten Konflikt überführt, der – wie die anhaltenden Querelen um die «Wolfsfahne» zeigen – jederzeit wieder manifest werden könnte.[59]

4 Integration ins Dorf

An Vertreter von Kulturvereinen beziehungsweise lokalen Glaubensgemeinschaften werden generell hohe Erwartungen hinsichtlich ihrer kommunikativen Fähigkeiten gestellt. Diese sind allerdings meistens keine fest

---

[59] Im Solothurner Kantonsrat wurde ein Verbot der Vereinsfahne mit dem heulenden Wolf gefordert. Gemäß *Oltner Tagblatt* vom 16.6.2010 beantragte der Regierungsrat Nichterheblicherklärung, hätte es aber begrüßt, wenn der Verein die Flagge mit dem «Grauen Wolf» freiwillig entfernt hätte. Abzuwarten sei noch die Revision des Strafgesetzbuches, bei der die Rassismus-Strafnorm (Art. 261bis StGB) ergänzt werden könnte. Laut Medienmitteilung des Eidgenössischen Justiz- und Polizeidepartements vom 30.6.2010 verzichtet der Bundesrat aber auf die Schaffung einer neuen Strafnorm gegen rassistische Symbole. Im August 2010 wird eine Droh-Email an die Gemeinde Wangen öffentlich, wonach die Vereinsfahne umgehend entfernt werden müsse (*Oltner Tagblatt* vom 11.8.2010). Im November 2010 lehnt der Kantonsrat schließlich den Auftrag der SVP, die Flagge des «Grauen Wolfes» unverzüglich zu entfernen, großmehrheitlich ab, wobei sich aber gemäß dem *Grenchner Tagblatt* vom 11.11.2010 «sämtliche Parteien von links bis rechts» darin einig sind, dass die Flagge irritiere und eigentlich nicht dorthin gehöre.

angestellten Kommunikationsprofis, sondern ehrenamtlich arbeitende Laien, die einem anderen Beruf nachgehen und dann auf Podien oder vor Journalisten eloquent und nachvollziehbar die Tätigkeit und Absichten des Vereins erklären und begründen sollten. Oft werden sie dann auch als allgemeine Stellvertreter ihrer (zumeist homogen gedachten) Glaubensgemeinschaft betrachtet und werden mit Grundsatzfragen konfrontiert (zum Beispiel bezüglich der Geschlechtertrennung oder des religiösen Exklusivitätsanspruchs), die sie kompetent zu beantworten haben. Gelingt ihnen dies nicht, wird ihnen von den Gegnern schnell eine Verschleierung der Handlungsmotive oder mangelnde Kooperationsbereitschaft unterstellt (vgl. Höbsch 2008).

So wird der Kulturverein vom Gemeinderat verschiedentlich aufgefordert, zur Bauabsicht schriftlich Stellung zu nehmen oder sich von den «Grauen Wölfen» zu distanzieren, wobei unklar bleibt, wie sich die Vereinsverantwortlichen für die Gemeinde glaubwürdig von einer extremistischen Organisation distanzieren sollen, der sie durch den Staatsschutz[60] offiziell zugeordnet werden. Jedenfalls distanzieren sich die Vereinssprecher in den Medien stets von Gewalt und Extremismus und bezeichnen sich als überzeugte Demokraten, doch erscheint dies den Gegnern nie glaubwürdig genug. Der Verein tritt (gemäß dem Gemeindepräsidenten) auch nie in einen Biefwechsel mit dem Gemeinderat ein, was dieser als Affront begreift. Es stellt sich die Frage, ob der Verein durch die Nichtbeantwortung der Briefe eine Brüskierung des Gemeinderats beabsichtigt hat. Relativierend wirkt sich dabei die Betrachtung der früheren Kommunikation mit der Bauverwaltung aus, bei der es dem Verein nur mit Unterstützung des Bauverwalters gelang, für die Umbauten die nötigen Formulare auszufüllen, da dieser ihnen dabei geholfen oder gleich vor Ort ein mündliches Protokoll aufgenommen hatte. Auch das einzige öffentliche schriftliche Dokument des Kulturvereins, die Medienmitteilung zur Richtigstellung der Anschuldigungen gegen den Verein, lässt angesichts von Form, Grammatik und Inhalt nicht auf die Fähigkeit kompetenter Außenkommunikation schließen.[61]

---

60 Zum Schreiben des Staatsschutzes an die Gemeinde Wangen vgl. Anm. 40.

61 So besteht die Medienmitteilung größtenteils aus einer geschichtlichen, z.T. detailversessenen Abhandlung zur türkischen Geschichte bis zu den Gründungsmythen mit verschiedenen Legenden um den «Grauen Wolf», was auf die Ausbildung eines Vereinsverantwortlichen als Geschichtslehrer in der

Die türkischen Vereinsmitglieder in Wangen bei Olten, die größtenteils seit über 20 Jahren in der Schweiz leben, ohne je mit dem Gesetz in Konflikt geraten zu sein, sind zum Teil eingebürgert und betrachten sich als gut integrierte Mitglieder der arbeitenden Schweizerbevölkerung.[62] Da sie nie negativ aufgefallen seien, glauben sie, der Wunsch nach einem Minarett sei unproblematisch und müsse weder erklärt noch gerechtfertigt werden. Sie halten es für das Wichtigste, dass der Bau nicht gegen das Gesetz verstößt.

Der Kulturverein hebt auch immer wieder seine Integrationsbemühungen hervor, die aus vielfältigen Kursen und Nachhilfeangeboten für die Mitglieder bestehen. An der Rede zur Einweihung des Minaretts betont der Vereinspräsident jedoch auch, dass sich nur integrieren könne, wer seine eigene Kultur gut kenne und andere Kulturen respektiere.[63] Der Verein trennt dabei klar zwischen Integration und Assimilation, was nach Haab et al. (2010: 118) für türkische Vereine im Allgemeinen gilt.

Unterschiedliche Vorstellungen von Integration
Der Gemeindepräsident befürwortet die Integrationsbemühungen des Kulturvereins, gibt aber zu bedenken, dass diese Aufgabe ungemein erschwert werde, wenn ein großer Teil der Bevölkerung gegen den Verein eingestellt sei – was beim Bau eines Minaretts eben zu erwarten sei. Die Verantwortlichen des Vereins sollten das in ihre Überlegungen mit einbeziehen und das Baugesuch zurückziehen.[64]

Türkei zurückzuführen ist, aber nichts zur Klärung der Frage beiträgt, wofür der Bezug auf dieses Symbol heute steht und wann der Verein was mit wem (z.B. dem Idealisten-Dachverband) zu tun hatte. Die Vereinsvertreterin am Rundtischgespräch bestätigt (gemäß *Oltner Tagblatt* vom 18.11.2006), dass der Verein früher zur Föderation der Türkisch-Idealistischen Islamvereine der Schweiz gehört habe, sich aber mit der Föderation «auseinandergelebt» habe. Auch beziehe sich der Wolf im Vereinslogo nicht auf die «Grauen Wölfe». Dennoch verteidigt sie die «Grauen Wölfe» (auf Türkisch habe sie im Internet – anders als im deutschen Wikipedia-Eintrag – nichts Negatives darüber gefunden) und nennt ein Massaker an Aleviten in Sivas von 1993, an dem keine «Grauen Wölfe» beteiligt gewesen seien.

62 Gemäß der Medienmitteilung des Kulturvereins vom 16.10.2006.
63 Basierend auf der teilnehmenden Beobachtung der Minarett-Einweihung vom 27.6.2009 in Wangen bei Olten.
64 Interview im *Oltner Tagblatt* vom 4.10.2005.

In Leserbriefen[65] wird der Wunsch nach einem Minarett als «anma-ßende Forderung» und als Beweis dafür gesehen, dass sich «diese herge-reisten Leute fremder Kulturen» gar nicht integrieren wollten. Die Mit-glieder des Vereins seien «in einem fremden Land», sollten sich daher «den Gepflogenheiten anpassen» und «ihren Integrationsbeitrag leisten», denn – wie es der Initiant der Sammeleinsprache formuliert – der Verein arbeite durch die Beibehaltung und Förderung türkischer Gebräuche und Sitten der Integration «diametral» entgegen.

Der reformierte Pfarrer unterstellt dem Verein zusätzlich noch Ex-pansionsabsichten.[66] Einheimische bekämen das Gefühl, dass sie «majo-risiert», dominiert werden könnten. Im *Club* bringt er ein Beispiel aus Berlin-Kreuzberg, wo er Ausländerpfarrer gewesen war, dort hätten in einem Haus einige Türken gelebt und schließlich sei das ganze Haus von Türken bewohnt gewesen. Das ist das Stichwort für den ebenfalls anwe-senden Initianten der Bürgerinitiative, um auf die «Salamitaktik» zurück-zukommen. Eine Familie sei wegen des Lärms schon umgezogen: «Die Schweizer geben nach, werden verdrängt und das Vakuum wird sofort aufgefüllt.»[67]

Dem Verein wird vorgeworfen, dass niemand von den Mitgliedern im Dorf wohne und dass kein Kontakt zum Dorf gesucht werde, um an dessen gesellschaftlichen Leben teilzunehmen. Dadurch kenne man sie zu wenig und könne kein Vertrauen aufbauen. Der Gemeindepräsident meint, dass der Verein angesichts der verbreiteten Opposition mit einem Rückzug des Baugesuchs viele Sympathien gewinnen könnte und so sein Hauptziel, die Förderung der Integration der Mitglieder, viel eher erreichen würde. Für ein Minarett sei die Zeit noch nicht reif.[68]

Die Vorstellungen davon, was Integration bedeuten soll, liegen also weit auseinander. Für den Vereinspräsidenten sind die Mitglieder bereits integriert: «Wir sind gesetzestreu, liegen niemandem auf der Tasche, haben uns nichts zu Schulden kommen lassen.» Sie seien unbescholten und gingen einer geregelten Arbeit nach.[69] Diese Betrachtungsweise kann

---

65 Aus Leserbriefen vom November 2005 bis Februar 2006 im *Oltner Tagblatt*.

66 Interview im *Oltner Tagblatt* vom 5.11.2005.

67 Fernsehdiskussion im *Club* vom 21.2.2006 zum Thema: «Wangen SO: Provoziert das Minarett die Christen?».

68 Interview im *Oltner Tagblatt* vom 25.9.2006.

69 Portrait im *Oltner Tagblatt* vom 2.3.2006.

mit Anhut und Heitmeyer (2000: 47ff.) als *individuell-funktionale System-integration* beschrieben werden. Andernorts bezeichnet ein Vereinsver-treter seine Leute als «Mitglieder der arbeitenden Schweizerbevölke-rung»[70], wodurch der Fokus auf der Ebene der arbeitsteiligen Schweizer Gesellschaft liegt. Die lokalen Minarettgegner sprechen dagegen von einer nötigen Integration ins Dorf, wodurch sie eine *kommunikativ-interaktive Sozialintegration* einfordern, die auf einen sozialen Interessenausgleich abzielt. Für das Verhandeln des Ausgleichs der konfligierenden Interessen werden zugleich Vorbedingungen gestellt: Der Kulturverein müsse zuerst das Baugesuch zurückziehen und sich durch Teilhabe am Dorfleben in die Dorfgemeinschaft einordnen. Die Allokation des Kulturvereins als Neu-zuzügler auf eine soziale Position im Dorf erfolgt also durch die Alteinge-gesessen. Als *Etablierte* berufen sie sich implizit auf eine soziale Rang-ordnung, der sich die *Außenseiter* ein- und unterzuordnen haben (vgl. Elias/Scotson 2008 [1965]). Dabei definieren die Etablierten, wann sich der Kulturverein ordentlich eingefügt hat: Wenn er sich das Vertrauen der Alteingesessenen erarbeitet hat. Erst dann ist die Dorfgemeinschaft be-reit, die kollektive Identität des Kulturvereins anzuerkennen und sein Minarett als Symbol dieser Identität zu akzeptieren. Dies bezeichnen Anhut und Heitmeyer (2000: 47ff.) als emotionale Anerkennung einer *kulturell-expressiven Sozialintegration.*

Hier lässt sich nun an die Anerkennungsdimension der Konfliktanalyse anknüpfen: Sowohl der Konfliktkommunikation als auch dem Integra-tionsverständnis der Alteingesessenen liegt eine mangelnde Anerken-nung von Zugehörigkeit zugrunde. Den Mitgliedern des Kulturvereins wird die Zugehörigkeit zum Kollektiv (noch) abgesprochen, was jede For-derung des Kulturvereins den Alteingesessenen als Anmaßung erscheinen lässt. Diese Wahrnehmung wird in der Konfliktentwicklung noch ver-stärkt, da der skandalisierte Kulturverein eine zunehmend misstrauische Abwehrhaltung einnimmt, was die Gräben zwischen den Parteien weiter vertieft.

---

70 Medienmitteilung vom 16.10.2006.

5 Das Minarett in einer Drei-Ebenen-Kommunikation

Betrachten wir die Mitglieder des türkischen Kulturvereins als Teil einer *Diasporagemeinschaft*, die nach einem Selbstverständnis in der Residenzgesellschaft suchen, dann können wir mit Lewis Coser deren selbstbewusstes Durchhalten im jahrelangen Rechtsstreit als Resultat einer emanzipatorischen Entwicklung begreifen:

> «In dem Maß, in dem Mitglieder von Minderheitengruppen ihre Konflikte mit den Mehrheitsgruppen offen austragen, können wir annehmen, dass sie in ihrer Beziehung zu dieser Gruppe sich sicher genug fühlen, eine solche Äußerung zu wagen [...].» (Coser 1972: 100)

Als *Diaspora* soll hier nach Gottschlich (2008: 2) eine aus einem ursprünglichen Heimatland dauerhaft in mindestens zwei voneinander getrennte fremde Gebiete ausgewanderte Gemeinschaft bezeichnet werden. Eine Diaspora befindet sich dabei im Gastland in einer Minderheitsposition und ist durch eine oftmals idealisierte und mythische Erinnerung an eine real existierende oder imaginierte Heimat geprägt. Die Identitätskonstruktion ist maßgeblich durch ein dreifaches Kommunikations- und Interaktionsnetzwerk gekennzeichnet, das die Beziehungen der Gemeinschaft zum Heimatland, zu anderen Diasporagruppen der gleichen Herkunft und zum Gastland umfasst.

Aus der Sicht des Kulturvereins verortet sich der Wunsch nach einem Minarett somit in drei Bezugs- und Austauschebenen:

1. Einerseits objektiviert das in der Türkei vorgefertigte Minarett die Erinnerung an das ursprüngliche Heimatland und hilft so das *kulturelle Gedächtnis* (vgl. Assmann 2005) einer türkisch-islamischen Identität zu formen. Das Minarett steht damit im Zusammenhang mit einer zunehmend institutionalisierten Form der Erinnerungskultur, da die Zeitzeugen der Erinnerungsgemeinschaft – die Auswanderergeneration mit ihrer ursprünglichen und wenig geformten Erinnerung – in absehbarer Zeit aufgrund eines Generationenwechsels nicht mehr verfügbar sein werden. Da verwundert es nicht, dass Vereinsverantwortliche das gewünschte Minarett einerseits als Symbol für den Gebetsraum im Keller des Vereinslokals bezeichnen, anderseits aber auch als «ein Zeichen für unsere Kinder» sehen.[71]

---

71 *SonntagsZeitung* vom 12.2.2006. Auch im Club vom 21.2.2006 sagt ein Vereinsver-

2. Die kommunikativen Bezüge zwischen den einzelnen Gruppen in der Diaspora können zudem zu einem Erfahrungsaustausch und einer gegenseitigen Re-Affirmation der diasporischen Identität führen. Gleichzeitig wirken in vielen Diasporagemeinschaften allerdings auch die Konfliktlinien aus dem Herkunftsland weiter. So beschreiben Haab et al. (2010: 128f.) für die Migranten aus der Türkei eine Segregation entlang unterschiedlichen politischen, kulturellen, ethnischen oder religiösen Zugehörigkeiten, was zu einer stark zersplitterten Vereinslandschaft führe, wobei es kaum zu Zusammenarbeit oder Zusammenschlüssen zwischen den Vereinen komme. So sind in der Fremde unterschiedliche Gruppen entstanden, die miteinander konkurrieren oder im Streit liegen. Das Minarett kann somit auch als Zeichen in einem umstrittenen Identitäts-Markt, mit Konzepten wie einer «Türkisch-Islamischen Synthese» oder eines «Euro-Islam», um die legitime Vertretung der türkischen Diasporagemeinschaft interpretiert werden.[72]

3. Schließlich tritt der Kulturverein durch den Minarettbau auch in Kontakt mit den Behörden beziehungsweise der lokalen Bevölkerung, somit verstärkt mit der Lebenswelt der Residenzgesellschaft. Der Kauf und Umbau der alten Farbenfabrik und der Wunsch nach einem Minarett führen zu einem direkten Kontakt zu den Behörden, wobei die Vereinsmitglieder damit auch zeigen, dass sie durch diese Investitionen den Rückkehrwunsch aufgegeben haben. Der Bevölkerung wiederum zeigt dies, dass sie in einer Einwanderungsgesellschaft lebt.

Das Wangner Minarett als polysemes Zeichen

Für die lokalen Minarettgegner ist nur die Wirkung des Minarettbaus auf das Dorf und seine Bevölkerung entscheidend, andere Interpretationsmöglichkeiten des Minarettwunsches als die eines Zeichens einer Minderheit an die Mehrheit im lokalen öffentlichen Raum werden nicht in Erwägung gezogen.

---

treter, dass er im Verein seine Kultur leben können und diese auch an seine Kinder weitergeben möchte.

72 Zum türkischen Kulturverein Olten, zur türkischen (ultranationalistischen) Diasporagemeinschaft in der Schweiz und in Europa sowie deren Verhältnis zur Türkei vgl. ausführlich Wäckerlig 2011.

Die Minarettgegner glauben ganz genau zu wissen, was ein Minarett ist und wofür es steht, kann das ihnen zufolge doch jeder im Internet nachlesen. *Ihnen* ist deshalb klar, dass ein Minarett *eigentlich* die Funktion eines Rufturms hat, von dem aus zum Gebet gerufen wird. Wenn, wie in Wangen bei Olten, im Baugesuch festgehalten wird, dass das Minarett nur als «Sinnbild des Lokals» und nicht für «Ausrufe» genutzt werden soll, dann können die Minarettgegner das nicht nachvollziehen, sondern unterstellen der Bauherrschaft unverblümt, dass diese sich nicht daran halten werde.[73] Somit werden die verschiedenen Lesarten, was denn nun mit dem Bau eines Minaretts seitens des Kulturvereins ausgedrückt werden soll, in der diskursiven Praxis in einem Prozess der Monosemierung[74] auf eine bestimmte und unveränderbare Aussage vereindeutigt (vgl. Höhne 2008: 451; Würtz/Eckert 1998: 184ff.).

Die Vereinsverantwortlichen hatten sich beim Wunsch nach einem Minarett allerdings nicht viele Gedanken über die Reaktion der Bevölkerung gemacht. Ein Vorstandsmitglied der alten Garde mit gutem Draht zum Wangner Bauverwalter fungierte seit dem Umzug des Vereins nach Wangen als Kontaktmann zur Gemeinde. Als er dem Bauverwalter die Absicht, ein Minarett bauen zu wollen, schilderte, soll er von diesem vorgewarnt worden sein, dass dies Probleme geben könnte. Die Warnung sei aber in den Wind geschlagen worden.[75]

---

73 Es war der Bauverwalter, der seinen Kontaktmann vom Kulturverein dazu angehalten hatte, diesen Passus ins Baugesuch hineinzunehmen, da er den Streit um den Gebetsruf bereits kommen sah. Seitens des Kulturvereins stand die Nutzung des Minaretts zum Gebetsruf nie zur Diskussion, es wurde immer als funktionslos und «rein symbolisch» beschrieben. Gerade die Symbolik eines islamischen Baus brachte dann aber das Blut vieler Wangner in Wallung.

74 In der Folge wird mit Hilfe von «Islamkennern» durch die Kopplung an den Islamdiskurs die *eindeutige* Interpretation des Minarettbaus auf die Kurzformel «Minarett – Muezzin – Scharia» gebracht und als ein islamistisch motivierter territorialer Machtanspruch gedeutet, was diskursiv als drohende Islamisierung hegemonialisiert wird und sich schließlich auf die Bevölkerungsmeinung überträgt, wie es die Ergebnisse der VOX-Analyse nach der Anti-Minarett-Abstimmung nahelegen (vgl. Hirter/Vatter 2010).

75 Mit Beginn des Konflikts zieht sich dieser Kontaktmann zurück, danach gibt es in der Außenkommunikation des Kulturvereins keine personelle Konstanz mehr: Es folgen drei Vereinspräsidenten in drei Jahren sowie einzelne Vertreter, die in den Medien als Sprecher auftreten oder vom Kulturverein ins Fernsehen oder an den Runden Tisch delegiert werden.

Schließlich wird im Amtsblatt ein Baugesuch für einen «Aufbau Sembul Minare (Minarett)» veröffentlicht; die türkische Schreibweise zeigt an, dass damit nicht die lokale Bevölkerung angesprochen werden soll und auch nicht mit Widerstand von dieser Seite gerechnet wird. Erst die sofort einsetzenden massiven Reaktionen aus der Bevölkerung machen den Bauherren klar, dass sie in ein Wespennest gestochen haben, wenn sie den Grund dafür auch nie nachvollziehen können und die Schuld später einer Negativ-Kampagne der Medien zuschreiben, die Falschinformationen verbreitet habe.[76]

Erst als die Vereinsverantwortlichen merken, dass sie als türkisch-muslimische Minderheit von einem lautstarken Teil der Bevölkerung nicht als eine gleichberechtigte Gruppe in der Gesellschaft anerkannt werden, sehen sie das Minarett auch als ein Symbol dafür, dass sie Muslime sind und als solche erkannt werden wollten.[77] Das Minarett wird ein «sichtbares Zeichen unserer Religion»,[78] denn «der Islam ist Realität in der Schweiz. Wir sind Muslime und wollen als solche erkannt und akzeptiert werden.»[79]

6 Lokaler Rangordnungskonflikt

In Wangen sind es insbesondere die Alteingesessenen, die sich gegen das Minarett zur Wehr setzen. Sie haben über die Jahrzehnte eine Veränderung ihrer als vertraut empfundenen Umgebung erlebt. Wie ein langjähriger Lokaljournalist dem Autor erklärt, leidet diese Region an einem Bruch zwischen alt und neu, zwischen Alteingesessenen und Neuzugezogenen, die sich nur peripher ums Dorf kümmern und vor allem wegen der

76 Vgl. die Medienmitteilung vom 16.10.2006. Anfang 2006 stellten sich noch sechs Familien des Kulturvereins in einer Porträt-Serie des *Oltner Tagblatts* vor und nutzten diese Plattform begeistert, um dem Kulturverein ein Gesicht zu geben und ihre offene Haltung zu demonstrieren. Die offene Haltung wandelt sich im Verlauf des Konflikts in Misstrauen, was die Vereinsvertreter zunehmend defensiv agieren lässt. Ein späterer Vereinspräsident erklärt vor der Anti-Minarett-Abstimmung: «Journalisten sind wie Füchse. Ich mag sie nicht [...]. Sie schleichen sich rein und stellen freundliche Fragen. Dann aber steht etwas völlig anderes in der Zeitung» (*Beobachter* vom 30.10.2009, S. 22).

77 *Berner Zeitung* vom 4.2.2006.

78 *Sonntags Blick* vom 12.2.2006.

79 Interview mit dem Presseverantwortlichen des Kulturvereins im Februar 2009.

Wohnlage gekommen sind, wegen des Steuersatzes oder weil sie nahe bei der Autobahn sein wollen.[80] Dieser Suburbanisierungsprozess wird von den Alteingesessenen als Zerfall der Dorfstruktur und als Bedrohung der vertrauten Lebenswelt wahrgenommen.[81]

Die Forderung der in Wangen Alteingesessenen nach einer «Integration ins Dorf» mutet auf den ersten Blick anachronistisch an. Es wird eine normative Vorstellung einer bestimmten Lebensweise vermittelt: Man (bzw. die Mitglieder des Kulturvereins) sollte im Dorf wohnen und an dessen Gemeinschaft teilhaben und nicht einfach kommen und gehen, wie es einem passt. Dabei entspricht das Mobilitätsverhalten der Vereinsmitglieder durchaus dem modernen Typus des flexiblen Menschen in einer mobilen Gesellschaft. Sie wohnen im Grünen in Dörfern der Region, pendeln zur Arbeit und weisen eine hohe Freizeitmobilität auf, wobei es ihnen einerlei ist, wo in der Agglomeration sich ihr Vereinslokal befindet, solange es nur gut erreichbar ist.

Das Fremde wird sichtbar und verunsichert
Die bauliche Repräsentation einer Minderheit im öffentlichen Raum kann durch die Mehrheit als Bedrohung ihres Statusgefüges und als Verlust des identitätsaffirmativen Raumes empfunden werden und einen Gruppen-Rangordnungskonflikt einleiten (vgl. Schmitt 2007: 182).

Bis zu Beginn des 20. Jahrhunderts war die Region Olten noch katholisches Stammland, dann zogen mit dem Bau der Eisenbahn vermehrt Protestanten zu.[82] Es dauerte knapp 30 Jahre, bis nach der Gründung der ersten reformierten Ortsgruppe eine eigene Kirche gebaut werden konnte – allerdings außerhalb des Dorfkerns, jenseits der Hauptstraße und der Gleise der Jurasüdfuß-Bahnlinie im jüngeren Dorfteil Kleinwangen. Das Wangner Dorfbild wird daher immer noch durch die imposante St.-Gallus-

---

80 Die Daten der Eidgenössischen Volkszählung von 2000 (BFS) zeigen, dass rund 40 Prozent der Wangner Bevölkerung zur Arbeit wegpendelt, während die Arbeitsplätze vor Ort zu 60 Prozent durch Zupendler besetzt werden.

81 Vgl. dazu etwa Urs Bloch: «Im Autobahnkreuz» in der *NZZ* vom 30.7.2011 zu den soziogeografischen Umwälzungen am Solothurner Jurasüdfuss.

82 Vgl. Altermatt 1991: 240. Die industrielle Einwanderungsbewegung an den Jurasüdfuss des Kantons Solothurns (z.B. Eisenwerk von Roll, Schuhfabrik Bally) hat den Anteil Reformierter bis zum Ersten Weltkrieg auf einen Drittel der Bevölkerung ansteigen lassen.

Kirche dominiert, die leicht erhöht im Dorfzentrum oberhalb der Gemeindekanzlei thront und deren Namenspatron das Gemeindewappen ziert. Das Minarett auf der als Vereinslokal genutzten ehemaligen Farbenfabrik liegt auf der Seite des Dorfzentrums wenige Schritte vom Bahnhof und nur 300 Meter von der Gemeindekanzlei entfernt.

Unter dem Titel «Minarett für Gallusgemeinde?» nennt ein Zeitungsbericht «Befürchtungen in gewissen Bevölkerungskreisen», dass der Kirchturm durch ein Minarett konkurriert werden könnte.[83]

Die Vereinsmitglieder rücken als ehemalige Gastarbeiter ins gesellschaftliche Zentrum vor und entwickeln sich dadurch von unsichtbaren *peripheren* zu sichtbaren *avancierenden Fremden* (vgl. Hüttermann 2000). Die gewohnte soziale Ordnung bleibt aber nur so lange erhalten, als die Grenzen zwischen Alteingesessenen und Zugewanderten selbstverständlich gelten. Der periphere Fremde

> «ist schier unsichtbar und um die eigene Unsichtbarkeit bzw. Unauffälligkeit bemüht. [...] er befremdet nicht, weil er trotz physischer Nähe nicht wirklich nahe tritt, sondern nach Möglichkeit ausweicht und sich am Rande der Arbeitswelt und der Bühnen der lokalen Öffentlichkeit bewegt.» (Hüttermann 2006: 179)

Die Vereinsmitglieder jedoch werden Hausbesitzer und überschreiten die eingelebten räumlichen Statusgrenzen.[84]

Im Rangordnungskonflikt wird mit dem Widerstand gegen den Minarettbau versucht, die öffentliche Sichtbarkeit islamischer Religiosität abzuwehren und dem Kulturverein damit die Anerkennung eines kollektiv und religiös-kulturell gewichtigen Symbols zu verweigern. Auf der anderen Seite steht dabei die Sicherung einer christlichen Vorrangstellung (vgl. Tezcan 2000: 426). Die Kirchen haben in ihrer gemeinsamen Einsprache gegen den Minarettbau vorgebracht, dass das Minarett nicht ins Dorfbild passe, «befinden wir uns doch in einem christlichen Kulturkreis». Der reformierte Pfarrer sieht zudem den Religionsfrieden gefährdet.[85]

Eine normative Territorialisierung muss gemäß Schmitt (2003: 118f.) in der Regel diskursiv begründet werden; bei der kulturräumlichen normativen Territorialisierung mit der Gegenüberstellung von Europa als

---

83 *Oltner Tagblatt* mit Anriss auf der Frontseite vom 8.9.2005.
84 Vgl. dazu auch den Beitrag von J. Hüttermann in diesem Band.
85 *Tages-Anzeiger* vom 9.2.2006.

Abendland und dem Orient als Land des Islam genüge im Diskurs jedoch der Rekurs auf den Kulturraum als Letztbegründung. Auch Baumann (1999: 193f.) stellt den öffentlichen Raum als ein «normiertes und verteidigtes Terrain» dar, in dem implizite Wertvorstellungen und Loyalitätserwartungen vorherrschen. In Konflikten um religiöse Stätten und Symbole würden bei der Verteidigung der hergebrachten Normierung des öffentlichen Raums Ängste, Bedrohungsgefühle und emotionale Erregtheit vonseiten der Dominanzgesellschaft zum Ausdruck gebracht.[86] Die «öffentliche Ordnung» des Raums werde als grundlegend für die eigene Versicherung und kulturelle Selbstverortung empfunden. Diese werde gegen Veränderungen verteidigt und gegen neue Teilnehmer und abweichende Inhalte abgeschottet (ebd. 196f.).

Der Minarettbau wird von den Alteingesessenen als ein massiver Eingriff in ein historisch gewachsenes Dorfbild und somit als eine Störung der damit implizierten sozialen Ordnung empfunden. Gleichzeitig dient das Bauvorhaben nun als Kristallisationspunkt, an dem diffuse Ängste vor allgemeiner Veränderung – mit dem Gefühl eines Heimatverlusts – hervorbrechen, die im Einspracheverfahren eine Plattform zur Artikulation erhalten. Sehr schnell vermischen sich dann diese allgemeinen Befürchtungen vor Veränderung mit einer Vielzahl weiterer Ängste. Diese speisen sich aus negativen persönlichen interethnischen Erfahrungen und der Furcht vor Überfremdung durch eine unterstellte Expansion des Kulturvereins im Dorf (mit unweigerlich folgendem Muezzinruf), was eine «Türkisierung» oder «Orientalisierung» der Lebenswelt zur Folge hätte (vgl. dazu Schmitt 2003: 347f.; Hüttermann 2003: 82f.). Das Ganze bildet bald ein unentwirrbares Knäuel von Ablehnungsgründen, das politisch bewirtschaftet werden kann und im Minarettdiskurs schließlich auf eine Bedrohung durch «Islamisierung» (mit dem Minarett als Machtsymbol) eingeengt wird, durch deren Abwehr («Wehret den Anfängen!») allen vormals aufgekommenen Ängsten die Grundlage entzogen werden soll.

---

86 Dies betrifft nicht allein islamische Symbole: Baumann führt als Beispiel neben einem Streit um den Ruf des Muezzin in Duisburg den Konflikt um einen Hindu-Tempel in Großbritannien an.

7 Fazit

Aus dem geschilderten Konflikt um den Minarettbau eines türkischen Kulturvereins in einem Dorf im Schweizer Mittelland können folgende Schlussfolgerungen gezogen werden:

1. Die Diskursrekonstruktion des Streits um den Bau eines Minaretts in Wangen bei Olten zeigt, dass der größte Teil der lokalen Konfliktkommunikation über die Massenmedien lief. Trotz einer jahrelangen Auseinandersetzung kam es nur zu einigen wenigen persönlichen Begegnungen zwischen den Konfliktparteien (seitens des Kulturvereins überdies mit wechselnden Bezugspersonen), Begegnungen, die auf die Beteiligten mitunter befremdend wirkten.

   Die Vereinsverantwortlichen agierten im Umgang mit ihren Kontrahenten zum Teil ungeschickt und stießen diese dadurch vor den Kopf. Im Gegensatz zur sofort einsetzenden Fundamentalopposition des harten Kerns einer lokalen Bürgerinitiative zeigten sich die Vertreter des Kulturvereins zu Beginn der Auseinandersetzung gesprächsbereit. Sie organisierten aufgrund des Widerstands gegen den Minarettbau einen ersten Tag der offenen Tür, den allerdings nur die Behörden- und Kirchenvertreter besuchten, nicht aber die Initianten der Sammeleinsprache gegen den Minarettbau.

2. Bei den Gegnern in der lokalen Bevölkerung gab es von Beginn an wenig Interesse oder Vermögen, die Beweggründe für den Minarettwunsch des Kulturvereins aus dessen Sicht nachzuvollziehen. Dies führte zu wilden Spekulationen über die Absichten des Vereins, die keiner empirischen Grundlage bedurften und sich in der diskursiven Praxis zu einer Interpretation des Minarettbaus als Bedrohung für die Gemeinde verdichteten. Die Argumentation der Minarettgegner stützte sich mangels besseren Wissens inhaltlich zumeist auf frei zugängliche Informationen im Internet (Wikipedia) sowie auf den später umstrittenen Brief des Inlandgeheimdienstes an die Gemeindebehörden (vgl. Anm. 40). Der Streit um ein angemessenes Integrationsverständnis und schließlich der kaum hinterfragte allgemeine Extremismus-Vorwurf an den Verein – ohne konkrete Vorwürfe an dessen Mitglieder – führte auch aufgrund von Kommunikationsproblemen und Missverständnissen zu Frustrationen auf beiden Seiten.

3. Der Konflikt entwickelte eine Dynamik, der sich die Akteure kaum entziehen konnten. Dabei fand eine Polarisierung und Verhärtung der Fronten statt, wodurch mäßigende Stimmen kein Gehör mehr fanden. Einer inneren Konfliktlogik folgend wurde das Konfliktfeld laufend ausgeweitet, so dass schließlich nicht mehr der Minarettbau, sondern der türkische Kulturverein als Bauherr selbst skandalisiert wurde. Dadurch wandelte sich die zunächst offene Haltung des Kulturvereins, dessen Mitglieder auch nach der erstinstanzlichen Ablehnung des Baugesuchs noch ihren guten Willen in einer Porträt-Serie der Lokalzeitung demonstriert hatten (vgl. Anm. 76), in Misstrauen. Auf die fehlende Anerkennung ihrer gesellschaftlichen Teilhabe reagierten die Vereinsmitglieder zunächst mit Unverständnis und schließlich mit Rückzug, da sie sich ungerecht behandelt fühlten.

4. Die lokalen Minarettgegner wiederum fühlten sich von überregionaler Seite her falsch verstanden und unter Druck gesetzt. Einerseits nutzten sie Deutungsangebote aus einem übergeordneten Islamdiskurs, was jeweils die lokale Konfliktdynamik anheizte, andererseits verwahrten sie sich aber gegen eine Einmischung von außen. So setzte sich die Gemeinde entschieden zur Wehr, als die Eidgenössische Kommission gegen Rassismus ihr Vorgehen rügte. Beide Konfliktparteien wehrten sich gegen eine Einflussnahme von außen und nahmen Mediationsangebote von behördlicher und zivilgesellschaftlicher Seite nur zurückhaltend an oder wiesen diese in Ermangelung an Einsicht in ihre Notwendigkeit zurück.

Literaturverzeichnis

Altermatt, Urs (1991): Katholizismus und Moderne. Zur Sozial- und Mentalitätsgeschichte der Schweizer Katholiken im 19. und 20. Jahrhundert, Zürich: Benziger.

Angst, Doris (2006): «Mehrheit und muslimische Minderheit in der Schweiz. Stellungnahme der EKR zur aktuellen Entwicklung». Eidgenössische Kommission gegen Rassismus EKR, Bern. Verfügbar unter: www.ekr.admin.ch/shop/00007/00032/index.html?lang=de (24.6.2012)

Assmann, Jan (2005): «Das kollektive Gedächtnis zwischen Körper und Schrift. Zur Gedächtnistheorie von Maurice Halbwachs». In: Hermann Krapoth/Denis Laborde (Hg.), Erinnerung und Gesellschaft. Hommage à Maurice Halbwachs (1877–1945), Wiesbaden: VS Verlag für Sozialwissenschaften, S. 65–81.

Baumann, Martin (1999): «Religion und umstrittener öffentlicher Raum. Gesellschaftspolitische Konflikte um religiöse Symbole und Stätten im gegenwärtigen Europa». Zeitschrift für Religionswissenschaft 7(2), S.187–204.

Coser, Lewis A. (1972): Theorie sozialer Konflikte, Neuwied: Luchterhand.

Diekmann, Andreas (2007): Empirische Sozialforschung. Grundlagen, Methoden, Anwendungen, Reinbek bei Hamburg: Rowohlt Taschenbuch-Verlag.

Dubiel, Helmut (1997): «Unversöhnlichkeit und Demokratie». In: Wilhelm Heitmeyer (Hg.), Was hält die Gesellschaft zusammen? Frankfurt/M.: Suhrkamp, Band 2, S.425–444.

Elias, Norbert/Scotson, John L. ([1965] 2008): Etablierte und Außenseiter, Frankfurt/M.: Suhrkamp.

Gerhards, Jürgen (2008): «Diskursanalyse als systematische Inhaltsanalyse. Die öffentliche Debatte über Abtreibungen in den USA und in der Bundesrepublik Deutschland im Vergleich». In: Reiner Keller/Andreas Hirseland/Werner Schneider/Willy Viehöver (Hg.), Handbuch Sozialwissenschaftliche Diskursanalyse. Band 2: Forschungspraxis, Wiesbaden: VS Verlag für Sozialwissenschaften, S.333–358.

Gianni, Matteo (2010): Muslime in der Schweiz. Identitätsprofile, Erwartungen und Einstellungen. Eine Studie der Forschungsgruppe «Islam in der Schweiz» (GRIS), Eidgenössische Kommission für Migrationsfragen EKM (Bern). Bern. Verfügbar unter:
www.bundespublikationen.admin.ch/uploads/tx_ttproducts/datasheet/420.915.d_Muslime.pdf (24.6.2012)

Glaser, Barney G./Strauss, Anselm L./Paul, Axel T. (2008): Grounded Theory. Strategien qualitativer Forschung, Bern: Huber.

Gottschlich, Pierre (2008): «Diasporagemeinschaften und ferner Nationalismus». Beitrag zu: Die Verfassung der Demokratien (Workshop 3: Demokratie, Nationalismus und Migration). Gemeinsame Tagung der DVPW, der ÖGPW und der SVPW. Osnabrück, 21.-23. November 2008.

Haab, Katharina/Bolzman, Claudia/Kugler, Andrea/Yilmaz, Özcan (2010): Diaspora und Migrantengemeinschaften aus der Türkei in der Schweiz. Swiss Academy for Development (SAD) und Centre de recherche sociale (CERES) im Auftrag des Bundesamts für Migration (BFM) (Bern). Verfügbar unter: www.bundespublikationen.admin.ch/uploads/tx_ttproducts/datasheet/420.043.d_Diaspora_Tuerkei.pdf (24.6.2012)

Heitmeyer, Wilhelm/Anhut, Reimund (2000): «Desintegration, Konflikt und Ethnisierung». In: Wilhelm Heitmeyer/Reimund Anhut (Hg.), Bedrohte Stadtgesellschaft. Soziale Desintegrationsprozesse und ethnisch-kulturelle Konfliktkonstellationen, Weinheim: Juventa-Verlag, S.17–76.

Hirschman, Albert O. (1994): «Wieviel Gemeinsinn braucht die liberale Gesellschaft?». Leviathan 22, S.293–304.

Hirter, Hans/Vatter, Adrian (2010): Analyse der eidgenössischen Abstimmungen vom 29. November 2009. VOX-Analyse gfs.bern und Universität Bern IPW (Bern). Verfügbar unter:

www.polittrends.ch/vox-analysen/vox-analysen.php (24.6.2012)

Höbsch, Julian (2008): «Im Schatten des Minaretts: Moscheebaukonflikte in Deutschland». Friedrich-Ebert-Stiftung, Politische Akademie, Referat Berliner Akademiegespräche/Interkultureller Dialog. Berlin. (Policy – Politische Akademie, 25).

Höhne, Thomas (2008): «Die Thematische Diskursanalyse – dargestellt am Beispiel von Schulbüchern». In: Reiner Keller/Andreas Hirseland/Werner Schneider/ Willy Viehöver (Hg.), Handbuch Sozialwissenschaftliche Diskursanalyse. Band 2: Forschungspraxis, Wiesbaden: VS Verlag für Sozialwissenschaften, S. 423–453.

Hüttermann, Jörg (2000): «Der avancierende Fremde. Zur Genese von Unsicherheitserfahrungen und Konflikten in einem ethnisch polarisierten und sozialräumlich benachteiligten Stadtteil». Zeitschrift für Soziologie 29(4), S. 275–293.

Hüttermann, Jörg (2003): «Der Konflikt um islamische Symbole zwischen lebensweltlich sedimentiertem Gastrecht und formalem Recht: Eine fallgestützte Analyse». Journal für Konflikt- und Gewaltforschung 5(2), S. 74–102.

Hüttermann, Jörg (2006): Das Minarett. Zur politischen Kultur des Konflikts um islamische Symbole, Weinheim: Juventa-Verlag.

Imhof, Kurt (2011): Die Krise der Öffentlichkeit. Kommunikation und Medien als Faktoren des sozialen Wandels. Frankfurt/M./New York: Campus.

Kamber, Esther/Schranz, Mario (2001): «Die Wahrnehmung des Fremden in deutsch-schweizerischen Medien». In: Hans-Joachim Hoffmann-Nowotny (Hg.), Das Fremde in der Schweiz. Ergebnisse soziologischer Forschung, Zürich: Seismo, S. 135–153.

Keller, Reiner/Hirseland, Andreas/Schneider, Werner/Viehöfer, Willy (2001): «Zur Aktualität sozialwissenschaftlicher Diskursanalyse». In: Reiner Keller/ Andreas Hirseland/Werner Schneider/Willy Viehöver (Hg.), Handbuch sozialwissenschaftliche Diskursanalyse. Band 1: Theorien und Methoden, Opladen: Leske + Budrich, S. 7–30.

Luhmann, Niklas (1981): «Konflikt und Recht». In: Niklas Luhmann (Hg.), Ausdifferenzierung des Rechts. Beiträge zur Rechtssoziologie und Rechtstheorie, Frankfurt/M.: Suhrkamp, S. 92–112.

Meuser, Michael/Nagel, Ulrike (2009): «Das Experteninterview – konzeptionelle Grundlagen und methodische Anlagen». In: Susanne Pickel/Gert Pickel/ Hans-Joachim Lauth/Detlef Jahn (Hg.), Methoden der vergleichenden Politik- und Sozialwissenschaft, Wiesbaden: VS Verlag für Sozialwissenschaften, S. 465–479.

Schiffauer, Werner (2006): «Verfassungsschutz und islamische Gemeinden». In: Uwe Ernst Kemmesies (Hg.), Terrorismus und Extremismus – der Zukunft auf der Spur. Beiträge zur Entwicklungsdynamik von Terrorismus und Extremismus. Möglichkeiten und Grenzen einer prognostischen Empirie, Neuwied: Luchterhand, S. 237–254.

Schmitt, Thomas (2003): Moscheen in Deutschland. Konflikte um ihre Errichtung und Nutzung, Flensburg: Deutsche Akademie für Landeskunde.

Schmitt, Thomas (2007): «Umstrittene Orte: Debatten um Moscheen in Deutschland». In: Frank Meyer (Hg.), Wohnen – Arbeit – Zuwanderung. Stand und Perspektiven der Segregationsforschung, Münster: LIT-Verlag, S. 175–192.

Schwab-Trapp, Michael (2001): «Diskurs als soziologisches Konzept. Bausteine für eine soziologisch orientierte Diskursanalyse». In: Reiner Keller/Andreas Hirseland/Werner Schneider/Willy Viehöver (Hg.), Handbuch sozialwissenschaftliche Diskursanalyse. Band 1: Theorien und Methoden, Opladen: Leske + Budrich, S. 261–283.

Schwab-Trapp, Michael (2008): «Methodische Aspekte der Diskursanalyse. Probleme der Analyse diskursiver Auseinandersetzungen am Beispiel der deutschen Diskussion über den Kosovokrieg». In: Reiner Keller/Andreas Hirseland/Werner Schneider/Willy Viehöver (Hg.), Handbuch Sozialwissenschaftliche Diskursanalyse. Band 2: Forschungspraxis, Wiesbaden: VS Verlag für Sozialwissenschaft, S. 171–196.

Tezcan, Levent (2000): «Kulturelle Identität und Konflikt: Zur Rolle politischer und religiöser Gruppen der türkischen Minderheitsbevölkerung». In: Wilhelm Heitmeyer/Reimund Anhut (Hg.), Bedrohte Stadtgesellschaft. Soziale Desintegrationsprozesse und ethnisch-kulturelle Konfliktkonstellationen, Weinheim: Juventa-Verlag, S. 401–448.

Wäckerlig, Oliver (2011): «Das Minarett und seine Bedeutungen im Konfliktfall Wangen». In: Mustafa Ideli/Virginia Suter Reich/Hans-Lukas Kieser (Hg.), Neue Menschenlandschaften. Migration Türkei – Schweiz 1961–2011, Zürich: Chronos, S. 159–182.

Wessler, Hartmut (2002): «Reden über Streit: Theoretische Überlegungen zur politischen Konfliktkommunikation in der Mediengesellschaft». In: Heribert Schatz (Hg.), Politische Akteure in der Mediendemokratie. Politiker in den Fesseln der Medien?, Wiesbaden: Westdeutscher Verlag, S. 189–201.

Würtz, Stefanie/Eckert, Roland (1998): «Aspekte modischer Kommunikation». In: Herbert Willems/Martin Jurga (Hg.), Inszenierungsgesellschaft. Ein einführendes Handbuch, Opladen: Westdeutscher Verlag, S. 177–190.

Islamophobe Wahlverwandtschaften. Deutungsmuster, Akteure und Strategien der Schweizer Minarettopposition

Oliver Wäckerlig, Rafael Walthert[1]

1 Einleitung

Mit der Minarettinitiative Ende 2009 wurde das Thema Islam das erste Mal zum vorherrschenden Thema der schweizerischen Öffentlichkeit. Neben ihren Ursprüngen und Bezügen zu lokalen Auseinandersetzungen um Minarettbauten in Wangen bei Olten und in Langenthal[2] steht die Minarettopposition auch in einem breiteren Kontext der Auseinandersetzung mit dem Islam in Westeuropa. Dabei wurde insbesondere an Interpretationen und Personen angeknüpft, die als «islamophob» bezeichnet werden können und Teil eines internationalen islamkritischen Diskurses sind. «Islamophobie» etablierte sich als Deutungsmuster in politisch rechts gerichteten Segmenten von Öffentlichkeit und Politik und stieg zu einem entscheidenden Faktor der Diskussionen mit Überzeugungskraft bis hinein in die politische Mitte auf.

Der folgende Artikel beginnt mit begrifflichen Bemerkungen zu «Islamophobie» und dem theoretischen Anschluss an die Soziologie sozialer Bewegungen. Anschließend rekonstruiert er die islamophoben Deutungsmuster in der Minarettopposition und die Faktoren, die zur Entstehung dieses Deutungsmusters geführt haben: Erstens wird nach den Akteuren des breiteren islamkritischen Diskurses gefragt, die einen Einfluss auf die Formation der Deutungen in der Schweiz hatten, zweitens nach den Faktoren, die den Transfer der Islamophobie in die Schweizer Minarettopposition geprägt haben. Ziel des Beitrags ist ein kontextualisierendes

---

1 Die folgende Analyse ist Resultat eines 2007–2010 vom Schweizerischen Nationalfonds im Rahmen des Nationalen Forschungsprogramm 58 «Religionsgemeinschaften, Staat und Gesellschaft» geförderten Forschungsprojekts mit dem Titel «Sichtbar gemachte religiöse Identität, Differenz-wahrnehmung und Konflikt». Projektmitarbeitende waren Jacqueline Grigo, Annegret Kestler, Vanessa Meier und Oliver Wäckerlig, in der Projektleitung Dorothea Lüddeckens, Christoph Uehlinger und Rafael Walthert.

2 Vgl. die Beiträge von A. Kestler und O. Wäckerlig in diesem Band.

Verstehen der ablehnenden Thematisierung des Islam. Empirischer Hintergrund der Ausführungen sind diskursanalytische Rekonstruktionen der lokalen Auseinandersetzungen um religiöse Bauten in der jüngeren Vergangenheit der Schweiz.[3]

Islamophobie

Die meisten Definitionen (vgl. zur Begriffsgeschichte Allen 2006: 71) setzen beim britischen *Islamophobia Report*[4] von 1997 an, in dem eine islamophobe Sicht auf «den Islam» beschrieben wurde, die den Islam als einen statischen, monolithischen Block wahrnimmt, der abgeschottet und absolut «anders» ist, d.h. keine Ziele und Werte mit dem als «Eigenes» Postulierten teilt. Weiter ist der Islam aus dieser Warte dem Westen unterlegen, weil er barbarisch, irrational, primitiv und sexistisch sei. Außerdem wird der Islam als eine bedrohliche, aggressive und gewalttätige politische Ideologie wahrgenommen. Die feindselige Haltung gegenüber «dem Islam» wird dabei als natürlich und normal angesehen, weshalb gesellschaftliche Ausgrenzung und diskriminierende Praktiken gegenüber Muslimen als gerechtfertigt erscheinen.

Einige Autoren (u.a. Skenderovic 2006: 81; Miksch 2009: 10; Königseder 2008) bringen die wahrgenommene Bedrohung mit «diffusen Ängsten» vor dem Islam in Verbindung. Tatsächlich zeigt das Fallbeispiel Wangen (Wäckerlig in diesem Band), dass im lokalen Minarettstreit, der am Beginn des Schweizer Minarettdiskurses steht, der Minarettbau als ein Kristallisationspunkt dient, um diffuse Ängste zu artikulieren, die sich auf schwer fassbare – aber dennoch ablaufende – allgemeine Veränderungen in der Lebenswelt aufgrund von kulturellen und gesellschaftlichen Umbrüchen beziehen. Ein diesbezügliches ‹Unbehagen›, ein «Bauchgefühl», wird als Furcht spezifiziert und als Bedrohung durch den Islam kommuniziert.

---

3   Neben der Analyse der auf das Thema bezogener Beiträge in der massenmedial hergestellten Öffentlichkeit wurden teilstandardisierte Interviews mit zentralen Akteuren der Auseinandersetzungen durchgeführt. Vgl. zum theoretischen und methodischen Konzept Walthert (2010: 28–56, 79–87), zur Diskursanalyse Diaz-Bone 2006.

4   Comission on British Muslims and Islamophobia, Islamophobia: A Challenge for Us All, Bericht im Auftrag des Runnymede Trusts, London 1997.

Diese «diffusen Ängste» vor dem Islam fallen jedoch nicht unter Islamophobie im engeren Sinne. So zeigt eine eigene Analyse einer Wählernachbefragung zur angenommenen Anti-Minarett-Initiative, dass rund 20 Prozent der Initiativbefürworter spontan Sichtbarkeitsaspekte als einen von mehreren Gründen für die Annahme der Initiative nennen. Diese Wähler mit diffusen Ablehnungsgründen, denen Minarette «nicht gefallen», auf die sie «befremdend» oder einfach «störend» und «unpassend» wirken, stehen Muslimen signifikant weniger distanziert gegenüber als die anderen, welche die Initiative ebenfalls, aber aus anderen Gründen, angenommen haben. Außerdem plädieren sie in Bezug auf die Rechte von Muslimen signifikant weniger stark für einen Abbau als diejenigen, die mit einem «Ja» an der Urne ein Zeichen gegen eine systematische Islamisierung der Schweiz und Europas setzen wollten, weil Moscheen ihrer Meinung nach ein Hort für islamistischen Extremismus sind und die dazu gehörenden Minarette einen religiös-politischen Macht- und Herrschaftsanspruch verkörpern.

Deshalb werden mit Bielefeldt (2009: 182) unter «Islamophobie» im Folgenden nicht generelle bzw. diffuse Ängste vor dem Islam verstanden, sondern «negativ-stereotype Haltungen gegenüber dem Islam und seinen tatsächlichen oder mutmaßlichen Angehörigen». Islamophobe Bedrohungsszenarien sind oft mit Verschwörungstheorien[5] bezüglich einer geplanten «muslimischen Weltherrschaft» verbunden.[6] Nach Frank-Rieser et al. (2010: 110) betont Islamophobie daher

«eine individuelle und gesellschaftliche Angst, die auf einer Fehleinschätzung von Wirklichkeit, also – im Unterschied zur Phobie im klinischen Sinn – gerade auf einen Mangel an Einsicht in die Unbegründetheit und die Irrationalität der Ängste hinweist».

Der suggerierten Einheitlichkeit des Islam werde dabei zwar die Qualität von Gegnerschaft und Gefahr zugemessen, die Einheitlichkeit selbst bleibe aber ohne jede Beschreibung.

---

5 «Als ‹Verschwörungstheorien› werden Aussagenkomplexe über intendiert geheim handelnde Gruppen bezeichnet, die als falsch oder spekulativ angesehen werden.» (Kuhn 2010: 115) «Mit Hilfe des Postulats geheimen Handelns machen Verschwörungstheorien unerwünschte Sachverhalte auf Intentionen zurechenbar. Dies betont mit vielen Autoren ihre Sündenbockfunktion.» (ebd. 119)

6 Vgl. etwa Tezcan(2000: 439; Hüttermann 2000: 291; Attia/Shooman 2010: 38.

Minarettopposition als soziale Bewegung

Den theoretischen Hintergrund der vorliegenden Analysen bildet die Soziologie sozialer Bewegungen. Unter sozialer Bewegung ist ein «kollektiver Versuch zur Förderung eines gemeinsamen Interesses oder zur Erreichung eines gemeinsamen Zieles durch ein kollektives Vorgehen außerhalb des Bereiches etablierter Institutionen» (Giddens 1995: 680) zu verstehen. Kennzeichnend für soziale Bewegungen ist, dass sie Organisationsgrenzen überschreiten, d. h. dass es keine einzelne Organisation gibt, die eine soziale Bewegung abdeckt. Die Teilnehmerschaft sozialer Bewegungen ist typischerweise hinsichtlich verschiedenster Merkmale heterogen (vgl. Diani/Bison 2004: 283, 288). Auf die Opposition gegen Minarette in der Schweiz treffen diese Merkmale zu: Es handelt sich um einen kollektiven, aber nicht zentral koordinierten Versuch verschiedenster Akteure, ein gemeinsames Ziel, das Verbot von Minaretten in der Schweiz, zu erreichen. Dabei finden die Aktivitäten dieser Opposition durchaus innerhalb etablierter politischer und rechtlicher Institutionen statt; Basis sind jedoch Diskussionen, die dezentral auf verschiedensten Ebenen von Öffentlichkeit geführt wurden und auf den Aktivitäten und Deutungen verschiedenster individueller und kollektiver Akteure aufbauten.

Soziale Bewegungen beschränken sich nicht auf einzelne Kampagnen, sondern handeln in größeren und umfassenderen Prozessen (vgl. Diani/Bison 2004: 284). So beschränkt sich eine soziale Bewegung nicht auf die Stellungnahme zu einer gesonderten Thematik. Im Rahmen der hier verfolgten Fragestellung ist die Minarettopposition als *Teil* einer breiteren sozialen Bewegung oder allenfalls als Schnittpunkt verschiedener Bewegungen zu verstehen, und es spricht einiges dafür, sie einer breiteren Bewegung von Islamophobie und Rechtspopulismus zuzuordnen. Die Frage einer solchen Einordnung soll im Folgenden hinter die Untersuchung einer einzelnen «Episode» zurückgestellt werden.[7] Die Minarettopposition wird vielmehr im Kontext einer breiteren Bewegung betrachtet,

---

7 Innerhalb der Bewegungsforschung selbst gibt es Forderungen, die Frage nach der Einheit von sozialen Bewegungen zurückzustellen und sich auf die Identifikation verschiedener Mechanismen innerhalb sozialer Bewegungen, oder, etwas unverbindlicher, «contentious politics» zu kümmern (vgl. McAdam/Tarrow/Tilly 2001). Dem wird hier gefolgt, ohne damit jedoch zu verneinen, dass der Gegenstand «soziale Bewegung» auch als Ganzes weiterhin Sinn macht, wie Diani und Bison (2004) betonen.

indem nach ihrer Verknüpfung mit bestehenden Strukturen und Deutungen des Islamophobie-Diskurses gefragt wird.

Deutungen sind zentraler Faktor in der Erzeugung der Einheit sozialer Bewegungen. Sie sind die Grundlage von geteiltem *commitment* und Zusammengehörigkeitsgefühl, sie definieren sowohl die Bewegung selbst als auch ihren Aktivismus und führen zu ihrer «kollektiven Identität» (Diani/ Bison 2004: 303; Williams 1995: 125).[8] Zu ihrer begrifflichen Fassung wird, wie in der Soziologie sozialer Bewegungen üblich, auf die Begriffe «frame» bzw. «framing» zurückgegriffen. Mit Gamson (1985; Gamson/Wolfsfeld 1993: 117) sollen unter *frames* Vehikel kollektiver «negotiation over meaning» gefasst werden,[9] was im Folgenden mit «Deutungsmuster» übersetzt werden soll.[10] Deutungen sind auf die Rezeption und Interpretation durch andere angewiesen, sollen sie Konsequenzen zeitigen (vgl. Williams 1995: 127). Deutungsmuster unterscheiden sich als kulturelle Ressourcen von strukturellen Merkmalen dadurch, dass sie manifest und öffentlich sind. Doch kann es in der *frame*-Forschung nicht um die bloße Wiederholung, Deskription oder Typologisierung des Gesagten gehen. Neben der beschreibenden Rekonstruktion müssen die Deutungsmuster vielmehr über die oft latent bleibenden Voraussetzungen ihrer Entstehung auf der Ebene

8   Die kulturellen Aspekte sozialer Bewegungen (ihre Hintergründe, Ideen, Deutungen) erlangten in der Bewegungsforschung ab den 1990er Jahren verstärkt Beachtung (vgl. für eine Übersicht: Benford/Snow 2000). Damit wurde versucht, der Vorherrschaft der auf Organisationsaspekte sozialer Bewegungen ausgerichteten Ressourcenmobilisierungstheorie und ihrem «motivational agnosticism» (Bruce 1999: 23) entgegenzuwirken.

9   Gamson bezog sich bei seiner Konzeption des Begriffs für die empirische Untersuchung von Massenmedien auf Erving Goffman (1974: 10–11), löste ihn jedoch aus dessen mikrosoziologischem Verwendungszusammenhang. Die Rede von *frames* für die Analyse von Medien reicht zudem hinter Gamson zurück (vgl. z.B. Tuchman 1978).

10   In den deutschen Übersetzungen von Texten Goffmans (1977) und Batesons (1996) wird *frame* meist mit «Rahmen» oder «Rahmung» übersetzt. Alternativ dazu findet sich beispielsweise bei Schetsche die Übersetzung als «Deutungsmuster», die er als «sozial geltende, mit Anleitungen zum Handeln verbundene Interpretationen der Umwelt und des Selbst» definiert (Schetsche 2008: 109; vgl. auch Schetsche 1996: 66). Dies scheint für den vorliegenden Zweck besser geeignet zu sein als die Rede von «Rahmen», die (für diesen selbst) eine gewisse Inhaltsleere implizieren könnte.

von sozialen Beziehungen und bereits bestehenden Bedeutungen begriffen werden (vgl. Schetsche 2008: 27; Walthert 2010: 38).

2 Islamophobe Deutungsmuster

Die umfassende Kritik und Ablehnung des Islam ist als zentrales Deutungsmuster, als *master frame* (vgl. Snow/Benford 1992) der Minarettopposition zu bezeichnen. Diese islamophoben Deutungen waren für den Vorgang der Generalisierung eines lokalen Konflikts um den Aufbau eines kleinen Minaretts auf einen Liftschacht einer ehemaligen Farbenfabrik in Wangen hin zum nationalen Problem zentral. Hinter diesen Deutungsmustern standen verschiedene Positionierungen und Betonungen. Im Folgenden wird aufgezeigt, welches *framing* des Islam auf welche Art und Weise in den Auseinandersetzungen wirksam wurde. Weiter wird nach den strategischen Prozessen bei der Etablierung der islambezogenen Deutungsmuster (d. h. wie diese mit Geltung versehen wurden) gefragt.

2.1 Von der neorassistischen «Überfremdung» zur islamophoben Unterwanderung»
Die *Eidgenössische Demokratische Union* (EDU) spezialisierte sich in der hier interessierenden Umbruchzeit zusehends zu einer dezidiert religiösen Partei mit Basis im evangelikalen Milieu und wurde zum politischen Arm des evangelikalen Zionismus. Die EDU erreichte in den traditionell reformierten Kantonen Zürich und Bern 2005 erstmals Fraktionsstärke. Im Kanton Bern kam es 1990 im Abstimmungskampf über die staatliche Anerkennung religiöser nichtchristlicher Minderheiten unter Federführung der EDU zu heftigen verbalen Angriffen gegen Muslime.[11]

Die von der EDU vertretenen Bedrohungsszenarien erschienen anderen Akteuren lange Zeit als virtuelle Probleme und wurden beispielsweise von Bundesrat Leuenberger als «reine Wahlkampf-Schaumschlägerei»[12] bezeichnet. Das Minarettverbot zeigt jedoch, dass der Verweis eines Bundesrates auf eine nur scheinbare Problemlage nicht mehr verfängt, wenn

---

11 Vgl. A. Vatter, A. Christmann und D. Danaci in der NZZ vom 31.10.2009 über Ergebnisse eines an der Universität Bern durchgeführten politikwissenschaftlichen NFP 58-Projekts.

12 *Tages-Anzeiger* vom 8.10.2006.

die Bürger beginnen, den diskursiv verbreiteten islamophoben Verschwörungstheorien mehr Glauben zu schenken als den Aussagen von Staatsvertretern. Die Wählernachbefragung zeigt umgekehrt, dass jene Stimmbürger, die angaben, der Regierung zu vertrauen, die Initiative trotz der allgemein hohen Zustimmung mehrheitlich abgelehnt haben.[13]

Die Minarettinitiative konnte an eine zunehmende Wichtigkeit der Ablehnung des Islam im rechtsgerichteten politischen Diskurs anknüpfen. Die islambezogenen Problemmuster konnten über dieses «frame bridging» (Benford/Snow 2000: 619) auf kulturelle Resonanz mit rechtspopulistischen Narrativen und deren zunehmenden Thematisierung des Islams zählen und so zu einem der wichtigsten Deutungsmuster des genannten Diskurses werden.[14]

2.2 Populismus

Die Frage stellt sich, was auf der Ebene der Deutungen die Faktoren waren, die der Problematisierung des Islam zu Dringlichkeit und politischer Durchschlagskraft verhalfen, wie also *frame amplification* (vgl. Benford/Snow 2000: 624) erzielt wurde.[15] Bezüglich der Minarettopposition lässt sich zwischen einer horizontalen und einer vertikalen Dimension unterscheiden:

13 Es besteht ein signifikanter Zusammenhang zwischen den Variablen im VOX-Datensatz mit Phi=-0,39***. Dabei unterscheiden sich SVP-Wähler in Bezug auf das Regierungsvertrauen signifikant von den Wählern der CVP, FDP, SP und Grünen, die in dieser Reihenfolge zunehmendes Regierungsvertrauen angeben (eigene Auswertung, ANOVA mit post-hoc). Weniger Chancen auf Regierungsvertrauen hat zudem, wer eine traditionellere Schweiz präferiert oder eine weniger offene Schweiz oder wer mehr Rechte für Christen bzw. weniger Rechte für Muslime wünscht (eigene Auswertung, logistische Regression).

14 Gemäß Hafez (2010: 18) nimmt das Thema Islam über islamophobe Verschwörungstheorien einen derart großen Stellenwert ein, dass der allgemeine Überfremdungsdiskurs durch einen konspirativ aufgeladenen Islamisierungsdiskurs verdrängt wird.

15 Dabei ist auch bemerkenswert, welche Strategien nicht festzustellen sind: Im von den Minarettgegnern gestalteten Bedrohungsszenario wurde auf die Erzeugung von Faktizität durch Statistiken, Hinweise auf Probleme mit bereits vorhandenen Minaretten, das Aufführen persönlicher Zwischenfälle mit MuslimInnen oder Moscheevereinen und auf Personalisierungen weitgehend verzichtet.

Der für diese Diskurse wichtige ‹horizontale Affekt› der Ablehnung eines in Gegensatz zum «Eigenen» gesetzten «Fremden», das «boundary framing» (Benford/Snow 2000: 616), erfolgt über die Figur «Islam». So passt die im *Islamophobia Report* von 1997 beschriebene islamophobe Wahrnehmung des Islam als eines «statischen, monolithischen Blocks» problemlos zu einer Weltsicht, die die Welt dichotom in Gut und Böse einteilt. Diese Differenzierung wurde mit islamophoben Stereotypen inhaltlich gefüllt und der «Islam» als das «Böse» dem «Westen» als dem «Guten» und Hort der Zivilisation gegenübergestellt, was mit einem ebenso homogen gedachten und identitätsaffirmativen «Wir» verbunden wurde.

Zu diesem fremdenfeindlichen ‹horizontalen Affekt› kommt ein antielitärer ‹vertikaler Affekt› hinzu: Für die Popularisierung von Problemdiagnosen ist die Zuweisung von Verantwortlichkeiten entscheidend. Durch ihre Charakterisierung als unveränderliches Kollektiv und naturalisierte kulturelle Einheit eignete sich die muslimische Seite dafür nur bedingt. Mit dem «injustice frame» (Benford/Snow 2000: 616) wurde vielmehr die politische oder juristische Gegenseite bezeichnet, die sich als Trägerin von Schuld bezeichnen ließ und die als Konfliktgegenüber, Auslöser von Empörung und Ziel politischen Aktionismus herhalten konnten.[16]

Dabei spielte sich ein für Populismus kennzeichnendes Schema ein, das auf *das* Volk rekurriert sowie eine ausgeprägte Frontstellung gegen die gesellschaftlichen Eliten einnimmt (vgl. Geden 2006: 19f.; Mudde 2004: 543): Politik soll immer Ausdruck eines «Volkswillens» sein.[17]

Der so gelagerte «islamophobe Populismus» (Hafez 2010: 17f.) arbeitet mit einer doppelten Moralisierung.[18] Einerseits mit einer Weltsicht, die durch eine unverrückbare moralische Dichotomie geprägt ist und den Hintergrund der Kampagne bildet, andererseits mit einer Moralisierung

16 So führte die Debatte um die Abstimmungsplakate, deren Aushang zum Teil verboten wurde, am 9.10.2009 zu einer eigenen Arena-Fernsehsendung um die Meinungsfreiheit.

17 In der eben genannten Arena-Sendung wurde Georg Kreis (Präsident der Eidgenössischen Kommission gegen Rassismus) von Christoph Blocher (damals Vizepräsident der SVP) jeweils bewusst als «Professor» angesprochen, der auf einem «Gesinnungslehrstuhl» sitze, um ihn im Sinne einer volksfernen, abgehobenen Elite zu diffamieren.

18 Moralisierung verstanden als Bezug zu Vorstellungen über Gebote des Gewünschten im Kontrast zum Unerwünschten (vgl. Luhmann 1984: 433).

der eigenen Seite, der die Pflicht aufgebürdet wird, damit umzugehen, und Skandalisierungen derjenigen ermöglicht, die es nicht tun.

Die Radikalität dieser zweiwertigen Gegenüberstellung lässt zunächst an ihrer Mehrheitsfähigkeit zweifeln. Die islamophoben Deutungsmuster in der Minarettopposition waren jedoch in zweierlei Hinsicht so gelagert, dass die Dichotomie entschärft wurde. Diese «frame specification» geschah über die Täter-Opfer-Umkehr und die Figur einer Islamophobie ohne Muslime.

2.3 Täter-Opfer-Umkehr

Gemäß Kreis (2010b: 57) ist das Argument «Die Allgegenwart von Moscheen und Minaretten fördert den Rassismus» eines der häufigsten, das gegen Muslime in der Schweiz ins Feld geführt werde. In unserer Untersuchung des Minarettdiskurses Stoßen wir bereits 2005 auf eine erste solche Reaktion auf das Baugesuch für ein Minarett in Wangen bei Olten im Kanton Solothurn.[19] Ein Solothurner SVP-Kantonsrat und Pressesprecher der SVP Schweiz kommentiert den Fall Wangen und hält fest, dass «keine religiöse Minderheit in unserem Land ihren Glauben mehr als nötig zur Schau tragen» sollte, denn dies provoziere die anderen, was zu Fremdenfeindlichkeit führe. Solche Entwicklungen könnten die Schweiz in ein «Pulverfass» verwandeln. Wer einen Minarettbau bewilligt, fördere damit die Fremdenfeindlichkeit.[20] In Wangen bei Olten spricht der reformierte Pfarrer davon, dass die Unruhe in der lokalen Bevölkerung wegen der massiven Ablehnung des geplanten Minaretts groß und darum der Religionsfriede gefährdet sei. Daher ist er gegen den Minarettbau. Die lokalen Minarettgegner werden nach dieser Sichtweise Opfer ihrer Ängste vor dem Minarettbau: Stören sie durch ihre Aufregung den religiösen Frieden, so sind sie dafür doch nicht verantwortlich zu machen. Da der Pfarrer die «Sorgen der Menschen» ernst nimmt, auch wenn viele davon «nicht durch die Ratio geprägt» seien (so etwa die Befürchtung, der Islam wolle die Welt beherrschen),[21] müssten die Minarettgegner vielmehr vor den türkisch-muslimischen Bauherren geschützt werden; jene sind nämlich schuld daran, dass die Minarettgegner den Religionsfrieden gefährden. Nachdem

---

19 Vgl. zu diesem Konflikt Wäckerlig in diesem Band.
20 SVP-Medienmitteilung vom 24.10.2005.
21 Interview mit dem Pfarrer im *Oltner Tagblatt* vom 5.11.2005.

die römisch-katholische und evangelisch-reformierte Kirchgemeinde zusammen Einsprache gegen den Minarettbau erhoben haben, da u. a. der «christliche Kulturkreis» verteidigt werden müsse, möchte auch der Gemeindepräsident, dass die Verantwortlichen des Türkischen Kulturvereins ihr Baugesuch zurückziehen, u. a. da zu befürchten sei, dass aufgrund der Einsprachen der Kirchen der religiöse Friede im Dorf gefährdet werde.[22] Die Spirale dreht sich weiter, nun sind es die Kirchen, die den Religionsfrieden gefährden, und wiederum sind die türkischen Bauherren schuld daran. Wenn diese keine Rücksicht auf die Befindlichkeit der Bevölkerung nähmen, die wegen des Baugesuchs zu einem großen Teil gegen den Verein eingestellt sei, hintertrieben sie zudem die Integration ihrer Landsleute.[23] Als die Gemeinde Wangen später von der Eidgenössischen Kommission gegen Rassismus wegen ihrer Haltung im Minarettstreit gerügt wird, verwahrt sich der Gemeindepräsident gegen den Vorwurf, die Wangner seien rassistisch, da er nicht möchte, dass ihre «offene Haltung» in «Fremdenhass» umschlage.[24]

Die Überlegung, dass der Türkische Kulturverein durch den Bau eines Minaretts die Integration seiner Landsleute gefährdet, findet sich in der auf die Minarettabstimmung folgenden Burka-Debatte wieder. In einer Fernsehdiskussion zum öffentlich diskutierten Burkaverbot wird postuliert, dass Musliminnen, die sich so kleiden, Mitschuld an der Fremdenfeindlichkeit trügen.[25] Wie im Minarettstreit wird auch in der Burka-Debatte behauptet, dass jene Muslime, die «Sonderrechte»[26] einfordern, die anderen («gemäßigten») Muslime dadurch gefährdeten. Aus dieser

---

22 Interview mit dem Gemeindepräsidenten im *Oltner Tagblatt* vom 4.10.2005.

23 Ebd.

24 Interview mit dem Gemeindepräsidenten im *Oltner Tagblatt* vom 25.9.2006.

25 Der «Club» vom 11.5.2010 zum Thema: «Braucht die Schweiz ein Burka-Verbot?».

26 Der muslimischen Minderheit wird das Beschreiten des Rechtswegs – trotz oder gerade wegen der guten Erfolgsaussichten – im Islamdiskurs übelgenommen: Es wird als Zwängerei und als anmaßendes, ständiges Stellen von Forderungen diskursiv delegitimiert (z.B. die Forderung nach muslimischen Grabfeldern oder der Rekurs gegen ein Kopftuchverbot an der Schule). Umgekehrt erscheint aber bspw. der allgemein als juristisch chancenlos eingeschätzte, politisch motivierte Weiterzug des Wangner Minarett-Falles ans Bundesgericht den Minarettgegnern nicht als Zwängerei.

Perspektive sind die Muslime insgesamt selbst schuld an der Muslimfeindlichkeit, sie müssten sich einfach mehr «anpassen».[27] Als die Burka-Debatte schließlich zur Kopftuch-Debatte ausgeweitet wird, empfiehlt der Bildungsdirektor des Kantons St.Gallen ein Kopftuchverbot für Schülerinnen, u.a. deshalb, weil diese Maßnahme die Diskriminierung muslimischer Schülerinnen verhindern helfe, da sie dadurch nicht wegen des Kopftuchs gemobbt werden könnten.[28]

Die im Antisemitismus vorzufindende Vorstellung, dass Juden durch ihr Verhalten an ihrer Verfolgung selbst schuld seien, findet sich analog im islamophoben Diskurs wieder.[29] Kreis (2010a: 33f.) zitiert aus einem Antrag des Eidgenössischen Justiz- und Polizeidepartements an den Bundesrat von 1938, worin es heißt:

> «Wenn wir einer unseres Landes unwürdigen antisemitischen Bewegung nicht berechtigten Boden schaffen wollen, müssen wir uns mit aller Kraft und, wenn nötig, mit Rücksichtslosigkeit der Zuwanderung ausländischer Juden erwehren, ganz besonders von Osten her.»[30]

Kreis sieht auch hier nun bemerkenswerte Parallelen zur aktuellen Debatte, wenn Behörden und Politiker «mit ‹ein wenig› gegen den Islam gerichteten Haltungen der ‹größeren› Muslimfeindlichkeit entgegenkommen wollen, um diese zu vermeiden» (ebd.).

---

27 Auch bei der Volksinitiative von 1893, der allerersten überhaupt, die zu einem Schächtverbot in der Bundesverfassung führte, wurde angegeben, man habe nur etwas gegen «Orthodoxe», d.h. gegen jene Juden, die sich nicht an die «Landessitten» hielten. Argumentiert wurde aber allgemein gegen die Religion, die jüdische Wirtschaftstätigkeit und ihre angebliche Weltherrschaft (Kury 1997: 194f.). Man sah außerdem die «christliche Schweiz» durch die «Ostjuden» bedroht, und eine Zeitung schrieb damals: «Die Juden leben unter uns und müssen sich fügen», eine andere betonte, «dass wir in einem christlichen Land leben und wir unsere Hausordnung selber machen» (gemäß dem Historiker Jo Lang im *Tages-Anzeiger* vom 3.12.2009).

28 *Blick* vom 5.8.2010 und *St.Galler Tagblatt* vom 6.8.2010.

29 Vgl. auch Wamper (2007: 157f.) zur Schuldumkehr aufgrund «jüdischer Christenfeindlichkeit».

30 Diese Haltung findet im SVP-Wahlprogramm von 1999 eine Fortsetzung, wo es heißt, dass die Schweiz «kein Einwanderungsland» sei und der «Fremdenfeindlichkeit und dem Rassismus [...] nur mit konsequenter Missbrauchsbekämpfung und der Stabilisierung des Ausländeranteils wirkungsvoll begegnet werden» könne (zitiert nach Skenderovic 2009: 219).

2.4 Islamophobie ohne Muslime

Von Beginn weg treibt die Minarettgegner die Sorge um, dass der von ihnen entfachte Minarettstreit im öffentlichen Diskurs als fremdenfeindlich diskreditiert und ihre Position dadurch delegitimiert werden könnte. Als stärkstes Argument, um die antirassistische «Vorurteilsrepression» (Heitmeyer) in der politischen Öffentlichkeit zu umschiffen, stellt sich folgende Aussage von Daniel Zingg (einem Co-Initianten der Anti-Minarett-Initiative) heraus, der man im Diskurs in abgewandelter Form wiederholt begegnet: «Ich habe nichts gegen Muslime (als Menschen), nur gegen den Islam.»[31] In der damaligen Diskussion reagierte von nicht-muslimischer Seite nur der Generalsekretär der Schweizerischen Bischofskonferenz und heutige Bischof von Basel Felix Gmür auf diese Aussage. Empört fragte er zurück, wie man einen Moslem ernst nehmen könne, wenn man etwas gegen seine Religion habe, die doch zu seiner Identität gehöre; man könne das nicht trennen, Religion gehöre zum Menschen.[32] Den Minarettgegnern gelang es jedoch, die Trennung von *Muslimen* und *Islam* im öffentlichen Diskurs als plausibel, sinnvoll und

31 Z.B. Daniel Zingg im «Club» vom 26.9.2006 zum Thema «Minarett-Streit: Wie viel Islam erträgt die Schweiz?». In der Außenkommunikation wird dabei der Islam als eine totalitäre «politische Ideologie» dargestellt, die den freiheitlichen «Westen» bedrohe. In den Niederlanden argumentierte auch der Rechtspopulist Geert Wilders, nicht Muslime als Menschen, sondern nur den Islam anzugreifen, womit er eine gerichtliche Verurteilung wegen Aufstachelung zum Hass gegen Muslime abwenden wollte. In der evangelikalzionistischen Binnenkommunikation liegt der genannten Aussage allerdings eine Dämonologie zugrunde, die parallel zum Wachstum der charismatischen Bewegung Verbreitung zu finden scheint. Darin wird nicht der (gottlose) «Westen», sondern das jüdisch-christliche «Abendland» verteidigt; eine Differenzierung, die – neben der Frage der Abgrenzung gegen «Rechts» – innerhalb der islamophoben Bewegung etwa auf dem Politblog *Politically Incorrect* (PI) regelmäßig für Zündstoff sorgt. Es geht im Grunde darum, ob Muslime (analog zu einer «Entnazifizierung») umerzogen werden können und «Gesinnungstests» ablegen sollten, wenn sie im «Westen» eingebürgert werden wollen (was wiederum von den Neuen Rechten aus Angst vor «Völkervermischung» abgelehnt wird), oder ob Muslimen «Jesus lieb gemacht» werden soll, damit sie aus der dämonischen Versklavung des Islam gerettet und durch den Heiligen Geist geheilt werden.

32 Innerchristlicher Streit zwischen dem Evangelikalen Zingg und dem Katholiken Gmür im «Club» vom 26.9.2006.

notwendig durchzusetzen.[33] 2010 sah sich das seit 2006 bestehende
Aktionskomitee Stopp Minarett Langenthal «auf Grund schleichender und
offensichtlicher Islamisierungsabsichten durch verschiedene Verbände
und Komponenten» gezwungen, das *Aktionskomitee gegen die strategische
Islamisierung der Schweiz* (KSIS) zu gründen. Sie richteten sich freilich nicht
gegen «den Muslim als Menschen», denn: «Rassismus oder Menschen-
verachtung ist für die Mitglieder des Aktionskomitees ein Fremdwort.»[34]

Bis Anfang 2006 war die SVP der Meinung, dass ein «Minarett- oder
Moscheeverbot juristisch und politisch nicht realisierbar [wäre]»,[35] wes-
wegen im Solothurner Kantonsrat als Reaktion auf das Minarettbaugesuch
in Wangen bei Olten der Vorstoß «Stopp dem Bau störender religiöser
Bauten» eingereicht wurde, um sich gegen den Vorwurf, einseitig Muslime zu diskriminieren, abzusichern. 2006 gab es weitere SVP-Vorstöße in
zwei Parlamenten von Kantonen mit einem muslimischen Bauprojekt
(von den Gegnern jeweils auf «Minarette» reduziert): So sollte in Bern und
St. Gallen über den «Bau- und Umbau religiöser Bauten» bzw. über den
«Bau religiös markanter Symbole» abgestimmt werden müssen. Geplante
muslimische Bauprojekte waren in den Kantonen Zürich (initiiert durch
SVP, EDU, SD) und Tessin (SVP, FDP, Lega) jedoch nicht nötig, um im
Parlament Minarettbau-Verbote zu fordern, was später im Kanton Bern
auch noch verlangt wurde. Die meist aufstrebenden jungen und die erfah-
renen, aber innerhalb ihrer Partei randständigen, politischen Akteure von
SVP und EDU aus den verschiedenen Kantonen trafen sich im September
2006 in Egerkingen SO, um ihre Kräfte zu bündeln, und entschieden sich
schließlich im November, mit einer eidgenössischen Volksinitiative explizit gegen den Bau von Minaretten vorzugehen. Die politischen Akteure
des sogenannten Egerkinger Komitees wurden daraufhin auf die neue
argumentative Linie eingeschworen, dass Minarette nur «religiös-politische Machtansprüche» des Islam verkörperten und daher keine religiösen

---

33   Als Daniel Zingg seine Differenzierung zwischen Islam und Muslimen in der
     Diskussion zum Burkaverbot wiederholte, störte sich niemand mehr daran:
     «Club» vom 11.5.2010, «Braucht die Schweiz ein Burka-Verbot?».

34   Selbstdarstellung auf http://www.ksis.ch/index.php?id=12 (13.6.2011). Die
     Website ist mit dem islamophoben Politblog PI verlinkt. Mit Kertzer (2001: 199)
     sehen wir analog dazu, dass man früher auch von den Juden behauptet hatte,
     nur «den Judaismus, aber nicht die Juden als Person zu hassen».

35   Aussage des SVP-Sprechers in der *Berner Zeitung* vom 4.2.2006.

Symbole darstellten (als was man sie bisher bekämpft hatte). Somit liege auch kein Verstoß gegen die Religionsfreiheit vor. Obwohl man neu gezielt einseitig gegen einen islamischen Bau vorging, wurde auch erklärt, dass das Diskriminierungsverbot nicht tangiert werde.[36] Dank diszipliniertem Festhalten an den Vorgaben eines Argumentariums wurden nun die Kernaussagen (darunter die Beteuerung, das Verbot richte sich nicht gegen Muslime, nur gegen den politischen Islam) wie Mantras drei Jahre lang ständig wiederholt. Unkontrollierte Aussagen wie «Moscheen gehören nicht in unsere Landschaft. Punkt.»[37] wurden fortan vermieden; vielmehr hielt man fest, dass der Moscheebau als solcher durch die Religionsfreiheit geschützt sei.[38]

Tatsächlich scheint die Durchsetzung von islamophoben Deutungsmustern wenig von der Anwesenheit und dem Verhalten «real existierender Muslime» abhängig zu sein (vgl. Hafez 2010).[39] Die Wählernachbefragung zeigt, dass dem Minarettbauverbot zugestimmt wurde, obwohl die Verträglichkeit der schweizerischen und muslimischen Lebensweise in der Schweiz mehrheitlich positiv beurteilt wird. Gleichzeitig haben in dieser Umfrage aber auch 16 Prozent der Ja-Stimmenden spontan angegeben, sie hätten als Vergeltungsmaßnahme gegen die Diskriminierung von Christen in islamischen Ländern für ein Minarettverbot gestimmt. Bei

36 Erstaunlich ist weniger der strategisch begründete Vollzug dieses radikalen Positionswechsels als vielmehr die Tatsache, dass sich diese (Um-)Deutung im Diskurs durchsetzen konnte. Allerdings wurde das Baugesuch für ein Minarett in Wangen bei Olten parallel dazu weiterhin als religiöses Symbol bekämpft, da sonst die Hauptargumentationslinie nicht mehr aufrechtzuerhalten gewesen wäre, wonach die ehemalige Farbenfabrik durch das Minarett als religiösem Symbol sakralen Charakter erhielte und dadurch als Sakralbau baurechtlich nicht mehr zonenkonform wäre.

37 Der Solothurner SVP-Kantonsrat Roman Jäggi in der *SonntagsZeitung* vom 12.2.2006.

38 Auf lokaler Ebene wurde jedoch im st.gallischen Wil ein Moscheebau-Projekt durch die SVP bekämpft, wobei der Fall Wil in der nationalen Anti-Minarett-Kampagne zusammen mit Bauprojekten in Wangen bei Olten und Langenthal als bedrohliche «Welle von Baugesuchen für Minarette in der Schweiz» (Gross 2009: 39) dargestellt wurde – obwohl es in Wil nie zu einem Baugesuch kam!

39 Dies zeigt Hafez (2010: 10) anhand des Vorstoßes von Roland Koch in Hessen für ein Burkaverbot – obwohl in Hessen niemand Burka trägt –, ebenso das Beispiel des 2007 verhängten Moschee- und Minarettbauverbots im österreichischen Bundesland Kärnten, wo keine solche Bauten geplant waren.

der gezielten Frage nach einer Beurteilung der Reziprozitätsforderung «Ein Minarettverbot ist gerechtfertigt, weil die Ausübung der christlichen Religion in islamisch geprägten Staaten auch eingeschränkt wird.» zeigte sich eine Mehrheit von 56 Prozent der Abstimmenden eher oder sehr damit einverstanden, unter den Ja-Stimmenden waren es 86 Prozent (Hirter/Vatter 2010: 23–25). Adressat des Minarettbauverbots sind hierbei *die* Muslime als imaginiertes Kollektiv, das «unseren» Christen global gegenübergestellt wird; der «real existierende» muslimische Nachbar spielt dabei zwar keine Rolle, wird «uns» durch diese religiös-kulturelle Differenzierung aber gleichwohl fremder als beispielsweise ein koptischer Christ in Ägypten.[40]

3 Islamophobe Akteure

Die Entwicklung der eben rekonstruierten islamophoben Deutungsmuster war durch einen für soziale Bewegungen typischen «scale shift» (vgl. McAdam/Tarrow/Tilly 2000: 315) von der lokalen auf die nationale Ebene geprägt. Damit einher geht «brokerage», die Bündelung vorher unverbundener Akteure und ihrer Ressourcen hinsichtlich eines geteilten Interesses. Solche Prozesse der Verknüpfung sind zentral für das Verstehen der Minarettopposition, da mit dem Thema Islam ein für rechtspopulistische und evangelikale Minarettgegner neues Gebiet beschritten wurde. Zur Ausgestaltung der Deutungsmuster musste an bestehende Thematisierungen angeschlossen werden, was durch den Einbezug von Exponenten und

---

40 Ethnisierung verstanden als ein kommunikativer Prozess der Konstruktion ethnisch-kultureller Differenz. – Diese «Wir-Gruppe», die sich durch die Reziprozitätsforderung abgrenzt, ist transnational. So hält Halm (2008: 21f.) die «Forderung nach einer völkerrechtlichen Reziprozität von Religionsfreiheit» für eine häufig angewandte Strategie im (deutschen) Islamdiskurs, wobei die Thematisierung von Verbrechen gegen Christen in muslimischen Ländern diese Strategie unterstützen und legitimieren solle. Häusler (2008: 166) stellt eine Kulturalisierung der Debatte fest und verweist auf eine Umfrage des Instituts Demoskopie Allensbach im Mai 2006, in der sich 56 Prozent der Befragten für ein Verbot von Moscheebauten in Deutschland ausgesprochen hätten, weil in «manchen islamischen Ländern keine Kirchen gebaut werden dürfen». Ebenso viele hätten auch die Ansicht vertreten, es herrsche «zur Zeit ein Kampf der Kulturen».

Argumentationen des kritischen Islamdiskurses geschah, den es im Folgenden nachzuzeichnen gilt.

3.1 *«Glaubwürdige Binnenperspektiven»: (Ex-)muslimische ExpertInnen*

Muslimen, die selbst mit dem Islam abrechnen, wird aufgrund ihres Insiderblicks in den islamophoben Diskussionen besondere Glaubwürdigkeit zugeschrieben. Sie werden zu Kronzeugen, die das Feindbild Islam bestätigen (vgl. Königseder 2008: 43f.), und legitimieren die jeweils eigene Kritik. Islamkritischen (z.T. ehemaligen) Muslimen wurde damit ausgiebige Aufmerksamkeit zu teil.

So schreibt die EDU in einer Medienmitteilung zu einer Medienkonferenz im Oktober 2009 vor der Minarett-Abstimmung, man werfe den Minarettgegnern oft vor, sie hätten die Bedeutung des Minaretts «willkürlich und neu erfunden, um überhaupt eine entsprechende Initiative zu lancieren». Dem sei nicht so. In einem Vortrag in Langenthal habe Heinz Gstrein die «deutsch-türkische Islam-Soziologin Necla Kelek[41] (sie ist Muslima)» folgendermaßen zitiert:

> «Minarette sind im Bewusstsein der muslimischen Herrscher immer eine offensichtliche Machtdemonstration gewesen. Heute geht es den Moscheevereinen nicht um Spiritualität und auch nicht um Integration, sondern um Politik, um die Besetzung von Terrain. Und auch, wenn man jetzt auf den Ruf des Muezzins zu verzichten vorgibt – irgendwann kommt er doch.»[42]

---

41 Kelek ist regelmäßige Gastautorin in der *FAZ*. Sie gehört zum religionskritischen Lager im Umfeld der atheistischen Giordano-Bruno-Stiftung, in deren wissenschaftlichem Beirat sie saß. Diese Stiftung half 2007 Exil-Iranern um die Kommunistin Mina Ahadi, in Köln den Verein Zentralrat der Ex-Muslime (ZdE) zu gründen, und unterstützte maßgeblich dessen Medienkampagne «Wir haben abgeschworen!». Anfang 2009 wurde der Schweizer Ableger der *Ex-Muslime* gegründet, der sich (unterstützt durch die Freidenker-Bewegung) am Minarettdiskurs beteiligte. Kurz vor der Anti-Minarett-Abstimmung lancierte der Verein der *Ex-Muslime* eine resonanzstarke Kampagne für ein Burka-Verbot, die an eine zeitgleiche Diskussion in Frankreich anknüpfte.

42 Vortrag von Heinz Gstrein am 27.5.2009 in Langenthal: «Minarett – Speerspitze der Islamisierung – Erst die Halbmondtürme, dann die Sklaverei der Scharia», zitiert in der EDU-Medienmitteilung zur Medienkonferenz vom 7.10.2009 in Bern.

Als Referenz für christliche Minarettgegner besonders wichtig ist der zum Christentum konvertierte Ägypter Mark A. Gabriel, der vor der Minarett-Abstimmung für Vorträge und Interviews in die Schweiz kam und dessen Bücher auf jeder einschlägigen evangelikalen Website bestellt werden können. Kopien von Auszügen seiner Interviews, in welchen er eindringlich vor einer islamischen Bedrohung warnt, wurden aus evangelikalen Kreisen vor der Anti-Minarett-Abstimmung auch an Bekannte versandt, verbunden mit der inständigen Bitte, abstimmen zu gehen. Auf einem EDU-Flyer zur Anti-Minarett-Initiative von 2007 wird ein anderer konvertierter Moslem zitiert, der 2006 einen Vortrag in Roggwil gehalten habe: «Den Islam als friedliche Religion zu propagieren ist definitiv eine Lüge.»[43] Neben Vorträgen war Gabriel auch in der evangelikalen Zeitschrift *position* präsent, so mit Interviewaussagen wie: «Das Hauptziel des Islam ist es, die Welt zu unterwerfen und zu beherrschen».[44] Der Islam sei eine Religion, die den Menschen versklave, weshalb er den Muslimen Jesus Christus näher bringen wolle.[45] Zudem war Gabriel für die Christian Solidarity International (CSI) aktiv, die als «Menschenrechtsorganisation» den Islam als Christen unterdrückendes Feindbild thematisiert.[46] Sein jüngstes Buch heißt «SWISLAM – Wie viel erträgt das Land?».[47] Die Popularität Gabriels in der evangelikalen Diskussion dürfte nicht zuletzt auf das Narrativ seiner Konversion zurückzuführen sein. Konversionserfahrungen genießen eine hohe Plausibilität im evangelikalen Kontext und bieten Anschluss an religiöse Dichotomien wie verworfen/errettet und an die innerhalb der Islamophobiediskussion prominenten zweiwertigen moralischen Unterscheidungen.

---

43 Im *Mitternachtsruf* (11/2008: 9), der Zeitschrift des gleichnamigen evangelikal-zionistischen Missionswerks in Dübendorf bei Zürich, interviewt Daniel Zingg einen weiteren zum Christentum konvertierten Iraker: «Ist der Islam für die Schweiz eine Zeitbombe? – Ja, auf jeden Fall. Islamisierung ist eine Strategie. Darüber reden die Moslems nicht öffentlich und davon erfährt man nichts, wenn man nicht in diesen muslimischen Kreisen ist.»

44 Interview in *position* vom 3.9.2009

45 Vgl. http://www.drmarkgabriel.com/ (13.6.2011).

46 http://www.csi-schweiz.ch/csi_archiv.php?inhId=1260918000&bstFam=2&arc=1&sId=01283914925&sucHL=&sucJahr=0 (13.6.2011).

47 Buchbesprechungen auf der evangelikalen Plattform livenet.ch am 12.4.2011 und in der nationalkonservativen *Schweizerzeit* vom 7.5.2011.

3.2 Grenzgänger: Experten und Akteure aus der «Mitte der Gesellschaft»
Neben den «Innenperspektiven» waren auch Experten aus der «Mitte der
Gesellschaft» zur Etablierung des neuen Themas Islam gefragt:

3.2.1 Heinz Gstrein

Dr. Heinz Gstrein ist im Minarettdiskurs der wichtigste Ideen-Lieferant für
Argumente gegen den Minarettbau und wird von den Minarettgegnern als
Gewährsmann für wissenschaftlich fundierte Angaben zum Islam zitiert.
Gstreins Tätigkeit war eng mit evangelikalen Organisationen verknüpft:
Christian Solidarity international (CSI) warb in einem Gastbeitrag auf dem
islamophob-zionistischen Politblog PI im Mai 2008 für eine Kundgebung
in Bern, wo auf die Situation verfolgter Christen aufmerksam gemacht
werden sollte, wobei u.a. Gstrein als Präsident der Arbeitsgemeinschaft
Orthodoxer Kirchen in der Schweiz (AGOK) als Redner fungierte. Die
Geschäftsführerin von CSI Schweiz plädierte dafür, «dass sich Regierung
und Parlament international vermehrt für Religionsfreiheit einsetzen. Auch
Muslime in der Schweiz sollen angehalten werden, sich für Religionsfreiheit in islamischen Ländern starkzumachen».[48] Ebenfalls teilgenommen
hatten acht Mitglieder der parlamentarischen Gruppen Schweiz–Israel
und Vision für die Schweiz – Eidgenössische Besinnung. Als «Orientalist,
ehem. Nahostkorrespondent für NZZ und Schweizer Radio» trat Gstrein
einen Monat vor der Volksabstimmung im «Club» zum Thema: «Minarett-
Streit – sozialer Friede in Gefahr?» auf. Ein weiteres Beispiel für sein
Engagement ist sein Referat an einer Tagung zum Thema «Herausforderung Islam», die im Januar 2009 an der ETH Zürich von der Evangelischen
Volkspartei (EVP) gemeinsam mit CSI und der Schweizerischen Evangelischen Allianz (SEA) organisiert wurde. Angekündigt als «Dr. Heinz Gstrein,
Professor an der Universität Wien (sic!), Präsident der Orthodoxen Kirchen
in der Schweiz, ehem. Nahostkorrespondent» äußerte er sich zum Verhältnis zwischen Christentum und Islam u.a. wie folgt: «Uns ist eben die
Beziehung zu den eigenen religiösen und kulturellen Wurzeln verdächtig
geworden, das ist unsere Schwäche.»[49]

---

48 http://www.pi-news.net/2008/05/solidaritaet-fuer-200-millionen-verfolgte-
    christen/ (13.6.2011).
49 http://www.evppev.ch/uploads/media/FT_Islam_Referat_Gstrein.pdf (13.6.2011).

Gstreins Etikettierung als Professor der Universität Wien wurde nach der Anti-Minarett-Abstimmung vom *Tages-Anzeiger* in Zweifel gezogen, eine Sprecherin der Universität habe verneint, dass Gstrein je eine solche Position innehatte.[50]

3.2.2 Udo Ulfkotte

In der *Schweizerzeit*, dem Nachfolgeorgan von *Der Republikaner*, schreiben Rechtspopulisten und Nationalkonservative der SVP und SD sowie Vertreter der Neuen Rechten wie Udo Ulfkotte, ein islamophober Buchautor[51] und ehemaliger Journalist bei der *Frankfurter Allgemeinen Zeitung* (FAZ), der 2006 den Verein Pax Europa gründete. Sein Verein will «über die schleichende Islamisierung Europas aufklären» und fühlt sich «ausschließlich der Bewahrung der christlich-jüdischen Tradition unserer europäischen Kultur verpflichtet».[52] Die Vereine Pax Europa und Zukunft CH, ein Ableger der Zürcher CSI, arbeiten zusammen und wurden beide vom Basler Millionär Rudolf Syz finanziell unterstützt, der damals auch Vizepräsident der SVP-nahen AUNS war und zum Unterstützungskomitee der Anti-Minarett-Initiative gehörte.[53]

50 *Tages-Anzeiger* vom 3.12.2009. Auch das Etikett «Nahostkorrespondent der NZZ» wird laut *Tages-Anzeiger* vom Chefredaktor der NZZ zurückgewiesen. Gstrein habe zwar für die Zeitung berichtet, aber nur als freier Mitarbeiter.

51 Bielefeldt (2009: 189) hält Ulfkotte für einen Autor islamophober Propagandaliteratur, der monströse Angstszenarien zeichne, wonach in Europa bald die Scharia eingeführt und Europa zu «Eurabien» werde.

52 http://www.buergerbewegung-pax-europa.de/verein/index.php (13.6.2011). *Welt-online* berichtet am 2.12.2008 vom Rücktritt Ulfkottes aus der Bewegung *Pax Europa*, die er 2006 gegründet hatte. Er habe die Bewegung wegen eines «zunehmend extremistischen Kurses» verlassen.

53 *Tages-Anzeiger* vom 28.1.2008. Pax Europa arbeitet wiederum mit dem islamophoben Politblog PI zusammen, wo auch ein Werbebanner für Zukunft CH zu findet ist. PAX Europa verlieh im Mai 2011 Stefan Herre, dem Gründer von PI, einen Freiheitspreis. Die Laudatio hielt René Stadtkewitz aus dem Bundesvorstand von PAX Europa, der im Oktober 2010 nach dem Vorbild von Geert Wilders in Deutschland die islamophobe Partei «Die FREIHEIT» gründete. Herre, der PI 2004 aufschaltete, führte in seiner Dankesrede die «islamische Landnahme» in Europa auf «Symptome eines gesellschaftlichen Verfalls» zurück, die mit der «68er-Bewegung» begonnen und «Männern und Frauen den Stolz auf ihre Familie, ihr Geschlecht und ihr Land genommen» hätten,

Ulfkotte schrieb im Oktober 2006 einen Artikel im evangelikalen Medienmagazin *PRO*, worin er sich als praktizierender Christ darstellte und einen gesellschaftlichen Wertezerfall beklagte. Während eine von Ulfkotte und *Pax Europa* in Brüssel für den 11.9.2007 geplante Demonstration zum Thema «Stoppt die schleichende Islamisierung Europas» untersagt wurde, hielt der «deutsche Sicherheits- und Islam-Experte» Udo Ulfkotte auf Einladung der SVP einen Vortrag zum Thema «Die Islamisierung Europas» in St. Gallen.[54] Er unterstützte dabei die Anti-Minarett-Initiative und warnte vor einer durch die «radikale Moslembruderschaft» betriebenen Islamisierung Europas; überall seien mittlerweile Tarnorganisationen der Extremisten am Werk, die auch in Europa ein Kalifat errichten wollten.[55] Seine Vortragsreihe zur Anti-Minarett-Initiative im Herbst 2007 wurde von Ulrich Schlüer und Rudolf Syz organisiert und finanziert.[56] Wie Gstrein beklagt Ulfkotte die «eigene Schwäche» Europas, die es nicht einmal mehr zum Kulturkampf kommen lasse.[57] Das Minarett sei dann eine «Siegessäule» mit der Bedeutung eines Eroberungszeichens in einem dem Islam unterworfenen Gebiet.[58]

3.2.3 Henryk M. Broder

In der *Schweizerzeit*, die kurz vor der Abstimmung zur Anti-Minarett-Initiative in Großauflage erscheint, schreibt auch Welt- und Weltwoche-Kolumnist Henryk M. Broder, ein Publizist und Rechtspopulist aus

---

wofür er den «staatlich gewollte[n] Bedeutungsverlust des Christentums» mitverantwortlich machte: http://www.pi-news.net/2011/06/pi-grunder-erhalt-hiltrud-schroter-freiheitspreis/ (13.6.2011).

54 St. *Galler Tagblatt* vom 14.9.2007.

55 St. *Galler Tagblatt* vom 20.9.2007.

56 *Tages-Anzeiger* vom 28.1.2008. Anfang November 2009 referierte Ulfkotte «auf seiner Tour durch die Schweiz» auch an der «Islamtagung» der Aargauer SVP im Großratssaal, wie auf PI berichtet wurde: http://www.pi-news.net/2009/11/udo-ulfkotte-habt-ihr-keinen-arsch-in-der-hose/ (13.6.2011).

57 Gastkommentar Ulfkottes auf Welt-online vom 8.12.2008: http://www.welt.de/jahresrueckblick-2008/article2845584/Dulden-wir-die-Islamisierung-Europas.html (13.6.2011).

58 Gastartikel in der Schweizerzeit vom 6.11.2009 in Großauflage vor der Volksabstimmung. Ulfkotte wird darin als «Gastprofessor an einer Universität in San Francisco» beschrieben.

Deutschland.[59] Dabei rät er in Bezug auf den Bau von Minaretten und Moscheen in der Schweiz, in Deutschland oder in Österreich dazu, klare Bedingungen zu stellen: «Bei uns können Moscheen gebaut werden, wenn bei euch Kirchen gebaut werden dürfen».[60] So argumentierte er zum Minarettbauverbot bereits in einem Gastbeitrag im *Magazin* des Zürcher *Tages-Anzeigers* und auch beim Moscheestreit in Köln.[61] Dieser im Minarettdiskurs weitverbreiteten Reziprozitätsforderung zufolge wird eine kulturessenzialistisch begründete Grenze zwischen «uns» und «denen» gezogen, was einer Popularisierung der Weltbilder der Neuen Rechten und der christlichen Rechten entspricht.[62] Dem Argument wurde, wie bereits erwähnt, in der Wählernachbefragung zur Anti-Minarett-Initiative mehrheitlich zugestimmt (vgl. Hirter/Vatter 2010: 23–25).

3.2.4 Hans-Peter Raddatz

Der studierte deutsche Orientalist und katholische Verschwörungstheoretiker Hans-Peter Raddatz hatte 2008 im Auftrag des Egerkinger Initiativ-Komitees die Expertise «Verkettung Minarett-Moschee-Scharia als politischer Machtbasis des Islam» verfasst, «um das Schweizer Parlament in Bern von der Dringlichkeit und Wichtigkeit des Anliegens zu überzeugen», wie es auf PI heißt.[63] Der islamophobe Blog erhielt am Tag des

---

59 Broder hatte außerdem im Mai 2008 an einer Vortragsreihe der *Schweizerzeit* in Zug zum Thema: «Die letzten Tage Europas – Eurabia oder Eurasia?» referiert.

60 *Schweizerzeit* vom 6.11.2009.

61 *Magazin* vom 8.2.2008. In Bezug auf den Moscheestreit in Köln: Broder (2008).

62 Vgl. Schneiders (2009) zu Broders Polemik gegen Muslime und zur Reziprozitätsforderung. Links zu Broders Blogs finden sich auf PI, wo er in einer Abstimmung zum «Anti-Dhimmi 2010» hinter Thilo Sarrazin auf den zweiten Platz gewählt wurde – vor René Stadtkewitz, dem Gründer der neuen islamophoben Partei Die FREIHEIT und dem SVP-Nationalrat Oskar Freysinger, der durch seine internationalen Auftritte außerhalb der Schweiz als der Mann gilt, der die Minarette verboten hat. Hinter Freysinger rangierte Elisabeth Sabaditsch-Wolff, die sich wegen islamophober Äußerungen am Bildungsinstitut der FPÖ in Wien vor Gericht verantworten musste.

63 http://www.pi-news.net/2009/11/raddatz-minarett-expertise-fuer-die-schweiz/ (13.6.2011).

Abstimmungssiegs von Raddatz die Erlaubnis zum Abdruck.[64] In seiner Expertise für das Egerkinger Komitee schreibt Raddatz, dass die Schweiz den inneren Frieden nicht aufrechterhalten könne, wenn sie den Islam dulde (S. 28), denn: «Die Menschen des Islam sind und bleiben unfähig zur Integration.» (S. 32)

Der Rechtsintellektuelle Raddatz tritt seit der zweiten Hälfte der 1990er Jahre als Publizist an die Öffentlichkeit, um eine drohende Islamisierung des Abendlandes zu bekämpfen, und schrieb von 1997 bis 2001 für die Wochenzeitung der Neuen Rechten *Junge Freiheit* (vgl. Widmann 2008: 49). Außerdem ist er regelmäßiger Autor in der konservativ-katholischen Zeitschrift *Die Neue Ordnung*, wo er «pseudokritische Figuren» wie Necla Kelek, Navid Kermani oder Bassam Tibi kritisiert, da diese «aus Sicht der Dialogdoktrin» nur aufgrund ihrer Herkunft als Experten gälten, aber nie grundsätzlich den Dominanzanspruch des Islam sowie die Haltung der proislamischen Eliten analysierten, von denen sie ja lebten (Nr. 6, 2010: 460).[65]

Seine Thesen zur Verschwörung der «Euro-Eliten», den Islam in Europa als «kommende Leitkultur» zu etablieren, wogegen für die Christenverfolgung «in der Islamregion» ein Schweigegebot gelte, beschreibt Raddatz auch in der *Schweizerzeit*[66] vor der Minarett-Abstimmung. Er signiert als «Prof. Dr. Hans-Peter Raddatz»[67], obwohl auch ihm, ebenso

---

64 Die internationale Vernetzung zeigt sich hier darin, dass seine Expertise zwei Monate später auch auf *Gemeindenetzwerk.org* veröffentlicht wird, einer Plattform der evangelikalen Bekenntnisbewegung innerhalb der Evangelischen Kirche Deutschlands, die u. a. vom SVP-Mitglied und evangelikal-zionistischen Publizisten Emil Rahm gesponsert wird, der 1994 an vorderster Front gegen die Schweizer Anti-Rassismus-Strafnorm gekämpft hatte.

65 Diese Verbandelung mit «den Eliten» wirft Raddatz im Interview auf PI auch Henryk Broder vor, was in den dortigen Kommentarspalten für Unmut sorgt, da Broder als ein Star der islamophoben Szene gilt. Vgl. http://www.pi-news. net/2008/ 03/raddatz-klischee-der-dialogischen-gebetsmuehle/ (13.6.2011).

66 *Schweizerzeit* vom 13.11.2009, in der seine Bücher per Talon zum Kauf empfohlen werden, ebenso Bücher von Udo Ulfkotte und Mark A. Gabriel.

67 Der Kern seiner Weltanschauung entstammt gemäß Riexinger (2009: 462) der Ideologie des Konzilgegners und Gründers der Priesterbruderschaft St. Pius X, Marcel Lefebvre. Vgl. auch Wiedmann (2008: 54f.), der auf Verbindungen zu der Neuen Rechten (Alain de Benoist u. a.) hinweist.

wenig wie Gstrein, bislang kein universitärer Professorentitel verliehen worden ist.

Für Raddatz war 2001 ein Wendepunkt in seiner publizistischen Karriere, da er sein erstes Buch über die Gefahr des Islam im Jahr der Terroranschläge in New York veröffentlichte und dadurch den Nerv der Zeit traf, was ihm den Weg in die «Mitte der Gesellschaft» öffnete. Fortan schrieb er nicht mehr für die *Junge Freiheit*, sondern für *Die Welt*, wo er seine radikalen Ansichten gemäß Widmann (2008: 53) etwas gezügelt haben soll. Er wurde zu einem gefragten Gesprächspartner im öffentlich-rechtlichen Radio und Fernsehen in Deutschland und Österreich, wo er ab 2004 als Experte auftrat und seine Bücher in der Rubrik «Buchtipps» geführt wurden. Er wurde von Einrichtungen der politischen Bildung an Veranstaltungen eingeladen (2005 von der Hanns-Seidel-Stiftung, 2006 von der Friedrich-Ebert-Stiftung) und war Mitautor eines Sammelbandes zum Islam, den die Bayerische Landeszentrale für politische Bildungsarbeit vertrieb (vgl. Widmann 2008: 51f.). Gemäß Attia (2009: 63) scheint Raddatz in den Medien Peter Scholl-Latour als «Experten» abzulösen. Während Scholl-Latour jedoch «Juden» und «Arabern» gleichermaßen einen «semitischen Charakter» zuweise, werde Raddatz wegen seiner Erläuterungen zum «islamischen Antisemitismus» zustimmend zitiert.

2010 verfassten Hans-Peter Raddatz und Heinz Gstrein je ein Gutachten für das evangelikale Aktionskomitee «Gegen die strategische Islamisierung der Schweiz» zu einem Antrag für ein Verbot des Islamischen Zentralrats Schweiz (IZRS) beim Bundesamt für Justiz.[68]

3.3 Mediale Präsenz

Neben der Verbreitung von Inhalten kommt den Medien eine Zertifizierungsfunktion zu: Akteure und ihre Standpunkte erhalten mehr Gewicht und Legitimität, wenn sie in prestigeträchtigen Medienformaten auftreten können. Solche Zertifizierungen[69] sind insbesondere bei neuen Themen,

---

68 Vgl. *NZZ* vom 4.5.2010. Die Gutachten können über den Verein *Zukunft CH* bezogen werden, der mit Pax Europa zusammenarbeitet, an deren Jahresversammlung 2010 Raddatz einen Vortrag hielt, der anschließend auf PI publiziert wurde: http://www.pi-news.net/2010/09/video-vortrag-von-dr-hans-peter-raddatz/ (13.6.2011).

69 Darunter ist die Validierung von Akteuren, ihrem Handeln und ihren Deutungen zu verstehen (vgl. McAdam/Tarrow/Tilly 2000: 145).

in denen es noch wenige fest zugewiesene Expertenpositionen gibt, von besonderer Bedeutung. Die Prominenz der genannten islamophoben Experten gründet dabei insbesondere in ihrer Präsenz in deutschen Fernsehsendungen. So nahm beispielsweise Ulfkotte im September 2010 an einer Diskussionsrunde auf ARD teil, wo er als Bestsellerautor und Islamkritiker sowie früherer FAZ-Redakteur und Nahost-Korrespondent vorgestellt wurde.[70] Er warnte vor einer schleichenden Islamisierung Europas, dies gemeinsam mit Peter Scholl-Latour, der auf der ARD-Website mit der Aussage «Wir sind mitten im Kampf der Kulturen. Vor dem Terrorismus müssen wir keine Angst haben, wohl aber vor der Vermehrung der zugewanderten Bevölkerung.» zitiert wird.[71]

In der Schweiz lässt sich im Rahmen der Minarettinitiative ein allmähliches Vorrücken der islamophoben Experten ins massenmediale Zentrum feststellen. Ihre Meinungen wurden zunächst über Bücher[72] und das Internet[73] verbreitet, darauf folgten Auftritte in rechtsgerichteten oder evangelikalen Publikationen wie *Schweizerzeit*, *Junge Freiheit*, *Diakrisis*

---

70 Vgl. «Menschen bei Maischberger» am 21.9.2010 zum Thema «Kopftuch und Koran – hat Deutschland kapituliert?».

71 Vgl. http://www.daserste.de/maischberger/sendung.asp?datum=21.09.2010 & startseite=true (13.6.2011). Weiter trat Ulfkotte im November 2010 in der SWR-Talkshow *Nachtcafé* zum Thema: «Mit Muslimen auf der Schulbank – Zumutung oder Chance?» auf, wobei auf der SWR-Website sein neuestes Buch bei den «Literaturtipps zur Sendung» aufgeführt wurde. Für ihn gehören deutsche und muslimische Schüler nicht gemeinsam auf die Schulbank, da «Multikulti» gescheitert sei. Vgl. http://www.swr.de/nachtcafe/-/id=200198/nid=200198/did=6943394/mpdid=7080750/7o619d/index.html (13.6.2011). Scholl-Latour, Publizist und Kolumnist auch der *Schweizer Illustrierten*, trat am 2.5.2011 in der ARD-Sendung «Beckmann» auf und propagierte die Wiedereinführung der lateinischen Messe nach tridentinischem Ritus.

72 In der *Schweizerzeit* (vgl. http://www.schweizerzeit.ch/ [13.6.2011]) werden nicht nur Artikel von «Prof. Dr. Hans-Peter Raddatz» publiziert, sondern im Shop auch Bücher von (u.a.) Mina Ahadi, Bat Ye'or, Alain de Benoist, Broder, Gabriel, Kelek, Raddatz und Ulfkotte verkauft.

73 Vgl. z.B. Ulfkottes Website http://www.akte-islam.de/1.html (13.6.2011). Titel der Artikel lauten etwa: «Türken-Bestie Eldin K. zertrümmert Klaus B. den Schädel – nur so zum Spaß»; «Wie im Schmuddel-Orient: In Alsheim schächten Moslems 58 Schafe illegal in einer Gärtnerei»; «Moslems setzen sich durch: Sonderrechte in Schwimmbädern»; «Yilmaz B. – typischer Migrant in Frankfurt»: Vergewaltiger, Zuhälter und Lump»; «London: Moslem-Mutter schneidet ihrer 4 Jahre alten Tochter Herz und Eingeweide heraus».

oder *position*. Insbesondere die SVP-nahe *Weltwoche* zeigte sich offen für diese Importe: Ihr gab bspw. Raddatz ein Interview, in dem er meinte:

> «Permanent wird behauptet, Islam bedeute ‹Frieden›, weshalb der Islam eine friedliche Religion sei. Das ist Unfug. [...] Vereinfacht lässt sich sagen, ein Christ missbraucht seine Religion, wenn er Gewalt anwendet, und ein Muslim missbraucht seine Religion ebenso, wenn er Gewalt nicht anwendet.» (*Weltwoche* Nr. 16/2004)

Davon ausgehend erfolgte der Transfer in die Minarettdiskussion: Der neokonservative Minarettgegner und Langenthaler SVP-Stadtrat Patrick Freudiger verweist 2006 auf seiner Website[74] auf dieses Interview des «Islamexperten Hans-Peter Raddatz» in der *Weltwoche*, um zu belegen, dass, wer das Minarett als eine Frage der Toleranz «im Sinne eines trendigen Multikulti» verstehe, auf dem Holzweg sei.[75] Auch im Wangner Minarettstreit gab es bereits früh im Diskurs einen Leserbrief in der Lokalzeitung, in dem als «einschlägige Literatur zur besseren Kenntnis des Islam» die Autoren Hans-Peter Raddatz, Peter Scholl-Latour und Mark A. Gabriel empfohlen wurden.[76]

Schließlich gelang auch der Schritt ins öffentlich-rechtliche Fernsehen: Als Islamexperten, nicht als Vertreter einer der Konfliktparteien, wurden Exponenten der Minarettgegnerschaft kurz vor der Abstimmung in den «Club» wie auch in die «Arena» eingeladen.[77]

4 Transfer der Islamophobie in die Minarettopposition

Mit dem Übergang vom lokalem Konflikt und internationalem Islamophobiediskurs in den Abstimmungskampf einer eidgenössischen Volksinitiative änderten sich die Bedingungen für die beschriebenen Deutungsmuster und ihre Trägerschaft. Nach einer kurzen Diskussion dieser «veränderten Gelegenheiten» ist erstens nach der Struktur der politischen Rechten als Trägerschaft der neuen islamophoben Deutungsmuster zu fra-

---

74 Freudigers Website und der islamophobe Politblog PI sind gegenseitig verlinkt.
75 http://www.patrick-freudiger.ch/artikel/speziell-zu-langenthal/gedanken-zum-minarett.htm (13.6.2011).
76 *Oltner Tagblatt* vom 5.10.2005.
77 So z.B. Heinz Gstrein in der Arena vom 6.11.2009 und *Der Club* vom 27.10.2009.

gen. Zweitens ist zu untersuchen, welchen Anpassungen und Spezifika-
tionen die «Islamophobie» beim Transfer von den «Islamexperten» zur
neuen politischen Trägerschaft unterzogen wurde.

4.1 Veränderte Gelegenheiten

Mit der Verschiebung des Konflikts von der lokalen auf die nationale und
von der rechtlichen auf die politische Ebene veränderte sich die Struktur
der Gelegenheiten (vgl. Kriesi/Koopmans/Duyvendak/Giugni 1995). Neue
Koalitionen entlang nationalen politischen Differenzen spielten sich ein
und neue Strategien boten sich an, wobei hier insbesondere die Struktur
der Volksinitiative bedeutsam wurde. Im Hinblick auf eine Volksabstimmung ging es nun darum, eher breit als stark zu mobilisieren. D.h. es ging
nicht um die Mobilisierung von starkem *commitment,* sondern um die
breitenwirksame Motivierung für eine niederschwellig zugängliche, zeitlich und sachlich klar umrissene Aufgabe in Form der Stimmabgabe (vgl.
Oliver/Marwell 1992: 265). Weiter konnten das Anliegen des Minarett-
verbots und die dahinter stehenden Akteure dank ihrer Einbindung in ein
etabliertes politisches Verfahren auf eine gewisse Legitimität aufbauen.
Hinsichtlich der Vereinheitlichung der Minarettopposition waren zwei
gegenläufige Tendenzen von Belang: Einerseits ermöglichte die Vereinfachung auf die Dichotomie von Ja und Nein ein Absehen von den Motivationen, insofern nur Einigkeit im «Nein» gegen Minarette bestand. Andererseits verlangten das Format der Volksinitiative und die auf den Plan
gerufenen EDU- und SVP-Vertreter eine professionalisierte Propaganda
mit einer einheitlichen Strategie und Botschaft. Diese musste für Aussicht
auf Erfolg stark vereinfacht werden und dabei Konnotationen mit extremistischen Positionen vermeiden, um für eine Mehrheit wählbar zu bleiben.

4.2 Neue Trägerschaft

Mit der von den religiösen «Islamexperten» geschaffenen Informations-
grundlage erreichten die Minarettgegner im öffentlichen Diskurs eine
Position, in der sie den muslimischen Verbandsvertretern sowie den
Islamwissenschaftlern und Nahost-Experten[78] in Fragen um das Minarett

---

78 Journalisten, die als Nahost-Experten gelten, können islamophob eingestellt
    sein, wie etwa der Publizist Peter Scholl-Latour, dem Halm (1991: 199) vorwirft,
    im Fernsehfilm «Das Schwert des Islams» (ZDF) die These zu vertreten, dass

und den Islam argumentativ Paroli bieten können. Mit sachkundiger Miene wurden nun arabische Begriffe verwendet,[79] wurde aus dem Koran zitiert[80] und darauf verwiesen, was ein Minarett «wirklich» bedeute. Hatte sich die Opposition einmal eingespielt, brauchten die Minarettgegner keine Schützenhilfe von «Islamexperten» oder «Insidern» mehr, um ihre Verbotsempfehlung zu begründen. Die Deutungshoheit über «den Islam» wurde von der christlichen und politischen Rechten übernommen und reichte aus, um den Muslimen die «wahre» Interpretation des Minaretts und Deutung des Islam streitig machen zu können.

Die in der schweizerischen Minarettopposition nun führenden Akteure stammen aus zwei großen Lagern der radikalen Rechten: der religiösen und der politischen Rechten. Deren Motive ergänzen sich zum Teil – etwa im Kampf gegen «Wertezerfall» und «Kulturrelativismus» bzw. «Multikulti» oder für «Israel» –, was zu wechselnden Allianzen führt, die auch widersprüchliche Positionen ertragen, insbesondere in Bezug auf Säkularismus, Homophobie und Antisemitismus. Es lassen sich dabei zwei Bruchlinien entlang den Differenzierungen reaktionär/modern und religiös/säkular beschreiben, die quer durch die zwei großen Lager laufen. Erstere Unterscheidung verbindet religiös definierte Positionen in ihrer antiliberalen Haltung mit Nationalkonservatismus und Rechtsextremismus; die zweite Unterscheidung steht dazu teilweise quer, da diese Rechten auch antiklerikale bis antichristliche Positionen vertreten. Die charismatischen Evangelikalen stehen zwar ebenfalls für konservative Werte ein, stellen sich aber durch ihren religiös-utopisch begründeten islamophoben Zionismus auf die Seite von Israel und den USA, was sie mit den neoliberalen

«die islamische Flut schon immer gefährlich gegen die Küsten des Abendlandes gebrandet habe, nun aber die Gefahr einer Überflutung größer sei denn je». Auch Attia (2009: 62f.) bezichtigt Scholl-Latour, durch jahrzehntelange Medienpräsenz wesentlich zur Aktualisierung eines Orient- und Islambildes beigetragen zu haben, das den Orient bzw. Islam als stagnierend und rückständig, irrational, despotisch und grausam darstellt. Auf einem EDU-Flyer zur Anti-Minarett-Initiative von 2007 wird Scholl-Latour zitiert, um einem schwachen Abendland einen bedrohlichen Islam gegenüberzustellen.

79 Z.B. *dar al-islam* und *dar al-ḥarb* von Daniel Zingg in der Fernsehdiskussion «Club» vom 26.9.2006 u.a. mit Hisham Maizar, dem Vertreter der Muslime im Schweizerischen Rat der Religionen.

80 Etwa «Und tötet sie, wo immer ihr sie findet», vgl. dazu und zum Umgang mit Koranzitaten im öffentlichen Diskurs in Deutschland Kermani 2009.

Rechtspopulisten verbindet, für die der Kampf gegen den Islam den Antikommunismus ersetzt hat. Dabei verteidigen Letztere den säkularisierten «Westen» als Hort der Freiheit, Erstere aber das jüdisch-christliche «Abendland», was bei anderen Themen (etwa Familienplanung und gleichgeschlechtliche Partnerschaft) zu Differenzen führt. Die beiden religiösen Gruppen verbindet zwar die Vorstellung eines Primats des Religiösen, für die katholischen und protestantischen Fundamentalisten ist das Hauptproblem aber die Unterminierung des christlichen Abendlandes durch Modernisierung und Säkularisierung und die wahrgenommene Islamisierung daher nur ein Niedergangssymptom. Die charismatischen Evangelikalen nehmen zwar ebenfalls ein geschwächtes Christentum wahr, sehen das Hauptproblem aber im Islam, der in teuflischer Absicht Judentum wie Christentum bekämpfe, um die Wiederkehr des Messias in Israel zu verhindern. In den Weltbildern von religiös Motivierten und Rechtsextremen dominieren außerdem Vorstellungen der Verschwörung jüdischer oder humanistischer Eliten innerhalb des Westens, die durch liberalen Universalismus und wirtschaftliche wie kulturelle Globalisierung die Einheit und Überlebensfähigkeit nationaler Kulturgemeinschaften untergrüben. Evangelikale Zionisten wie Rechtspopulisten lehnen aber antisemitische Positionen ab.

Das einigende Band des Kampfes gegen die angebliche «Islamisierung Europas» führt zu lagerübergreifender Zusammenarbeit auf verschiedenen Kommunikationsplattformen, auf denen versucht wird, die unterschiedlichen Positionen der islamophoben Akteure unter einen Hut zu bringen. Chancen auf Resonanz in den Leitmedien haben nicht alle dieser Akteure. Daniel Zingg von der evangelikalen Kleinstpartei EDU wird beispielsweise zum prominenten Vertreter der Minarettopposition, da er wiederholt Auftritte im Fernsehen hat und von Zeitungen zitiert wird, obwohl er weder ein öffentliches Amt bekleidet noch ein Parteiamt ausübt. Da er als Zionist die Juden liebt und nichts gegen Muslime hat (nur etwas gegen den Islam, s.o.), gilt er Journalisten und Redaktoren als unverdächtig. Damit wird der evangelikale Zingg als kantiger Typ mit polarisierenden Ansichten wahrgenommen, die zwar quer zum Mainstream liegen, aber gerade damit einer Medienlogik entsprechen, in der Skandalisierung und Konfliktstilisierung erhöhter Nachrichtenwert zukommt. Unterstützung erhält die EDU von SVP-Politikern, deren Partei stark im protestantischen Milieu verankert ist, die zwar im öffentlichen

Diskurs populistisch argumentieren, aber u.a. durch ihre Mitgliedschaften in der von der EDU gegründeten parlamentarischen Gruppe Schweiz–Israel[81] und im Egerkinger Initiativ-Komitee den christlich-zionistischen Positionen nahestehen. Nationalkonservative Akteure wie Ulrich Schlüer stehen dagegen bereits von Beginn weg unter Verdacht, mit ihrer ethno-nationalistischen Variante der Islamophobie nur Fremdenfeindlichkeit schüren zu wollen. Rechtsextremisten der SD oder PNOS[82] sowie dezidiert religiös argumentierenden evangelikalen Exponenten wird dagegen grundsätzlich das Recht abgesprochen, sich am breiten öffentlichen Minarettdiskurs zu beteiligen, sofern sie eine solche direkte Beteiligung überhaupt anstreben.

4.3 Spezifikation der Deutungsmuster

Innerhalb der Minarettopposition wurden umfangreiche Spezifizierungen an den Deutungsmustern vorgenommen, mit denen versucht wurde, Vorwürfen hinsichtlich Radikalität und Extremismus zuvorzukommen.[83] Mit den Möglichkeiten der Volksinitiative und dieser doppelten Verankerung der Opposition erhielt ‹Islamophobie› in der Minarettopposition eine ganz eigene Zuspitzung.

4.3.1 Entfernung von religiösen Argumentationen

Mit auf evangelikale und andere spezifisch religiöse Deutungen verweisenden Argumentationen lassen sich in der Schweiz zwar Minderheiten mobilisieren, doch dürften sie auf sich gestellt nicht mehrheitsfähig sein.

---

81 2008 vom damaligen EDU-Nationalrat Christian Waber gegründet. Die Gruppe hat rund 50 Mitglieder, hauptsächlich aus der SVP, mit einem einzigen linken Zionisten, wobei andere linke Parlamentarier der SP und der Grünen in der Gruppe Schweiz-Palästina organisiert sind.

82 Die rechtsextreme *Partei National Orientierter Schweizer* (PNOS) wurde 2000 von einem früheren Blood & Honour-Skinhead mitbegründet, hat inzwischen mehrere Sektions- und Ortsgruppen und wurde in je eine kommunale Legislative bzw. Exekutive gewählt (Skenderovic 2009: 230).

83 Solche Vorgänge, die sich vielleicht als «frame immunization» bezeichnen ließen, scheinen in der Forschung vernachlässigt zu werden. Dies könnte daran liegen, dass es in sozialen Bewegungen selten wie im Rahmen von Volksinitiativen oder Referenden um das Erlangen von Mehrheiten, sondern eher um die Mobilisierung von Minderheiten geht (s.u.).

Mit zunehmender Breite des zu überzeugenden Publikums durch die Ausweitung der Konflikte mussten deshalb explizit religiöse Bezüge zugunsten niederschwelligerer Anschlüsse in den Hintergrund gestellt werden.
Die Form der populistischen Kampagne kam dieser Entdifferenzierung
der Argumentation entgegen. So konnten religiöse (evangelikal-zionis-
tische) und politische (rechtsgerichtete) Positionen zur Motivation für
Geldgeber und Aktivisten herhalten, auch ohne an die Oberfläche des
Diskurses zu gelangen. Im populistischen neo-kulturkämpferischen Vokabular wird ein *clash of civilisations* als antagonistische Ausdifferenzierung und Essenzialisierung verschiedener Kulturkreise zwar festgestellt,
auf Spezifizierungen auf der eigenen und auf der «fremden» Seite aber
verzichtet. Weshalb eine *bestimmte* Kultur, eine *bestimmte andere* Kultur
nach einem *bestimmten Plan* unterwandern und infiltrieren sollte, wird
nicht begründet.

Im Hintergrund fungieren rechtskatholische Integralisten und evange-
likal-zionistische Apokalyptiker als ‹Experten›, die sich zum Teil schon seit
den 1970er Jahren mit Verschwörungstheorien um eine angebliche islamische Weltherrschaft befassen.[84] Diese Positionen leiten die islamische
Bedrohung aus der Bibel ab und unterfüttern den Diskurs mit «sachlicher

---

84 Dabei werden sie auch durch den Orientalismus-Diskurs beeinflusst (vgl. etwa
    Attia 2009; den Sammelband von Schneiders 2009; Schulze 1991), der zu den
    Vorstellungen der nahenden Rückkehr des Messias im christlichen Zionismus
    beiträgt, da die religiösen Utopien durch die ständige Suche nach Zeichen der
    Endzeit immer nah an der Zeitgeschichte entwickelt werden. In den USA ist
    zwar der Dispensationalismus, der den «Antichristen» aus den eigenen, jüdisch-
    christlichen oder neu-römischen Reihen erwartet, verbreitet, doch hat dort in
    letzter Zeit auch ein islamophober Blick auf das Weltgeschehen (etwa durch
    die rechtspopulistische Tea-Party-Bewegung) eine gewisse Bedeutung erlangt.
    Europäische Akteure trugen ihre islamophobe Haltung teils persönlich über
    den Atlantik. So radikalisierte sich der evangelikal-zionistische Prediger Terry
    Jones, der am Jahrestag von 9/11 Korane verbrennen wollte, in Köln und
    siedelte nach der Spaltung seiner Gemeinde mit einigen Getreuen nach Florida
    um, wo er eine neue Gemeinde aufbaute. Am selben Jahrestag 2010, als Jones
    nach weltweiter Resonanz und Beschwichtigungen aus höchsten Regierungs-
    kreisen die Bücherverbrennung absagte, hielt Geert Wilders in New York beim
    Ground Zero eine Rede an einer Demonstration gegen den Bau eines islami-
    schen Kulturzentrums mit Moschee in der näheren Umgebung. Er warnte vor
    einer Islamisierung, denn New York dürfe nicht «New Mecca» werden, vgl.
    http://www.youtube.com/watch? v=a4b_RhQjQJY (13.6.2011).

Information» zum Koran und «Grundlagenwissen» über den Islam.[85] Dass diese Argumente aus einer religiös motivierten Position erfolgen, ist für die massenmediale Verhandlung und die Übereinstimmung an der Urne nicht relevant. Die religiös begründete Differenzbehauptung wurde in eine inhaltlich kaum gefüllte Gegenüberstellung «christlicher Kulturkreis» vs. «Islam» gebracht und war in dieser öffentlichkeitswirksam vereinfachten Form anschlussfähig. Die Übereinstimmung in der Feststellung und Bejahung der Differenz reichte aus, eine Gemeinsamkeit der Gründe war nicht erforderlich.

4.3.2 Die extreme Rechte und der *common sense*

Parallel zur Verlagerung auf religiös unverbindliche Argumentationen lässt sich eine Popularisierung von als extrem geltenden rechtsgerichteten Positionen feststellen. In den 1960er Jahren konzentrierte sich die Nationale Aktion gegen Überfremdung von Volk und Heimat (NA) politisch auf Migrationsthemen. 1971 spaltete sich die Schweizerische Republikanische Bewegung (SRB) mit dem ersten wirkmächtigen Populisten James Schwarzenbach von der NA ab. Führende Mitglieder der NA und der SRB gründeten 1975 die EDU. Mit weiteren Splitterparteien zusammen brachte es die radikale Rechte zwischen 1971 und 1991 höchstens auf etwa 10 Prozent bei den Nationalratswahlen. Durch Volksabstimmungen erreichten sie allerdings ein Mehrfaches ihres Wähleranteils, so dass die sogenannte Schwarzenbach-Initiative (die den Ausländeranteil auf 10 Prozent beschränken wollte, wodurch Hunderttausende das Land hätten verlassen müssen) 1971 46 Prozent Ja-Stimmen erreichte (Skenderovic 2009: 215f.). Zu Beginn der 1990er Jahre wandelte sich die SVP unter Christoph Blocher schließlich von einer nationalkonservativen zu einer rechtspopulistischen Partei und erreicht seither außerordentliche Wahlerfolge. Die Splitterparteien der radikalen Rechten wurden dadurch weitgehend verdrängt, ihre Kader liefen z. T. zur SVP über.

Reibungspunkte zwischen den verschiedenen islamophoben Lagern bietet etwa die israelfreundliche Haltung der Vertreter der parlamentarischen Gruppe Schweiz–Israel (deren Mitgliederkreis weit über das

---

85 Etwa die «Reihe Islam», herausgegeben von der evangelikal-fundamentalistischen Organisation Zukunft CH, u.a. «Kleines Islamlexikon. Die 50 wichtigsten Begriffe aus dem Islam von Dr. Heinz Gstrein, Orientalist», oder: «‹Es ist nicht zu spät …› von Bat Ye'or, Historikerin und Islamexpertin».

rechtspopulistische Lager hinausreicht). Diese wird beispielsweise auf einer SD-nahen Website kritisiert,[86] für die Ulrich Schlüer ausgiebig schreibt, der als einziger Nationalrat des Egerkinger Initiativkomitees nicht Mitglied dieser parlamentarischen Gruppe ist. Gelobt wird die Gruppe dagegen auf dem Politblog PI, deren Macher sich selbst als «pro-amerikanisch, proisraelisch, gegen die Islamisierung Europas» positionieren.[87] Die evangelikal-zionistischen Akteure des *Aktionskomitees Stopp Minarett* in Langenthal im Kanton Bern müssen sich ihrerseits von der rechtsextremen PNOS abgrenzen, die zweimal eine Demonstration gegen einen geplanten Minarettbau in Langenthal organisiert und auch im Langenthaler Stadtrat vertreten ist, um in der Öffentlichkeit nicht als Extremisten zu gelten.

Der starke Einfluss der zionistisch orientierten religiösen Rechten auf den Minarettdiskurs scheint explizit antisemitische Argumentationen zu verhindern, was islamophobe Positionen der politischen Rechten mehrheitsfähig machen kann. Dies wird analog auch in den Niederlanden deutlich, wo der christlich-zionistisch argumentierende Rechtspopulist Geert Wilders den Koran verbieten und die Orientierung an «jüdisch-christlichen Grundwerten» in die niederländische Verfassung schreiben möchte. Durch die Abgrenzung von Nationalsozialismus und Antisemitismus wird Wilders in breiten Kreisen wählbar, stößt dafür aber wegen der Betonung einer «jüdisch-christlichen Allianz» gegen den Islam bei den Rechtsextremen auf Kritik (vgl. Curio 2009: 241ff.).[88]

---

86 http://www.politonline.ch/index.cfm?content=news&newsid=1239 (13.6.2011).
87 http://www.pi-news.net/2009/04/schweizer-parlamentarier-bereisen-israel/ (13.6.2011).
88 Der islamophobe Politblog PI hatte sich lange für die deutsche Pro-Bewegung stark gemacht, die im Kampf gegen den Islam mit dem belgischen Vlaams Belang, der österreichischen FPÖ und der französischen Nouvelle Droite Populaire (NDP) verbündet und von Rechtsextremisten durchsetzt ist. Diese Phalanx traf sich nach einem «Anti-Islamisierungs-Kongress» am 9.5.2009 in Köln, inspiriert durch den Schweizer Volksentscheid, am 27.3.2010 zu einer «Anti-Minarett-Konferenz» in Gelsenkirchen, wohin SVP-Nationalrat Oskar Freysinger eine Grussbotschaft sandte, vgl. http://www.abendland-in-christenhand. de/?p=472 (13.6.2011). Innerhalb von PI gab es jedoch ständige Auseinandersetzungen über die Frage der Notwendigkeit einer Abgrenzung gegen Rechts, um islamophobe Positionen ins politische System einzubringen und mehrheitsfähig zu

4.3.3 Antirassismus-Paragraf und *political correctness*

Die Vermutung liegt nahe, dass die im Minarettdiskurs vorgenommene Trennung von Muslim- und Islamfeindlichkeit auch unter dem (bewussten oder unbewussten) Eindruck eines allgegenwärtigen antirassistischen Konsenses (über etwas, das niemand mehr explizit äußern muss) stand, um nicht als rechtsextrem zu gelten (was eine gesellschaftliche Ächtung und dadurch eine politische Niederlage zur Folge gehabt hätte). Die Vertreter des Egerkinger Initiativkomitees mussten sich gegen die extreme Rechte abgrenzen, um ihre islamophoben Positionen in der rechtspopulistischen Politstrategie bis tief ins bürgerliche und auch ins linke Lager hinein anschlussfähig zu halten; dies auch deshalb, weil es zwischen den rechtspopulistisch agierenden Parteien und der extremen Rechten immer wieder Berührungspunkte gibt.

So waren bspw. prominente antisemitische Revisionisten früher Mitglieder der NA bzw. der EDU und hatten in deren Parteiorganen mitgearbeitet. SVP-Nationalrat Ulrich Schlüer hatte in den 1970er Jahren noch für die Republikaner kandidiert und war Sekretär von James Schwarzenbach, dem Anführer der damaligen Überfremdungsbewegung, der auch Kontakte zu Exponenten des Neofaschismus im In- und Ausland unterhielt. Die bedeutendste Zusammenarbeit mit der extremen Rechten hatte

machen. Als dann im Oktober 2010 ein führender Vertreter der Bürgerbewegung Pax Europa nach dem Austritt aus der CDU die Partei Die FREIHEIT nach dem Vorbild der niederländischen PVV von Geert Wilders gründete, setzte PI auf diese neue islamophobe Kraft, wodurch die Befürworter der Pro-Bewegung so stark unter Druck gerieten, dass sie auf den neuen Blog *freiheitlich.org* ausweichen mussten. Der neuen internationalen Allianz gehörten nun Geert Wilders, Die FREIHEIT, PI, Pax Europa, CSI und Oskar Freysinger an, der sich gemäß der *NZZ am Sonntag* vom 9.1.2011 freilich nicht mehr erinnern könne, jemals eine Grußbotschaft für die Pro-Bewegung verfasst zu haben. Die Akteure der neuen Allianz grenzen sich 2011 nun konsequent von der älteren Phalanx ab, wobei beide Verbünde um die Gunst offizieller Vertreter Israels buhlen, um sich durch deren Plazet zu ihren islamophob-zionistischen Positionen vom Extremismus-Verdacht reinzuwaschen. Dazu reiste René Stadtkewitz (Die FREIHEIT) im Dezember 2010 noch gemeinsam mit H. C. Strache (FPÖ), Filip Dewinter (Vlaams Belang) und Kent Ekeroth (Schwedendemokraten) nach Israel, wo sie eine «Jerusalemer Erklärung» unterzeichneten, in der sie sich zu den «jüdisch-christlichen kulturellen Werten» bekannten. Geert Wilders sprach kurz zuvor auch in Tel Aviv (vgl. *FAZ* vom 13.12.2010: «Neue Freunde für Israel»).

1993/94 bei der erfolgreichen Unterschriftensammlung für das Referendum gegen die Antirassismus-Strafnorm von 1996 – der empfindlichsten Niederlage der radikalen Rechten in der jüngeren Geschichte – und der darauf folgenden Abstimmungskampagne stattgefunden (Skenderovic 2009: 231f.). Die Revisionisten wurden durch die neue Strafnorm massiv in ihrer propagandistischen Arbeit eingeschränkt und mussten zum Teil ins Ausland oder ins Internet ausweichen.

Im Minarettdiskurs lässt sich beobachten, wie sich die islamophoben Akteure noch immer an dieser Strafnorm reiben, wenn sie sich in vorauseilendem Gehorsam von rassistischem Gedankengut zu distanzieren gezwungen sehen, wobei ihnen der Antirassismus-Artikel als unerträglicher Ausbund an gesellschaftspolitischer *political correctness* erscheint.[89] Auch wenn es selten zu Gerichtsverfahren[90] kommt, so scheint diese Strafnorm als Ausdruck eines soziokulturellen *common sense* doch einen massiv repressiven Einfluss auf den Diskurs in der politischen Öffentlichkeit zu haben, da die Existenz der (Straf-)Norm den rechten Akteuren immer bewusst scheint. Nicht zufällig avanciert deshalb Georg Kreis als Präsident der Eidgenössischen Kommission gegen Rassismus im Minarettdiskurs zum größten Feindbild der Initianten und Unterstützer der Volksinitiative.[91] Ein allgemein geteilter Rassismusvorwurf hätte ein Mittel sein

---

89 Vgl. dazu den Kommentar eines neokonservativen Anti-Minarett-Aktivisten der SVP von 2005: «Seit seiner Einführung war der Antirassismusparagraph ein ‹Gesetz›, das diesem Namen nicht würdig war. Verdeckt hinter der Maske der ‹political correctness› vernebelte er der Bevölkerung seine wahre Tragweite und die Absichten dessen ‹spiritus rector›: Denn nach Jahrzehnten der Machtergreifung der 68er treten allmählich die fatalen Konsequenzen ihrer Ideologie zu Tage: Ausländerkriminalität, Asylmigration und die tödlichen Folgen der multikulturellen Illusion, wie in Holland geschehen. Also tun die etablierten 68er genau das, wogegen sie sich einst auflehnten: Sie verbieten, sie unterdrücken die Kritik an ihrer Unfähigkeit und nennen sie rassistisch. Zum ersten Mal im schweizerischen Strafgesetzbuch verwässerte man mit diesem Paragrafen die Grenze zwischen Tat- und Gesinnungsstrafrecht» (http://www.patrick-freudiger.ch/artikel/meinungsfreiheit/der-antirassismusparagraph.htm, 13.6.2011).

90 In Bezug auf den Minarettdiskurs wurden ein EDU-Nationalrat durch seine parlamentarische Immunität geschützt, ein SD-Politiker und ein messianisch-zionistischer Referent dagegen verurteilt.

91 Vgl. etwa *Tages-Anzeiger* vom 14.12.2009: «SVP wettert gegen Georg Kreis: ‹Ungeheuerliche Arroganz›».

können, um die rechtspopulistische Politstrategie zu durchkreuzen. Die umstrittene Frage verschob sich aber von der verfassungsrechtlichen Legalität des Begehrens zur gesellschaftspolitischen Legitimität der Forderung nach einem Minarettbauverbot.[92] Dass diese diskursive Verschiebung gelingen würde, hatten wohl die wenigsten erwartet, auch nicht die SVP, welche die Abstimmungskampagne nicht finanziell unterstützen mochte,[93] die Anti-Minarett-Initiative des Egerkinger Komitees nach dem überraschenden Sieg aber als SVP-Initiative vereinnahmte. Im Initiativ-Komitee saßen neben den EDU-Vertretern entweder junge, aufstrebende SVP-Mitglieder, von denen beispielsweise Lukas Reimann 2007 den Sprung nach Bern schaffte, wo er jüngster Nationalrat wurde, oder aber religiös motivierte und nationalkonservative Politiker, die nicht dem neoliberal-dominierten Machtzentrum der SVP angehörten. Die entsprechenden Akteure und ihre Schwerpunkte dürften aufgrund des Abstimmungs-erfolgs innerhalb der Partei an Bedeutung gewonnen haben.

5 Schluss

Das Deutungsmuster der Islamophobie nahm über die Minarettdiskussion den für Themen in der Öffentlichkeit moderner Gesellschaften typischen

92 So getraute sich bspw. der SVP-Kantonsrat Ernst Stocker nicht, im Wahlkampf um einen Zürcher Regierungsratssitz für ein Ja zur Anti-Minarett-Initiative einzustehen, obwohl er im Kantonsrat noch für ein solches Verbot im Kanton Zürich gestimmt hatte. Die Parteistrategen dachten wohl, ihr Kandidat würde sonst unwählbar, was aus der Perspektive der Zeit nach diesem Abstimmungs-sonntag immer schwerer nachvollziehbar wird. Der diskursive Dammbruch, der durch die Annahme der Initiative ausgelöst wurde, ließ den Chefpublizisten von Ringier frohlocken: «Es darf jetzt offen über die problematischen Seiten des Islam diskutiert werden» (zitiert nach Ettinger 2010: 41).

93 Der SVP steckte noch die Niederlage von 2008 in den Knochen, als sie mit der «Einbürgerungsinitiative» Gemeindeversammlungen über Einbürgerungen abstimmen lassen wollte, ohne bei negativen Entscheiden den Abgewiesenen ein Rekursrecht zuzugestehen, was vom Bundesgericht als verfassungswidrig befunden wurde. Die Stimmbürger folgten damals noch der rechtlichen Argumentation der Regierung, was bei der Anti-Minarett-Initiative seitens der SVP ebenfalls befürchtet wurde. Zudem gab es innerhalb der SVP Skrupel, Religion zu politisieren und dadurch eventuell einen neuen Kulturkampf vom Zaun zu brechen.

Weg von der Peripherie ins Zentrum. Die hiermit vorgelegte Rekonstruktion dieses Weges soll zum Schluss zusammengefasst werden:

Erstens ging mit dieser Entwicklung eine *Transformation des Themas* einher. Im Rahmen des *scale shift* von einem lokalen Baukonflikt zum «nationalen Problem» wurden generalisierende Deutungsmuster wichtig. Über Bedrohungsszenarien wurde auf umfassende Relevanz gepocht. Der Islam wurde dadurch zum alle betreffenden Problem ernannt. Die Kontinuitäten zu früheren Ablehnungen des «Fremden» erleichterten den Transfer vom Nischenproblem in die nationale Aufmerksamkeit. Gleichzeitig musste verhindert werden, dass eine solche grundsätzliche Thematisierung ihrerseits als höchst problematisch und extrem gelten und ihre Mehrheitsfähigkeit verlieren würde: Dies gelang u. a. dadurch, dass man betonte, die Opposition richte sich nur gegen den Islam und nicht gegen Muslime. In Verbindung damit konnte auf Verweise auf Alltagsinteraktionen und statistische Verhältnisse sowie die Diskriminierung von Personen verzichtet werden. Schließlich wurden die durch die Verbotsforderung Betroffenen durch eine Täter-Opfer-Umkehr sogar als Nutznießer des Verbots hingestellt. Dabei wurde Muslimfeindlichkeit im Diskurs zunehmend als etwas Unabänderliches behandelt und nicht mehr hinterfragt. Denn es schien nun meist näherliegend, dass sich die Muslime «anpassen» – also weder an der Kleidung noch über auffällige religiöse Bauten als solche erkannt werden können – als dass eine muslimfeindliche Haltung «angepasst» werden sollte, insbesondere nach dem Abstimmungssieg bei der Anti-Minarett-Initiative.

Zweitens ist parallel dazu eine *Transformation der Akteure* zu beobachten: Die genannten Thematisierungen auf der lokalen Ebene schlossen zunächst an einen internationalen Islamdiskurs an. Experten und ihre Deutungsmuster wurden herbeigezogen, um die Thematik mit anschlussfähigen Interpretationen zu versehen. Die Verknüpfung wurde durch bestehende Kontakte über religiöse, insbesondere evangelikale Netzwerke erleichtert. Mit zunehmender Bedeutung des Themas wurden rechtspopulistische Akteure, insbesondere aus der SVP, wichtiger. Diese eigneten sich das Vokabular an und passten es an. Beispielsweise wurde die einigen islamophoben Islamexperten wichtige Betonung von «Europa» als Gegengewicht zum Islam weitgehend abgelegt, da sie nicht mit dem (tendenziell Europa-skeptischen) Zielpublikum kompatibel war. Unter dem gemeinsamen Dach der Islamophobie und der einfachen Struktur der

Opposition über ein ablehnendes «Nein» konnte sich eine Vielzahl ansonsten unverbundener Akteure und Überzeugungen in einer Bewegung bündeln. Das Know-how politisch wirkmächtiger Akteure innerhalb der Bewegung war dabei wichtig, um Ansichten, die nicht mehrheitsfähig schienen, zu verbannen. Insbesondere zwei Zuspitzungen waren für den Erfolg der Bewegung bedeutsam: Erstens wurde rassistischem Rechtsextremismus keine Bühne gewährt; zweitens wurden die religiösen Hintergründe, die zentral für die Formierung der Minarettopposition waren, in der Kampagne zurückgestellt.

Der Verquickung von Religion und Politik in der islamophoben Protestbewegung konnte von spezialisierten und differenzierenden Akteuren wie den Landeskirchen, die sich als einige der wenigen nationalen Akteure dezidiert gegen die Initiative einsetzten, und den Gerichten, vor denen die Minarettgegner jeweils unterlagen, nichts mehr entgegengesetzt werden. Auf dieser Grundlage wurde ein Bild des Islam wirkmächtig, das seinerseits auf Differenzierungen verzichtet: Der Islam gilt hier als monolithischer Block, der in einem verschiedenste Lebensbereiche umfassenden binären Gegensatz zum Rest verstanden und verurteilt wird.

Literaturverzeichnis

Allen, Christopher (2006): «Was ist Islamophobie? Ein evolutionärer Zeitstrahl». In: Urs Altermatt (Hg.), Der Islam in Europa. Zwischen Weltpolitik und Alltag, Stuttgart: Kohlhammer (Religionsforum, 1), S. 67–78.

Attia, Iman (2009): Die «westliche Kultur» und ihr Anderes. Zur Dekonstruktion von Orientalismus und antimuslimischem Rassismus, Bielefeld: transcript (Kultur und soziale Praxis).

Attia, Iman/Shooman, Yasemin (2010): «‹Aus blankem Hass auf Muslime›. Zur Rezeption des Mordes an Marwa el-Sherbini in deutschen Printmedien und im deutschsprachigen Internet». In: Farid Hafez (Hg.), Jahrbuch für Islamophobieforschung 2010. Deutschland – Österreich – Schweiz, Innsbruck: Studien Verlag, S. 23–46.

Bateson, Gregory (1996): Ökologie des Geistes. Anthropologische, psychologische, biologische und epistemologische Perspektiven (stw 571), Frankfurt/M.: Suhrkamp.

Benford, Robert D./Snow, David A. (2000): «Framing Processes and Social Movements: An Overview and Assessment». Annual Review of Sociology 26, S. 611–639.

Bielefeldt, Heiner (2009): «Das Islambild in Deutschland. Zum öffentlichen Umgang mit der Angst vor dem Islam». In: Thorsten Gerald Schneiders (Hg.), Islamfeindlichkeit. Wenn die Grenzen der Kritik verschwimmen, Wiesbaden: VS Verlag für Sozialwissenschaften, S. 167–200.

Broder, Henryk M. (2008): «Eine Moschee für eine Kirche». In: Franz Sommerfeld (Hg.), Der Moscheestreit. Eine exemplarische Debatte über Einwanderung und Integration, Köln: Kiepenheuer & Witsch, S. 52–55.

Christmann, Anna (2010): «Damoklesschwert Referendum? Die indirekte Wirkung ausgebauter Volksrechte auf die Rechte religiöser Minderheiten». Swiss Political Science Review 16(1), S. 1–41.

Curio, Claudia (2009): «Die Feindbildkonstruktionen des niederländischen Rechts-populisten Geert Wilders». In: Wolfgang Benz (Hg.), Jahrbuch für Antisemi-tismusforschung 18, Berlin: Metropol Verlag, S. 235–248.

Decker, Oliver/Langenbacher, Nora (2010): Die Mitte in der Krise. Rechtsextreme Einstellungen in Deutschland 2010, Berlin: Friedrich-Ebert-Stiftung Forum Berlin.

Diani, Mario/Bison, Ivano (2004): «Organizations, Coalitions, and Movements». Theory and Society 33(3/4), S. 281–309.

Diaz-Bone, Rainer (2006): «Zur Methodologisierung der Foucaultschen Diskurs-analyse». Forum Qualitative Sozialforschung 7(1). Verfügbar unter: http://www. qualitative-research.net/fqs-texte/1-06/06-1-6-d.htm.

Ettinger, Patrik (2010): «Die Problematisierung der muslimischen Minderheit in der öffentlichen Kommunikation der Schweiz». Tangram 25, S. 41–44.

Frank-Rieser, Edith/Mückstein, Eva/Spielhover, Hermann (2010): «Islamophobie – Reale und irreale Angstkonstruktionen als private bzw. nationale Mythen-bildungen. Erklärungsansätze aus psychodynamischer Sicht». In: Farid Hafez (Hg.), Jahrbuch für Islamophobieforschung 2010. Deutschland – Österreich – Schweiz, Innsbruck: Studien Verlag, S. 109–123.

Gamson, William A. (1985): «Goffman's Legacy to Political Sociology». Theory and Society 14(5), S. 605–622.

Gamson, William A./Wolfsfeld, Gadi (1993): «Movements and Media as Interacting Systems». Annals of the American Academy of Political and Social Science 528, S. 114–125.

Geden, Oliver (2006): Diskursstrategien im Rechtspopulismus. Freiheitliche Partei Österreichs und Schweizerische Volkspartei zwischen Opposition und Regie-rungsbeteiligung, Wiesbaden: VS Verlag für Sozialwissenschaften.

Giddens, Anthony (1995): Soziologie, Graz: Nausner & Nausner.

Goffman, Erving (1974): Frame Analysis. An Essay on the Organization of Experience, Cambridge: Harvard University Press.

Goffman, Erving (1977): Rahmen-Analyse. Ein Versuch über die Organisation von Alltagserfahrungen, Frankfurt/M.: Suhrkamp.

Gross, Andreas (2009): «Minarette sind nur ein Anfang (...). Der Initiant der Volksinitiative Walter Wobmann im Interview». In: Andreas Gross/Fredi Krebs/Martin Stohler (Hg.), Minarett-Initiative: Von der Provokation zum Irrtum, St. Ursanne: Editions Le Doubs, S. 39–41.

Hafez, Farid (2010): «Anstelle eines Vorworts». In: Farid Hafez (Hg.), Jahrbuch für Islamophobieforschung 2010. Deutschland – Österreich – Schweiz, Innsbruck: Studien Verlag, S. 7–22.

Halm, Dirk (2008): Der Islam als Diskursfeld. Bilder des Islams in Deutschland. 2. Auflage, Wiesbaden: VS Verlag für Sozialwissenschaften.

Halm, Heinz (1991): «Die Panikmacher. Wie im Westen der Islam zum neuen Feindbild aufgebaut wird». In: Norbert Mattes (Hg.), «Wir sind die Herren und ihr unsere Schuhputzer!». Der Nahe Osten vor und nach dem Golfkrieg, Frankfurt/M.: Dagyeli Verlag, S. 196–206.

Häusler, Alexander (2008): «Antiislamischer Populismus als rechtes Wahlkampf-Ticket». In: Alexander Häusler (Hg.), Rechtspopulismus als «Bürgerbewegung». Kampagnen gegen Islam und Moscheebau und kommunale Gegenstrategien, Wiesbaden: VS Verlag für Sozialwissenschaften, S. 155–169.

Helbling, Marc (2010): «Islamophobia in Switzerland. A New Phenomenon or a New Name for Xenophobia?». In: Simon Hug/Hanspeter Kriesi (Hg.), Value Change in Switzerland, Lanham Md.: Lexington Books, S. 65–80.

Hirter, Hans/Vatter, Adrian (2010): Analyse der eidgenössischen Abstimmungen vom 29. November 2009. VOX-Analyse. gfs.bern und Universität Bern IPW (Bern). Verfügbar unter: http://www.polittrends.ch/vox-analysen/vox-analysen.php (13.6.2011).

Hüttermann, Jörg (2000): «Der avancierende Fremde. Zur Genese von Unsicherheitserfahrungen und Konflikten in einem ethnisch polarisierten und sozialräumlich benachteiligten Stadtteil». Zeitschrift für Soziologie 29(4), S. 275–293.

Kermani, Navid (2009): «‹Und tötet sie, wo immer ihr sie findet.›. Zur Missachtung des textuellen und historischen Kontexts bei der Verwendung von Koranzitaten». In: Thorsten Gerald Schneiders (Hg.), Islamfeindlichkeit. Wenn die Grenzen der Kritik verschwimmen, Wiesbaden: VS Verlag für Sozialwissenschaften, S. 201–207.

Kertzer, David I. (2001): Die Päpste gegen die Juden. Der Vatikan und die Entstehung des modernen Antisemitismus, Berlin: Propyläen-Verlag.

Königseder, Angelika (2008): «Feindbild Islam». In: Wolfgang Benz (Hg.), Jahrbuch für Antisemitismusforschung 17, Berlin: Metropol Verlag, S. 17–44.

Kreis, Georg (2010a): «Judenfeindlichkeit und Muslimfeindlichkeit». Tangram 25, S. 32–34.

Kreis, Georg (2010b): «Zur Islamophobie in der schweizerischen Variante». In: Farid Hafez (Hg.), Jahrbuch für Islamophobieforschung 2010. Deutschland – Österreich – Schweiz, Innsbruck: Studien Verlag, S. 47–61.

Kriesi, Hanspeter/Koopmans, Ruud/Duyvendak, Jan Willem/Giugni, Marco G. (1995): New Social Movements in Western Europe. A Comparative Analysis (Social Movements, Protest, and Contention, 5), Minneapolis: University of Minnesota Press.

Kuhn, Oliver (2010): «Spekulative Kommunikation und ihre Stigmatisierung – am Beispiel der Verschwörungstheorien. Ein Beitrag zur Soziologie des Nichtwissens». Zeitschrift für Soziologie 39(2), S. 106–123.

Kühnel, Steffen/Leibold, Jürgen (2007): «Islamophobie in der deutschen Bevölkerung: Ein neues Phänomen oder nur ein neuer Name? Ergebnisse von Bevölkerungsumfragen zur gruppenbezogenen Menschenfeindlichkeit 2003 und 2005». In: Monika Wohlrab-Sahr/Levent Tezcan (Hg.), Konfliktfeld Islam in Europa, Baden-Baden: Nomos (Soziale Welt, Sonderband 17), S. 135–154.

Kury, Patrick (1997): «Die Kehrseite der Medaille: Antisemitismus in Basel zur Zeit der Jahrhundertwende». In: Heiko Haumann (Hg.), «… in Basel habe ich den Judenstaat gegründet». Der Erste Zionistenkongress von 1897. Ursachen, Bedeutung, Aktualität, Basel: Karger, S. 191–196.

Leibold, Jürgen (2009): «Fremdenfeindlichkeit und Islamophobie. Fakten zum gegenwärtigen Verhältnis genereller und spezifischer Vorurteile». In: Thorsten Gerald Schneiders (Hg.), Islamfeindlichkeit. Wenn die Grenzen der Kritik verschwimmen. Wiesbaden, VS Verlag für Sozialwissenschaften, S. 145–154.

Lienemann, Wolfgang (2009): «Argumente für ein Minarett-Verbot? Eine kritische Analyse». In: Mathias Tanner (Hg.), Streit um das Minarett. Zusammenleben in der religiös pluralistischen Gesellschaft, Zürich: TVZ, S. 123–139.

Luhmann, Niklas (1984): Soziale Systeme (stw 666), Frankfurt/M.: Suhrkamp.

McAdam, Doug/Tarrow, Sidney/Tilly, Charles (2001): Dynamics of Contention (Cambridge Studies in Contentious Politics), Cambridge/New York/ Oakleigh/ Madrid/Cape Town: Cambridge University Press.

Micksch, Jürgen (2009): «Konflikte zu Chancen machen». In: Jürgen Micksch (Hg.), Antimuslimischer Rassismus. Konflikte als Chance, Frankfurt/M.: Lembeck (Interkulturelle Beiträge, 25), S. 7–20.

Mudde, Cas (2004): «The Populist Zeitgeist». Government and Opposition, S. 541–563.

Oliver, Pamela E./Marwell, Gerald (1992): «Mobilizing Technologies for Collective Action». In: Aldon D. Morris/Carol McClurg Mueller (Hg.), Frontiers in Social Movement Theory, New Haven/London: Yale University Press, S. 251–272.

Pollack, Detlef (2010): «Wahrnehmung und Akzeptanz religiöser Vielfalt». Bevölkerungsumfrage des Exzellenzcluster «Religion und Politik» der Westfälischen Wilhelms-Universität Münster (WWU).

Riexinger, Martin (2009): «Hans-Peter Raddatz: Islamkritiker und Geistesver-
wandter des Islamismus». In: Thorsten Gerald Schneiders (Hg.), Islamfeindlichkeit. Wenn die Grenzen der Kritik verschwimmen, Wiesbaden: VS Verlag
für Sozialwissenschaften, S. 457–467.

Schetsche, Michael (1996): Die Karriere sozialer Probleme. Soziologische Einführung, München/Wien: R. Oldenbourg Verlag.

Schetsche, Michael (2008): Empirische Analyse sozialer Probleme. Das wissenssoziologische Programm, Wiesbaden: VS Verlag für Sozialwissenschaften.

Schneiders, Thorsten Gerald (2009): «Die Schattenseite der Islamkritik. Darstellung und Analyse der Argumentationsstrategien von Henryk M. Broder, Ralph
Giordano, Necla Kelek, Alice Schwarzer und anderen». In: Thorsten Gerald
Schneiders (Hg.), Islamfeindlichkeit. Wenn die Grenzen der Kritik verschwimmen, Wiesbaden: VS Verlag für Sozialwissenschaften, S. 403–432.

Schulze, Reinhard (1991): «Vom Anti-Kommunismus zum Anti-Islamismus. Der
Kuwait-Krieg als Fortschreibung des Ost-West-Konflikts». Peripherie 41,
S. 5–12.

Skenderovic, Damir (2006): «Feindbild Muslime – Islamophobie in der radikalen
Rechten». In: Urs Altermatt (Hg.), Der Islam in Europa. Zwischen Weltpolitik
und Alltag, Stuttgart: Kohlhammer (Religionsforum, 1), S. 79–98.

Skenderovic, Damir (2007): «Das rechtspopulistische Parteienlager in der Schweiz.
Von den Splitterparteien zur Volkspartei». In: Thomas David (Hg.), Geschichte
der politischen Parteien der Schweiz, Zürich: Chronos, S. 45–63.

Skenderovic, Damir (2009): «Die politische Familie der radikalen Rechten in der
Schweiz: Ideologie, Strukturen und Beziehungsfelder». In: Wolfgang Benz
(Hg.), Jahrbuch für Antisemitismusforschung 18, Berlin: Metropol Verlag,
S. 213–234.

Stolz, Jörg (2005): «Explaining Islamophobia. A Test of Four Theories Based on the
Case of a Swiss City». Schweizerische Zeitschrift für Soziologie 31(3), S. 547–566.

Tezcan, Levent (2000): «Kulturelle Identität und Konflikt: Zur Rolle politischer und
religiöser Gruppen der türkischen Minderheitsbevölkerung». In: Wilhelm
Heitmeyer/Reimund Anhut (Hg.), Bedrohte Stadtgesellschaft. Soziale Desintegrationsprozesse und ethnisch-kulturelle Konfliktkonstellationen, Weinheim: Juventa-Verlag, S. 401–448.

Tuchman, Gaye (1978): Making News. A Study in the Construction of Reality, New
York: The Free Press.

Walthert, Rafael (2010): Reflexive Gemeinschaft. Religion, Tradition und Konflikt
bei den Parsi Zoroastriern in Indien (Religion in der Gesellschaft, 29), Würzburg: Ergon.

Wamper, Regina (2007): «Das christliche Bild von Juden und Judentum in der
‹Jungen Freiheit›». In: Stephan Braun/Ute Vogt (Hg.), Die Wochenzeitung

«Junge Freiheit». Kritische Analysen zu Programmatik, Inhalten, Autoren und Kunden, Wiesbaden: VS Verlag für Sozialwissenschaften, S. 147–169.

Widmann, Peter (2008): «Der Feind kommt aus dem Morgenland. Rechtspopulistische ‹Islamkritiker› um den Publizisten Hans-Peter Raddatz suchen die Opfergemeinschaft mit Juden». In: Wolfgang Benz (Hg.), Jahrbuch für Antisemitismusforschung 17. Berlin: Metropol Verlag, S. 45–68.

Williams, Rhys H. (1995): «Constructing the Public Good: Social Movements and Cultural Resources». Social Problems 42(1), S. 124–144.

Bilanz

Visibilität und Verfremdung. Religiöse Gemeinschaften in der Schweiz

Rafael Walthert

1 Einleitung

Die Auseinandersetzungen um Minarette in der Schweiz sind durch überraschende Wendungen charakterisiert: Die Expansion der Diskussionen von der lokalen auf die nationale Ebene, die unerwarteten Allianzen von religiösen Akteuren mit politischen Parteien und schließlich der Erfolg der Volksinitiative «Gegen den Bau von Minaretten» zeigen die Dynamik des Konflikts. Trotz seinen unerwarteten Wendungen ist der Konfliktverlauf nicht Produkt des Zufalls, sondern als Teil des kulturellen und strukturellen Kontexts zu verstehen, in dem er entstanden ist und den er prägt.

Dieser Beitrag sucht, die Auseinandersetzungen in ihrem Kontext zu erfassen, was es ermöglicht, Schlüsse hinsichtlich der Beziehung zwischen Religionsgemeinschaften und Gesellschaft zu ziehen. In der Argumentation wird auf die Resultate des Forschungsprojekts «Sichtbar gemachte religiöse Identität, Differenzwahrnehmung und Konflikt / Visible Markers of Religious Identity in Public Debate»[1] und auf verschiedene Beiträge des vorliegenden Bandes zurückgegriffen.

2 Resultate

Fremdheit

Religionsgemeinschaften signalisieren mit dem Erwerb und der baulichen Veränderung von Immobilien ihre Teilhabe an einem Raum gesellschaftlicher Möglichkeiten. Die mit den Bauten angestrebte «Permanenz der Stätte» (vgl. Halbwachs 1985: 156–157) wird von Innen und Außen als

---

1 Das Projekt wurde vom Schweizerischen Nationalfonds 2007–2010 im Rahmen des Nationalen Forschungsprogramms 58 «Religionsgemeinschaften, Staat und Gesellschaft» gefördert. Projektmitarbeitende waren Jacqueline Grigo, Annegret Kestler, Vanessa Meier und Oliver Wäckerlig, in der Projektleitung Dorothea Lüddeckens, Christoph Uehlinger und Rafael Walthert.

Zeichen für ein Bleiben unter gleichzeitiger Bewahrung religiöser Verschiedenheit gedeutet und kann dadurch zum Ausgangspunkt für Kritik
werden.

Religiöse Gemeinschaften aus dem Migrationskontext und ihre Bauten
wie z.B. Moscheen, sind schon länger in der Schweiz präsent, als es die
plötzlich entstandenen Diskussionen glauben lassen. Jedoch waren die
meisten von ihnen weitgehend unsichtbar an für die Verbindung von
Religion und Migration typischen Orten angesiedelt: in Industrie- und
Gewerbezonen, in der Nachbarschaft von Autobahnausfahrten, Kreiseln
und Tankstellen, nur selten in Wohngebieten. Sie waren – und sind weiterhin – mehrheitlich in Gegenden, die als «Nicht-Orte» (Augé 2008) zu
bezeichnen sind, angesiedelt, d.h. an Orten, denen keine eigene Bedeutung oder Identität zukommt, Gegenden des Transits oder wie im Fall von
Industrie- und Gewerbezonen an Orten, an denen man sich nur zur
Erfüllung eines isolierbaren Zwecks aufhält. Die Moscheen und Gemein-
deräume waren meist nur eingemietet und von außen nicht ohne weiteres
als solche erkennbar. Damit haftete diesen Orten und Gebäuden der Charakter des Vorübergehenden, der Anonymität und des Provisorischen an.
Der Bau eines Turms lässt sich dagegen als Schritt in Richtung eines dauer-
haften, institutionalisierten «kulturellen Gedächtnisses» (vgl. Assmann
1988) verstehen. Minarette stellen einen Schritt aus der anonymen und
stillschweigend akzeptierten Verborgenheit im Provisorischen in die
symbolische Besetzung des Raumes und damit in die öffentliche Wahrnehmung dar.

Durch die öffentliche Aufmerksamkeit auf diese Bauten wurde der
Fremde erschaffen, der im Unterschied zum «Wandernden, der heute
kommt und morgen geht», als derjenige gilt, «der heute kommt und
morgen bleibt» (Simmel 1992). Während in der Schweiz Wanderer gern
gesehene Gäste sind, stieß die Signalisierung dauerhafter Anwesenheit mit
gleichzeitig beibehaltener religiöser Verschiedenheit auf Widerspruch.

Integration und Inklusion
Strukturelle Individualisierung und eine große Diversität an Möglichkeiten,
zwischen denen Individuen sich entscheiden können, sind vielgenannte
Merkmale moderner Gesellschaften. Die Zunahme an Möglichkeiten geht

mit einem relativen Rückgang von Notwendigkeiten einher.[2] Integration verstanden als die Einbindung von Individuen in sozial vorgegebene Notwendigkeiten scheint angesichts solcher Diagnosen zunehmend unwahrscheinlich.[3] Gerade ein hoher Bildungs- und Vermögensstand garantiert die Teilnahme an den Möglichkeiten moderner Gesellschaften unter gleichzeitiger Unabhängigkeit von sozialen Determinationen beispielsweise im Bereich von Berufswahl, Wohnort und Freizeitgestaltung. Angesichts von Diversität und individueller Mobilität kann auch nicht damit gerechnet werden, dass sich Individuen bruchlos in ein Gefüge schweizerischer oder christlicher Werte einordnen lassen. Wird auf ein Verständnis von Integration als Einfügung in ein Gerüst von Notwendigkeiten zurückgegriffen, scheint es wenig aussichtsreich, nach der *Integration* von MigrantInnen – gerade in der zweiten Generation – in eine «Gemeinschaft Schweiz»[4] zu fragen; bedeutet doch die aktive Partizipation an einer modernen Gesellschaft gerade nicht die «wechselseitige Einschränkung von Freiheitsgraden» (Luhmann 1998: 604), sondern das Ausschöpfen von Möglichkeiten und die Erhöhung der Chance von Individuen auf soziale Berücksichtigung, was als *Inklusion* bezeichnet werden kann.

Auf die Teilhabe an gesellschaftlichen Möglichkeiten lässt sich in den Untersuchungen des Projekts sowohl bezüglich Kleidung wie auch Bauprojekten schließen: Bauprojekte sind ein Zeichen der verstärkten Teilhabe von Religionsgemeinschaften an verfügbaren Möglichkeiten. Formale Vereinsstrukturen, Kenntnisse über den lokalen Kontext und dessen Abläufe sowie ausreichende Finanzen sind notwendig, um eine komplexe Aufgabe wie ein Bauprojekt erfolgreich angehen zu können. Dass gerade die Prozesse zunehmender Inklusion zum Ausgangspunkt für Kritik werden können, zeigen die daraus entstehenden Konflikte: Während die

---

2   Im Bereich von Religion lässt sich eine zunehmende Optionalität religiöser Angebote feststellen, z.B. im Bereich des Religionsunterrichts: Zunehmend werden verschiedene Religionen im schulischen Religionsunterricht vermittelt, wobei Verbindlichkeiten tendenziell ausgeschaltet und durch ein «Wissen über» ersetzt werden (vgl. Frank 2010: 243).

3   Vgl. Luhmann (1998: 602), der bei entsprechenden theoretischen Verwendungen von «Integration» «Einheitsperspektiven und Solidaritätserwartungen» feststellt, die auf «Konsensprämissen» aufbauen.

4   «Gemeinschaft» verstanden als sozialer Zusammenschluss, der auf Gemeinsamkeit beruht, im Gegensatz zu «Gesellschaft», die als Koordination ungleicher Teile funktioniert (vgl. Durkheim [1893] 1996).

erste Einwanderergeneration wirtschaftlich stark gebunden war und durch einheimische «Platzanweiser» im sozialen Kontext verortet wurden (vgl. Hüttermann in diesem Band), ruft eine zunehmende Partizipation an gesellschaftlichen Möglichkeiten Skepsis hervor. Bauprojekte wie Kleidungsstile gehen mit einer Sichtbarkeit dieser Teilnahme einher, weshalb die Visibilisierung maßgeblich zur Wahrnehmung von dauerhafter Anwesenheit, Differenz und damit Fremdheit beiträgt.

Die Frage stellt sich, ob mit dem Bau von Minaretten und dem Tragen von Kopftüchern ein Rückgriff auf ein als traditionell geltendes Vokabular und damit Integration in die gemeinschaftlichen Vorgaben der jeweiligen religiösen Tradition stattfindet. Empirische Untersuchungen von Trägerinnen und Trägern der Kleidung verschiedener religiöser Traditionen zeigen, dass die Kleidungspraxis nicht oder jedenfalls nicht nur als traditionell-gemeinschaftlich bestimmt gesehen werden kann. Hinter der religiösen Kleidung stecken individuelle Entscheidungen aus einem Angebot, das in dieser Konstellation überhaupt erst im Kontext moderner westeuropäischer Gesellschaften eröffnet wurde. Auch Kopftücher sind immer mehr Teil eines vielfältigen vestimentären Vokabulars, das dem Individuum über moderne Medien wie das Internet zugänglich wird und ihm individuelle Selektionen ermöglicht (vgl. Grigo und Klinkhammer in diesem Band).

Funktionale Differenzierung

Ein weiteres Merkmal moderner Gesellschaften ist funktionale Differenzierung, d.h. die Herausbildung von gesellschaftlichen Sphären wie Politik, Wirtschaft, Religion und Recht.[5] Sie bieten Kommunikationsmöglichkeiten, auf die Individuen zurückgreifen können. Inklusion in moderne Gesellschaft steigt in dem Maße, wie an diesen Möglichkeiten partizipiert wird. Sie besteht also dann, wenn potenzielle Bauherren an der Aushandlung der Realisierung ihrer Projekte in den rechtlichen und politischen Institutionen mitreden können. Innerhalb des Rechtssystems konnte z.B.

---

5   Funktionale Differenzierung als Ausdifferenzierung verschiedener Arten der Kommunikation entlang sich gleichzeitig ausdifferenzierenden gesellschaftlichen Bedarfslagen wurde vor allem von Luhmann (1998) ins gesellschaftstheoretische Zentrum gestellt, dies insbesondere im Anschluss an Parsons (vgl. z.B. Parsons/Smelser 1964). Das Konzept kann jedoch auf noch ältere Ursprünge zurückgeführt werden (vgl. zur kritischen Übersicht Tyrell 1998).

der Türkisch-kulturelle Verein Olten dem Widerstand gegen sein Minarettprojekt in Wangen erfolgreich begegnen (vgl. Wäckerlig in diesem Band): So ließ sich unter Einbezug eines Anwalts das Minarettprojekt bis vor das Bundesgericht erfolgreich gegen Einsprachen verteidigen. Eine ausdifferenzierte gesellschaftliche Institution wie diejenige des Rechts stellt somit Mittel zur Verfügung, mit denen politische Eingriffe in religiöse Freiheit erfolgreich abgewehrt werden können. Entsprechende Differenzierungen zwischen religiöser und politischer Kommunikation werden aber von Protestbewegungen aufzuheben versucht. Die politische Einschränkung religiöser Kommunikation, wozu Minarette und Kopftücher zu zählen sind, ist als Ausschluss-, als Exklusionsversuch zu verstehen. In der öffentlichen und insbesondere der populistischen[6] Thematisierung um die Minarettbauten wurde versucht, Inklusion in Exklusion zu verwandeln. Dies geschah mittels entdifferenzierender, Religion, Recht und Politik umfassender kulturessenzialistischer Argumentationen wie etwa derjenigen des »christlichen Kulturkreises«.[7] Damit wurde religiöse Verschiedenheit, die für wirtschaftliche, rechtliche und politische Bezüge kaum von Belang war, zu einem Ausschlusskriterium hinsichtlich öffentlicher Sichtbarkeit erhoben.

Gemeinschaft und Individuum
Die Auflösung gemeinschaftlicher Bindungen in gesellschaftlichen Zusammenhängen nimmt in Säkularisierungs- und Modernisierungstheorien einen zentralen Stellenwert ein.[8] Die Diagnose eines umfassenden Vergesellschaftungsprozesses, der gemeinschaftliche Bedingungen in

---

6 Unter «Populismus» wird hier eine sich selbst anti-elitär ausrichtende Form politischer und öffentlicher Komunikation verstanden, die für sich in Anspruch nimmt, «das Volk» zu repräsentieren und dessen «Willen» gegen «die da oben» zu vertreten (vgl. Mudde 2004: 543).

7 Solche entdifferenzierenden Tendenzen sind für soziale Bewegungen typisch (vgl. Luhmann 2002: 225; Gamson 1991).

8 Vgl. prototypisch den frühen Emile Durkheim ([1893] 1996: 148), der die mechanische Solidarität, die dem Gemeinschaftstypus nahe kommt, letztlich gänzlich durch die organische Solidarität, d. h. den Typus Gesellschaft, ersetzt sah. Für eine Säkularisierungstheorie, die «societalization», also Vergesellschaftung, als zentralen Faktor für den Rückgang von Religion sieht, vgl. einführend Bruce 2001.

modernen Gesellschaften auflöst, kann mit dem Blick auf Migrations-
kontexte nicht bestätigt werden. Auch für Migrantinnen und Migranten
der zweiten und dritten Generation verliert gemeinschaftliche religiöse
und ethnische Zugehörigkeit nicht zwingend an Bedeutung (vgl. Nassehi
1990). Die anhaltende Wichtigkeit gemeinschaftlicher Zugehörigkeit zeigt
sich in Form von Bauten oder Kleidung öffentlich.

Gemeinschaft ist auch auf der Seite der Minarettgegner von Belang. Evangelikale Freikirchen und ihre Netzwerke stellten ihrerseits eine Mobi-
lisierungsbasis in den ersten Phasen der Auseinandersetzung um Minarette dar (vgl. Wäckerlig/Walthert in diesem Band). Gemeinschaftliche
Bezüge, auf die Individuen selektiv zugreifen können, erweisen sich damit
als wichtiger Faktor innerhalb der Gesellschaft. Von Interesse ist insbesondere die Lagerung der gesellschaftlichen Zuschreibungen und Kritik
hinsichtlich der Ebene von Individuum auf der einen, Gemeinschaft auf
der anderen Seite.

Religiöse Bauprojekte können von ihren Gegnern als Symbole einer
gemeinschaftlich abgestützten Fremdheit bezeichnet werden (vgl. Meier
in diesem Band). Im Fall von Buddhisten und Sikhs wurde diese Wahrnehmung Ausgangspunkt für einen wohlwollenden Exotismus, im Fall des
Islam und einer serbisch-orthodoxen Kirche Ausgangspunkt für Ablehnung (vgl. Kestler in diesem Band). Die in diesem Zusammenhang beobachtete Kritik an der Visibilität von Religion wurde auf das Ganze einer
Religionsgemeinschaft sowie deren Referenztradition als solche bezogen
und nicht Individuen und ihren Entscheidungen zugerechnet. Sowohl die
als bereichernd-exotisch als auch die als unerwünscht geltende Fremdheit
wird als Eigenschaft eines normativ gebundenen Kollektivs gesehen. In
dieser Form kann das Fremde jenseits von individueller Selektion gestellt
und die eigene Kritik als Ablehnung eines «Systems», nicht aber von
Menschen dargestellt werden (vgl. Wäckerlig/ Walthert in diesem Band).

Der Bezug auf Gemeinschaft stellt in der Schweiz keine hinreichende,
aber eine notwendige Bedingung dafür dar, dass die Visibilität von Religion in anhaltende öffentliche Kritik gerät. Dies zeigt sich bereits daran,
dass religiöse Kleidung im Vergleich zu Bauten weniger erfolgreich kritisch
thematisiert werden kann. Anders als in anderen Ländern wurden Kopftücher oder Burkas in der Schweiz bisher nicht anhaltend Gegenstand

öffentlicher Auseinandersetzungen, Minarette dagegen intensiver problematisiert als in anderen Ländern. Dies dürfte daran liegen, dass Kleidung hier als individuelle Selektion wahrgenommen und nicht in erster Linie als Konstitution von Gemeinschaft gesehen wird. Die Fähigkeit von Individuen, ihre Biografie im religiösen wie säkularen Bereich durch individuelle Entscheidungen zu prägen, scheint in der Schweiz einen eigenen Wert darzustellen. Verschiedenheiten werden insofern eher akzeptiert, wenn sie als individuell gewählt gelten können (vgl. Luhmann 2002: 292). Die Auseinandersetzungen bzw. ihr Ausbleiben zeigen, dass der Wert der individuellen religiösen Entscheidung auch über denjenigen der Freiheit des öffentlichen Raums von Religion gestellt wird – dies im Gegensatz zu anderen europäischen Ländern.[9]

Dies weist gleichzeitig darauf hin, mit welchen Argumenten religiöse Kleidung auch in der Schweiz massenmedial und politisch folgenreicher abgelehnt werden könnte und mittlerweile auch tatsächlich abgelehnt wird. Religiöse Kleidung kann dann aussichtsreicher kritisch thematisiert werden, wenn sie als Widerspruch zur individuellen Freiheit gesehen wird. Damit setzt folgenreiche Kritik an sichtbarer religiöser Identität auch im Fall von Kleidung auf der Ebene der Gemeinschaft an. Einerseits wird diese Visibilität als Infragestellung individueller Freiheit durch den Zwang etwa seitens der Familie oder der Religionsgemeinschaft gesehen und in solchen Fällen gerade der Wert, der die Kritik an bestimmten Kleidungsformen erschwert hat, zum Bezugspunkt der Kritik an Kopftuch oder Burka. Individuelle Freiheit von einem gemeinschaftlich erzwungenen Kopftuch kann gefordert werden.[10] Andererseits kann die zur Schau

---

9 Das Spezifische an der schweizerischen Problematisierung zeigt sich im Vergleich zu Frankreich mit seinem säkularistischem Konzept von Öffentlichkeit und Gesellschaft (vgl. Koenig 2005; Reuter in diesem Band). Die Freiheit von Religion im staatlich bestimmten öffentlichen Raum überwiegt dort z.B. individuelle Entscheidungen des Tragens von Kopftüchern. Dieses wird in Frankreich an öffentlichen Schulen verboten, wogegen entsprechende Forderungen in der Schweiz weniger erfolgreich sind.

10 Dass dies in der Schweiz bisher nicht in größerem Maße geschah, dürfte weniger dadurch zu erklären sein, dass religionswissenschaftliche Forschung eine solche Verknüpfung alles andere als nahelegt (vgl. z.B. Klinkhammer 2000), als vielmehr dadurch, dass aus den Kreisen der Minarettgegner ein starkes Engagement für die Freiheit muslimischer Frauen ungewohnt ist. Dies könnte sich ändern, wie verschiedene entsprechende öffentliche Äußerungen

getragene gemeinschaftliche Zugehörigkeit auch als Infragestellung gesellschaftlicher Loyalität gesehen werden.

Die Diskussionen um Individuum, Gemeinschaft und Religion zeigen Parallelen zu den Diskussionen um die sogenannten «Sekten» auf, die ab den 1970er bis in die 1990er Jahre medial präsent waren. Wie in den Auseinandersetzungen um islamische Bauten und Kleidung wurde Gemeinschaft dabei als totalitäre Gefährdung für die Entscheidungsfreiheit der Individuen und als zum Staat alternative Loyalität gesehen und war kritisierbar. Im Fall der «Sekten» hat sich die negative öffentliche Einschätzung stark verringert, seit diese Neuen Religiösen Bewegungen weniger verbindliche und weniger gemeinschaftliche Formen angenommen haben (vgl. Lüddeckens/Walthert 2010).

Diese Kontinuität in der Skandalisierung von als fremd empfundenen religiösen Gemeinschaften lässt auf die Bedingungen der Akzeptanz religiöser Diversität in der Schweiz schließen. Sie unterscheidet sich sowohl von einer säkularistischen bzw. laizistischen Konzeption wie in Frankreich (vgl. Koenig 2005; Hervieu-Léger 1997; Reuter in diesem Band) als auch von Konzeptionen, in denen – wie im Fall Indiens (vgl. Béteille 1997) – der gemeinschaftlichen Ebene ein hohes Maß an Selbständigkeit bis hin zu zivilrechtlicher Autonomie unter einem Minimum an zwischengemeinschaftlicher oder politischer Einmischung zugestanden wird. Das Vorhandensein religiöser Wahlfreiheit und Mobilität wird in der Schweiz nicht unbedingt als negativ eingeschätzt. Je stärker normbestimmend jedoch die Strukturen einer Religion eingeschätzt werden, desto negativer ist die öffentliche Wahrnehmung davon. Nicht die kulturelle Diversität des religiösen Feldes, sondern die unterstellte Konkurrenz und Unvereinbarkeit von religiöser Gemeinschaft mit der Hoheit von Individuum und Gesellschaft wird problematisiert. Exklusionsinitiativen setzen also nicht beim Individuum, sondern bei der Gemeinschaft an.

---

zeigen (vgl. als Beispiel Heinz Gstrein in der NZZ, 22.4.2005). Entsprechende Deutungsmuster könnten zudem auf Erfolge in der Öffentlichkeit zählen, da sie an bestehende Meinungen in der Bevölkerung anschließen können: Quantitative Studien zeigen an, dass ein Großteil der europäischen Bevölkerung beim Islam einen Mangel an Gleichberechtigung der Geschlechter vermuten (vgl. Pollack 2010).

Visibilität und Symbolizität
Die Sichtbarkeit von Religionen ist der wichtigste Ausgangspunkt für die öffentliche Wahrnehmung religiöser Unterschiede. Auf beiden Seiten der wahrgenommenen Differenz finden sich unterschiedliche Interpretationen und Motivationen hinsichtlich der Sichtbarkeit, wobei diese Unterschiede einander aufgrund der Vieldeutigkeit der Medien Kleidung und Bauten wechselseitig wenig bestimmen: Wie Kleidung oder Bauten von den Betrachtern im Einzelnen interpretiert werden, kann von den KleidungsträgerInnen bzw. Bauherren kaum antizipiert werden.[11] Was mit dem Tempel oder der religiösen Tracht mitgeteilt werden will, ist für den Betrachter seinerseits nicht ohne weiteres eruierbar. Die Deutungen der Betrachter können sich somit weitgehend unabhängig vom spezifischen Einsatz dieser non-verbalen Medien und damit verbundenen Intentionen entwickeln. Daraus ergibt sich die Ausgangslage für eine verbale Aushandlung der Verschiedenheit entlang den sie konstituierenden Symbolen in der Öffentlichkeit.

Sichtbare Zeichen religiöser Zugehörigkeit werden von Beobachtern oft nicht im Sinne der TrägerInnen bzw. Bauherren interpretiert. Die Missverständnisse müssen dabei keine negative Wertung beinhalten und beschränken sich auch nicht auf das Thema Islam, wie Vorurteile zeigen, mit denen sich eine römisch-katholische Ordensschwester oder ein tibetischer Mönch konfrontiert sehen (vgl. Grigo in diesem Band). Die potenziellen Bauherren verwiesen angesichts des Widerstandes gegen ihr Projekt auf ihren Wunsch nach einer Signalisierung des Ankommens und der Integration in der Schweiz sowie den Bedarf an gegenseitiger Wertschätzung und der Anerkennung im Zentrum (vgl. Wäckerlig 2011). Von Kritikerseite wurden die Bauten bzw. Bauvorhaben im Gegensatz dazu aber als Ausdruck von Abgrenzungsbedarf, Integrationsverweigerung und Extremismus gesehen. Die Bemühungen um Aufklärung schlugen oft fehl: Die Divergenzen in der Interpretation sichtbarer Zeichen konnten in den beobachteten Fällen nicht durch verbale Aufklärungsarbeit aus dem Weg

---

11 Immerhin zeigen sowohl individuell bestimmtes vestimentäres Handeln als auch gemeinschaftlich getragene Bauprojekte verschiedene Grade strategischer Einschätzung, d.h. auch antizipierender Beurteilung. Bauprojekte weisen darüber hinaus oft charakteristische Unterschiede in der Gestaltung von Außen und Innen auf, die durch strategische Berücksichtigung unterschiedlicher Publika bedingt sein können (vgl. Uehlinger in diesem Band).

geschafft werden. So schlug die anfängliche Aufklärungsbereitschaft beim wiederholt als Taliban identifizierten Sikh aufgrund ihrer Erfolglosigkeit zunehmend in Rückzug und Frustration auf seiner Seite um (vgl. Grigo in diesem Band). Und die «Tage der offenen Tür» der Moscheevereine zeitigten keinen Erfolg in Form einer positiveren Stimmung ihnen gegenüber.[12]

Der symbolische Charakter der sichtbaren Elemente von Religion wird dabei im Untersuchungsfeld selbst als zentrales Anliegen auf der einen, als Problem auf der anderen Seite definiert. Bestimmte Kleidungsformen und Bauten werden als wichtiger Bestandteil der eigenen religiösen Identität bezeichnet, an der selbst gegen Widerstand festgehalten wird. Die symbolische Ebene religiöser Diversität erscheint damit sowohl aus der Innen- als auch aus der Außenperspektive von äußerst hoher Bedeutung, wie die kompromisslose Haltung der Konfliktparteien in den Minarettkonflikten zeigt. Die Beurteilung des Verwaltungsgerichts Solothurn bezüglich des Minarettprojekts in Wangen, dass es sich um ein «bloß symbolisches Minarett»[13] handle und dieses daher unproblematisch sei, unterschätzte die damit kontrastierende, gerade auf den Symbolcharakter abzielende öffentliche Verurteilung. Aufgrund der Konzentration der Diskurse auf die Frage der An- oder Abwesenheit eines Symbols wurde dessen konkrete Ausgestaltung, z.B. die Höhe des Minaretts und damit Aspekte des Bauvorhabens, die weitaus stärker durch Bauvorschriften reguliert gewesen wären, zur Nebensache.[14]

Symbole können insofern von bloßen Zeichen unterschieden werden, als sie nicht bloß auf etwas anderes verweisen, sondern das, worauf sie verweisen, immer auch selbst sind, d.h. für die Einheit von Bezeichnung und Bezeichnetem stehen (vgl. Luhmann 1998: 235). D.h. ein Minarett wird nicht bloß als Verweis auf den Islam gesehen, der Islam selbst gilt als durch die Anwesenheit des Minaretts präsent – dieser symbolische Aspekt des Minaretts wurde durch die Auseinandersetzungen, die von dieser

---

12 Vgl. z.B. Minarettgegner Kisslings Meinung, ein «symbolischer» Tag der offenen Tür könne das Vertrauen nicht herbeirufen (Leserbrief in der *Berner Zeitung*, 5. 12.2006).

13 Zitiert im Bundesgerichtsurteil vom 4.7.2007, http://jumpcgi.bger.ch/cgi-bin/ JumpCGI?id=04.07.2007_1P.26/2007 (28.4.2011).

14 Dies stellt einen Unterschied zu ähnlich gelagerten Fällen in Deutschland dar, in denen Kompromisse hinsichtlich der Minaretthöhe ausgehandelt werden konnten (vgl. Schmitt 2003).

Generalisierung der Bauten auf eine als umfassend gesehene religiöse Tradition lebten, gestärkt. Anhand des Symbols und der von den kritischen Betrachtern damit unterstellten Totalität wurde religiöse Zugehörigkeit in ein entdifferenzierendes und umfassendes Entweder-oder überführt. Minarette deklarieren analog dazu mehr als bloß die Bezeichnung «Moschee» am Briefkasten; vielmehr wurde die Errichtung eines Turms als umfassende Integrationsverweigerung interpretiert. Parallel dazu wurden in der öffentlichen Interaktion die Trägerinnen und Träger religiöser Kleidung in ihrer ganzen Person als VertreterIn der jeweils angenommenen religiösen Tradition wahrgenommen. Ihnen wird es damit verunmöglicht, über ein Kopftuch lediglich auf Zugehörigkeit zum Islam oder Christentum hinzuweisen und ansonsten eine ganz normale Lehrerin oder Rummelplatzbesucherin zu sein, vielmehr bestimmt ein Kleidungsstück ein Ausschließungsverhältnis zu allem anderen. Im Fall der Kleidung wird diese Interpretation dadurch verstärkt, dass von solchen Interpretationen ausgehend die Totalität religiöser Kleidung als Kontrast zur typischerweise häufig wechselnden Kostümierung zwischen Berufsleben, Abendprogramm, Sport und Nachtruhe moderner Individuen gesehen wird. Auch andere Differenzierungen wie Schichtunterschiede oder sexuelle Reize treten je nach Kleidung für den Betrachter hinter die umfassende Symbolizität zurück.[15]

An diese Anwesenheit des als anders und fremd Wahrgenommenen kann Exotismus oder Ablehnung ansetzen. Personalisierungen oder «dramatisierende Statistik» (Schetsche 2008), die bei öffentlichen Problemdefinitionen oft beigezogen werden, sind nicht nötig, ebensowenig Verweise auf die Anzahl Burkaträgerinnen oder (wenig) schwindelerregende Minaretthöhen. Die öffentliche Verhandlung religiöser Symbole ist Präsenz genug, die unterstellte Totalität wird zur selbsterfüllenden Prophezeiung: Minarette und Kopftücher werden zu Aussagen, als die sie von den Bauherren bzw. Trägerinnen nicht gedacht waren. Die Kommunikation der Ablehnung dieser Aussagen wiederum kann zu ihrer trotzigen Bestätigung und damit zu Widerspruch und Konflikt führen.

---

15 Grigo (in diesem Band) zeigt, dass auch auf der Seite der Kleidungsträgerin eine solche Inflexibilität der Tracht wahrgenommen werden und zum Unwohlsein in bestimmten Situationen beitragen kann, z.B. am Beispiel einer Nonne beim Opernbesuch.

Öffentlichkeit

Symbole stellen in ihrer Konkretion, Polysemie und Konfliktivität auf der massenmedialen Ebene ein attraktives Thema dar. In der Öffentlichkeit werden die mit ihnen verknüpften Themen wie «Islam», hinsichtlich derer das Publikum oft nur über ein geringes Wissen verfügt, mit Bedeutungen versehen. Durch die Öffentlichkeit der Visibilität können die damit verbundenen Angelegenheiten als Sache der Allgemeinheit kommuniziert werden, wodurch jeder zum Betroffenen wird. Beurteilungen vonseiten rechtlicher, religiöser oder politischer Experten stellen nur noch Stimmen neben anderen dar. In Verbindung mit der hohen Wichtigkeit von Visibilität für die Religionsangehörigen wird die visualisierte Symbolizität von Religion und ihre Aushandlung damit zur zentralen Problematik der religiösen Diversität der Schweiz und zum Bezugspunkt eines stark mit Meinungen verknüpften diesbezüglichen Wissens.

Das mit den Bauprojekten verbundene Medieninteresse kam für die projektierenden Vereine oft überraschend, Strategien mussten daher kurzfristig entwickelt werden. Dabei verfügten diese Vereine nicht über die notwendigen Kanäle oder Kompetenzen, um zu einflussreichen, landesweiten Parteien in den massenmedialen Diskursen werden zu können. Dies zeigt sich auf der lokalen (1) genauso wie auf der landesweiten (2) Ebene:

(1) Die Fälle Wangen und Langenthal zeigen, wie Struktur und Logik der Lokalmedien den Religionsgemeinschaften entgegenstanden. Auf dieser Ebene genossen gerade Akteure, die im Lokalen verankert sind, privilegierten Zugang zur Öffentlichkeit. Dabei konnten sie sich als Verteidiger eines Status quo aufschwingen, der in den entsprechenden Gemeinden durch Zersiedelung und Verstädterung als allgemein bedroht etabliert werden konnte (vgl. Wäckerlig in diesem Band). Die Bauherren konnten nicht wie ihre Gegner auf persönliche Kontakte zu Medien und Behörden zurückgreifen; aufgrund der zeitlich hoch getakteten Medienlogik fehlte auch die Zeit, diese erst zu knüpfen. Im Lokalen konnte sich so wie im Fall Wangen eine öffentliche Meinung gegen die Minarettbauten durchsetzen, also eine «Meinung, die in öffentlichen Kommunikationen mit breiter Zustimmung rechnen kann, eine Meinung, die sich in den Arenen öffentlicher Meinungsbildung durchgesetzt hat und insofern ‹herrschende› Meinung darstellt» (Gerhards/Neidhardt 1991: 41).

(2) Mit der Ausweitung der Auseinandersetzungen auf die nationale Ebene wurde aus der lokalen Debatte ein massenmediales *social drama* (Turner 1974: 37; Alexander 2006), in dem als grundlegend geltende Deutungen mit einem hohen Maß an öffentlicher Aufmerksamkeit und Mobilisierungsmöglichkeiten debattiert wurden. Während durch Inseratekampagnen dabei die Minarettgegner äußerst präsent waren, schlugen sich die Medienschaffenden hier jedoch nicht wie im Lokalen auf ihre Seite. Auch wenn sich deshalb auf der nationalen Ebene keine eindeutige öffentliche Meinung gegen die Minarettbauten einspielte, wurden die Minarettprojektanten doch bloß zum Objekt der Auseinandersetzungen, da auf muslimischer Seite gleichzeitig ein Rückgang des Engagements zu beobachten war. Durch die Verhandlung immer umfassenderer Kategorien wie «Islam» und «christlicher Kulturkreis» entfernte sich die Debatte von der Zuständigkeit lokaler Vereinsführungen. Mit der Ausweitung des Publikums und dem Absinken des Niveaus gemeinsamer Interessen und Kenntnisse wurden Vereinfachungen bedeutsamer und wuchsen gleichzeitig die Anforderungen an Aufmerksamkeit und zumindest teilweise Zustimmung erzeugende Kommunikation. Mit der Ausweitung des Konflikts gingen erhöhte Ansprüche an eine zunehmend professionalisierte massenmediale Kommunikation einher, die von den äußerst dezentral organisierten Muslimen kaum eingelöst werden konnten, wie beispielhaft die weitgehend wortlose Zischtigsclub-Teilnahme eines Vertreters des türkisch-kulturellen Vereins Oltens zeigte.[16]

Die massenmediale Behandlung des Themas entwickelte eine Dynamik, die in den behandelten Fällen von den TrägerInnen bzw. Bauherren nicht mehr kontrolliert werden konnte: Die vorhandenen Ressourcen und Kenntnisse reichten zur Steuerung oder erfolgreichen Partizipation nicht aus und die Erfolgsaussichten wurden nach anfänglichen Misserfolgen als gering eingestuft. Aufgrund dieser strukturellen Ungleichheit konnten die über die non-verbalen Symbole zum Thema gewordenen Differenzen nicht über die verbale Ebene der Massenmedien in gegenseitiges Verstehen und Verständnis überführt werden. Die verbale Aushandlung in den Massenmedien war der Ausgangspunkt für die Exklusion der Muslime nicht nur hinsichtlich dieser Aushandlung selbst, sondern letztlich auch

---

16 Vgl. Zischtigsclub (SF 1) vom 21.2.2006 zum Thema: «Wangen SO: Provoziert das Minarett die Christen?».

hinsichtlich der symbolischen Präsenz im öffentlichen Raum durch Bauten. Diese Chancenlosigkeit in der Öffentlichkeit steht im Kontrast zu den Partizipationsmöglickeiten innerhalb des rechtlichen und lokalpolitisch geregelten Raums, die letztlich bestimmend wurden. Damit erwies sich gerade die Öffentlichkeit, dieses «Netzwerk für Kommunikation», in das so viel Hoffnung als Medium der zwanglosen Überzeugung durch bessere Argumente und einer sich damit einstellenden Durchsetzung von Vernunft gesteckt wird (vgl. Habermas 1992), als die eigentlich diskriminierende Instanz über die bestimmte Gruppen aus den zivilgesellschaftlichen Diskursen ausgeschlossen werden können und – im konkreten Fall sanktioniert durch eine Volksabstimmung, s. u. – ungefragt über die Interpretation ihrer Symbole verfügt werden kann (vgl. Alexander/Jacobs 1998: 24).

Konflikt

Strukturen und Formen sozialer Zusammenhänge werden, so Victor Turner (1974), in kontingenten Prozessen verändert und realisiert, die periodisch die alltägliche Verfasstheit des sozialen Lebens durchbrechen. Solche konfliktiven Abläufe, in denen Bedeutungen und Handlungsweisen hinterfragt werden, fasst Turner mit dem Begriff des social drama, womit er «units of a harmonic or disharmonic process, arising in conflict situations» (Turner 1974: 37) bezeichnet. In *social dramas* erhielten grundlegende Aspekte der Gesellschaft dadurch, dass sie Gegenstand von Konflikten werden, «frightening prominence» (Turner 1974: 35), die Normalität werde dramatisch problematisiert. In solchen Phasen könnten aufgrund einer «Defusion» von Praktiken und Bedeutungen Akteure nicht auf deren bisher stillschweigend eingestandene Selbstverständlichkeit zählen (vgl. Alexander 2006: 32). Die Auseinandersetzung um die Minarette entwickelte sich in der Tat zu einem solchen landesweiten *social drama*.

Rechtliche Entscheidungen und politische Entwicklungen waren Anhaltspunkte für eine verstärkte Mobilisierung der Minarettgegnerschaft und Ausgangspunkt für die Ausweitung der involvierten Ebenen, Akteure und Themen. Die komplexen, durch religiöse Diversität geprägten Verhältnisse wurden dabei in einfachere, zweiwertige Unterscheidungen wie «christlicher Kulturkreis vs. Islam» und eine Dichotomie von Befürwortern und Gegnern überführt, die mit der moralischen Unterscheidung erwünscht/unerwünscht in Übereinstimmung gebracht wurde.

Die in lokalen Konflikten entstandenen Deutungsmuster wurden in Verbindung mit Know-how und Ressourcenmobilisierung durch landesweite politische Akteure zum durchschlagenden Erfolg. Die Diskrepanz zwischen der für die Minarettprojekte positiven rechtlichen sowie politischen Entscheidungen zur lokalen öffentlichen Meinung bildete den Ausgangspunkt für die überregionale, populistische Mobilisierung der Minarettgegnerschaft sowie die Ausgangslage für einen Anti-Establishment-Diskurs, wie er für populistische Bewegungen kennzeichnend ist. Eine unmissverständliche, am Widerspruch orientierte Kommunikation («Nein zu Minaretten!») stellte sich ein, deren Kombination von Konkretion (Turm) und Allgemeinem (Bedrohung Islam) sich als aufmerksamkeitsträchtig erwies und Vereinfachungen jenseits der Beschränkung auf die thematischen und argumentativen Ebenen von Religion oder Politik erlaubte.[17] Deutungsmuster und Akteure formierten sich, die nach der lokalen Erfolglosigkeit der Minarettgegner zunächst auf der kantonalen und dann auf der nationalen Ebene aufgegriffen und gefördert wurden. Slogans wie die Bedrohung des «christlichen Kulturkreises», vom reformierten Pfarrer Wangens eingeführt,[18] wurden in die nationalen Diskussionen übernommen. Gleichzeitig wurde über den Transfer von Personen und Deutungsmuster an die internationale Islamophobie-Diskussion angeschlossen (vgl. Wäckerlig/Walthert in diesem Band).

Während den Minarettgegnern der Transfer vom Lokalen ins Nationale in kürzester Zeit gelang, gerieten die lokalen Bauherren und die von ihnen vertretenen Migrantengruppen zunehmend ins Hintertreffen. Sie hatten im entscheidenden Fall von Wangen ihr lokales Ziel erreicht; ihre Interessen hatten keine nationale Dimension und die Beteiligung an den ausgeweiteten Diskussionen bot wenig Anreize. Auf der nationalen Ebene übernahm somit niemand mit einem mit der Gegnerschaft vergleichbaren Engagement die Verteidigung des Rechts auf den Bau von Minaretten. Damit wurde den Minarettgegnern zwar keine personalisierbare Angriffsfläche geboten, gerade Deutungsmuster wie «Islamophobie» waren aber nicht auf personalisierbare Gegnerschaften oder im lokalen veran-

---

17 Genau die Zuspitzung auf das Thema ‹Islam› wurde von den Initianten der Minarettinitiative zunächst als wenig aussichtsreich betrachtet.
18 Vgl. das Interview mit ihm im *Oltner Tagblatt* vom 5.11.2005.

kerte persönliche Erfahrungen angewiesen, sondern Argumente über kulturessenzialistische Positionen. Statt «Muslimen» rückte «der Islam» in den Fokus der Minarettgegner und reichte als Folie von Abgrenzung und Skandalierung aus. Über diese Generalisierungen gelang den Minarettgegnern der Anschluss an bestehende fremdenfeindliche Narrative und eine Verlagerung des Konflikts von der lokalen Baustreitigkeit auf die Ebene einer landesweiten Öffentlichkeit. Auf der strukturellen Seite konnte die Minarettgegnerschaft auf Organisation und Ressourcen nationaler Akteure wie der SVP zurückgreifen. Religion und Islam gehörten zwar bisher nicht zu deren Kernthemen, die konfliktive Abgrenzung vom Fremden und die Verteidigung von als gefährdet gesehenen Werten dagegen durchaus.[19]

Ritual

Nicht zuletzt weil die Auseinandersetzung an bestehende Rechts-Links-Polarisierungen anschloss, fanden sich kaum Tendenzen gegenseitiger Verständigung oder Überzeugung. Der Konflikt wurde an einen dritten, entscheidenden Faktor, die Volksabstimmung herangetragen und damit in eine hochgradig ritualisierte Praxis überführt, die den unversöhnlichen Widerspruch entschied. Wie alle Volksabstimmungen wies auch diese die typischen Merkmale von Ritualen auf: Frühere Ausführungen aufgreifendes, formalisiertes und koordiniertes Handeln, das sich durch Entscheidungen des einzelnen Individuums nicht irritieren lässt und den Rhythmus des Alltags durchbricht. Bei der Abstimmung wird eine außeralltägliche Gleichheit aller Stimmberechtigten erzeugt und das Ausfüllen der Wahlzettel erfolgt in liminaler Abgeschiedenheit. Der öffentliche Urneneinwurf kann (anders die Briefwahl) ritualtheoretisch der Wiedereingliederungsphase zugerechnet werden. Durch die Berichterstattung, die das alltägliche Fernsehprogramm und sogar die Sportberichterstattung durcheinanderbringt, schaut sich die Gesellschaft selbst bei diesem Ritualvollzug zu und bestärkt die Bedeutung des Stattfindenden.[20] Wie der Ablauf ist auch das Resultat des Rituals zuverlässig und unabhängig von

---

19 Siehe zur Verlagerung rechtspopulistischer Themen Walthert/Wäckerlig (in diesem Band).

20 Vgl. zu Schwellenritualen Turner 1995 und eine ähnliche Interpretation von *media events* bei Dayan/Katz 1992.

inhaltlichen Variationen: Während sich Gegner prinzipiell uneinig sind, liefert die Abstimmung ein unbestreitbares Resultat. Diese Zuverlässigkeit des rituellen Erfolgs verdankt sich nicht zuletzt der mit dem Ritual einhergehenden Standardisierung und Vereinfachung, die differenziertere Kommunikation ablöst und sogar verdrängt – was auch immer im Abstimmungskampf gesagt wurde, bei der Abstimmung geht es um ein «Ja» oder ein «Nein», wobei die Einheit des Rituals hinsichtlich seines Erfolgs sogar für diese Unterscheidung unempfindlich ist.

Das Entscheidende an dieser ritualisierten Praxis[21] der Konfliktaustragung ist nicht eine gemeinsame Bekräftigung geteilter demokratischer Werte, vielmehr bietet sie der Konfliktaustragung eine Struktur. Auch ohne das letztlich doch einträchtige Betonen solcher Werte verzögert, ordnet und legitimiert der Vollzug der Volksabstimmung die Art und Weise der Auseinandersetzung, des Argumentierens, des Triumphierens der Sieger und der Reaktionen der Verlierer.[22] Volksabstimmungen führen keineswegs zur Einsicht der Unterlegenen, sondern dienen der unumgänglichen Anerkennung der Position der Überlegenen. Auch diese Anerkennung schöpft sich ganz aus der formalisierten Struktur des Rituals und bedeutet lediglich die Anerkennung des daraus abgeleiteten Resultats, nicht der «Richtigkeit» oder «inhaltlichen Überlegenheit» des Gegners und seiner Argumente. Es geht nicht um Einigung unter höheren werthaften Vorzeichen; aber die Divergenzen werden öffentlich anerkannt, die inhaltlichen Polarisierungen in soziale Koordination überführt und so die Beibehaltung von Differenzen ermöglicht. Zugleich ermöglicht die Abstimmung – als entscheidende dritte Kraft im Konflikt – den Konfliktparteien, sich ohne weiteren Gesichtsverlust anderem zuzuwenden.

Typisch für rituelle Praxis ist, dass sie abläuft, ohne dass sie in ihrem Vollzug selbst reflektiert würde.[23] Sind Abstimmungen mit Turner als «Übergangsritual» zu sehen, so mit Durkheim auch als eine Praxis des Ein-

---

21 Also eine zugleich strukturierte und strukturierende Struktur, die völlig in ihrem Vollzug aufgeht (vgl. Bourdieu 1993: 170).

22 Vgl. als ähnliches Beispiel für einen rituellen Zyklus als Umgang mit Konflikt die Tsembaga Maring in Neu Guinea: Auseinandersetzungen werden in einem rituell durchdrungenen Ablauf durchgeführt, dessen bloße Befolgung seine strukturierende Wirkung zeitigt und dies ziemlich unabhängig davon, welche Vorstellungen die Beteiligten damit verbinden (vgl. Rappaport 1967).

23 Vgl. hierzu Bourdieu (1993: 68), der wiederum auf Turner verweist.

und Ausschließens, welche die soziale Einheit und über das Ritual hinausgehende Unterscheidungen reproduziert: Statt «Stämmen» oder «Totems»
werden Unterscheidungen wie «Schweizer» und «Ausländer» oder «Eigenes» und «Fremdes» gestärkt und dies von allen berechtigten Teilnehmenden, unabhängig von ihren Intentionen oder Abstimmungszetteln. So
wird durch beide Seiten der Beteiligten am Abstimmungsritual, d. h.
Gegner wie Befürworter der Initiative, eine Abgrenzung reproduziert: Die
muslimische Seite wird größtenteils ausgeschlossen und auch hier, analog
zu den öffentlichen Auseinandersetzungen, bloß zum Objekt der Verhandlung reduziert. In den Diskussionen wird dieser Ausschluss wiederum nicht thematisiert, auch nicht von den Gegnern eines Minarett-
verbots. Als politisches Ritual zeitigte die Volksinitiative neben ihrer
Kapazität des Umgangs mit inneren Verschiedenheiten auch die Folge des
Ziehens von Gruppengrenzen. Die rituell erzeugte Einheit, die sich in der
Gleichheit der Stimmbürger ausdrückt, produziert gleichzeitig die Ungleichheit derer, die nicht zum Ritual zugelassen sind. «Der Islam» und
«die Muslime» werden als Problem identifiziert, als fremd definiert, und
sie bleiben *im und durch den Vollzug von Öffentlichkeit* und politischem Ritual
außen vor.

Religion
Die beobachteten Bauprojekte der religiösen Gemeinschaften wurden als
Verweigerung der «Integration» durch die Migranten und als Missachtung und Beschneidung einer als eigen, umfassend und angestammt
gewähnten Ordnung gesehen. Es stellt sich die Frage, ob und inwiefern
Religion Ausgangspunkt und Gegenstand dieser Kritik war, d. h. ob es sich
um einen eigentlich «religiösen Konflikt» handelte. Als religiös soll Kommunikation dann gelten, wenn sie ihre Argumente durch ihre Verortung
in einer religiösen Tradition wie dem Christentum oder dem Islam begründet, wobei diesen Gründen dadurch übergeordnete Geltung zugeschrieben wird, dass sie als Referenz auf eine authentische, normgebende
Tradition verstanden werden.[24]

---

24 Eine solche Definition orientiert sich am Religionsverständnis von Danièle
    Hervieu-Léger (2000), die vorschlägt, Aussagen und Handlungen dann als reli-
    giös zu bezeichnen, wenn sie ihre Legitimität und Verbindlichkeit als Fort-
    setzung einer bestimmten Tradition des Bezugs auf einen als authentisch

Die Debatten zeigen, dass der Verweis auf Religion mit positiven Bewertungen einhergehen kann. So wurde in der Öffentlichkeit dem thaibuddhistischen Kloster in Gretzenbach ein «spiritueller Mehrwert» attestiert (vgl. Meier in diesem Band). Religion konnte auch der Ausgangspunkt für Bejahungen und Identifikationen im Gegensatz zu Abgrenzungen sein: Minarette wurden von Vertretern der römisch-katholischen Kirche gegen Kritik verteidigt, gerade weil es sich um Religion und damit etwas handle, was zentral für die Identität sei.[25] Häufiger war Religion jedoch Gegenstand von Widerspruch, indem sie als zentraler Aspekt einer verurteilten Fremdheit gesehen wurde. Religion war oft auch Ausgangspunkt der Kritiker selbst: Zahlreiche Minarettkritiker sind im evangelikalen Protestantismus[26] zu verorten. Evangelikale Akteure prägten auch den Islamophobie-Diskurs, an den die Minarettdiskussion anschloss. Nicht nur semantisch, auch strukturell stellte Religion einen Ausgangspunkt der Minarettkritik dar: Evangelikale Publikationen blieben bis zur Abstimmung zentrale Kanäle der Verbreitung von Ansichten und Medien der Minarettgegnerschaft (vgl. Wäckerlig/Walthert in diesem Band).

Religiöse Argumentationen rückten jedoch mit zunehmender Publizität der Auseinandersetzung in den Hintergrund. Mit dem Transfer des Themas ins Zentrum gesellschaftlicher Aufmerksamkeit gingen die explizit religiösen und am Thema Religion ansetzenden Kritiken zurück, politische Betonungen wurden wichtiger. In den maßgeblichen Diskussionen ging man religiösen Argumentationen aus dem Weg; nur Befürworter von Minaretten wie die katholische Bischofskonferenz plädierten aus einer explizit religiösen Perspektive für die öffentliche Sichtbarkeit von

---

gesetzten Punkt erhalten, wobei dieser als durch diese Aussagen und Handlungen selbst letztlich überprüfbar gilt.

25 Vgl. Felix Gmür, damaliger Generalsekretär der Schweizerischen Bischofskonferenz in «Der Club» vom 26.9.2006: «Minarett-Streit: Wie viel Islam erträgt die Schweiz?».

26 Mit «evangelikal» sollen Strömungen innerhalb des Protestantismus bezeichnet werden, wenn sich darin erstens die Betonung eines Konversionserlebnisses findet, das als Wiedergeburt und Ausgangspunkt einer neuen, persönlichen Beziehung mit Jesus gesehen wird, zweitens der Bibel übergreifende Autorität in Fragen des Glaubens und der Lebensführung zugeschrieben wird und drittens diese Religiosität gegen außen gezeigt und weiterzugeben versucht wird (vgl. Shibley 1998: 69).

Religion.[27] Immer mehr wurde in der Argumentation die weltliche Herr-schaft über ein Territorium gegen als «Herrschaftssymbole» angesehene Eingriffe verteidigt. Über die Bezeichnung von Minaretten als «Macht-symbole» wurde von der Minarettgegnerschaft unterstrichen, dass es nicht um die religiöse Bestimmung des Politischen oder die politische Bestim-mung von Religion gehe, sondern letztlich um eine politische Ein-schränkung einer von ihnen als expansiv und aggressiv eingeschätzten politischen Dimension einer Religion. Mit dem Bau eines Minaretts gehe, so einige der Gegner, ein territorialer Anspruch einher, der die Geltung von Normen des islamischen Rechts symbolisiere, die dem Schweizer Rechtsstaat fundamental widersprächen. Mit der Verhinderung von Minaretten beansprucht deren Gegnerschaft, ein Zeichen gegen die mög-liche Ausbreitung und Geltung dieser Ansprüche im Schweizer Kontext zu setzen.

Dieses Zurückstellen religiöser Argumentation lässt sich durch eine veränderte Trägerschaft erklären, die zunehmend durch die rechtspo-pulistische SVP geprägt wurde, die sich im Thema Religion traditionell wenig engagiert. Weiter lässt sich mit Blick auf die oben stehenden Aus-führungen zu Individuum und Gemeinschaft vermuten, dass die Minarett-topposition als Einschränkung individueller Religionsfreiheit auf Wider-stand gestoßen wäre,[28] d.h. die Betonung musste von «Religion» weg-genommen werden. Die religiösen Positionen der wichtigsten Kritiker aus dem freikirchlichen Milieu mochten in christlich bestimmten Binnen-öffentlichkeiten dominieren, sie konnten darüber hinaus in ihrer re-ligiösen Dimension nicht auf breiten Rückhalt zählen.

Die Minarettopposition ist nur als Verquickung religiöser und politi-scher Argumente zu verstehen. Dies steht in einer Spannung zur funkti-onalen Differenzierung verschiedener Gesellschaftsbereiche, die, wie er-wähnt, oft als Merkmal moderner Gesellschaften bezeichnet wird. In den

---

27 Vgl. z.B. das Interview mit Bischof Koch in der *NZZ am Sonntag* vom 7.9.2006.
28 Auf der Seite der Initiativgegner wurde, beispielsweise von der FDP und auch von den Kirchen, gerade diese Religionsfreiheit betont, in die eine Verfassung, die Minarette verbiete, eingreife. Im Kern dieser Semantik stand letztlich die Unterscheidung zwischen säkular und religiös, die sich mit ihrem im Vergleich zum «Islam/Nicht-Islam» der Minarettgegner höheren Abstraktionsgrad für eine prägnante Abstimmungskampagne und Stimmenmobilisierung als weni-ger geeignet erwies.

Teilsystemen wie Politik, Wirtschaft und Religion wird Einfluss jeweils anders begründet und ist nicht von einem Teilsystem ins andere übertragbar.[29] Wie die Minarettopposition zeigt, können soziale Bewegungen solche Differenzierungen überspielen, was durch die Form des Protests ermöglicht wird: Die Zuspitzung von Meinungsverschiedenheiten auf die Alternative «Ja» oder «Nein» erzeugt auf beiden Seiten eine Offenheit für verschiedenste Motivationen. Die totalisierende Thematisierung nimmt keine Rücksicht auf die innere Diversität des kritisierten Gegenstands und erzeugt eine übergreifende gesellschaftliche Figur. Wie für Konflikte typisch, wird alles in der Opposition eingeordnet, weshalb soziale Protestbewegungen letztlich quer zu den gesellschaftlichen Teilsystemen gelagert sind. Damit wird es möglich, dass über teils religiöse, teils politische Argumentationen und Motivationen schließlich über eine Volksinitiative Religion politisch bestimmt wird. Im Gegensatz zu den jeweiligen Alltagsgeschäften wird dann nicht mehr zwischen religiöser und politischer Kommunikation unterschieden (vgl. Luhmann 2002: 225). Ein entdifferenzierendes Moment ist für eine solche Form des sozialen Protests typisch und geht auch mit einem für Populismus typischen anti-elitären Duktus einher (vgl. Wäckerlig/Walthert in diesem Band). Gegen die partikularen Kompetenzen der differenzierenden Institutionen wie Recht, Politik und religiöse Organisationen wird umfassendes Engagement für eine essenzialistisch als Einheit konzipierte Schweiz gesetzt.[30]

Bemerkenswert ist, dass die funktional ausdifferenzierten Teilsysteme, insbesondere dasjenige des Rechts, Wege zur Verfügung stellten, mit denen dieser Vorgang zunächst erfolgreich abgewehrt werden konnte.[31]

---

29 So lassen sich beispielsweise weder Seelenheil, wissenschaftliche Wahrheit noch Liebe mit dem vom Teilsystem Wirtschaft bereitgestellten Geld kaufen. Es kann zwar trotzdem versucht werden, dürfte heutzutage aber in den einschlägigen Zusammenhängen nicht als echte Liebe, methodisch adäquat bestimmte Wahrheit oder verlässliche Erlösung anerkannt werden.

30 Siehe zu solchen entdifferenzierenden Bewegungen und ihrer Einordnung in einer «Dialektik der Moderne» Tiryakian 1992: 89–91.

31 So wies z.B. der ehemalige Bundesgerichtspräsident Giusep Nay auf politisch und rechtlich nicht zu beschneidende Rechte hin: http://www.amnesty. ch/de/laender/europa-zentralasien/schweiz/dok/2009/interview-mit-giusep-nay (23.5. 2011). Weiterhin wird argumentiert, dass sich die angenommene Volksinitiative rechtlich nicht umsetzen lasse – d.h. auf das Argument

Auch auf politischer Seite konnte abgewogen werden, ob die Angelegenheitüberhaupt Thema der Politik sein dürfe. Öffentliche Diskussionen und Volksinitiative stellten jedoch Gefäße dar, mit denen Differenzierungen durch umfassende kulturessenzialistische Argumentationen wie diejenige des «christlichen Kulturkreises» ausgehebelt werden konnten.[32] Gleichzeitig ermöglichen solche Strukturen das politische Aufgreifen und Einbauen sozialer Bewegungen, die in Zusammenhängen mit weniger Partizipationsmöglichkeiten nicht in institutionalisierte politische Bahnen (wo Religion nur noch Thema ist) hätte gelenkt werden können. Unter schweizerischen Voraussetzungen kann die «Religion Islam» anhand «symbolischer Minarette» zu einem politischen Thema und damit zu einer Machtfrage werden.

Auffallend ist der geringe Einfluss etablierter religiöser Organisationen. Traditionen oder Begründungen ist in den Diskussionen kein erhöhter Einfluss beschieden. Zudem argumentieren religiöse Institutionen wie die evangelisch-reformierten Kirchen und die römisch-katholische Kirche in der breiteren Öffentlichkeit nur sehr zurückhaltend religiös.[33] Offensichtlich wurde nicht damit gerechnet, mit christlichen Argumenten Verbindlichkeit erzeugen zu können. Durch die Zurückhaltung religiöser Akteure auf christlicher und muslimischer Seite und das Ausbleiben religiös differenzierter Argumentationen wird Religion zum niederschwellig zugänglichen Vokabular, von welchem Deutungsmuster wie Minarette, Talibans, Burkas oder der «christliche Kulturkreis» für die Verfolgung politischer Agenden abgerufen werden können.

Werte

«Werte» können als Konzeptionen des Wünschenswerten definiert werden (vgl. Kluckhohn 1962: 395). Geteilte Werte in diesem Sinne stellte der

---

gemünzt, dass das Recht im Rahmen seiner Operationen die Entdifferenzierung der Protestbewegung nicht nachvollziehen kann.

32 Bezeichnenderweise setzt die Volksinitiative ihrerseits an der Verfassung, also dem Bereich an, wo Recht und Politik einander Leitplanken setzen und ihre Geltung in der Präambel durch religiöse Verweise zu stützen suchen.

33 Dies deckt sich mit Ergebnissen des NFP-58-Projekts «Religion in der Schweizer Zivilgesellschaft», in dem festgestellt wird, dass religiöse Akteure inklusive der Kirchen oft explizit nicht-religiös argumentieren (vgl. Könemann/Bächtiger/Jödicke 2010: 7).

Soziologe Talcott Parsons ins Zentrum der Bedingungen der Möglichkeit sozialer Ordnung – wobei sich auch ihm die Frage stellte, wie die offensichtliche soziale Diversität durch gemeinsame Werte abgedeckt werden kann. Angesichts zunehmender sozialer Differenzierung und kultureller Diversität müssten Werte, so Parsons (1977: 53), hochgradig generalisiert sein, um erfolgreich übergreifende Gültigkeit reklamieren zu können. Durch diese Allgemeinheit werden Werte jedoch diffus und unverbindlich. Im Fall ihrer Problematisierung können sie deshalb völlig unterschiedlich in Anspruch genommen und konkretisiert werden, weshalb auch einander entgegengesetzte Konfliktparteien auf dieselben Werte referieren können (vgl. Parsons 1964: 293).

Während in einer solchen Allgemeinheit von Werten kaum Handlungsanleitung zu erwarten ist, finden spezifische moralische Festlegungen in modernen Gesellschaften nur bei Minderheiten Rückhalt. Dies zeigt sich u. a. darin, dass Akteure wie die Kirchen ihre religiöse Ablehnung der Minarettopposition nicht durchsetzen konnten und die erfolgreiche Minarettgegnerschaft spezifische religiöse Bezüge weitgehend vermied. Angesichts des diffusen Charakters und der Unverbindlichkeit von Werten erwiesen sich negative Kontrastierungen und Abgrenzungen in der öffentlichen Kommunikation als erfolgreicher. Gerade weil Kirchtürme als Identifikationsmerkmale nicht mehr herhalten können, werden Minarette zur Herstellung von Gemeinsamkeit über Abgrenzung beliebt.[34] Die Bestimmung des Eigenen über die Abgrenzung vom handlich über Minarette bezeichenbaren Islam entbindet einerseits vom risikoreichen Rückgriff auf vermeintlich gemeinsame Werte oder religiöse Einigkeit, erzeugt andererseits aber trotzdem die Eindeutigkeit, die bei Versuchen der Änderung von Normen als übergeordnete Referenz dienen konnte. Als Kriterium für Gemeinsamkeit reicht die Ablehnung eines «Anderen», das aus völlig unterschiedlichen Gründen als «anders» beurteilt und abgelehnt werden kann. Die Anspruchslosigkeit der Form der Ablehnung erlaubte verschiedenste Gründe dafür: von religiösen Argumentationen, wie sie in evangelikalen Kreisen zu finden waren, über klassische politisch rechts

---

34 Vgl. auch Lévi-Strauss (1962: 5) zu solchen Strategien, zwecks Steigerung der Integrität des Eigenen bestimmten Gruppen den Anschein zu geben, sie seien «plus différents qu'ils ne sont».

gelagerte Positionen bis hin zur Hoffnung auf mögliches politisches Kapital, das die Debatte versprach.

Der Vollzug von Gesellschaft lässt sich nicht über die Orientierung an übergreifenden Wertgesichtspunkten verstehen. Ein solches soziologisches Modell sieht ein System von Werten im Kern von Gesellschaft, die von den an ihr teilnehmenden Individuen bejaht, d.h. integriert werden. Die Auseinandersetzungen um Minarette zeigen am Fall der Schweiz, dass und inwiefern dieses Modell, das sich beispielsweise in Vorstellungen von «Zivilreligion» wiederfindet, für das Verstehen moderner Gesellschaft nicht greift[35]: Diese ist durchzogen mit von Individuen oder Gemeinschaften getragenen, einander widersprechenden Vorstellungen. Auch Religion kommt dabei nicht die Rolle einer Verwalterin und Garantin eines umfassenden Wertebaldachins zu, sie wird vielmehr zum Wühltisch an Deutungen, aus dem verschiedenste Elemente wie «Minarett» oder «Burka» hervorgekramt werden, um Identifikationen über Abgrenzungen zu postulieren.[36] Das «christliche Abendland» kann beschworen und die Zuordnung damit von allem, was innerhalb der Landesgrenzen geschieht, gefordert werden, und solche Identifikationen können an der Urne sogar Erfolge verbuchen. Aber auch damit wird, wie im Abschnitt «Konflikt» gezeigt wurde, keine gesamtgesellschaftliche Einheit der Meinungen oder Werte hergestellt, sondern es werden in ritualisierter Praxis Differenzen bestätigt. Vielmehr als um «Fixsterne» scheint es sich demnach bei Werten, so Luhmann (1998: 342), um «Balloons» zu handeln, «deren Hüllen man aufbewahrt, um sie bei Gelegenheit aufzublasen, besonders bei Festlichkeiten» – wobei, so ließe sich anfügen, Konflikte, erst recht als

---

35 Vgl. die klassischen Kritiker an der von Parsons betonten Idee der Integration einer Gesellschaft durch letztlich religiös gegründete Werte (Lockwood 1956) sowie die Argumentationen bei Giddens (1977: 124–125) oder Luhmann (1984: 444). Das neo-durkheimianische Modell übergreifender Wertintegration lebt ungeachtet dessen in Theorien der «Zivilreligion» fort (vgl. Bellah 1991 und die diesbezügliche Kritik bei Lukes 1977 sowie die Gegenkritik von Dayan/Katz 1988). In der Religionssoziologie sprach sich insbesondere Bryan Turner (1983: 47) gegen Konsensideen aus und stellt – ebenfalls mit Referenz auf Durkheim – gemeinsamen praktischen Vollzug an ihre Stelle.

36 Vgl. auch Hervieu-Léger (2000: 161), die von einer Transformation institutionell organisierter «Religion» in «religiös» spricht, womit Religionen Rohmaterialien für Symbolisierungen in verschiedensten Zusammenhängen bereitstellen, was sie u.a. am Beispiel von Jean-Marie Le Pen diskutiert.

social drama verlaufende, sich als treffliche Gelegenheiten hierfür anbieten.

Islam

Die Wahrnehmung von «fremder Religion» ist nicht immer mit Ablehnung verbunden, wie Bauprojekte von Gemeinschaften von Sikhs oder Buddhisten zeigen, die auf positive Anerkennung stießen (vgl. Meier in diesem Band). Es zeigt sich, dass als islamisch bzw. muslimisch gehandelte Bauprojekte und Kleidung in der massenmedialen und der kollokal konstituierten Öffentlichkeit negativer bewertet werden als diejenigen anderer religiöser Traditionen. Eine der Hauptursachen dafür stellt das Aufgreifen internationaler Schlagzeilen dar. Islamkritische Stellungnahmen schließen an einen internationalen Diskurs an, in dem der Islam mit Extremismus und Terrorismus in Verbindung gebracht wird. Darüber kann die lokale Gemeinschaft und ihr Bauprojekt als gemeinschaftliche Manifestation weltweiter Tendenzen gesehen, es kann auf politische Implikationen verwiesen und das Bauprojekt über diese kritisiert werden. Dass die Errichtung einer serbisch-orthodoxen Kirche neben den Minarettprojekten das einzige weitere stark kritisierte Bauprojekt war, weist zusätzlich auf einen Zusammenhang zwischen politischen Thematisierungen und lokalen Konflikten hin. Der Islam und Einwanderer aus dem Balkan sind seit längerem (spätestens seit 9/11 bzw. dem Anstieg der Zahlen von Asylsuchenden aus dem Balkan) Gegenstand von Diskussionen, weshalb auch die Sichtbarkeit von damit in Verbindung gebrachten religiösen Traditionen kontroverser ist.

Wichtiger Faktor für die Entwicklung der Kontroversen um den Islam in der Schweiz ist dessen innere Vielfalt bei gleichzeitiger Abwesenheit eines organisatorischen Dachs. Die Heterogenität der muslimischen Wohnbevölkerung der Schweiz hinsichtlich ihrer nationalen Zugehörigkeit bzw. Herkunft zeigt sich auf der organisatorischen Ebene, indem sich zahlreiche, meist stark lokal ausgerichtete Vereine finden (vgl. Gianni 2010: 21). Eine Dachorganisation, die für sich beanspruchen könnte, für einen Großteil der MuslimInnen zu stehen, hat sich bislang nicht etabliert. Mit den umfassenden Vorwürfen an den Islam wurde eine Einheit «Islam» kritisiert, mit der sich kein bestimmbarer Akteur deckte, der dazu hätte Stellung nehmen können. Der vereinheitlichenden und universalisierenden Thematisierung durch die Minarettkritiker konnte damit auf der strukturellen Seite nichts entgegengesetzt werden; weder Interessen noch Ressourcen ließen sich für einen solchen Diskurs mobilisieren. An der Beweglichkeit und Prominenz öffentlich verhandelter Deutungen hätte nur mittels professionalisierter und zentralisierter Organisation dauerhaft und erfolgreich partizipiert werden können.

Öffentliches, kontinuierliches Engagement gegen die Minarettinitiative kam damit fast nur von nicht-muslimischer Seite. Bemerkenswert ist, dass auch vonseiten der nicht-muslimischen Minarettbefürworter kaum Fürsprecher den geäußerten Vorwürfen direkt entgegentraten, sondern eher der Strategie gefolgt wurde, die Minarettgegner generell über ihre «Islamophobie» zu delegitimieren. Damit konnte das Thema «Islam» von den Kritikern weitgehend monopolisiert werden, was in Verbindung mit ihrer Konsolidierung als Bewegung Ausgangspunkt für künftigen Aktivismus in verwandten Themen darstellen dürfte.

Die Auseinandersetzungen wirkten auf die MuslimInnen in der Schweiz zurück. Die Konflikte scheinen weit eher zur verstärkten Abgrenzung gegen außen als zu einem zunehmenden Dialog geführt zu haben. Beispiel ist der Türkische Kulturverein in Wangen, der am Ende der lokalen Auseinandersetzungen Ratschläge des Integrationsbeauftragten nicht befolgte, was zu einer Distanzierung der Gemeindebehörden führte. Ansätze der Polarisierung hinsichtlich eines Teils ihrer Umwelt konnte auch bei Personen festgestellt werden, die mit ihrer religiösen Kleidung auf Ablehnung stießen. Selbst die Bereitschaft, mit Forschern des in diesem Band dokumentierten Forschungsprojektes (Anm. 1) Interviews zu führen, litt unter dem Ausgang der Minarettinitiative. Zum Teil wurden von muslimischen Akteuren, aber auch von Personen, die in religiöse Bauprojekte anderer Traditionen involviert waren, entsprechende Anfragen mit dem Hinweis auf die als heikel betrachteten Entwicklungen abgelehnt. Zudem führten Konflikte auch zu verstärkten Abgrenzungsbemühungen von außerhalb der Gemeinschaften. Außer bei der Minarettinitiative zeigt sich das auch auf der lokalen Ebene: So dürfte die heftige, aber vergebliche Opposition gegen die serbisch-orthodoxe Kirche in Belp dazu beigetragen haben, dass gleichenorts das Bauprojekt der Religionsgemeinschaft der tamilischen Hindus keine Chance auf eine Realisierung hatte. Empirisch schwer erhebbar ist, wie stark es aufgrund der Kritik an religiösen Bauten bereits zu Verzichten auf Bauten von Religionsgemeinschaften kommt.[37] Ob Verfassung oder Vorsicht dahinter steckt, Visibilität kann der Ausgangspunkt zur Verschiebung in die Unsichtbarkeit sein.

3 Schluss

Durch die zunehmende Wahrnehmung gesellschaftlicher Möglichkeiten ist das Verhältnis von Religionsgemeinschaften des Migrationskontexts zum Rest der Gesellschaft durch gesteigerte *Inklusion* geprägt. Im Fall vemehrter baulicher Tätigkeit führt dies zu erhöhter *Visibilität*. Diese wiederum führt zur Wahrnehmung und Bezeichnung der betreffenden Gemeinschaft unter dem Aspekt der *Fremdheit*. In der Öffentlichkeit kann diese Verfremdung positive, aber auch negative Bewertungen mit sich bringen – Letzteres insbesondere im Fall des *Islam*: Gegenüber einem baulich präsenten Islam wird der Vorwurf mangelhafter *Integration* erhoben, was letztlich einen Appell gegen die Wahrnehmung von Möglichkeiten und für die Einfügung in (nicht genauer definierte) Notwendigkeiten darstellt. Bauwerke können dabei zum *Symbol* für die bleibende Anwesenheit von etwas, was als fremd und mit der Schweiz unvereinbar gesehen wird, erhoben werden. Dieser Vorwurf wird gegenüber Kollektivbezeichnungen wie «Islam» weit eher erhoben als gegenüber Individuen, deren Religionsfreiheit nicht öffentlich angegangen wird. Seitens der Gemeinschaften ist es möglich, sich gegen Vorwürfe zu wehren, was zu *Konflikten* führt, in denen der rechtliche und der politische Weg es ihnen ermöglichen, sich zur Wehr zu setzen. Die *Öffentlichkeit* stellt dagegen eine diskriminierende Instanz dar, da sie Anforderungen an professionalisierte Kommunikation stellt, die von nationalen Parteien, aber nicht von schwach und oft nur lokal organisierten Religionsgemeinschaften erfüllt werden können. Während das mediale Label «Islam» als einheitlicher Adressat von Vorwürfen dient, entspricht ihm kein kollektiver Akteur, der analog zu national organisierten Parteien und Interessengruppen agieren könnte.

---

37 Vgl. als historisches Beispiel dafür die Israelitische Cultusgemeinde Zürich, die gerade auch angesichts der nationalsozialistischen Wahlerfolge im Deutschland der 1930er Jahre auf den lang geplanten Bau einer Synagoge verzichtete (vgl. Epstein in diesem Band).

Im hier diskutierten Prozess ermöglichte das politische Mittel der
Volksinitiative, *Religion* politisch (bzw. im Modus des politischen Rituals)
zu regulieren. Während spezifische religiöse *Werte* in der gesellschaftlichen Praxis nicht zur Bestimmung der Schweiz herhalten und aus Verfassung und Gesetzen – abgesehen von unverbindlichen Formeln – verbannt sind, definiert sich die Schweiz nun auf Verfassungsebene durch das
Verbot eines religiösen Symbols abgrenzend über Religion. Dies hat
seinerseits eine Symbolwirkung: Diversität und Fremdheit werden in
einer Art und Weise konstituiert, die an Prominenz die Wirkungen der
baulichen Visibilität von einigen Metern hohen Minaretten bei weitem
überragt.

Literaturverzeichnis

Alexander, Jeffrey C./Jacobs, Ronald N. (1998): «Mass Communication, Ritual, and
    Civil Society». In: Tamar Liebes/James Curran (Hg.), Media, Ritual, and
    Identity, London/New York: Routledge, S. 23–41.

Alexander, Jeffrey C. (2006): «Cultural Pragmatics: Social Performance between
    Ritual and Strategy». In: Jeffrey C. Alexander/Bernhard Giesen/Jason L. Mast
    (Hg.), Social Performance. Symbolic Action, Cultural Pragmatics, and Ritual,
    Cambridge: Cambridge University Press, S. 29–90.

Assmann, Jan (1988): «Kollektives Gedächtnis und kulturelle Identität». In: Jan
    Assmann/Tonio Hölscher (Hg.), Kultur und Gedächtnis (stw 724), Frank-
    furt/M.: Suhrkamp, S. 9–19.

Augé, Marc (2008): Non-Places, London/New York: Verso.

Béteille, André (1997): «Der Konflikt von Normen und Werten in der heutigen
    indischen Gesellschaft». In: Peter L. Berger (Hg.), Die Grenzen der Gemein-
    schaft. Konflikt und Vermittlung in pluralistischen Gesellschaften. Ein Bericht
    der Bertelsmann Stiftung an den Club of Rome, Gütersloh: Verlag Bertelsmann
    Stiftung, S. 447–488.

Bourdieu, Pierre (1993): Sozialer Sinn. Kritik der theoretischen Vernunft (stw 1066),
    Frankfurt/M.: Suhrkamp.

Bruce, Steve (2001): «The Social Process of Secularization». In: Richard K. Fenn
    (Hg.), The Blackwell Companion to the Sociology of Religion (Blackwell
    Companions to Religion), Oxford/Malden: Blackwell Publishers, S. 249–263.

Dayan, Daniel/Katz, Elihu (1988): «Articulating Consensus: The Ritual and Rhetoric
    of Media Events». In: Jeffrey C. Alexander (Hg.), Durkheimian Sociology:
    Cultural Studies, Cambridge/New York/New Rochelle/Melbourne/Sidney:
    Cambridge University Press, S. 161–186.

Durkheim, Emile ([1912] 1994): Die elementaren Formen des religiösen Lebens (stw 1125), Frankfurt/M.: Suhrkamp.

Durkheim, Emile ([1893] 1996): Über soziale Arbeitsteilung. Studie über die Organisation höherer Gesellschaften (stw 1005), Frankfurt/M.: Suhrkamp.

Frank, Katharina (2010): Schulischer Religionsunterricht. Eine religionswissenschaftlich-soziologische Untersuchung, Stuttgart: W. Kohlhammer.

Gamson, William A. (1991): «Commitment and Agency in Social Movements». Sociological Forum 6(1), S. 27–50.

Gerhards, Jürgen/Neidhardt, Friedhelm (1991): «Strukturen und Funktionen moderner Öffentlichkeit: Fragestellungen und Ansätze». In: Stefan Müller-Doohm/Klaus Neumann-Braun (Hg.), Öffentlichkeit, Kultur, Massenkommunikation. Beiträge zur Medien- und Kommunikationssoziologie (Studien zur Soziologie und Politikwissenschaft), Oldenbourg: Bibliotheks- und Informationssystem der Universität Oldernburg (BIS) Verlag, S. 31–89.

Gianni, Matteo (Hg.) (2010): Muslime in der Schweiz: Identitätsprofile, Erwartungen und Einstellungen. Eine Studie der Forschungsgruppe «Islam in der Schweiz». Zweite Auflage des Berichts von 2005, mit einer Ergänzung von Stéphane Lathion, Bern: Eidgenössische Ausländerkommission EKA.

Giddens, Anthony (1977): Studies in Social and Political Theory, London: Hutchinson.

Habermas, Jürgen (1992): «Zur Rolle von Zivilgesellschaft und politischer Öffentlichkeit». In: ders., Faktizität und Geltung. Beiträge zur Diskurstheorie des Rechts und des demokratischen Rechtsstaats, Frankfurt/M.: Suhrkamp, S. 399–467.

Halbwachs, Maurice (1985): Das kollektive Gedächtnis (Fischer Wissenschaft), Frankfurt/M.: Fischer Taschenbuch Verlag.

Hervieu-Léger, Danièle (1997): «Die Vergangenheit in der Gegenwart: Die Neudefinition des «laizistischen Paktes» im multikulturellen Frankreich». In: Peter L. Berger (Hg.), Die Grenzen der Gemeinschaft. Konflikt und Vermittlung in pluralistischen Gesellschaften. Ein Bericht der Bertelsmann Stiftung an den Club of Rome, Gütersloh: Verlag Bertelsmann Stiftung, S. 85–153.

Hervieu-Léger, Danièle (2000): Religion as a Chain of Memory, New Brunswick, New Jersey: Rutgers University Press.

Könemann, Judith/Bächtiger, André/Jödicke, Ansgar (2010): Religion in der Schweizer Zivilgesellschaft. Die Beteiligung von Religionsgemeinschaften am Prozess politischer Meinungsbildung am Beispiel von Volksabstimmungen. Schlussbericht im Rahmen des NFP 58. Verfügbar unter: http://www.nfp58.ch/files/downloads/Schlussbericht_Koenemann.pdf (1.11.2012).

Klinkhammer, Gritt (2000): Moderne Formen islamischer Lebensführung. Eine qualitativ-empirische Untersuchung zur Religiosität sunnitisch geprägter Türkinnen der zweiten Generation in Deutschland (Religionswissenschaftliche Reihe, 14), Marburg: diagonal-Verlag.

Kluckhohn, Clyde (1962): «Value and Value-Orientations in the Theory of Action». In: Talcott Parsons/Edward A. Shils (Hg.), Toward a General Theory of Action, Cambridge/Massachusetts: Harvard University Press, S. 388–433.

Koenig, Matthias (2005): «Incorporating Muslim Migrants in Western Nation States – A comparison of the United States, France, and Germany». Journal for International Migration and Integration 6(2), S. 219–234.

Lüddeckens, Dorothea/Walthert, Rafael (2010): «Das Ende der Gemeinschaft? Neue religiöse Bewegungen im Wandel». In: Dorothea Lüddeckens/Rafael Walthert (Hg.), Fluide Religion. Neue religiöse Bewegungen im Wandel. Theoretische und empirische Systematisierungen (Reihe Sozialtheorie), Bielefeld: transcript, S. 19–55.

Lockwood, David (1956): «Some Remarks on ‹The Social System›». The British Journal of Sociology 7(2), S. 134–146.

Luhmann, Niklas (1998): Die Gesellschaft der Gesellschaft (stw 1360), Frankfurt/M.: Suhrkamp.

Luhmann, Niklas (2002): Die Religion der Gesellschaft (stw 1581), Frankfurt/M.: Suhrkamp.

Lukes, Steven (1975): «Political Ritual and Social Integration». Sociology 9, S. 289–308.

Mudde, Cas (2004): «The Populist Zeitgeist». Government and Opposition, S. 541–563.

Nassehi, Armin (1990): «Zum Funktionswandel von Ethnizität im Prozess gesellschaftlicher Modernisierung». Soziale Welt 41, S. 261–282.

Parsons, Talcott (1964): The Social System, New York: The Free Press.

Parsons, Talcott/Smelser, Neil J. (1964): Economy and Society. A Study in the Integration of Economic and Social Theory, London/Boston/Melbourne/Henley: Routledge & Kegan Paul.

Parsons, Talcott (1977): «On Building Social System Theory: A Personal History». In: ders., Social Systems and the Evolution of Action Theory, New York/London: The Free Press, S. 22–76.

Pollack, Detlef: Studie «Wahrnehmung und Akzeptanz religiöser Vielfalt». Bevölkerungsumfrage des Exzellenzclusters «Religion und Politik» unter Leitung des Religionssoziologen Prof. Dr. Detlef Pollack. Verfügbar unter: http://www.uni-muenster.de/imperia/md/content/religion_und_politik/aktuelles/2010/12_2010/studie_wahrnehmung_und_akzeptanz_religioeser_vielfalt.pdf (22.03.2012).

Rappaport, Roy A. (1967): «Ritual Regulation of Environmental Relations among a New Guinea People». Ethnology 6(1), S. 17–30.

Schetsche, Michael (2008): Emprirische Analyse sozialer Probleme. Das wissenssoziologische Programm, Wiesbaden: VS Verlag für Sozialwissenschaften.

Schmitt, Thomas (2003): Moscheen in Deutschland. Konflikte um ihre Errichtung und Nutzung (Forschungen zur deutschen Landeskunde, 252), Flensburg: Deutsche Akademie für Landeskunde.

Shibley, Mark A. (1998): «Contemporary Evangelicals: Born-Again and World Affirming». Annals of the American Academy of Political and Social Science 558, S. 67–87.

Simmel, Georg (1992): Soziologie. Untersuchungen über die Formen der Vergesellschaftung (stw 811; Georg Simmel Gesamtausgabe, 11), Frankfurt/M.: Suhrkamp.

Lévi-Strauss, Claude (1962): Le totémisme aujourd'hui, Paris: Presses Universitaires de France.

Tiryakian, Edward A. (1992): «Dialectics of Modernity. Reenchantment and Dedifferentiation as Counterprocesses». In: Hans Haferkamp/Neil J. Smelser (Hg.), Social Change and Modernity, Berkeley/Los Angeles: University of California Press, S. 78–94.

Turner, Bryan S. (1983): Religion and Social Theory. A Materialist Perspective, London/New Jersey: Heinemann Educational Books/Humanities Press.

Turner, Victor W. (1974): Dramas, Fields, and Metaphors. Symbolic Action in Human Society (Symbol, Myth, and Ritual Series), Ithaca/London: Cornell University Press.

Turner, Victor W. (1995): The Ritual Process. Structure and Anti-Structure. With a Foreword by Roger D. Abrahams, New York: Aldine de Gruyter.

Tyrell, Hartmann (1998): «Zur Diversität der Differenzierungstheorie. Soziologiehistorische Anmerkungen». Soziale Systeme. Zeitschrift für Soziologische Theorie 4(1), S. 119–145.